HERVÉ RYSSEN

LA MAFIA EBRAICA
PREDATORI INTERNAZIONALI

Hervé Ryssen

Hervé Ryssen (Francia) è uno storico e un ricercatore esaustivo del mondo intellettuale ebraico. È autore di dodici libri e di diversi documentari video sulla questione ebraica. Nel 2005 ha pubblicato *Le Speranze Planetarie*, un libro in cui dimostra le origini religiose del progetto globalista. *Psicoanalisi del giudaismo*, pubblicato nel 2006, mostra come l'ebraismo intellettuale presenti tutti i sintomi della patologia isterica. Non si tratta di una "scelta divina", ma della manifestazione di un disturbo che ha origine nella pratica dell'incesto. Freud aveva pazientemente studiato la questione sulla base di quanto osservato nella propria comunità.

La Francia ospita una delle più grandi comunità ebraiche della diaspora, con una vita culturale e intellettuale molto intensa. Hervé Ryssen ha potuto sviluppare il suo ampio lavoro sulla base di numerose fonti storiche e contemporanee, sia internazionali che francesi.

LA MAFIA EBRAICA,
Predatori internazionali

La Mafia juive, les grands prédateurs internationaux
Levallois-Perret, Baskerville, 2006.

Tradotto e pubblicato da
Omnia Veritas Limited

www.omnia-veritas.com

© Omnia Veritas Limited - Hervé Ryssen - 2023

Tutti i diritti riservati. Nessuna parte di questa pubblicazione può essere riprodotta con qualsiasi mezzo senza la previa autorizzazione dell'editore. Il codice della proprietà intellettuale vieta le copie o le riproduzioni per uso collettivo. Qualsiasi rappresentazione o riproduzione totale o parziale con qualsiasi mezzo, senza il consenso dell'editore, dell'autore o dei loro successori, è illegale e costituisce una violazione punita dagli articoli del Codice della proprietà intellettuale.

PARTE PRIMA **11**

DA YIDDISHLAND A BROOKLYN 11
  1. Gangster americani *11*
    Connessione yiddish 13
    Torah Nostra - Il sindacato del crimine 20
    Omicidio incorporato 27
    Il canto del canarino 34
    Bugsy Siegel a Hollywood 38
    Combattere il fascismo, sostenere Israele 43
    Le peregrinazioni di Meyer Lansky 46
    La mafia invisibile 51
  2. Russia sotto il giogo degli oligarchi *59*
    Il saccheggio della Russia 59
    Democrazia mafiosa 73
    Non c'è niente di meglio di una bella guerra 79
    La caduta degli oligarchi 84
    La mafia invisibile II 91
  3. La "mafia russa" conquista il mondo *96*
    Sulla Costa Azzurra 96
    Da Berlino a Marbella 100
    L'organizzazione negli Stati Uniti 102
    M&S International - Anversa, Vilnius, Bangkok, Bogotà 107
    Predatori internazionali e un mondo senza confini 113
    La ricerca della rispettabilità 125
    La mafia in Israele 135

PARTE SECONDA **144**

  AFFARI SENZA FRONTIERE 144
  1. Armi, droga e diamanti 144
    L'industria del diamante 144
    Milizie paramilitari in Colombia 152
    Hashish, cocaina, eroina 158
    Traffico di ecstasy: 100% Kasher 166
    I commercianti di diamanti e il riciclaggio di denaro sporco 172
    Una lunga tradizione 178
    Disintossicazione e depenalizzazione 183
  2. La mafia del porno 189
    Liberazione sessuale 189
    I promotori del cinema porno 193
    Il porno in ogni casa 198
    I pionieri della pornografia 202
    Sex shop e prostituzione: la connessione Sefarade 205
  3. La tratta degli schiavi bianchi 214
    Schiavi del sesso in Israele 214
    Cipro e il traffico di migranti 226
    L'età d'oro della tratta degli schiavi bianchi 229
    Il processo di Lemberg 241

  Centro Eros nella Germania sconfitta 245
  Una lunga tradizione 249
  La dialettica degli intellettuali ebrei 252
 4. La tratta degli schiavi neri *257*
  Il commercio atlantico I: i portoghesi 257
  La tratta atlantica degli schiavi II: negli Stati Uniti 264
  In Martinica e Guadalupa 266
  Il dibattito 269
 5. Schiavi cristiani *274*
  Verso l'America 274
  La schiavitù nel Mediterraneo 275
  Nel Medioevo e nell'Antichità 278
 6. Traffico di organi *283*
  I corpi dei palestinesi 284
  Carne fresca dalla Moldavia 289
  Dal Brasile al Sudafrica 292
  Fornitori cinesi 295
  Dall'Ucraina all'Azerbaigian 295
  Il traffico continua in Israele 296
  La casa gialla in Kosovo 297
  L'inversione accusatoria 303
  Chirurgia estetica 307
  Traffico di organi e moralità ebraica 312

PARTE TERZA **314**

 TRUFFATORI E TRAFFICANTI 314
 1. Le grandi truffe *314*
  Claude Lipsky, "il truffatore del secolo" 314
  Jacques Crozemarie e lo scandalo ARC 319
  Il caso del Sentier 323
  Cavalli da corsa e meccanica 331
  Frode all'IVA 332
  Frodare la comunità 333
  Samuel Flatto-Sharon 335
  In Inghilterra e negli Stati Uniti 339
  Sotto la Terza Repubblica francese (1870-1940) 342
 2. I trafficanti *352*
  Monsieur Michel e Monsieur Joseph 352
  Shenanigans e compagnia 355
  La corsa all'oro 358
  Il saccheggio dei paesi sconfitti 364
 3. Antisemitismo *368*
  L'antisemitismo attraverso i secoli 368
  Unicità ebraica 378

EPILOGO **385**

ALTRI TITOLI **391**

PARTE PRIMA

DA YIDDISHLAND A BROOKLYN

Prima della Seconda Guerra Mondiale, la stragrande maggioranza degli ebrei viveva nell'Europa centrale e nella Russia occidentale. Due milioni di loro erano emigrati in America alla fine del XIX secolo. Una seconda grande ondata di emigrazione è arrivata negli anni Settanta. Gli ebrei sovietici, sostenuti dai governi occidentali, lasciarono quindi l'Unione Sovietica, che avevano contribuito a costruire cinquant'anni prima. Dopo la caduta del comunismo nel 1991, abbiamo assistito a un nuovo massiccio deflusso di ebrei russi. Ogni volta che si sono verificate queste ondate di immigrazione, la criminalità è aumentata nel mondo occidentale.

1. Gangster americani

Gli ebrei sono invariabilmente ritratti dai media come vittime della storia. L'idea che l'ebreo sia sempre perseguitato senza motivo è antica quanto l'ebraismo stesso. Pertanto, è quasi assiomatico che gli ebrei siano incapaci di fare il male. Pertanto, un ebreo che è stato sia un gangster che un assassino può sembrare a prima vista sorprendente.

Joseph Roth, un famoso scrittore ebreo austriaco tra le due guerre mondiali, scrisse, ad esempio, a proposito della criminalità degli ebrei orientali: "Non c'è quasi nessun rapinatore. E nessun assassino o rapinatore che uccide[1]." Ma la realtà è ben diversa, se si analizza meglio la questione.

Il famoso scrittore Elie Wiesel, "sopravvissuto ai campi di sterminio", ha avuto l'opportunità di fare delle ricerche sui gangster che

---

[1] Joseph Roth, *Judíos errantes*, Acantilado 164, Barcellona, 2008, p. 83.

diffondono il terrore nelle città americane. Ecco cosa scrisse nelle sue memorie: "Sto preparando un'indagine sulla malavita americana, sulla mafia e in particolare sui sicari della Murder Incorporated. Rovistando negli archivi di vari giornali e biblioteche comunali, ho scoperto, con mio grande stupore, nomi di ebrei. Esatto, negli anni '20 e '30, killer professionisti ebrei hanno offerto i loro servizi a questa società criminale. Hanno accettato di uccidere uomini e donne che non avevano fatto loro nulla e che nemmeno conoscevano. Si dice che alcuni di loro si vantassero di essere ebrei praticanti, indossassero la kippah durante il loro "lavoro" e osservassero scrupolosamente il riposo del sabato."

Elie Wiesel ha continuato: "Confesso che la mia ricerca mi ha lasciato sconvolto, sciocato, disgustato. Come può essere concepibile che un ebreo possa diventare un sicario o semplicemente un assassino? Forse ho una visione troppo idealizzata dell'ebreo, ma il fatto è che nell'Europa dell'Est il mio popolo poteva essere rimproverato di tutto, tranne che di essere coinvolto in un omicidio. Nella mia patria si diceva: ci sono cose che un ebreo - chiunque sia e da qualunque parte provenga - non farà mai. Si lascerà uccidere, ma non ucciderà. Questo lo hanno dovuto riconoscere anche i nostri nemici. Naturalmente, non sto parlando degli "omicidi rituali" di cui i cristiani fanatici ci hanno spesso accusato nel corso dei secoli. Sto parlando di crimini reali. Gli ebrei potevano essere rimproverati di menzogna, inganno, frode, contrabbando, furto, spergiuro - ma non di essere assassini... Quindi dobbiamo ammettere l'impensabile: come in tutte le cose, stiamo diventando un popolo come gli altri, né migliore né peggiore, con i suoi Giusti e i suoi malvagi, un popolo capace di violenza, odio e nefandezze tanto quanto di bontà, sacrificio e grandezza[2]."

Tuttavia, non è stato necessario attendere il fenomeno dei gangster americani degli anni Trenta per rendersi conto di certe disposizioni secolari del popolo ebraico. In Russia, ad esempio, la rivoluzione bolscevica del 1917 aveva inaugurato una "liberazione" durante la quale, come abbiamo già visto nei nostri libri precedenti, moltissimi ebrei avevano svolto un ruolo assolutamente spaventoso, sia come dottrinari che come funzionari ed esecutori[3].

In un libro pubblicato nel 1998, intitolato *Yiddish Connection*, l'americano Rich Cohen ha notato la differenza tra l'immagine mediatica dell'ebreo perseguitato e una realtà più prosaica: "Quasi nessuno ha sentito parlare di gangster ebrei", ha scritto. La loro

---

[2] Elie Wiesel, *Mémoires, tome I*, Le Seuil, 1994, pagg. 364, 365.
[3] Sul ruolo degli ebrei nel comunismo, si vedano i capitoli dedicati all'argomento in *Speranze planetarie* e *Fanatismo ebraico*.

esistenza è persino messa in dubbio. La nozione stessa di gangster ebreo è contraria agli stereotipi di base applicati agli ebrei... Fisicamente, gli ebrei sono creature d'ufficio, incapaci di incutere paura." Quindi, "come si può credere all'esistenza di gangster ebrei, capaci di violenza?"

Sembra che dopo la Seconda guerra mondiale gli ebrei abbiano volontariamente cancellato questo episodio dalla loro memoria. Rich Cohen ha spiegato: "Oggi, dopo meno di due generazioni, persino gli ebrei trovano l'idea inconcepibile. Hanno sempre davanti a sé l'immagine dell'Olocausto: mai dimenticare. Non dimenticate mai il periodo in cui eravamo vittime. Hanno messo da parte l'immagine del gangster - dimenticata. Abbiamo dimenticato il tempo in cui eravamo bestie. Quando parlo del mio libro agli ebrei più anziani, cambiano argomento. Impallidiscono. A volte si arrabbiano. Quando ho parlato del libro a uno dei miei amici, si è arrabbiato. Mi avvertì che sarebbe stato un testo ispirato dall'odio verso se stessi, un libro che avrebbe dato una cattiva impressione degli ebrei." E Rich Cohen ha confessato a sua volta: "Non mi dispiacerebbe se gli ebrei facessero una brutta figura di tanto in tanto. Vorrei che la nostra libertà avesse un po' di quella brutalità[4]."

Connessione yiddish

Negli ultimi due decenni del XIX secolo, quasi due milioni di ebrei avevano lasciato l'Europa centrale e l'Impero russo per stabilirsi negli Stati Uniti. Dopo il loro arrivo negli Stati Uniti, alcuni di loro hanno palesemente continuato a praticare ciò che erano abituati a fare a Chisinau e a Odessa. Alla fine del XIX secolo, scrive Rich Cohen, "non era raro scoprire, in un vicolo buio, un vecchio, un immigrato, con il cranio fracassato, le tasche svuotate e rivoltate, come una sorta di messaggio ai ladri di cadaveri: risparmiate il vostro tempo, non c'è più nulla da prendere a questo qui"." I criminali combattevano con le armi contro le bande rivali, ma a volte anche in vere e proprie battaglie campali contro reggimenti di polizia. Era l'epoca del Far West a New York, quando i più grandi gangster non erano altro che piccoli delinquenti di strada."

Bande di borseggiatori hanno creato scompiglio in tutta la città, organizzate da *"fagin"* - dal nome dell'odioso personaggio del romanzo *Oliver Twist* di Charles Dickens: a Londra, il Fagin della storia è un

---

[4] Rich Cohen, *Yiddish Connection*, 1998, Denoël, 2000, Folio, p. 222

ricevitore che recluta una banda di ragazzini a cui insegna l'arte e il modo di rubare portafogli e orologi ai passanti. Accumula l'oro e gli oggetti di valore in un forziere nascosto sotto il pavimento della sua catapecchia, e gli occhi gli brillano mentre guarda i suoi guadagni illeciti[5]. Lo storico Albert Fried ha citato alcuni di questi *"fagin"* di New York: Harry Joblinsky, ad esempio, che supervisionava il lavoro di una quindicina di giovani borseggiatori, o Abe Greenthal, che comandava la Sheeny Gang. C'era anche la corpulenta Fredrika Mandelbaum. All'inizio del secolo, scrive Albert Fried, i criminali ebrei "occupavano regolarmente le prime pagine dei giornali".

Zelig Lefkowitz, che in gioventù era stato un ladro e un borseggiatore, dopo un po' divenne un *"fagin"*, cioè il capo di una banda di ladri. Lefkowitz era un lavoratore autonomo. I suoi servizi erano a pagamento: dieci dollari per tagliare una guancia, venticinque dollari per un proiettile nella gamba, cinquanta dollari per piazzare una bomba e fino a cento dollari per un omicidio. Fu ucciso nel 1912 da un membro di una banda rivale[6].

Ma le bande organizzate erano impegnate in altre attività, probabilmente più redditizie. All'inizio del 1890, a New York scoppiò una serie di incendi. Questi incendi erano in realtà di origine criminale. Dopo un po' di tempo, la polizia è riuscita ad arrestare i responsabili dell'incendio e diciotto di loro sono finiti in prigione, alcuni per tutta la vita. Il loro capo si chiamava Isaac Zucker. Ha ordinato gli incendi, consentendo ai proprietari di incassare il premio assicurativo[7].

I gangster traevano profitto dal gioco d'azzardo, dalla prostituzione, dalle rapine e dai furti, e persino dall'omicidio su commissione. Nell'aprile del 1911, 400 commercianti ebrei di vestiti avevano denunciato numerosi furti e avevano deciso di testimoniare in tribunale contro la presenza di bande nel loro quartiere.

Il primo a raggiungere una certa notorietà fu un certo Monk Eastman. Zelig Lefkowitz si era unito a lui alla fine del 1890 ed era diventato uno dei suoi luogotenenti. Monk Eastman si chiamava originariamente Edward Osterman. Rich Cohen ha tracciato un interessante ritratto del personaggio: "Monk era mostruoso, di una mostruosità che non si vede più spesso - tipica del XIX secolo... Il suo

---

[5] *Oliver Twist*, 1837. Nel 1948, il regista David Lean diede una fisionomia caratteristica all'ebreo Fagin. Cinquant'anni dopo, nel film di Roman Polanski, non è rimasto nulla dell'ebraicità del personaggio.
[6] Albert Fried, *The Rise and fall of jewish Gangster in America*, 1980, Columbia University Press, 1993, p. 31.
[7] Albert Fried, *The Rise and fall of jewish Gangster in America*, 1980, Columbia University Press, 1993, pag. 25, 26.

volto butterato mostrava i segni del vaiolo... le sue orecchie erano come foglie di cavolo, il suo naso piatto ridotto alla sua minima espressione, la sua bocca torva, a forma di tacca... Per chiunque lo vedesse apparire all'improvviso in una strada della malavita, doveva incarnare la morte in persona[8]."

I criminali avevano rapporti anche con gli uomini del Partito Democratico di New York, al potere in città dagli anni Cinquanta dell'Ottocento, per i quali riempivano le urne durante le elezioni o davano una mano a influenzare una decisione. In cambio, i politici hanno usato i loro contatti nella magistratura per ridurre gli effetti degli arresti.

Questi delinquenti a volte servivano anche come truppe d'assalto per i boss. Nel 1897, quando gli operai tessili scioperarono per la prima volta, "i proprietari delle fabbriche - ebrei tedeschi dei quartieri ricchi, sottolinea Rich Cohen - espressero le loro preoccupazioni ai capi delle bande ebraiche, e uno dei capi assunse Monk Eastman per costringere gli scioperanti a tornare al lavoro". In breve, alcuni ebrei erano andati a cercare l'aiuto dei loro correligionari[9]."

All'inizio del secolo, la banda di Monk Eastman contava circa 75 membri e stava combattendo per il territorio del *Lower East Side*, nella parte bassa di Manhattan, con un altro gruppo a maggioranza italiana chiamato *Five Points Gang*, guidato da Paolo Antonio Vaccarelli, un ex pugile siciliano. La lotta tra Monk Eastman e la *Five Points Gang* culminò nel 1903 in una vera e propria battaglia di strada che la polizia riuscì a malapena a contenere. Cento colpi di pistola avevano provocato tre morti e sette feriti[10].

Il regno di queste bande diminuì nel corso degli anni Dieci dopo diversi arresti, tra cui quello dello stesso Monk Eastman. Monk Eastman fu condannato a dieci anni di prigione per la morte di un detective nel 1904. Dopo aver scontato la maggior parte della pena, fu arruolato come soldato e inviato a combattere sul fronte europeo nel 1917. Al suo ritorno, si reca nel *Lower East Side*, ma nel 1920 viene ucciso con cinque colpi di pistola davanti a un caffè. È una cosa ovvia.

Monk Eastman aveva sponsorizzato la carriera di Arnold Rothstein, che divenne il primo grande padrino del gangsterismo, il primo boss del crimine di New York. A differenza della maggior parte dei gangster, Arnold Rothstein non proveniva dalla malavita. Era figlio

---

[8] Rich Cohen, *Yiddish Connection*, 1998, Denoël, 2000, Folio, p. 61, 66, 67
[9] Rich Cohen, *Yiddish Connection*, 1998, Denoël, 2000, Folio, p. 135.
[10] Albert Fried, *The Rise and fall of jewish Gangster in America*, 1980, Columbia University Press, 1993, p. 27.

di un milionario. Suo padre Abraham era un immigrato ebreo della Bessarabia, proprietario di un emporio tessile e di una filanda." Abramo aveva uno di quei volti cupi e tormentati che hanno alcuni ebrei", ha scritto Rich Cohen. Arnold un giorno presentò al padre la sua futura moglie. Ma non era ebrea. Questo è di solito un problema serio per i pii ebrei, poiché il matrimonio esogamico è considerato una vera e propria catastrofe per la comunità. Ancora oggi, quando un membro di una famiglia ortodossa sposa un gentile, la famiglia esegue il rito di *Shiva*, normalmente riservato ai decessi. Fare *Shiva* significa dichiarare che la persona è considerata morta a tutti gli effetti. Rich Cohen ha scritto: "L'uomo più anziano scosse la testa e dichiarò: "Beh, spero che sarai felice". Dopo il matrimonio, quando ha dichiarato la morte del figlio, quando ha coperto gli specchi e ha letto il *Kaddish*[11], quel momento è stato un grande passo avanti per il crimine in America. Per Rothstein, quella fu la svolta decisiva."

Arnold Rothstein aveva iniziato la sua carriera da adolescente come giocatore d'azzardo professionista e scommettitore a dadi, carte e biliardo, sotto l'egida di Monk Eastman. A vent'anni era già diventato un bookmaker di corse di cavalli, partite di baseball, incontri di boxe ed elezioni politiche. Nel 1909, aveva acquisito un proprio bookmaker nella città termale di Saratoga, nello Stato di New York, nota per aver ricevuto grandi investimenti dalla mafia. Poco dopo, la città sarebbe diventata il suo dominio; tutte le autorità locali erano state corrotte. Nel mondo del gioco d'azzardo, la sua fama si era diffusa in tutti gli Stati Uniti. Ha truccato incontri di boxe e partite di baseball. La leggenda vuole che abbia truccato la finale del campionato di baseball del 1919, ma alla fine è stato scagionato dai tribunali.

Non gestiva personalmente nessuna banda, ma era diventato l'eminenza grigia della malavita, il suo organizzatore. Risolveva le controversie, le finanziava con denaro, manodopera e protezione e, quando il gioco si faceva duro, copriva i costi delle cauzioni e degli avvocati. A New York, che nel 1920 era già la più grande città ebraica del mondo, Arnold Rothstein aveva costruito un impero del gioco d'azzardo. Aprì un lussuoso casinò nel centro della città, dove si riunivano regolarmente molte delle grandi fortune e personalità di New York, come Joseph Seagram, il barone del whisky "canadese" (la sua azienda si sarebbe poi fusa con quella di Samuel Bronfman, il cui figlio sarebbe stato a capo del World Jewish Congress), o Harry "Sinclair", il magnate del petrolio.

Rothstein era anche coinvolto nel traffico di droga (oppio e

---

[11] *Kaddish*: la principale preghiera ebraica che viene recitata anche durante i duelli.

cocaina) e nell'allevamento di cavalli. Con l'inizio del proibizionismo sugli alcolici nel gennaio del 1919, egli concentrò i suoi sforzi sull'acquisizione di questo commercio clandestino. Waxey Gordon gestiva l'intero commercio di liquori di Rothstein sulla costa orientale. Importò grandi quantità di whisky attraverso il confine canadese e acquistò numerose taverne, distillerie e speakeasies. Gordon è nato in una famiglia di immigrati ebrei polacchi nel *Lower East Side* di New York. Il suo vero nome era Irving Wexler. Era stato un borseggiatore prima di sposare la figlia di un rabbino e poi di entrare nella banda di Arnold Rothstein durante i primi anni del proibizionismo, negli anni Venti. Waxey Gordon viveva in modo stravagante, nelle suite più lussuose dei grandi alberghi di Manhattan. La sua posizione iniziò a declinare dopo la morte del suo capo nel 1928.

Per proteggere i suoi convogli dagli attacchi dei gangster rivali, Rothstein era riuscito a mettere al suo servizio temibili boss delle bande che sarebbero poi diventati le figure di spicco del gangsterismo degli anni Trenta: Bugsy Siegel, Meyer Lansky, Lucky Luciano, Frank Costello, Louis "Lepke" Buchalter, Arthur Flegenheimer (Dutch Schultz), Gurrah Shapiro, Legs Diamond.

Le reclute di Arnold Rothstein provenivano principalmente dal *Lower East Side*. Erano "ebrei e italiani, ma soprattutto ebrei", scrive Rich Cohen. Sarebbero diventati i più noti criminali del XX secolo. Rothstein è stato quindi il "Mosè della mafia: ha guidato la nuova generazione verso la terra promessa, ma non è riuscito ad arrivarci[12]." Il 4 novembre 1928 fu trovato in un hotel di New York su un tappeto insanguinato, che si contorceva dal dolore con un proiettile calibro 38 nello stomaco. Secondo il cronista di Broadway Damon Runyon, gli avevano "sparato all'inguine". Ha agonizzato per due giorni in ospedale. Il caso non fu mai risolto, ma tutti sapevano che non era riuscito a ripagare un debito di gioco per una partita di poker che riteneva fosse stata truccata[13].

Tra i gangster ebrei che hanno lasciato il segno nel mondo del crimine americano dell'epoca, troviamo Charles "King" Salomon. Originario della Russia, gestiva la malavita di Boston. Insieme a Longy Zwillman, Meyer Lansky, Dutch Schultz, Benjamin "Bugsy" Siegel e Lepke Buchalter, era uno dei *Big Six ebrei della* East Coast. All'inizio degli anni Venti, King Solomon controllava tutto il business del gioco

---

[12] Rich Cohen, *Yiddish Connection*, 1998, Denoël, 2000, Folio, p. 73, 71, 80-89
[13] Arnold Rothstein ha ispirato lo scrittore americano Francis Scott Fitzgerald per il personaggio di Meyer Wolfsheim nel suo romanzo *Il grande Gatsby* (1925). Quest'ultimo introduce Gatsby al contrabbando e alla malavita di New York.

d'azzardo e della droga a Boston e nel New England. In seguito si dedicò al contrabbando. Era anche il proprietario dei principali locali notturni della città. Nel 1922 fu incriminato per traffico di droga, ma fu assolto grazie ai suoi sostenitori politici. In seguito, ha trascorso un anno in carcere per aver costretto un testimone in un processo per traffico di droga. Fu infine liquidato nel 1933 in uno dei suoi locali notturni, il famoso *Cotton Club* di Boston. Meyer Lansky si era appena sbarazzato del suo ultimo rivale.

Abner "Longy" Zwillmann era anche un importante commerciante di alcolici ai tempi del proibizionismo e il capo della mafia del New Jersey, uno stato a ovest di New York. A scuola era già soprannominato "Longy" perché era il più alto. Aveva corrotto ogni poliziotto e giudice del New Jersey. La polizia scortava i suoi convogli e sorvegliava i suoi magazzini. Quando l'FBI stava per arrestarlo nel 1959, fu trovato impiccato nella sua casa di Newark, anche se probabilmente era stato precedentemente strangolato. Zwillmann aveva messo parte della sua fortuna al servizio della comunità. Ha donato ingenti somme di denaro alle associazioni ebraiche.

La Purple Gang era il nucleo della mafia ebraica di Detroit, al confine con il Canada. La banda gestiva il commercio di liquori e le sale da gioco, il traffico di droga, truffava le compagnie di assicurazione e compiva rapimenti e omicidi su commissione. I dodici membri della Purple Gang erano tutti ebrei, come ha osservato lo storico ebreo Robert Rockaway, che ha notato che erano anche coinvolti negli omicidi di prostitute non collaborative[14]. L'alcol di contrabbando della Purple Gang proveniva dalle distillerie dei fratelli canadesi Sam e Harry Bronfman. La famiglia Bronfman avrebbe avuto un futuro brillante: i discendenti di Samuel sarebbero diventati leader mondiali nella vendita di alcolici nel mondo e sarebbero diventati presidenti del Congresso ebraico mondiale e direttori degli studi cinematografici Universal. Robert Rockaway sostenne che metà dei principali contrabbandieri erano ebrei e che controllavano le attività di racket in alcune delle più grandi città del paese[15].

C'erano anche i "Quattro di Cleveland": Moe Dalitz, Sam Tucker, Morris Kleinmann e Louis Rothkopf, che gestivano il commercio di liquori della città. Nel 1930 la polizia di Cleveland aveva stilato una lista nera dei criminali più pericolosi. Dei 74 criminali "bianchi" nati in

---

[14] Robert Rockaway, *But he was good to his mother: The lives and the crimes of jewish gangsters*, Gefen publishing, 1993, p. 113.
[15] Robert Rockaway,... *La vita e i crimini dei gangster ebrei*, in Jean-François Gayraud, *Le Monde des mafias*, Odile Jacob, 2005, p. 115.

America, 27 erano ebrei. I tedeschi erano quindici, gli italiani tredici e gli irlandesi nove. Tra i nati all'estero, c'erano trenta italiani e dodici ebrei[16].

Lì, come altrove, i gangster gestivano i locali notturni. A New York, Dutch Schultz possedeva l'*Embassy Club*; a Boston, Charles King Solomon possedeva il *Coconut Grove*; a Newark, Longy Zwillman possedeva il *Blue Mirror* e il *Casablanca*. La Purple Gang di Detroit gestiva, tra gli altri, il *Luigi's Café* e il *Picadilly*.

Arthur Flegenheimer, noto come "Dutch Schultz", era il re indiscusso della birra nel Bronx. È nato nel 1902 da genitori ebrei tedeschi. Dutch Schultz era anche noto per il suo pessimo carattere. Era cinico e paranoico e soffriva di grandi sbalzi d'umore. Il giovane Flegenheimer era stato abbandonato dal padre all'età di quattordici anni. Ha iniziato la sua carriera giocando a dadi e rapinando case. Durante una delle sue spedizioni fu arrestato nel Bronx e mandato a lavorare in una fattoria, da cui fuggì prima di essere ricatturato. Una volta uscito di prigione, fu soprannominato "Dutch Schultz", il nome di un noto gangster recentemente scomparso. Con questo stratagemma si diffuse la voce che un gallo un tempo temibile era ancora vivo e vegeto.

Dutch Schultz ha lavorato prima per Arnold Rothstein, poi per Jack "Legs" Diamond. Nel 1928 si mise in proprio come *contrabbandiere*, specializzandosi in birra. Non esitava a torturare coloro che erano un po' riluttanti a comprare i suoi drink. Con il suo braccio destro Bo Weinber, apre un negozio a Manhattan, contendendo il territorio al suo ex capo, Legs Diamond.

Legs Diamond era stato in prigione per aver disertato l'esercito nel 1918. In seguito sarebbe diventato una celebrità della vita notturna di New York. Aveva anche una reputazione di crudeltà: nel 1930 aveva rapito e torturato un camionista per ottenere informazioni su un carico di alcolici. Aveva ordinato l'omicidio di uno scagnozzo di Dutch Schultz, ma un giorno, tornando a casa, si imbatté in Bo Weinberg, che gli piantò tre pallottole in testa. Jack "Legs" Diamond aveva 34 anni.

Alla fine del Proibizionismo, nel 1933, Schultz entrò nel giro delle lotterie truccate di Harlem. La procedura era stata elaborata dal suo contabile, Otto Abbadabba Berman. Allo stesso tempo, la "Legione del Bronx" di Dutch Schultz stava combattendo contro Bumpy Johnson, un gangster nero, per il controllo di Harlem. Questo confronto costituisce la trama del film *Hoodlum* (1997).

Già nel settembre 1908, il capo della polizia di New York

---

[16] Albert Fried, *The Rise and fall of jewish Gangster in America*, 1980, Columbia University Press, 1993, pag. 111.

Bigenheim aveva rivelato che la metà dei gangster americani erano ebrei. Le grandi organizzazioni ebraiche sono rimaste scioccate da queste parole, ma le loro lamentele non hanno cambiato la realtà[17]. Alla fine degli anni Venti, a Minneapolis, la denuncia del gangsterismo prese una piega antisemita. Così, nel novembre 1927, il *Saturday Press* accusò insolitamente i gangster ebrei di aver corrotto i giudici, il capo della polizia e i suoi uomini e di aver truccato le elezioni. I gangster ebrei erano accusati di picchiare gli uomini d'affari, di sfidare le "nostre" leggi, di corrompere i "nostri" funzionari: il 90% dei crimini della città erano commessi da gangster ebrei[18]. Il giornale è stato denunciato in tribunale e condannato in primo grado.

In effetti, ci vuole sempre un po' di tempo prima che la verità possa essere finalmente detta. Così, lo storico ebreo Robert Rockaway ha potuto permettersi di scrivere un lungo articolo sul *Jerusalem Post Magazine del* 20 aprile 1990. Nell'introduzione scrive esplicitamente: "Come in molti altri campi, gli ebrei hanno saputo crearsi una posizione dominante nel mondo del crimine."

Torah Nostra - Il sindacato del crimine

Di tutti questi gangster, Bugsy Siegel fu uno dei più influenti e anche uno dei più pericolosi. Nato da una famiglia di immigrati ebrei provenienti dalla Russia, Benjamin Siegelbaum è nato nel 1905 a Williamsburg, un quartiere di Brooklyn, New York. Bugsy abbandonò presto la scuola e per strada capì subito che la violenza gli avrebbe permesso di ottenere ciò che più gli premeva: potere, denaro e influenza. Fin da piccolo, insieme ai suoi amici, ha iniziato a estorcere denaro ai venditori ambulanti. Coloro che pensavano di poter fare a meno della protezione di una banda di minorenni hanno avuto i loro carri inzuppati di paraffina e ridotti in cenere[19].

Uno dei primi membri della banda di Bugsy a Williamsburg fu Meyer Lansky. Erano cresciuti insieme nello stesso quartiere ed erano diventati grandi soci, avviando un'attività per le strade del *Lower East Side* di Manhattan. La loro banda era nota come "Bugs and Meyer mob". Estorcevano denaro a negozianti, immigrati e usurai, anche se la loro specialità principale, grazie alle abilità di Lansky come meccanico, era il furto di auto. In seguito, le loro attività si sono ulteriormente

---

[17] Jacques Derogy, *Israël Connection*, Plon, 1980, p. 193.
[18] Albert Fried, *The Rise and fall of jewish Gangster in America*, 1980, Columbia University Press, 1993, p. 112, 113.
[19] Don Wolfe, *Le Dossier Dahlia noir*, 2005, Albin Michel, 2006, p. 204.

diversificate, spaziando dagli omicidi su commissione al contrabbando di alcolici e alle rapine a mano armata. Bugsy e Meyer Lansky formano così un duo destinato a diventare famoso.

Lansky nacque Mair Suchowljansky nel 1902 a Grodno, nell'attuale Bielorussia. La sua famiglia era emigrata a New York nel 1911. Durante l'infanzia, Lansky traeva profitto dall'osservazione dei giocatori di dadi per strada, mentre continuava a studiare religione. Nel 1921, Arnold Rothstein gli propose di unire la sua rete di contrabbandieri con un gangster siciliano che sarebbe diventato famoso: Lucky Luciano, che Siegel e Lansky avevano conosciuto a scuola, e un calabrese di nome Frank Costello. Insieme, organizzavano i primi traffici di droga, le prime truffe e le prime rapine. Questa stretta collaborazione simboleggiava i nuovi legami tra gruppi criminali ebraici e italiani. Con il proibizionismo e il commercio clandestino di alcolici, migliaia di dollari si sarebbero trasformati in milioni. Lansky convinse i suoi associati a creare un fondo comune per corrompere le autorità e continuare così le sue lucrose attività. Dotato di un grande talento per i numeri e per la contabilità, Lansky si occupò ben presto di tutta la contabilità della sua attività.

Meyer Lansky aveva uno spirito freddo e calcolatore ed era capace di escogitare ogni tipo di manovra perfida e infida. In seguito è stato descritto dalla stampa come la *"mente della mafia"*. Per molti anni è stato il tesoriere dell'associazione criminale. La sua prima moglie, invece, è finita in un ospedale psichiatrico[20].

Nel 1933, quando il proibizionismo finì, Lansky investì massicciamente nell'industria del gioco d'azzardo in tutto il Paese, corrompendo generosamente i governatori dei vari Stati. Ha costruito un impero del gioco d'azzardo, controllando hotel-casinò da Las Vegas a Miami, passando per New Orleans, Arkansas e Kentucky. Come ha scritto Jacques Attali, Lansky, insieme a Schultz, "divenne il grande capo del gangsterismo ebraico americano[21]."

Bugsy Siegel era molto diverso dal suo socio e congenere. Era una testa matta ed era noto per i suoi scatti d'ira e la sua brutale violenza. All'età di ventuno anni, già eccelleva in ogni tipo di attività criminale: rapimento, traffico di esseri umani, rapina, stupro, estorsione, traffico di droga, traffico di alcolici, omicidio. I suoi attacchi di violenza sono stati spesso paragonati a crisi ed esplosioni di natura patologica che lo

---

[20] Le malattie mentali e genetiche sono comuni nella comunità ebraica ashkenazita (vedi *Psicoanalisi dell'ebraismo*).
[21] Jacques Attali, *Les Juifs, le monde et l'argent*, Fondo de cultura económica, 2005, Buenos Aires, p. 412.

hanno trasformato in un mostro omicida. Queste crisi di violenza omicida gli valsero ben presto il soprannome di "Bugs" o "Bugsy[22]", ma era meglio non menzionare questo soprannome davanti a lui, poiché era famoso per picchiare quasi a morte con il calcio del suo revolver coloro che commettevano queste imprudenze." Provava grande piacere e divertimento nel colpire o accoltellare le sue vittime", ha scritto Don Wolfe. Aveva una doppia personalità: "C'era Bugsy, il mostro omicida eroinomane, e Benny, il bel giovane con l'aria da star del cinema che sapeva essere affascinante, affabile e generoso. Ma fu Bugsy a usare Benny come copertura[23]."

Bugsy Siegel aveva ripreso dalla tradizione siciliana l'arte di far sparire le sue vittime. Nel 1934, decise di uccidere il suo vecchio amico Bo Weinberg che, perseguitato e perseguitato dal procuratore Thomas Dewey, avrebbe potuto testimoniare contro il suo capo Dutch Schultz. Gli telefonò per cenare insieme. I due uomini hanno girato in auto prima di fermarsi in una strada buia e deserta. Lì, Bugsy si scatenò, colpendo Bo con una pistola e tagliandogli il viso e il collo con un coltello. I corpi delle vittime di Bugsy venivano ritrovati raramente. Si dice infatti che egli stesso abbia rimosso i loro visceri per evitare che i gas intestinali facessero galleggiare i corpi dal fondo dell'East River, le loro tombe d'acqua. Nei fascicoli della polizia su Bugsy, l'FBI stimava che, prima di stabilirsi in California, Benjamin Siegel avesse ucciso selvaggiamente almeno trenta persone[24]. Una delle sue torture preferite era quella di inzuppare le sue vittime con la benzina e dare fuoco alle loro spalle con il suo accendino. Poi spegneva il fuoco e lo riaccendeva su un'altra parte del corpo. Terrorizzato fino al midollo, il torturato avrebbe infine rivelato tutto ciò che Bugsy voleva sapere. Ma la vittima si è ritrovata comunque con due colpi in testa.

Nella primavera del 1928, all'età di ventitré anni, Benny aveva sposato Esta Krakower, il suo amore d'infanzia, con Meyer Lansky testimone di nozze. All'inizio non sospettava che Benny fosse un gangster. Per lei, il marito gestiva con Meyer Lansky una società di noleggio di camion in *Cannon Street*, nel *Lower East Side*. In realtà, la società di noleggio fungeva solo da copertura per le attività di contrabbando di alcolici e di rapimento. La banda riceveva le consegne di alcolici in barca dalla costa del New Jersey. Ma la sete di New York negli anni ruggenti era tale che Siegel spesso rubava le spedizioni da altri rivenditori per riempire le sue scorte. Queste operazioni hanno

---

[22] Da "bugs" o "buggy", che in anglo-americano significa "pazzo", "folle" o "buggy".
[23] Don Wolfe, *Le Dossiare Dahlia noir*, 2005, Albin Michel, 2006, pagg. 204, 205.
[24] Don Wolfe, *Le Dossiare Dahlia noir*, 2005, Albin Michel, 2006, pagg. 204, 205.

seminato discordia e provocato una guerra tra bande[25].

I gangster ebrei dovettero confrontarsi con la temibile mafia siciliana. Dopo un viaggio in Sicilia nel 1925, Mussolini aveva lanciato una grande campagna per estirpare la mafia. Inviò un "prefetto di ferro", Cesare Mori, che eseguì arresti di massa, talvolta circondando e assediando interi villaggi. Per la prima volta, la mafia si è tirata indietro. Nel discorso alla Camera del 26 maggio 1927, Mussolini aveva chiaramente annunciato che la lotta alla mafia siciliana sarebbe stata uno degli obiettivi più importanti del suo governo e che avrebbe agito senza sosta contro di essa: "Voi mi chiedete: quando finirà la lotta alla mafia? Finirà quando non ci saranno più mafiosi. Così come finirà quando il ricordo della mafia sarà definitivamente scomparso dalla memoria dei siciliani[26]."

Alcuni boss mafiosi hanno poi lasciato il Paese. Salvatore Maranzano arriva così sul suolo americano nel 1927. Un gangster che lo ha incontrato ha fornito questa testimonianza: "Quando siamo arrivati, era tutto molto buio. Siamo stati condotti davanti a Maranzano: aveva un aspetto assolutamente maestoso, con due pistole alla cintura e circondato da una novantina di uomini armati fino ai denti. Avrei pensato di essere in presenza di Pancho Vila[27]."

Maranzano si scontrò subito con Giuseppe Masseria, un siciliano affermato che si faceva chiamare *"Joe il capo"*. La rivalità tra le due fazioni fu esacerbata alla fine degli anni Venti dalle frequenti rapine ai convogli di alcolici, e la guerra fu infine apertamente dichiarata nel 1930, quando Joe Masseria fece giustiziare un capobanda che passava dalla parte di Maranzano. Di notte si sono sentiti degli spari e al mattino i poliziotti sono venuti a contare i morti. Dopo alcune decine di morti, il conflitto, noto da allora come guerra castellammarese, sembrava insolubile. Lucky Luciano e Vito Genovese hanno poi ordinato l'assassinio del loro stesso boss, Joe Masseria.

Carlo Luciano era sbarcato dalla Sicilia nel 1906. Nel 1923 fu presentato a Joe Masseria, ma il rapporto tra i due uomini si deteriorò rapidamente. Masseria diffidava del suo nuovo protetto, nel quale vedeva un potenziale rivale. Da parte sua, Luciano rimproverava a Masseria il suo virulento antisemitismo - comune nella mafia - che chiudeva a Cosa Nostra i succosi traffici controllati dalle bande ebraiche di New York. All'epoca, Luciano frequentava già Meyer Lansky e insieme avevano preso il controllo degli strozzini, degli allibratori e dei

---
[25] Don Wolfe, *Le Dossier Dahlia noir*, 2005, Albin Michel, 2006, p. 206.
[26] William Reymond, *Mafia S.A.*, Flammarion, 2001, p. 51.
[27] Rich Cohen, *Yiddish Connection*, 1998, Denoël, 2000, Folio, p. 95.

broker assicurativi dei quartieri ebraici e di Little Italy.

Come avvertimento, Luciano è stato picchiato in campo aperto. Da quel momento in poi sarebbe stato chiamato Lucky, perché era stato molto fortunato a uscirne vivo. Quando fu dichiarata guerra a Maranzano, Luciano colse l'occasione per fare un accordo con lui. Il 15 aprile 1931, invitò "*Joe the Boss*" Masseria a pranzo per parlare di affari presso il ristorante Nuova Villa Tammaro a Coney Island, di fronte a Brooklyn. Rich Cohen ha scritto: "Forse Masseria ha parlato degli ebrei, ripetendo ancora una volta a Charlie che un uomo può fidarsi solo dei suoi simili." Dopo pranzo hanno giocato a poker. Verso le tre, Luciano si assentò per andare in bagno. Un attimo dopo, la porta d'ingresso del ristorante fu fatta saltare e ne uscirono gangster della peggior specie: Bugsy Siegel, Albert Anastasia, Joe Adonis e Red Levine. Andarono in fondo alla stanza e spararono una ventina di colpi. Quando i poliziotti hanno chiesto a Luciano dove si trovasse durante la sparatoria, lui ha risposto semplicemente: "In bagno, a pisciare"." Dopo averci pensato, ha aggiunto: "Ci metto sempre molto tempo a fare pipì."

Maranzano fu così vittorioso nella guerra contro Masseria. È stata una pietra miliare nella storia della criminalità organizzata. Maranzano era diventato il boss unico della mafia siciliana. Qualche settimana dopo organizzò un incontro. La Cosa Nostra italiana sarebbe stata d'ora in poi divisa in cinque famiglie, di cui nominò i capi: Genovese, Gambino, Bonanno, Colombo e Luchese. Ora era il *capo di tutti i capi*, il capo di tutti i capi. Ma il regno di Maranzano fu di breve durata, perché quell'accordo non durò più di cinque mesi. Come Masseria, Salvatore Maranzano rimase legato all'identità etnica della mafia e rifiutò di unirsi ai gangster ebrei. Il suo gusto per la tradizione e il suo antisemitismo non piacevano ai giovani mafiosi guidati da Luciano, che si sentivano più americani che siciliani.

Maranzano aveva già pianificato l'esecuzione di Luciano, Vito Genovese, Al Capone e Frank Costello, ma non fece in tempo ad agire. Nel settembre del 1931, Luciano, venuto a conoscenza della vicenda, si mise all'opera e, con l'accordo dei suoi sodali, inviò nuovamente una squadra di gangster ebrei per far fuori Maranzano. Il suo amico Meyer Lansky aveva messo insieme un gruppo di assassini che comprendeva Abe [Abraham] Levine di Toledo, Ohio. Era "un ebreo ortodosso che si rifiutava di uccidere di sabato"." Con lui è arrivato Bo Weinberg, il braccio destro di Dutch Schultz. Erano tutti uomini che Lansky aveva scelto per il loro sangue freddo. Insieme a Bugsy Siegel, Martin Goldstein e Abe Reles, si spacciarono per agenti federali incaricati di reprimere il traffico di alcolici e penetrarono nel quartier generale di

Maranzano: "Agenti federali, controllo del Tesoro, nessuno si muova! "hanno gridato. Hanno disarmato le guardie del corpo e portato Maranzano in una stanza chiusa a chiave con doppie porte imbottite. Lo accoltellarono uno dopo l'altro e Bugsy gli diede il colpo di grazia tagliandogli la gola. L'omicidio di Maranzano segnò l'inizio dell'epurazione. L'uccisione è iniziata il 10 settembre ed è terminata la mattina dell'11 settembre. Quella notte è passata agli annali della cronaca nera come "la notte dei Vespri Siciliani", un riferimento alla strage degli Angioini del 1282 a Palermo[28]. Quaranta boss della vecchia mafia sono stati liquidati.

Da quel momento in poi non ci fu più un *capo di tutti i capi* ma un sistema federale. Sotto la guida di Charlie Luciano, cinque famiglie siciliane avrebbero continuato a esistere con la notevole differenza che ora potevano lavorare a stretto contatto con i gangster ebrei.

La creazione di un "Sindacato" era stata decisa due anni prima, nel maggio 1929, dopo la morte di Arnold Rothstein. Perché spendere fortune per sbarazzarsi di giudici e poliziotti se poi finiscono per uccidersi a vicenda? Era urgente un potere centrale per fermare le vendette. Lansky e Luciano organizzarono quindi un incontro nella località balneare di Atlantic City. È stata la prima "Yalta" del crimine. L'incontro, durato sei giorni, aveva riunito tutti i boss del crimine dell'est americano: Al Capone di Chicago, con il suo consigliere finanziario Jacob Guzik; Joe Bernstein di Detroit; Moe Dalitz, Lou Rothkopf e Chuck Polizzi di Cleveland; Boo Boo Hoff e Nig Rozen di Philadelphia; Weissman e John Lazia di Kansas City; Longy Zwillmann di Newark. Da New York provenivano Joe Adonis, Waxey Gordon, Lucky Luciano, Frank Costello, Albert Anastasia, Meyer Lansky, Louis "Lepke" Buchalter, tra gli altri. L'obiettivo dell'incontro era quello di suddividere i settori criminali esterni al vecchio ordine mafioso siciliano e di dividere i rispettivi territori e profitti.

Dopo la morte di Maranzano, nel 1931 si tenne un nuovo incontro al Blackstone Hotel di Chicago. È stato concordato che nessun boss mafioso avrebbe dovuto dominare l'intera criminalità organizzata e che ci sarebbe stata una leadership collegiale. In caso di contenzioso si cercherà la collaborazione piuttosto che il confronto. Il sistema funzionerebbe come un'azienda, con un consiglio di amministrazione

---

[28] I Vespri Siciliani sono l'evento storico del massacro dei francesi in Sicilia nel 1282, che portò alla fine del regno di Carlo d'Angiò sull'isola, sostituito dai re d'Aragona. Alcuni autori vi vedono l'origine storica della mafia: secondo loro, il grido di guerra degli insorti sarebbe stato *"Morte Alla Francia! Italia Aviva!"* o *"Morte a i Francesi! Italia Anella!*. Queste due frasi sarebbero acronimi della parola mafia.

che voterebbe le politiche prima di attuarle. Gli Stati Uniti e il Canada sarebbero stati divisi in ventiquattro territori sotto la responsabilità dei membri della Commissione. Inoltre, è stato istituito un sistema di fondi comuni per pagare tangenti alle autorità e per finanziare investimenti speciali. È stato il certificato di nascita del crimine organizzato.

Alla fine del proibizionismo, la direzione era composta da sette membri permanenti (i "Big Seven"): Lucky Luciano, che controllava la prostituzione; Frank Costello (che aveva sposato un'ebrea) controllava il gioco d'azzardo; Meyer Lansky era l'esperto di finanza; Bugsy Siegel gestiva il racket dei locali notturni e la distribuzione di alcolici; Albert Anastasia controllava i porti e il sindacato degli scaricatori di porto con il suo socio Joe Adonis di Broadway; Louis "Lepke" Buchalter era responsabile dell'estorsione dell'industria tessile, del sindacato dei teamster, delle panetterie e dei cinema.

Allo stesso tempo, la Commissione ha creato un ramo speciale incaricato di giustiziare, previa delibera, i membri colpevoli di inadempienza o ritenuti inaffidabili. Conosciuta come Murder Incorporated, questa squadra di assassini che operava in tutto il territorio era guidata da Louis "Lepke" Buchalter, Anastasia e Bugsy Siegel. D'ora in poi, prima di uccidere qualcuno in qualsiasi luogo, il Sindacato doveva dare la sua approvazione e il Consiglio nominava i boia.

I poliziotti non sospettarono a lungo dell'esistenza del Sindacato. Quando riuscirono ad arrestare un malavitoso disposto a parlare, ottennero poche informazioni a causa della legge del silenzio che la mafia aveva importato dalla Sicilia. In effetti, prima della creazione del Federal Bureau of Narcotics nel 1930, poche persone nelle forze dell'ordine e nella magistratura comprendevano la criminalità organizzata. John Edgar Hoover, all'epoca a capo dell'FBI, non era interessato alla mafia. Non credeva nemmeno che esistesse e pensava che fosse una bufala inventata dai sindaci delle grandi città per giustificare le loro difficoltà. Quando gli investigatori hanno prodotto le prove dell'esistenza di una vasta cospirazione criminale, ha continuato a respingere l'idea come assurda, dicendo ai giornalisti: "Non c'è nessuna mafia in America[29]."

---

[29]Nella sua biografia *Official and Confidential: The Secret Life of J. Edgar Hoover* (1993), il giornalista Anthony Summers ha affermato che la mafia aveva materiale di ricatto su Hoover, il che rendeva Hoover riluttante a perseguire aggressivamente il crimine organizzato. Secondo Summers, i personaggi della criminalità organizzata Meyer Lansky e Frank Costello ottennero le foto della presunta attività omosessuale di Hoover con Tolson (il secondo in comando di Hoover all'FBI) e le usarono per assicurarsi che l'FBI non perseguisse le sue attività illegali. Tuttavia, la maggior parte

Hoover ignorò il problema per tutti gli anni '30 e '40 fino al 1957, quando gli agenti di polizia di una regione rurale dello Stato di New York fecero irruzione in una grande proprietà isolata in campagna e scoprirono più di sessanta gangster che si riunivano e cospiravano nel buio[30].

Arrivati sul luogo dell'incontro, scrive Rich Cohen, i poliziotti "hanno avuto una visione che deve averli portati a credere di aver trovato una concessionaria di auto[31]." Questo raid ha sicuramente cambiato il modo in cui gli americani vedono il crimine organizzato.

Omicidio incorporato

Louis Buchalter è nato nel 1897 a Brooklyn da genitori ebrei tedeschi. Sua madre lo chiamava "Lepkelech", che in yiddish significava "Piccolo Louis", che gli amici abbreviavano in "Lepke". In gioventù, Lepke ha fatto parte di una banda, gli Amboy Dukes (di Amboy Street a Brooklyn), con cui ha compiuto ogni sorta di rapina. Nel 1919 aveva già scontato due pene detentive. Lepke formò un duo con Jacob "Gurrah" Shapiro, il cui feudo era a Brooklyn, nel quartiere di Brownsville. A quel tempo a Brownsville il potere era nelle mani dei fratelli Shapiro. Il maggiore, Meyer Shapiro, è nato nel quartiere. Era un ragazzo allampanato che sarebbe diventato obeso in età adulta." Tutto in lui era grasso: occhi grassi, naso grasso, orecchie grasse, bocca grassa", ha scritto Rich Cohen. I fratelli Shapiro gestivano una quindicina di bordelli nella malavita. Come gli ebrei di Odessa, città da cui provenivano, terrorizzavano i negozianti e gli esercenti del quartiere. Nella Brooklyn degli anni Trenta, i proprietari di negozi o ristoranti che volevano affittare o acquistare una slot machine dovevano passare attraverso gli Shapiro che, oltre a prendere una percentuale sui profitti, chiedevano una cifra fissa di cinque dollari per ogni macchina." E se gli Shapiro non venissero pagati, e se tu avessi il tuo jukebox, il

---

dei biografi ritiene improbabile la storia del ricatto mafioso alla luce delle indagini in corso dell'FBI sulla mafia. Il biografo Kenneth Ackerman afferma che le accuse di Summers sono state "ampiamente screditate dagli storici". (NdT).
[30] *Riunione di Apalachin*: La riunione di Apalachin fu uno storico summit della mafia americana tenutosi a casa del mafioso Joseph "Joe the Barber" Barbara al 625 di McFall Road ad Apalachin, New York, il 14 novembre 1957. L'incontro si sarebbe tenuto per discutere di vari argomenti, tra cui l'usura, il traffico di stupefacenti e il gioco d'azzardo, oltre alla divisione delle operazioni illegali controllate da Albert Anastasia, recentemente assassinato. Si ritiene che all'incontro abbiano partecipato circa 100 gangster.
[31] Rich Cohen, *Yiddish Connection*, 1998, Denoël, 2000, Folio, p. 229-233.

tuo distributore di sigarette o il tuo flip-flopper altrove? Poi potrebbe accadere qualcosa di spiacevole: il vostro negozio potrebbe andare a fuoco o essere scassinato e messo a soqquadro[32]."

Lepke e Shapiro scortavano occasionalmente le consegne di alcolici di Arnold Rothstein. Ma avevano altre attività redditizie. Estorcevano denaro ai piccoli negozianti e avevano preso il controllo del mercato *Prêt-à-porter* nel *Lower East Side*. Lepke ha spiegato: "Quanto sono fragili gli stracci! Quali danni si possono fare con una bottiglia d'inchiostro. I negozianti capiscono subito." Buchalter avrebbe poi gestito i fondi pensione dei lavoratori del settore tessile. Hanno usato gli stessi metodi con i lavoratori in sciopero. Organizzavano bande criminali per interrompere gli scioperi (*gli schlammers*), impedendo agli scioperanti di interrompere il lavoro e ricevendo per questi servizi ingenti somme di denaro dai dirigenti delle fabbriche. Ecco cosa ha scritto Rich Cohen al riguardo: "Vale la pena ricordare che sono stati i padroni delle aziende a ricorrere per primi ai gangster... In generale, quando interrompevano gli scioperi, i gangster picchiavano gli operai con spranghe di ferro avvolte in giornali. Lo chiamavano *schlamming* (picchiare)."

Hanno anche estorto denaro a grandi pasticcerie di New York offrendo loro "protezione". Queste estorsioni si sono poi estese ad altri settori, come le sale cinematografiche e l'autotrasporto. Buchalter portò avanti questa attività con il pugno di ferro e continuò a farlo anche dopo essere diventato un membro di spicco della Commissione Mafia Americana. L'estorsione dei sindacati era praticata da altri gangster newyorkesi, ma la spietatezza di Buchalter nei confronti di chi non paga superava quella dei suoi colleghi. Laddove altri si limitavano a spezzare le gambe ai recalcitranti, Buchalter uccideva senza preavviso. Ordinò anche saccheggi e incendi dolosi per rafforzare la sua reputazione.

A quel punto anche i leader sindacali si sono rivolti ai gangster, non avendo altro modo per proteggersi. Arnold Rothstein fu il primo ad accettare di aiutarli[33]. All'inizio degli anni Trenta, Lepke controllava già un migliaio di lavoratori attraverso i sindacati dei camionisti, dei gestori di cinema e dei pittori edili.[34]

I successi di Buchalter nel campo delle estorsioni lo proiettarono

---

[32] Rich Cohen, *Yiddish Connection*, 1998, Denoël, 2000, Folio, p. 31, 32
[33] Rich Cohen, *Yiddish Connection*, 1998, Denoël, 2000, Folio, p. 135. Rich Cohen ci informa inoltre che Sydney Hillman, consigliere del presidente Franklin Roosevelt ed ex leader del sindacato dei lavoratori del settore tessile, "aveva lavorato in passato con Lepke"." (p. 400)
[34] Rich Cohen, *Yiddish Connection*, 1998, Denoël, 2000, Folio, p. 145.

ai vertici del mondo criminale. Durante la formazione del Sindacato del Crimine, Lepke era a capo della Murder Incorporated, l'organizzazione incaricata di assassinare i membri inaffidabili o colpevoli della mafia. Avevano concordato di proibire l'omicidio senza la preventiva autorizzazione di poliziotti, giudici o altre figure pubbliche importanti. Ai malavitosi era anche vietato uccidere persone che non fossero membri della mafia, per evitare indagini approfondite o la mobilitazione nazionale contro la criminalità organizzata. Invece, è stato permesso loro di farsi giustizia da soli tra i membri della criminalità organizzata, a condizione che la sentenza fosse avallata dalla "Commissione". Fu per decidere a livello centrale questo "lavoro sporco" che venne creata la "Murder Incorporated" (così chiamata dalla stampa), una sorta di mutualità dell'omicidio in base alla quale un boss locale poteva usufruire dei servizi di un assassino di un'altra località ed evitare così di essere perseguito. La Murder Incorporated era una banda di sicari, come ha scritto Don Wolfe, "composta da criminali ebrei che facevano il lavoro sporco del Sindacato del Crimine". [35] "Si stima che, tra il 1933 e il 1940, l'organizzazione sia stata responsabile di oltre 700 omicidi, anche se alcuni sostengono che ne abbia commessi addirittura 2.000. Alla fine della sua carriera, Lepke era personalmente sospettato di decine di omicidi. Le esecuzioni con armi da fuoco erano facilmente identificabili, quindi si preferiva l'annegamento, le armi da taglio, la mazza da baseball, il filo del pianoforte e, soprattutto, il punteruolo.

Murder Incorporated è stato co-diretto da Bugsy Siegel e Albert Anastasia. Erano loro a raccogliere le richieste e a scegliere le modalità di esecuzione. A volte ingaggiavano assassini *freelance,* ma più spesso utilizzavano un gruppo di giovani gangster ebrei e italiani con sede a Brownsville, ai quali veniva corrisposto un salario annuale. I più famosi erano Louis Capone, Harry "Happy" Maïone, Frank Abbandando, Vito Gurino, Mendy Weiss, Harry Strauss (detto "Pittsburgh Phill") e Martin "Bugsy" Goldstein.

Abraham Reles, detto Abe Reles o "Kid Twist", era il leader del gruppo. Nato nel 1907, i suoi genitori provenivano dalla Galitzia, una regione della Polonia meridionale. Il suo soprannome, "Kid Twist", derivava dal suo viso giovanile e dalla sua abilità nel torcere il collo alle sue vittime. Rich Cohen lo descrive così: "Col tempo, Reles è diventato un leader. Sebbene fosse alto a malapena un metro e ottanta, c'era qualcosa in lui che incuteva rispetto... Parlava lentamente, con una voce gutturale e un filo di voce. Aveva un'andatura curiosa: per strada sembrava un uomo che cercava di tirare avanti le scarpe scuotendo i

---

[35] Don Wolfe, *Le Dossier Dahlia noir*, 2005, Albin Michel, 2006, pagg. 209, 214.

piedi."

All'inizio, "la prima persona che Kid reclutò fu Martin Goldstein... Aveva lo stesso atteggiamento da duro delle star del cinema, con la bocca piccola e la camminata da papera". Marty era timido, ma Kid sapeva come individuare una particolarità in lui. Se la sua timidezza fosse messa alla prova, potrebbe uscire di senno e andare in crisi psicotica. Ecco perché si chiamava Bugsy (il Bugsy) - perché era un po' pazzo, e questa era una qualità che si vedeva sempre in alcuni gangster[36]."

L'arma preferita di Abraham Reles era il punteruolo da ghiaccio, che inseriva nel cervello delle vittime attraverso le orecchie, simulando la morte per emorragia cerebrale. Era noto per essere un assassino psicopatico particolarmente feroce. Una volta ha ucciso un benzinaio perché non aveva pulito una macchia dalla fiancata della sua auto. Durante il proibizionismo degli anni Venti, Reles e il suo amico Martin Goldstein, ancora adolescenti, avevano lavorato per i fratelli Shapiro che gestivano il racket di Brooklyn.

È stato Reles a detronizzare definitivamente i fratelli Shapiro nel quartiere Brownsville di Brooklyn. Reles aveva investito in una delle roccaforti di Shapiro: il gioco d'azzardo e lo strozzinaggio. Le cose si mettono subito male: una notte, Reles riceve una telefonata da un "amico" che lo informa che i fratelli Shapiro hanno lasciato il loro covo di East New York. Reles, Goldstein e i loro scagnozzi si precipitarono al quartier generale di Shapiro, ma l'informazione era una bufala e caddero in un'imboscata. Reles e Goldstein sono rimasti feriti nello scontro a fuoco. Meyer Shapiro voleva dare una lezione a Reles rapendo la sua ragazza e portandola in un campo aperto dove è stata picchiata e violentata più volte.

Dopo vari tentativi da entrambe le parti, Reles riesce a mettere le mani su Irving Shapiro. Lo ha trascinato lungo il corridoio della sua casa fino alla strada dove lo ha brutalmente picchiato prima di ucciderlo con diciotto colpi, due dei quali al volto. Due mesi dopo, in una strada deserta, Reles trovò Meyer Shapiro e gli sparò alla testa. Sono passati tre anni prima che l'ultimo fratello Shapiro, William, venisse finalmente rapito dalla strada e portato in un nascondiglio della banda. È stato selvaggiamente picchiato a morte. Harry Strauss lo legò e lo caricò in macchina per portarlo alla sepoltura. Qualche anno dopo, quando il suo corpo fu ritrovato, riesumato e sottoposto ad autopsia, il medico legale

---

[36] Rich Cohen, *Yiddish Connection*, 1998, Denoël, 2000, Folio, p. 35, 37, 41. Sui difetti fisici e mentali si legga *Psicoanalisi dell'ebraismo*, (2022).

trovò tracce di fango sulla cassa toracica: era ancora vivo quando fu seppellito.

La reputazione della banda di Brownsville arrivava fino a Manhattan, nei *locali notturni* e nelle suite d'albergo dove Charlie Luciano, Meyer Lansky e Bugsy Siegel progettavano e pianificavano il futuro del crimine organizzato. Presto, Abe Reles e i suoi complici avrebbero lavorato per il "Sindacato".

Harry Strauss era il famoso assassino della banda di Abraham Reles. Era un pio ebreo. Rich lo descrive così: "Ha vissuto in un mondo profondamente plasmato dalla moralità. Le sue opinioni - sulla punizione, sulla responsabilità, su qualsiasi impegno formale - erano, per molti versi, opinioni ebraiche. Per Strauss, Dio era presente in ogni atto, in ogni gesto, in ogni gesto... Strauss era l'immagine del Dio dell'Antico Testamento; vedeva, giudicava, puniva[37]."

Strauss uccise più di trenta uomini in più di una dozzina di città, ma probabilmente gli si potrebbe attribuire un centinaio di omicidi." Viaggiava con una piccola valigia di pelle contenente un paio di pantaloni, biancheria di seta, una camicia bianca, una pistola e una corda. Seguiva la tradizione del venditore ambulante ebreo, l'ambizioso immigrato che si muoveva verso ovest su strade fangose... Il Sindacato aveva inventato il "contratto"; uno straniero arriva, uccide e se ne va. La polizia locale non ha nulla da fare - nessun movente, nessun sospetto, nulla[38] -". Nella maggior parte dei casi, se la situazione si complicava, i killer a contratto potevano nascondersi in regioni isolate degli Stati Uniti dove i politici locali venivano comprati e chiudevano un occhio.

A Williamsburg, gli Amberg erano gli unici gangster di Brooklyn con la volontà e il coraggio di sfidare Kid Twist (Abe Reles), presentandosi nel loro territorio per estorcere denaro ai commercianti.

---

[37] Rich Cohen, *Yiddish Connection*, 1998, Denoël, 2000, Folio, p. 120-122. Ricordiamo qui ciò che dice il Talmud: un ebreo pio è sempre considerato intrinsecamente buono, nonostante i peccati che può commettere. Solo il suo guscio è contaminato, mai il suo io interiore. Talmud (*Chagigah, 15b*). [La Gemara chiede: (...) una fonte afferma che si può imparare solo da uno studioso che è irreprensibile nei suoi modi, mentre un'altra indica che è permesso anche imparare da qualcuno il cui carattere non è irreprensibile (...) Rava insegnò: Qual è il significato di ciò che è scritto: "Sono sceso al noceto per vedere il verde della valle" (*Cantico dei Cantici 6:11*)? Perché gli studiosi della Torah sono paragonati alle noci? Come questa noce, anche se è macchiata di fango ed escrementi, il suo contenuto non diventa ripugnante, perché solo il suo guscio è macchiato; così anche uno studioso della Torah, anche se ha peccato, la sua Torah non diventa ripugnante." (www.seforia.org). Sul Talmud, leggere *Psicoanalisi dell'ebraismo*].

[38] Rich Cohen, *Yiddish Connection*, 1998, Denoël, 2000, Folio, p. 162.

Si erano imposti nei primi anni del secolo e avevano avuto un discreto successo nelle rapine, nelle estorsioni e negli omicidi. La banda era guidata da Joey Amberg, un immigrato ebreo russo. Nel 1935, i membri della sua banda si scontrarono con Harry Kazner, un piccolo criminale che lavorava per la Murder Inc. Un giorno fu portato in uno scantinato dove fu legato, picchiato a morte e il suo corpo fatto a pezzi. Gli assassini avevano gettato i pezzi in un sacco nella fogna che portava alla Jamaica Bay. La marea portò i resti di Kazner verso il mare[39]. La risposta fu rapida e Lepke ottenne il via libera dagli altri capi del Sindacato per uccidere i membri della banda di Joey Amberg, che furono liquidati uno dopo l'altro.

A metà degli anni Trenta, i Brownsville Boys si erano mescolati con gli scagnozzi di Lepke ed era difficile distinguere le due bande, poiché Reles, Goldstein, Strauss, Happy Maione e Abbandando potevano essere visti ovunque in compagnia dei migliori tiratori di Lepke, come Albert Tennenbaum, Charlie Workman, Mendy Weiss e Pretty Levine.

Albert Tannenbaum lavorava su commissione, affittando i suoi servizi a chiunque avesse il denaro necessario." Aveva un viso scuro e stretto con un naso comicamente lungo, occhi tristi e sopracciglia folte", ha scritto Rich Cohen.

Charlie Workman "ha sempre mantenuto il sangue freddo, nonostante le sirene che si sentivano in lontananza, per prendersi il tempo di frugare nelle tasche del cadavere[40]. Alla fine della sua carriera, il numero di vittime assassinate doveva essere intorno alla ventina. Quando i poliziotti lo catturarono, affermò di essere Jack Harris o Jack Cohen o qualsiasi altro nome gli venisse in mente. Diceva alla gente che era un uomo d'affari di Brooklyn o che vendeva automobili." In effetti, quasi tutti i membri della Murder Inc. esercitavano una professione dichiarata, avendo così i mezzi finanziari necessari e un alibi da raccontare ai poliziotti. Tannenbaum lavorava nel settore tessile. Pretty Levine guidava un camion della spazzatura, che a volte usava per smaltire i cadaveri. Ma la sua vera fonte di guadagno proveniva evidentemente dall'estorsione di denaro ai negozianti che maltrattava o dal contrabbando di alcolici.

Anche lo strozzinaggio faceva parte dell'arsenale dei gangster per predare le loro vittime. Abe Reles aveva un tavolo da gioco all'incrocio tra Court e State Street a Brooklyn. Ecco cosa ha scritto Rich Cohen

---

[39] Rich Cohen, *Yiddish Connection*, 1998, Denoël, 2000, Folio, p. 197
[40] Lo spossessamento dei cadaveri è una lunga e antica tradizione degli ebrei; cfr. Hervé Ryssen, *Planetary Hopes*, (2005-2022).

sulla truffa: "Quando un giocatore d'azzardo perdeva i suoi soldi, Reles gliene prestava altri, spesso a un tasso d'interesse del venticinque per cento. Per ripagare Reles, il musicista prendeva spesso in prestito da Strauss, Pretty Levine o Dukey Maffeatore. Prima di rendersi conto di ciò in cui si era cacciato, il giocatore doveva tutto quello che aveva alla piccola truppa[41]." Così vediamo come i gangster americani abbiano usato gli stessi metodi che avevano fatto guadagnare agli ebrei una reputazione, forse meritata, fin dai tempi antichi.

L'arrivo massiccio di ebrei russi e polacchi negli Stati Uniti sembrava aver arricchito l'America di una popolazione "diversa". In generale, però, sembra che gli ebrei fossero più inclini alle attività criminali rispetto alle altre popolazioni di nuovi arrivati.

Questa è la testimonianza di Frank Moss, citata da Rich Cohen. Dopo una visita ai quartieri ebraici di New York, ha notato "l'ignoranza, il pregiudizio, il persistente rifiuto di conformarsi agli ideali, ai costumi religiosi e alle esigenze dell'America, lo spirito di clan e la diffidenza verso i cristiani". E aggiungeva: "Non c'è posto al mondo dove si possano trovare così tanti parassiti umani, in una quantità davvero incalcolabile... Gli istinti criminali che sono spesso osservati come lo stato naturale negli ebrei russi e polacchi vengono in superficie, in modo tale da accreditare l'opinione che queste persone siano i peggiori elementi dell'intera popolazione di New York[42]."

Un giorno, un contabile dell'Unione di nome Walter Sage subì le conseguenze dei suoi errori ricorrenti: Gangy Cohen lo pugnalò al petto con un punteruolo e lo accoltellò trentasei volte per insegnargli a contare correttamente. Il contabile è finito in fondo alla baia legato a una slot machine. Ma dopo aver ucciso Walter Sage, Gangy Cohen ebbe una specie di rivelazione: "Se mi hanno costretto a uccidere Walter, prima o poi troveranno qualcuno che uccida me". Gangy Cohen prese il treno per il Far West, a Hollywood. Qui debutta al cinema, prima come comparsa, poi come attore con il nome di Jake Cohen. Qualche anno dopo, un agente di polizia, che da tempo era sulle tracce di Gangy

---

[41] Rich Cohen, *Yiddish Connection*, 1998, Denoël, 2000, Folio, p. 208. Questo è il metodo classico dell'usura che ha favorito l'antisemitismo di tutti i contadini d'Europa nel corso della storia.

[42] Rich Cohen, *Yiddish Connection*, 1998, Denoël, 2000, Folio, p. 62. L'ex presidente socialista cileno, Salvador Allende, ha fatto la stessa analisi: "Gli ebrei sono caratterizzati da una certa categoria di crimini: frode, mendacia, calunnia, diffamazione e soprattutto usura. Questi fatti ci permettono di supporre che la razza giochi un ruolo nella criminalità." (Estratto dalla tesi di laurea in medicina di Salvador Allende del 1933, citato da Victor Farias nel suo libro intitolato *Allende, Antisemitismo ed Eutanasia*, in *Faits et documents* del 1° giugno 2005).

Cohen e pensava che fosse scomparso, lo vide sul grande schermo in un film interpretando il ruolo di un poliziotto. Cohen è stato arrestato, ammanettato ed estradato dalla California. Il processo si svolse poco dopo, ma fu assolto per mancanza di prove. Rich Cohen ha concluso: "Se le cose si facevano davvero difficili, c'era sempre la soluzione di andare a Hollywood e diventare una star del cinema[43]."

Il canto del canarino

Nel 1933, quando il proibizionismo fu abolito, i gangster facevano ancora molti soldi con il gioco d'azzardo, gli stupefacenti, la prostituzione e il sistema delle scommesse telefoniche. Poi c'erano le corse di cavalli truccate. Don Wolfe ha scritto: "Il Sindacato ha truccato solo una gara su cento in modo da non essere sospettato, ma è stato comunque più che sufficiente. Si accordarono con i cavalieri, che ricevettero le loro tangenti. Chi si rifiutava di collaborare rischiava guai seri. Le scommesse venivano piazzate all'ippodromo, raramente presso gli allibratori del Sindacato. Non appena Bugsy scopriva che una corsa era stata truccata, chiamava i suoi colleghi del Turf Club che scommettevano all'ultimo minuto e vincevano il jackpot[44]."

Tuttavia, i gangster erano sempre più sotto assedio. Al Capone era stato arrestato nel 1932 per frode fiscale. Il procuratore Thomas Dewey aveva rinchiuso Waxey Gordon dietro le sbarre nel 1933. Va detto che Waxey Gordon era in contrasto con Lansky per il traffico di alcolici e il gioco d'azzardo. La loro rivalità si era trasformata in una guerra aperta che avrebbe causato diversi morti da entrambe le parti. Lansky aveva infine fornito alla polizia le informazioni che avevano portato Waxey Gordon a essere accusato di evasione fiscale e condannato a dieci anni di carcere. Dopo il suo rilascio, è partito per la California dove ha trafficato eroina su larga scala. Nel 1951, all'età di 62 anni, fu nuovamente arrestato e condannato a 25 anni ad Alcatraz. Morì l'anno successivo.

Nel 1935, anche Dutch Schultz (Arthur Flegenheimer) era sul punto di fallire. Thomas Dewey aveva ordinato il sequestro di un

---

[43] Rich Cohen, *Yiddish Connection*, 1998, Denoël, 2000, Folio, p. 213. Leggere il capitolo sulla plasticità in *Psicoanalisi dell'ebraismo*. Anche in *C'era una volta in America* (1984) di Sergio Leone, uno dei gangster ebrei (James Wood) cambia identità per entrare in politica. Diventa senatore.
[44] Don Wolfe, *Le Dossier Dahlia noir*, 2005, Albin Michel, 2006, p. 204. Sulle corse di cavalli truccate, si veda il bel film di Laurent Heynemann, *Le Mors aux dents* (Francia, 1979), con Michel Piccoli, Jean Benguigui, Michel Galabru, Jacques Dutronc e Roland Blanche ("il greco"), anche se non appaiono come tali.

centinaio di slot machine in diverse sale da gioco di Shultz. Shultz decise quindi di spedire oltre mille macchine a New Orleans, dove il governatore dello Stato, Huey Long, era all'epoca sul libro paga dei gangster[45]. Shultz fu incriminato, ma i suoi avvocati ottennero un cambio di sede e il processo si svolse in una piccola città dello Stato di New York, a Malone. Una piccola città con una sola chiesa. Una piccola strada. Un solo semaforo... Ha aperto un negozio in un piccolo hotel, si è presentato a persone del posto che non conosceva, ha fatto donazioni durante le vendite di beneficenza locali, ha indossato abiti molto semplici." Lo si vedeva alle piccole riunioni organizzate dalla chiesa, alle feste di quartiere e alle partite di bingo. Una settimana prima del processo, si è presentato in una chiesa locale e si è convertito al cattolicesimo", ha scritto Rich Cohen." Quando la giuria dovette deliberare, Schultz aveva imbrogliato e corrotto l'intera città. C'è una foto di lui, scattata subito dopo il verdetto di assoluzione, che sorride come un ragazzino che ha appena truccato la sua elezione a deputato di classe: "In questo mondo di duri, non c'è posto per gli asini", ha detto ai giornalisti[46]."

Schultz aveva chiesto l'eliminazione di Dewey davanti alla Commissione del Sindacato. Ma gli altri membri non condividevano la sua opinione: Dewey era un obiettivo troppo importante e il suo assassinio avrebbe potuto mettere in pericolo l'intera organizzazione. Poiché Schultz era ostinato in questo progetto e partecipava alle riunioni solo in modo irregolare, si decise di eliminarlo. Il 23 ottobre 1935 fu ucciso con le sue guardie del corpo e il suo contabile in un ristorante di Newark da una squadra di tre assassini della Murder Incorporated. Il suo corpo è stato trovato nel bagno, dove Charlie Workman aveva avuto il tempo di svuotare le tasche[47].

Nel giugno 1936, lo stesso Charles Luciano fu condannato dalla Corte Suprema di Manhattan per adescamento alla prostituzione, a trent'anni di carcere per sfruttamento della prostituzione e rinchiuso nel penitenziario di New York. Meyer Lansky si ritirò frettolosamente sulla

---

[45] William Reymond, *Mafia S.A.*, Flammarion, 2001, p. 33
[46] Rich Cohen, *Yiddish Connection*, 1998, Denoël, 2000, Folio, p. 283
[47] Nel film *The Cotton Club* (USA, 1984), Francis Ford Coppola dipinge uno psicopatico Dutch Schultz. Schultz e i suoi scagnozzi, Bo Weinberg, Lulu Rosenkrantz e il suo consulente finanziario Abbadaba Berman compaiono nel romanzo *Billy Bathgate* di E. L. Doctorow e nell'omonimo film di Robert Benton, con Dustion Hoffman. In effetti, assomiglia molto a Dutch Schultz. I doppioni sono piuttosto comuni nella comunità ebraica, che per secoli ha favorito la consanguineità. Per esempio, il padre di Elie Wiesel e Bela Kun, il tiranno bolscevico che regnava sull'Ungheria nel 1919, sembravano due gocce d'acqua.

costa di Miami.

Bugsy Siegel si stabilì definitivamente a Los Angeles, dove il procuratore distrettuale e l'amministrazione cittadina erano ancora disposti a vendersi al miglior offerente. Nel novembre 1939, Bugsy dovette eliminare "Big Greenie" Greenberg. Il ricercato chiedeva denaro al suo ex capo Louis "Lepke" Buchalter, minacciando di ricattarlo. Bugsy, accompagnato da Abe Reles, si recò a Hollywood dove si nascondeva Greenberg." Abe Reles racconta che Bugsy scese rapidamente dall'auto, si avvicinò a Big Greenie e lo colpì con il calcio della pistola, prima di spargli quattro colpi nel cranio fratturato. Il corpo senza vita di Big Greenie si accasciò sul volante mentre Bugsy tornava alla Mercury[48] rubata."

Poco dopo, anche Abe Reles fu arrestato a New York. Nel gennaio del 1940, Abe Reles e Bugsy Goldstein vengono convocati alla stazione di polizia, senza sospettare che una dichiarazione inaspettata di un testimone in un vecchio caso di omicidio rischia di costare loro la testa. Kid Twist era già stato arrestato quarantadue volte in quindici anni, quindi questa nuova apparizione non lo preoccupava più di tanto. Ma due mesi dopo si rese conto che la sua vita era in pericolo e che poteva finire sulla sedia elettrica. Così iniziò a "cantare". Alla fine raggiunse un accordo con il procuratore della contea di Kings, William O'Dwyer, proponendo di rivelare l'esistenza e il funzionamento della Murder Incorporated, fino ad allora sconosciuta, e di denunciare i suoi complici, compreso il suo capo, Lepke Buchalter. Buchalter era già in carcere, accusato di traffico di droga dal procuratore Thomas Dewey, che ancora non sapeva che Buchalter aveva fatto giustiziare decine di potenziali testimoni per evitare una condanna. Reles ha testimoniato alla polizia "abbastanza da riempire venticinque quaderni con storie di omicidi e violenze da far rizzare i capelli", ha scritto Don Wolfe. Reles ha denunciato i suoi ventiquattro omicidi nella sola Brooklyn, guadagnandosi così il primo posto nella "*hit-parade* del mondo parallelo ebraico[49]".

Tra gli assassini citati da Abraham Reles nelle sue confessioni c'era il nome di Bugsy Siegel. Ha inoltre riferito di essere uno dei fondatori della Murder Inc e di essere il boss mafioso coinvolto nella recente eliminazione di Big Greenie Greenberg. Le sue confessioni provocarono una reazione a catena da parte degli altri gangster, tanto che la polizia istituì alloggi speciali per gli informatori della giustizia.

La voce del traditore (il "canto del canarino" nel gergo mafioso)

---

[48] Don Wolfe, *Le Dossier Dahlia noir*, 2005, Albin Michel, 2006, p. 216.
[49] Rich Cohen, *Yiddish Connection*, 1998, Denoël, 2000, Folio, p. 377

portò all'incriminazione dei principali killer della Murder Incorporated. Harry Strauss, Pittsburg Phil, Happy Maïone, Frank Abbandando, Louis Capone, Mendy Weiss e il suo amico d'infanzia Bugsy Goldstein furono tutti giustiziati sulla sedia elettrica. Dopo il processo, Goldstein gridò ai giornalisti: "Dite a quel ratto di Reles che lo aspetterò. Forse sarà all'inferno. Non lo so, ma lo aspetterò. Scommetto che avrò un forcone in mano! "

Il processo ad Albert Anastasia della Murder Inc., uno dei principali leader di Cosa Nostra, è stato fissato per il 12 novembre. Anastasia aveva precedentemente organizzato una sanguinosa epurazione per impedire la comparsa di nuovi testimoni che potessero compromettere i capi del Sindacato. La sua accusa si è basata sull'unica testimonianza di Reles. Fortunatamente per lui, la mattina del 12, il corpo di Reles fu trovato sotto la finestra dell'hotel di Coney Island dove alloggiava, sorvegliato dalla polizia. Purtroppo, nonostante le ampie misure di sicurezza adottate per proteggerlo, Reles era caduto dal quinto piano. La causa della sua morte non è mai stata chiaramente stabilita e non si è mai saputo se si fosse gettato dalla finestra o fosse stato spinto, o se avesse tentato di fuggire. Frank Costello avrebbe pagato i poliziotti che sorvegliavano Reles affinché non testimoniasse. Il futuro pentito Joe Valachi rivelò in seguito che si trattava effettivamente di un omicidio commesso con l'aiuto di uno dei poliziotti che sorvegliavano Reles. Abraham Reles si guadagnò un nuovo soprannome dopo la sua morte: il canarino che cantava ma non poteva volare.

Lepke Buchalter si consegnò all'FBI nell'aprile del 1939 per evitare una sentenza più severa, iniziando una condanna a 14 anni per traffico di droga nel penitenziario federale di Leavenworth, in Kansas. Tuttavia, la pena fu in seguito allungata a trent'anni a causa delle sue malefatte all'interno dell'Unione. Le testimonianze di Reles e Albert Tannenbaum gli furono fatali. Lepke aveva commesso l'atto sconsiderato di partecipare in prima persona a un regolamento di conti, solo uno dei centinaia commessi dall'organizzazione. Le prove comunicate al pubblico ministero sull'omicidio del proprietario di un negozio di ninnoli Joseph Rosen portarono a una nuova sentenza nel dicembre 1941: la pena di morte. Buchalter fu giustiziato sulla sedia elettrica nel gennaio 1942 nella prigione di Sing Sing, nello Stato di New York. È stato l'unico boss del crimine di quel rango a essere stato giustiziato. Era la fine di Murder Incorporated[50].

---

[50] Murder Incorporated è stato oggetto di un unico film hollywoodiano, realizzato da Stuart Rosenberg nel 1960. Kid Twist (Abe Reles) è interpretato da Peter Falk. Nel

Bugsy Siegel a Hollywood

Bugsy Siegel aveva preso il largo, stabilendosi a Los Angeles nel 1936. Dal 1934, Siegel si era recato più volte a servire gli interessi del Sindacato nella regione. La sua ambizione era quella di infiltrarsi nel mondo del cinema creando bische, giri di prostituzione, giri di scommesse e giri di droga. A Hollywood e nella zona ovest della città, i loro locali notturni fungevano da copertura per il Sindacato." Secondo la *California Crime Commission*, il Sindacato gestiva più di trenta bar, almeno settantacinque bische, diciannove bordelli, diciassette casinò e quattordici *nightclub* nella regione di Hollywood[51]."

Nel 1938, Bugsy Siegel si trasferisce con la moglie e i figli in una sontuosa villa di trentacinque stanze. Aveva anche una suite in un grande albergo dove incontrò Virginia Hill, la responsabile della raccolta fondi del Sindacato, e un intero sciame di bellezze hollywoodiane scelte tra le giovani star degli studios. Bugsy era anche in contatto con le star di Hollywood e le grandi eminenze delle case di produzione, come Jack Warner, Harry Cohn e Louis Mayer, con cui faceva affari[52]. Fu amico di alcune star, come Clark Gable e Cary Grant, e amante di Lana Turner - correligionaria - e Rita Hayworth. Sportivo e uomo di spettacolo, pochi a Hollywood sapevano che era anche uno spietato assassino e uno dei fondatori della Murde Incorporated. Ha preso il controllo di diversi sindacati di comparse e tecnici (scenografi, tecnici del suono, montatori, redattori, ecc.) in grado di bloccare in breve tempo qualsiasi ripresa cinematografica. Grazie al suo controllo sulla forza lavoro, estorse denaro agli studios in cambio della loro protezione contro gli scioperi selvaggi.

Quando Siegel arrivò sulla West Coast, i mafiosi siciliani erano già presenti: Jack Dragna (nato Anthony Rizzotti), era il boss della mafia di Los Angeles. Il suo luogotenente era Johnny Rosselli, un uomo dai modi morbidi e stucchevoli che mancavano a Dragna. Erano saliti al potere durante il proibizionismo, quando le bande facevano razzia di alcolici sul mercato nero. Nato in Sicilia, Dragna era emigrato negli Stati Uniti nel 1914 e aveva frequentato la banda di Chicago di Al

---

1975, Menahem Golan girò un film su Lepke, interpretato da Tony Curtis (nato Bernard Schwartz), in cui l'ebraicità dei gangster si riflette perfettamente. Il film presenta un Lepke tradito dal Sindacato e messo alle strette. Alla fine del film, si sottolinea che Lepke è stato il primo boss del sindacato mafioso a essere giustiziato.

[51] Don Wolfe, *Le Dossier Dahlia noir*, 2005, Albin Michel, 2006, p. 211.

[52] Universal, Fox, Paramount, Columbia, Warner Bros, MGM, RCA e CBS sono tutte creazioni di immigrati ebrei dell'Europa orientale. Vedi *alla voce Speranze planetarie*.

Capone prima di diventare un boss della mafia nella California meridionale.

L'arrivo di Bugsy Siegel nella regione fece salire rapidamente le tensioni e Lucky Luciano dovette imporre la sua volontà per far sì che collaborassero e che Dragna rinunciasse alla guerra. Luciano, che conservava tutta la sua autorità dalla cella del carcere, pretese che collaborassero perché, secondo il codice mafioso, rifiutare di obbedire al padrino significava firmare la sua condanna a morte. La città fu quindi divisa in territori controllati da Siegel e Dragna. A Siegel toccò la parte occidentale, con Hollywood e Beverly Hills, mentre a Dragna toccò il centro città, la periferia della valle, Long Beach e il porto di Los Angeles[53].

Bugsy era stato chiamato a testimoniare davanti alla polizia nel settembre 1940. Accusato dell'omicidio di Greenberg, fu incarcerato nella Old City Prison nel centro di Los Angeles. Suo cognato, Whitey Krakower, anch'egli implicato da Reles nell'omicidio di Greenie, si presentò poco dopo alla polizia, ma fu ucciso a colpi di pistola per strada a Manhattan. Bugsy aveva ucciso un testimone scomodo. Il matrimonio di Siegel non avrebbe superato il dramma. La moglie di Bugsy chiese il divorzio e tornò a New York con i figli.

Le condizioni di incarcerazione di Bugsy Siegel non furono molto dure, poiché ricevette un trattamento favorevole. Viveva in un appartamento all'interno della prigione e si faceva portare la cena dai migliori ristoranti della città. Ha anche continuato a frequentare i locali notturni di Hollywood dove è stato portato di notte. Quando lo scandalo scoppiò sulla stampa, si scoprì che il medico della prigione Benjamin Blank aveva ricevuto più di 32.000 dollari da Siegel per permettergli di trasferirsi nei suoi appartamenti privati. Il pubblico ha appreso di sfuggita che, durante il suo primo mese di detenzione, Siegel era uscito di notte diciotto volte e aveva ricevuto visite da giovani donne nel suo "appartamento" in prigione. Anche i vestiti di jeans dei suoi prigionieri erano fatti su misura. L'accusa di omicidio è stata infine ritirata grazie a una donazione di 30.000 dollari che ha contribuito a finanziare la campagna del procuratore di Los Angeles.

Bugsy era stato ostracizzato dalla società di Hollywood, ma continuò a gestire i suoi affari criminali. Reclutò Mickey Cohen, un ex pugile, e iniziò a espandersi nel territorio di Jack Dragna annettendo un giro di prostituzione telefonica di lusso. Successivamente, Siegel visitò Las Vegas, allora una piccola città. Il Nevada era una piccola oasi nel cuore del sistema giudiziario americano dove tutto era legale: gioco

---
[53] Don Wolfe, *Le Dossier Dahlia noir*, 2005, Albin Michel, 2006, p. 211.

d'azzardo telefonico, gioco d'azzardo, prostituzione. Siegel sognava di stabilire lì il suo impero per poter guadagnare legalmente somme astronomiche. Siegel iniziò quindi la costruzione del Flamingo Hotel, che sarebbe stato il più grande e lussuoso hotel-casinò del mondo. Quel progetto è stato all'origine della fortuna di Las Vegas, la città del gioco d'azzardo. Nel 1943, seguendo il consiglio di Lansky, Luciano prestò a Siegel 5 milioni di dollari per finanziare il Flamingo. Naturalmente, Siegel rimase in contatto con il Sindacato. Joseph Epstein, alias Joey Ep, tesoriere e confidente della mafia di Chicago, lavorava con lui.

Mentre era impegnato a Las Vegas, Bugsy aveva lasciato Mickey Cohen a gestire gli affari a Los Angeles. Ma quest'ultimo non era scaltro come lui e la rivalità con Jack Dragna si trasformò presto in guerra aperta. Quando Cohen iniziò a interferire in modo aggressivo nella rete di gioco d'azzardo del siciliano, quest'ultimo ne ebbe abbastanza di stringere i denti. La guerra scoppiò nel 1946 dopo l'omicidio di un allibratore del Sindacato che lavorava per Mickey Cohen e l'uccisione di altri due soci di Siegel e Cohen. Questi omicidi hanno occupato le prime pagine dei giornali per diversi giorni, ma le indagini si sono arenate anche se tutti sapevano che Dragna era il responsabile.

A Las Vegas, la costruzione del faraonico hotel-casinò si stava trascinando. Il conto si stava accumulando e i capi del Sindacato cominciavano a nutrire dubbi sul palazzo di marmo in mezzo al deserto. Bugsy chiese quindi al suo scagnozzo Albert Greenberg di organizzare una serie di rapine in gioielleria. Al Greenberg, che gestiva anche un giro di droga, anni prima era stato coinvolto nel commercio di alcolici con Bugsy e la banda di Meyer.

Il 26 dicembre 1946 il casinò aprì finalmente le sue porte. Le numerose star di Hollywood che avrebbero dovuto essere presenti, come Clark Gable, Lana Turner e Cary Grant, erano rimaste bloccate all'aeroporto di Los Angeles a causa della tempesta che aveva reso impossibile il decollo degli aerei. Il Flamingo, situato nel mezzo del deserto, inizialmente ha avuto qualche difficoltà a trovare una clientela. La banda di Al Greenberg continuò a rapinare e svaligiare gioiellerie per finanziare il progetto. Il gioielliere Maurice Reingold ha subito continui furti della sua merce assicurata. Alla fine Al Greenberg dovette fuggire precipitosamente dalla città a New York.

La giovane Elizabeth Short frequentava questo mondo di delinquenti e criminali. Era in contatto con Al Green. Questa bellissima donna di 23 anni, che aveva l'ambizione di diventare una star del cinema, si vestiva sempre di nero e portava una dalia tra i capelli, motivo per cui era soprannominata la "Dalia Nera". Il 15 gennaio 1947, il suo corpo fu trovato all'alba in un campo aperto, atrocemente mutilato. Elizabeth Short si era purtroppo aggiudicata il crimine più orribile mai commesso. Il medico legale è rimasto sbalordito: la sua bocca era stata "prolungata" con un coltello, aperta in due. Il suo cranio e il suo volto erano stati selvaggiamente colpiti con il calcio di una pistola. I seni erano stati recisi, ma la cosa più spettacolare è che il corpo era stato tagliato in due dalla vita, dove la colonna vertebrale è più facile da tagliare, tra la seconda e la terza colonna lombare, e la lettera "D" era stata incisa sul pube[54].

L'orribile omicidio ha occupato le prime pagine dei giornali di Los Angeles per trenta giorni, ma ci sono voluti decenni prima che le foto originali del corpo della vittima venissero pubblicate. 400 agenti di polizia sono rimasti coinvolti in questa indagine. Secondo Don Wolfe, che ha pubblicato un libro sul caso nel 2005, il responsabile dell'atto non è altro che "Bugsy Siegel, il numero due della mafia ebraica", come si legge anche in un articolo del settimanale *Le Point* del 2 novembre 2006, dopo l'uscita del film di Brian de Palma: "Siegel era il braccio destro di Meyer Lanski, il capo della mafia ebraica." Aveva rilevato una serie di garet, bordelli e la rete di prostitute di Brenda Allen, che aveva offeso Jack Dragna. Secondo Don Wolfe, Betty Short era una di queste ragazze della rete di Brenda. Il corpo di Betty Short era stato trovato a duecento metri dalla casa di Jack Dragna, come se Siegel avesse voluto incolpare dell'omicidio il suo nemico.

Davanti al Gran Giurì, il sergente Charles Stoker aveva rivelato sotto giuramento l'esistenza a Los Angeles di una rete di abortisti del

---

[54] "Jack lo Squartatore", che uccise selvaggiamente almeno cinque giovani donne a Londra nel 1888, non fu mai catturato dalla polizia. Le vittime furono sgozzate, poi lo Squartatore asportò loro intestino, reni e utero. La precisione con cui l'assassino lavorava di notte indicava che aveva una formazione in medicina o macelleria. Dopo il primo omicidio, la polizia arrestò un macellaio ebreo di nome John Pizer che la folla voleva linciare. Il secondo omicidio, quello di Elizabeth Stride, avvenne nel cortile di un edificio occupato da ebrei tedeschi. Catherine Eddowes, la terza vittima, rimase orribilmente sfigurata. Il naso e l'orecchio sinistro erano stati tagliati e il viso era stato sfregiato e segnato con una V. Era stata quasi decapitata, aperta, la testa tagliata. Era stata quasi decapitata, squartata "come un maiale in una vetrina", lo stomaco e gli intestini erano stati messi sulla spalla destra, il fegato era stato tagliato, i reni e i genitali asportati. Intorno alle 3 del mattino, l'ispettore di polizia Alfred Long scoprì un graffito vicino alla scena del crimine: *"The Juwes are the men That Will not be blamed for nothing"*, che significava senza errori di ortografia: "Gli ebrei non saranno incolpati di nulla". Per non provocare un'ondata di antisemitismo, l'iscrizione è stata immediatamente trascritta e cancellata. All'inizio degli anni '90 un altro assassino era salito agli onori della cronaca: David Berkowitz, noto come "Figlio di Sam". Aveva ucciso 17 donne, per lo più prostitute, a Long Island, New York.

Sindacato. Questi erano protetti dal tenente Willie Burns e dai membri della squadra antimafia per mezzo di tangenti. Secondo Stoker, il capo di questa rete era il dottor Leslie Audrain, che si suicidò ufficialmente a casa sua nel maggio 1949, quando stava per essere interrogato. Don Wolfe ipotizzò che Elizabeth Short fosse stata ingravidata da Norman Chandler, l'uomo più potente di Los Angeles. Il suo corpo era stato mutilato per ablare l'utero e il feto.

Siegel era diventato più violento e un pericolo per tutti. In realtà, la sua amante Virginia Hill aveva aperto due conti segreti in Svizzera da cui prelevava parte del denaro che avrebbe potuto essere utilizzato per rimborsare Luciano. Quattro anni dopo, Lucky non aveva visto un altro dollaro ed era convinto che Siegel stesse cercando di truffarlo. Alla conferenza dell'Avana del 22-24 dicembre 1946, Siegel si era addirittura infuriato e aveva dichiarato che avrebbe rimborsato quando lo avesse deciso. Da quel momento in poi, il suo destino era segnato e Lansky cercò senza successo di impedirne l'esecuzione. Il 20 giugno 1947, Benjamin Siegelbaum fu giustiziato nella villa della sua amante a Beverly Hills con un fucile a lunga distanza. Gli hanno sparato due volte alla testa[55]. Dragna si incaricò di liquidarlo e il caso fu dichiarato "irrisolto", così come l'omicidio di Elizabeth Short. Jack Dragna ha portato a termine la sua vendetta personale contro Mickey Cohen. Riuscì a scampare a diversi tentativi di assassinio, ma sei dei suoi uomini furono uccisi nel 1948. La gestione del Flamingo fu affidata a tre fedeli collaboratori di Meyer Lansky: Moe Sedway, Morris Rosen e Gus Greenbaum. Quindi era tutto in famiglia.

Il legame tra Bugsy, il Sindacato e l'omicidio della Dalia Nera non è mai stato stabilito pubblicamente dalla polizia e dalla stampa." L'ironia della storia", ha scritto Don Wolfe, "è che l'unica persona punita pubblicamente dopo il gran giurì del 1949 fu il sergente Charles Stoker - il poliziotto onesto. Retrocesso di grado e assegnato al traffico, Stoker fu vittima di una montatura da parte della polizia di Los Angeles, che lo accusò di rapina e lo ritenne colpevole di "insubordinazione e condotta non consona a un ufficiale di polizia". Stoker, fervente cattolico, trascorse venticinque anni della sua vita lavorando come capotreno al deposito della Southern Pacific Railway di Los Angeles, dove morì, dimenticato da tutti, il 10 marzo 1975[56]".

---

[55] Nella prima parte del film cult *Il Padrino* (1972), Bugsy Siegel è interpretato dal personaggio di Moe Green. La famiglia Corleone cerca di acquistare da lui il suo hotel a Las Vegas e finisce per ucciderlo. Nella seconda parte, Hym Roth (interpretato da Meyer Lansky) lo cita come amico, socio in affari e creatore di Las Vegas.

[56] Don Wolfe, *Le Dossier Dahlia noir*, 2005, Albin Michel, 2006, p. 287. In una nota a

Naturalmente, *The Black Dahlia* (2006) di Brian de Palma non mostrava gangster ebrei colpevoli di atrocità e poneva tutto il peso dell'infamia sulla borghesia WASP (White Anglo-Saxon Protestant). Allo stesso modo, il film *Bugsy* (USA, 1992) di Barry Levinson ha raccontato la vita di Bugsy Siegel senza quasi mai evidenziare l'ebraismo dello psicopatico e sottolineando i tratti idealistici e anglosassoni di Warren Beatty. Ecco cosa ha scritto il nazionalista americano David Duke nel suo libro *Jewish Supremacism* (2003): "Il film ritrae il più sanguinario dei gangster americani come un uomo elegante, romantico, dal cuore grande, con i tratti di un anglosassone." David Duke ha giustamente aggiunto: "Invariabilmente, i film e i produttori televisivi ebrei danno ai gangster le caratteristiche di un uomo dai capelli biondi e dagli occhi azzurri."

Combattere il fascismo, sostenere Israele

Dal profondo della sua cella, Lucky Luciano continuò a gestire i suoi affari e sembrava ancora controllare il porto di New York. A quanto pare, la massiccia presenza delle forze armate statunitensi non è stata sufficiente a garantire la sicurezza del porto. Il 9 febbraio 1942, la nave francese *Normandie*, ribattezzata *La Fayette*, fu gravemente danneggiata dal fuoco e affondò. Così, nel marzo 1942, quando la sua seconda domanda di libertà condizionata era stata appena respinta, Luciano ricevette la visita di emissari della Marina. L'accordo era semplice: Lucky garantiva la sicurezza del porto in cambio della sua libertà. Inoltre, offrì la sua collaborazione agli ufficiali dell'esercito americano che stavano pianificando uno sbarco sulle coste siciliane e il rovesciamento di Mussolini. Luciano mise entusiasticamente in contatto gli ufficiali americani con i suoi amici in Sicilia. Quest'ultimo ha redatto mappe dettagliate per lo stato maggiore e ha guidato i soldati americani attraverso il territorio. In cambio, Luciano pretese che le mafie siciliane riprendessero la loro posizione dominante dopo gli scontri. Gli americani hanno promesso che non avrebbero esercitato alcuna pressione e controllo sullo svolgimento delle elezioni. Senza dirlo esplicitamente, avevano consegnato la Sicilia alla mafia, che presto avrebbe riconquistato il potere perso sotto Mussolini.

---

piè di pagina, Don Wolfe scrive: "Il sergente Jack Clemmons, il primo poliziotto ad arrivare sul luogo della morte di Marilyn Monroe, ha subito la stessa sorte. Clemmons sostiene in più occasioni che Marilyn Monroe era stata assassinata e che tutti gli agenti della divisione informazioni della polizia di Los Angeles (l'ex squadra antimafia), compresi Archie Case e James Ahern, avevano coperto il crimine...."

Nel frattempo, Luciano ordinò che il porto di New York fosse sgomberato da tutti i simpatizzanti fascisti o nazisti. Prima dell'invasione, aveva contattato gli alti ufficiali della Marina: voleva accompagnare le truppe a terra per servire come ufficiale di collegamento. Forse si immaginava di tornare a casa alla testa di un esercito. La sua richiesta fu respinta, ma il governo statunitense gli fu grato per il suo contributo. Nel 1946, Tom Dewey firmò la sua richiesta di libertà condizionata. Luciano è stato rilasciato a condizione di lasciare definitivamente gli Stati Uniti. Il 10 febbraio 1946 si imbarca per Napoli. Sul molo lo accompagnarono Frank Costello e Meyer Lansky. Continueranno a occuparsi degli affari sul suolo americano.

I gangster ebrei e siciliani erano naturalmente "antifascisti". È noto che Bugsy Siegel aveva progettato di assassinare Goebbels e Göring, ospiti come lui nella villa italiana della sua amante di allora, la contessa Di Frasso. Charlie Birger (nato Sacha Itzik Berger), il boss della mafia del Missouri, era stato impiccato nel 1928 per l'omicidio del sindaco di West City. Ma era sospettato di aver ucciso almeno una dozzina di persone, tra cui un capo del Klu Klux Klan. A Minneapolis, David Berman, che gestiva la malavita locale, attaccò le conferenze dei pacifisti americani che si rifiutavano di lanciare il Paese in una nuova guerra in Europa. Mickey Cohen, il luogotenente di Bugsy Siegel, ha raccontato, ad esempio, nella sua biografia *In My Own Words*, che un giorno un giudice lo aveva interpellato prima di un raduno di estrema destra: "Gli dissi OK, non si preoccupi. Così siamo andati lì e li abbiamo fatti a pezzi." Rich Cohen ha scritto questa frase: "Per molti gangster, combattere i nazisti era un'espressione del loro patriottismo[57]."

I gangster ebrei, infatti, non disconoscevano affatto la loro appartenenza all'ebraismo: "Anche i gangster più violenti si consideravano buoni ebrei, gente del Libro", ha scritto Rich Cohen. Andavano in sinagoga durante le feste religiose, rivolgevano i loro pensieri a Dio quando le cose andavano male, facevano circoncidere i loro figli e li accompagnavano ai loro Bar-mitzvah[58]... Come hanno fatto a far coincidere la loro vita criminale con la Bibbia? Come la maggior parte delle persone, hanno introdotto una distinzione: questa è la vita dell'anima e quella è la vita del corpo. L'anno prossimo a Gerusalemme. Ma mentre sono in diaspora, è così che vivo[59]."

---

[57] Rich Cohen, *Yiddish Connection*, 1998, Denoël, 2000, Folio, p. 337, 339
[58] Il Bar-mitzvah è il rito di passaggio all'età adulta. Un Bar-mitzvah ha le stesse responsabilità di un adulto secondo la legge ebraica.
[59] Rich Cohen, *Yiddish Connection*, 1998, Denoël, 2000, Folio, p. 266

Se i mafiosi siciliani hanno sempre potuto, in caso di necessità, rifugiarsi oltreoceano nei villaggi dei loro antenati, gli ebrei avrebbero presto il nuovo Stato di Israele, creato nel 1948. Rich Cohen ha scritto qui: "Per gli ebrei c'era Miami, l'altra terra santa. E presto ci sarebbe stato Israele... una vittoria per gli ebrei fuggitivi[60]."

Dopo la guerra, Mickey Cohen raccolse fondi per i combattenti ebrei dell'Irgun che lottavano contro gli inglesi per creare uno Stato ebraico in Palestina. Ma i racket ebrei a volte non pensavano tanto alla causa quanto ai propri interessi, e il denaro raccolto non sempre andava ai destinatari previsti. Nel 1950, Cohen organizzò un gala di beneficenza." Quella notte, scrive Don Wolfe, furono raccolti più di duecentomila dollari per la causa, ma misteriosamente il denaro non raggiunse mai la Palestina. Secondo Mickey Cohen, la nave che trasportava il denaro era stata silurata e affondata. Ma per Ben Williamson e Ben Hecht c'erano pochi dubbi sul fatto che il denaro fosse finito in uno di quei grandi piatti di scommesse per le partite di poker al Castello Hecht di Angelo Drive[61]."

Elie Wiesel ha trascritto nelle sue memorie questo curioso episodio: "Lo scrittore Ben Hecht racconta nelle sue memorie che, "rapito" da sconosciuti, fu portato in un garage dove, di fronte alla malavita lì riunita, gli fu consegnata una valigia piena di dollari per conto dell'Irgun[62]."

Anche Meyer Lansky era coinvolto in queste operazioni a sostegno dei combattenti ebrei in Palestina e non aveva esitato a far assassinare un esportatore di armi che aveva avuto la cattiva idea di rifornire anche i Paesi arabi. Lansky, come gli altri gangster ebrei, era un ardente sostenitore dello Stato ebraico. In *Jewish Supremacism* (2003), David Duke ha citato questo articolo di *Newsweek* del 17 novembre 1971: "Ogni anno, Lansky e i suoi associati donano grandi somme di denaro al Tesoro e alle filantropie israeliane." Quando si rifugiò in Israele, Lansky continuò una tradizione a lui cara, contribuendo alle organizzazioni sociali, come aveva fatto con lo *United Jewish Appeal* e la Brandeis University. Poco dopo il suo arrivo a Tel-Aviv, nel 1970, ricevette all'Hotel Sheraton, in compagnia dell'amico Jo Stacher, il presidente dell'organizzazione Ilan per i bambini disabili a cui donò la modesta somma di 300.000 sterline

---

[60] Rich Cohen, *Yiddish Connection*, 1998, Denoël, 2000, Folio, p. 255.
[61] Don Wolfe, *Le Dossier Dahlia noir*, 2005, Albin Michel, 2006, p. 248.
[62] Elie Wiesel, *Mémoires, Tome I*, Le Seuil, 1994, p. 364, 365. L'Irgun era una formazione paramilitare sionista. Ben Hecht è stato un famoso scrittore e sceneggiatore di successo di Hollywood, soprannominato "lo Shakespeare di Hollywood".

israeliane. Lansky contribuì anche alla costruzione di una sinagoga a Gerusalemme, che avrebbe preso il suo nome. In *Israel Connection*, Jacques Derogy ha raccontato questo aneddoto: "Un sabato, ansioso di andare al "suo" tempio, prese la precauzione di parcheggiare l'auto a una distanza rispettabile dall'edificio. Ma una volta entrati, i fedeli lo guardarono con fastidio: aveva dimenticato di spegnere la sigaretta[63]! "Ma soprattutto Lansky divenne uno dei maggiori donatori dell'ospedale di Tel Hashomer, la cui associazione di raccolta fondi era sponsorizzata da un certo Mordechai Tsarfati, detto Mentesh. Mentesh era un onorevole membro del comitato pubblico che sosteneva David Ben Gourion, l'ex capo del governo. All'epoca era anche la figura di spicco del crimine organizzato in Israele.

Le peregrinazioni di Meyer Lansky

Dopo il proibizionismo, nel 1933, Lansky aveva investito massicciamente nel settore del gioco d'azzardo. Aveva iniziato con i casinò nella città turistica di Saratoga, dove aveva già avviato un'attività nell'era Rothstein in collaborazione con Frank Costello e Joe Adonis. Poi aveva generosamente corrotto il governatore della Louisiana, Huey Long, affinché i gangster di New York potessero sfruttare gli hotel-casinò di New Orleans, e aveva ripetuto la stessa operazione in Arkansas, Kentucky e Florida, intorno a Miami.

Dopo la Seconda Guerra Mondiale, Lansky era a capo di un impero che gestiva dal suo hotel *Fontainebleau* di Miami. I suoi casinò, che possedeva anche a New York, nel New Jersey e in Louisiana, erano aperti 24 ore al giorno. Ma all'inizio degli anni Cinquanta il senatore Kefauver, a capo della commissione d'inchiesta sulla mafia, aveva giurato di far cadere Lansky in un modo o nell'altro. Dopo un'indagine fiscale, i suoi casinò americani sono stati chiusi. Ma Lansky non si lasciò scoraggiare e iniziò a negoziare con il dittatore cubano Fulgencio Batista per aprire un negozio all'Avana[64]. Prese il controllo dell'Hotel Nacional e creò uno dei più importanti casinò dei Caraibi. L'Avana sembrava essere diventata il paradiso dei mafiosi[65].

---

[63] Jacques Derogy, *Israël Connection*, Plon, 1980, p. 75.
[64] Jacques de Saint Victor, *Mafie, l'industrie de la peur*, Editions du Rocher, 2008, p. 224. Per Jacques de Saint Victor, la mafia ebraica non esiste. Ci sono solo italiani.
[65] Nella seconda parte de *Il Padrino*, Francis Ford Coppola ritrae Meyer Lansky attraverso il personaggio di Himan Roth, il mafioso ebreo che cerca di far cadere la famiglia Corleone. Lo vediamo cercare di convincere Michael Corleone a investire in un casinò dell'Avana. Richard Dreyfus ha interpretato il personaggio anche nella serie televisiva *Lansky* del 1999. L'attore britannico Ben Kingsley ha interpretato il ruolo di

Ma con la caduta di Batista e la vittoria di Fidel Castro nel 1959, gli affari di Lansky furono seriamente danneggiati ed egli dovette lasciare l'isola. Si stabilì alle Bahamas, a circa 100 chilometri da Miami. Il governo era autonomo e tutto poteva essere comprato. Anche lo stesso capo del governo, Ronald Simons, era sul libro paga per i servizi resi. Nel 1961, Lansky vi creò una società che garantiva il monopolio della costruzione e della gestione dei casinò. I viaggi aerei dei clienti verso i casinò venivano organizzati dal continente, mentre i profitti milionari venivano trasportati in Svizzera, a Ginevra, e più precisamente in una banca unica nel suo genere: l'International Credit, "gestita da un ebreo molto speciale, Tibor Rosenbaum". Jacques Derogy lo descrive così: "Paffuto di vita e di viso, con una kippah che nasconde la calvizie, Tibor Rosenbaum è riuscito a conciliare con successo la sua pietà rabbinica con il ruolo di tesoriere europeo della mafia americana." Riceveva "valigie piene di dollari, li depositava in casse speciali con lo pseudonimo di Lansky, "Orso", e, attraverso società fiduciarie, li reinvestiva negli Stati Uniti e altrove in attività perfettamente legali, soprattutto nel settore immobiliare[66]."

Tibor Rosenbaum fu anche l'unico banchiere a pagare gli interessi sui depositi in oro. Tra i suoi clienti c'era il noto truffatore degli anni Settanta, Samuel Flatto-Sharon[67]. C'era anche la Israel Corporation, di cui Edmomd de Rothschild era azionista. Nel 1967, lo scandalo esplose sulle colonne della rivista *Life*. Il pubblico venne poi a sapere che il rappresentante di Rosenbaum in Israele era Amos Manor, il capo del controspionaggio israeliano, il famigerato Shin Beth.

Negli Stati Uniti, Jo Stacher, amico di lunga data di Lansky, era stato condannato a cinque anni di carcere per vari reati fiscali. Jacques derogy ha scritto a questo proposito: "Fortunatamente è riuscito a sfuggire alla detenzione accettando di lasciare gli Stati Uniti. A Israele, naturalmente[68]."

Fu all'Avana, prima della rivoluzione castrista, che Luciano

Meyer Lansky nel film *Bugsy* di Barry Levinson del 1991. Patrick Dempsey ha interpretato anche il ruolo di Meyer Lansky nel film *Mobsters* del 1991. Meyer Lansky è interpretato nuovamente da Dustin Hoffman nel film *La città perduta (2005)* diretto da Andy Garcia.
[66] Jacques Derogy, *Israël Connection*, Plon, 1980, pagg. 69-71.
[67] Su Flatto-Sharon leggete il capitolo sulle "truffe".
[68] Jacques Derogy, *Israël Connection*, Plon, 1980, p. 72." Va detto che negli Stati Uniti, dove il senatore Robert Kennedy aveva preso in mano la lotta alla mafia dopo Kefauver, Meyer Lansky era ancora oggetto di indagini, interrogatori e altre seccature. Infatti, il suo amico di lunga data, Jo "Doc" Stacher, era stato condannato a cinque anni di carcere e a una multa di 10.000 dollari per vari reati fiscali."

organizzò una conferenza nel dicembre 1946 durante la quale presentò il suo progetto di traffico internazionale di droga. In effetti, Lucky Luciano fu il primo a rompere con le tradizioni dell'Unione Siciliana e a collaborare con Lansky nel traffico di eroina.

All'epoca, la maggior parte dell'oppio di contrabbando proveniva dalla Turchia e, in misura minore, dall'Indocina. Dalla Turchia, i veri semi di papavero sono stati contrabbandati in Libano, dove il direttore dell'aeroporto e la maggior parte dei doganieri sono stati comprati dai gangster. In Libano, il papavero reale veniva trasformato in base di morfina. La morfina veniva poi trasportata nella regione di Marsiglia per essere raffinata.

Meyer Lansky era il principale organizzatore di quella che gli americani chiamano la *"French Connection"*. Alla fine del 1948, Lansky era stato in Europa, nel sud della Francia, visitando i palazzi di Nizza e i laboratori clandestini della regione di Marsiglia. Si era incontrato più volte con Joseph Renucci e i fratelli Guerini, prima di partire per Napoli per parlare con Luciano dei vantaggi della rete corsa.

La trasformazione della morfina base in eroina è un'operazione complessa. Dominique Albertini, un laboratorista farmaceutico in pensione, aveva il segreto per produrre eroina di elevata purezza rispetto ad altri che non riuscivano ad ottenere più del 60 o 70%. Con lui, la rete corsa era diventata indispensabile. Da quel momento in poi, l'eroina destinata al mercato americano sarebbe passata per la regione di Marsiglia. La droga veniva preparata e confezionata in sacchetti da 500 grammi e inviata negli Stati Uniti via Montreal, dove François Spirito si era rifugiato dal 1944, o via Florida, che beneficiava della vicinanza di Cuba[69].

Il regime castrista era molto conciliante nei confronti dei trafficanti di cocaina. I cubani chiudevano un occhio sulle navi da carico che attraversavano le loro acque territoriali e avevano proposto l'uso dei loro porti per riparazioni e rifornimenti. In cambio della loro cooperazione, i cubani chiesero che le navi da carico facessero il viaggio di ritorno con le stive piene di armi da consegnare ai loro fratelli marxisti in America Latina." Cuba comprava la cocaina dalle milizie comuniste in Colombia, che usavano il denaro per comprare armi. Una volta che la cocaina arrivava a Cuba, il regime negoziava con alcune famiglie della costa orientale o con una o due bande messicane" che si riversavano in California, indebolendo così il nemico statunitense. Senza i soldi della droga, Castro non sarebbe durato tutti questi anni, ha

---

[69] William Reymond, *Mafia S.A., Flammarion, 2001, p. 84.*, Flammarion, 2001, p. 84

affermato William Reymond[70].

Negli Stati Uniti, il numero di consumatori regolari di eroina era esploso. Se nel 1946 erano ventimila, nel 1952 gli americani "dipendenti" dalla droga erano più di sessantamila. All'inizio degli anni '70, con l'aiuto dell'ondata hippie e delle idee "liberazioniste", gli Stati Uniti contavano ormai mezzo milione di tossicodipendenti, una cifra probabilmente molto inferiore alla realtà. Ma il destino delle vittime contava poco: erano i profitti che contavano. Nel 1974, un chilo di morfina base è stato acquistato per 220 dollari sui mercati turchi e scambiato, una volta lavorato, per 240.000 dollari, ovvero 1000 volte il prezzo iniziale.

Ma la *French Connection* è rapidamente scomparsa dopo che Nixon è diventato presidente degli Stati Uniti nel 1968. Nixon aveva dichiarato guerra all'ultimo sangue ai trafficanti di droga e aveva chiesto al governo francese di collaborare. Numerosi trafficanti sono stati arrestati sul territorio statunitense. Il 28 febbraio 1972, il peschereccio *Le Caprice des Temps*, che aveva appena lasciato il porto di Villefranche per la Florida, fu perquisito dalla dogana francese. La polizia ha trovato 425 chili di eroina pura a bordo. Si tratta della più grande quantità mai sequestrata. La *French Connection*, già vacillante, fu gravemente indebolita. I laboratori sono stati poi smantellati. Ma a quel tempo la maggior parte dell'eroina proveniva già dall'Asia. La rete corsa era scaduta[71].

Nel 1970, Lansky viveva ancora a Miami, in una casa relativamente modesta, spendendo poco e pagando tutte le tasse, almeno apparentemente. Ma era ancora nel mirino delle indagini fiscali statunitensi. Il senatore Robert Kennedy aveva continuato la lotta antimafia di Kefauver, contribuendo a far cadere Lansky. Quando Lansky seppe che stava per essere incriminato per frode fiscale, cercò di fuggire in Israele, invocando la legge del ritorno con cui lo Stato ebraico garantiva la cittadinanza israeliana a qualsiasi ebreo.

A Tel-Aviv, il suo amico Sam Rothberg assediò ogni ministero per aiutare Lansky a ottenere il permesso di soggiorno. Rothberg era stato una figura di spicco della mafia americana durante il proibizionismo, diventando il re delle distillerie clandestine e producendo whisky invece

---

[70] William Reymond, *Mafia S.A., Flammarion, 2001, 59-70*. Flammarion, 2001, 59-70. Il suo libro è completamente incoerente. Per lui non esiste nemmeno la mafia ebraica: ci sono gli italiani (Cosa Nostra), i "russi", la Yakusa (in Giappone), le Triadi (a Hong Kong, Taiwan e Cina), e anche la terribile mafia nigeriana, "un gruppo temibile" (pag. 343).

[71] Nel film *French Connection* (USA, 1971), a parte un breve accenno a uno spacciatore all'inizio del film, il ruolo dei criminali ebrei non compare. Il film è di William Friedkin.

di importarlo dalla Scozia e dal Canada. Aveva raggiunto una parvenza di dignità irreprensibile facendosi eleggere presidente dell'*United Jewish Appeal* of the *United* States e investendo massicciamente in imprese israeliane, soprattutto nel settore immobiliare. Louis Boyar era un altro amico di Meyer Lansky. Era un ex commerciante d'oro di San Francisco. Aveva anche rafforzato la sua immagine finanziando generosamente diverse istituzioni, come l'Università Ebraica di Gerusalemme. Le sue argomentazioni erano semplici: Lansky, un uomo anziano ritiratosi dagli affari, pensava solo a finire i suoi giorni in Israele e a investire la sua considerevole fortuna nella bisognosa economia nazionale israeliana[72]. Né lo Stato israeliano poteva dimenticare che, nel 1948, Lansky aveva consegnato armi all'Haganah, l'esercito israeliano.

Tuttavia, Golda Meir, il primo ministro, fu irremovibile e, dopo una battaglia legale durata due anni, Israele rifiutò infine l'asilo al boss mafioso. Va detto che il governo statunitense aveva insistito molto sulla sua estradizione e aveva minacciato di privare Israele degli aerei Phantom necessari alla sua difesa. Inoltre, il procuratore Bach aveva convinto Golda Meir che, lungi dal vivere una vita tranquilla in Israele, Lansky si incontrava a Tel Aviv con tutti i membri della mafia americana. Così, tutti gli appelli di Lansky alla Corte Suprema furono vani.

Una settimana prima della scadenza del suo visto, nel novembre 1972, Meyer Lansky partì con un volo notturno Swissair con diversi lasciapassare rilasciatigli dalle missioni diplomatiche dei Paesi dell'America Latina, fiducioso che almeno uno di essi avrebbe accettato la sua presenza e le sue promesse di investimento. Ma non sapeva che gli agenti dell'FBI lo stavano seguendo da vicino. A Zurigo, in Svizzera, fu accolto da un amico che gli organizzò il passaggio per Rio de Janeiro con scalo a Buenos Aires. Da lì al Paraguay, dove progettava di corrompere i funzionari, cambiare nome e sparire. Ma l'FBI aveva inviato un telex a tutti gli aeroporti del mondo. Quando l'aereo atterrò in Paraguay, Lansky fu sorpreso di essere accolto da funzionari di polizia che lo informarono che non poteva scendere dall'aereo. Lansky ebbe la stessa accoglienza nelle successive tappe in Bolivia, Perù e

---

[72] Lo Stato ebraico incoraggiava e promuoveva gli investimenti. Nell'agosto 1967, Levi Eshkol, primo ministro israeliano, aveva lanciato un appello ai miliardari ebrei della diaspora affinché venissero in aiuto di Israele. Sessanta miliardari provenienti da quattordici Paesi si sono riuniti a Gerusalemme. Il settimanale francese *L'Express* di Jean-Jacques Servan-Schreiber aveva riportato l'evento in poche righe succinte e discrete (Archives d'Emmanuel Ratier).

Panama." In qualche modo", ha scritto Rich Cohen, "durante quelle ore, il gangster settantacinquenne stava rivivendo ancora una volta la storia degli ebrei: gli arrivi e le partenze, l'esilio e la peregrinazione."

Dopo uno stratagemma dell'FBI, Lansky finì infine su un aereo statunitense che lo portò a Miami. Quando l'aereo atterrò il 7 novembre 1972, fu accolto da una folla di giornalisti.

- Bentornati! i poliziotti gli hanno detto[73]." Stava tornando a Miami, dove tanti vecchi ebrei portano i loro sogni alla morte[74] ", ha scritto Rich Cohen.

Negli anni successivi, Lansky affrontò due accuse di frode fiscale, ma fu miracolosamente assolto a causa di un errore procedurale. Alla fine è morto nel 1983, senza aver mai messo piede in una prigione. Prima di morire, si era preoccupato di lasciare in eredità la sua fortuna all'associazione *United Jewish Appeal*. In uno dei suoi libri, il romanziere americano Philip Roth ha presentato la testimonianza di un certo Sheftel, che era uno degli avvocati di Lansky. Pare che abbia detto ovunque che "questo gangster americano era l'uomo più brillante che avesse mai incontrato in vita sua"." Se Lansky fosse stato a Treblinka, gli ucraini e i nazisti non sarebbero durati tre mesi[75]."

La mafia invisibile

Gli intellettuali ebrei sono chiaramente riluttanti a parlare troppo della criminalità che proviene dalla loro comunità. È una tendenza che si riscontra anche quando, ad esempio, si cerca di spiegare il ruolo terrificante svolto da numerosi ebrei durante la rivoluzione bolscevica in Russia dal 1917 al 1947. L'obiettivo era quello di creare un "mondo senza confini". Nonostante le prove più convincenti e inconfutabili, gli intellettuali ebrei continuano a negare vigorosamente la partecipazione di moltissimi loro connazionali a quella che rimane di gran lunga l'esperienza più criminale della storia umana, seconda solo alla rivoluzione maoista. Il fatto è che i dottrinari ebrei, i funzionari ebrei e i boia ebrei hanno avuto una responsabilità schiacciante per i quasi trenta milioni di morti causati dalla rivoluzione comunista in Russia[76].

Nell'analizzare il fenomeno mafioso, questi intellettuali comunitari ricorrono sempre alle stesse contorsioni talmudiche per non

---

[73] Jacques Derogy, *Israël Connection*, Plon, 1980, p. 76, 77
[74] Rich Cohen, *Yiddish Connection*, 1998, Denoël, 2000, Folio, p. 457, 458
[75] Philip Roth, *Operazione Shylock*, Debolsillo Penguin Random House, Barcellona, 2005, p. 394-395.
[76] Vedi *Speranze planetarie* e *Fanatismo ebraico*.

offuscare l'immagine di una comunità ebraica da sempre perseguitata senza motivo. La cosa migliore da fare, ovviamente, è non parlarne e dirottare l'attenzione del pubblico su altre mafie: siciliana, turca, albanese, russa, nigeriana, cecena, galiziana, ecc...

Negli Stati Uniti, una figura mafiosa divenne molto famosa: Jacob Leon Rubinstein. I suoi genitori, di origine polacca, erano emigrati nel 1903 e lui si era stabilito a Dallas nel 1947, cambiando il suo nome in "Ruby". In seguito ha preso il controllo di diverse discoteche e locali notturni. Nel 1959, Ruby si era recato a Cuba per visitare alcuni amici mafiosi e commerciare armi. Jack Ruby non era un tenerone. Il rapporto della Commissione Warren affermava che aveva ripetutamente attaccato riunioni di militanti nazionalisti americani con i suoi buttafuori. Spesso usava la violenza contro i suoi dipendenti. Una volta ha colpito uno dei suoi musicisti con un *tirapugni*; un'altra volta è stato visto picchiare la testa di un dipendente con una mazza, e spesso ha picchiato chi non si esibiva abbastanza velocemente per lui.

Ruby era spesso armato di un revolver, poiché trasportava grandi quantità di denaro contante dai suoi locali notturni. Domenica mattina, 24 novembre 1963, si rese colpevole del primo assassinio della storia trasmesso in diretta televisiva. Aveva sparato a Lee Harvey Oswald, il presunto assassino del presidente Kennedy, arrestato due giorni prima e trasferito in un altro carcere. In seguito Ruby affermò di aver ucciso Oswald in un colpo di follia e, in effetti, il suo avvocato cercò di farlo passare per un pazzo. La maggior parte degli analisti pensava che Ruby se la sarebbe cavata con una condanna per omicidio colposo, una pena lieve di cinque anni. Ma il 14 marzo 1964 Ruby fu condannato a morte per omicidio. Interrogato nella sua cella dai membri della Commissione Warren, Ruby aveva implorato di essere trasferito a Washington, temendo per la sua vita. Alcuni sostengono che se Ruby si sentiva minacciato, era perché c'era stato un complotto e che Ruby aveva ucciso per ordine della mafia. Ruby morì il 3 gennaio 1967 a causa di un'embolia polmonare dovuta a un tumore. La mafia è stata "molto probabilmente uno dei principali mandanti dell'assassinio" del presidente Kennedy a Dallas nel 1963 (*Les Echos*, 16 agosto 2007). Kennedy sarebbe stato "colpevole di non aver pagato i suoi debiti - l'acquisto di schede elettorali in diversi Stati - e di aver permesso al fratello Bobby di attaccare la mafia"." Il giornalista di *Les Echos* ha subito aggiunto: "Questo è il potere di Cosa Nostra." I siciliani sono davvero temibili: sono ovunque, hanno tutto sotto controllo, e noi non ci accorgiamo di nulla[77]!

---

[77] Lo studioso svizzero René-Louis Berclaz ha osservato che il 4 giugno 1963 Kennedy

Il *Courier international* del 19 luglio 2007 ha fornito un buon esempio di "bracconaggio" intellettuale. Un articolo ha presentato la mafia di Chicago degli anni '70 e '80 sulla scia di uno storico processo apertosi il 20 giugno 2007 presso la corte federale di Chicago, in cui vecchi gangster sessantenni e settantenni sono stati processati per i loro vecchi crimini. Joey Lombardo, 78 anni, e Frank Calabrese, tra gli altri, sono finalmente apparsi davanti ai giudici. Le udienze sono state seguite da milioni di telespettatori amanti del crimine mafioso, desiderosi di saperne un po' di più sulle usanze di quegli orribili cattolici: "Questo processo", ha scritto il giornalista, "dovrebbe normalmente far luce sulle cerimonie di iniziazione della mafia, durante le quali gli aspiranti giurano, con le mani tese sull'immagine della Santa Vergine, di proteggere Cosa Nostra". Il tribunale porterà anche alla luce diciotto casi di omicidi mai chiariti e cercherà di smascherare la duratura influenza della mafia sulla malavita di Chicago."

La mafia italo-americana era stata "colpita duramente negli anni '80 da procuratori aggressivi come Rudy Giuliani, in un momento in cui il suo declino sembrava inevitabile"." Il giornalista ha spiegato: "L'immigrazione italiana negli Stati Uniti è stata sostituita da colombiani e altri latinos. La droga era diventata la principale fonte di reddito e le grandi famiglie mafiose non potevano competere con gli spietati narcotrafficanti colombiani. A Chicago, i mafiosi sono ormai solo l'ombra di se stessi. Se quello che dice il procuratore Donald Campbell è vero, si aggrappano a piccole estorsioni in locali di spogliarello e a furti occasionali." Ha dichiarato al *Los Angeles Times*: "Hanno perso molto terreno a favore di altri gruppi organizzati, che si tratti della mafia russa, dei latinos o delle bande di strada della costa orientale e occidentale." La mafia ebraica? Non esiste. Va notato che il *Courier International* era diretto da Alexandre Adler, che ovviamente preferiva evitare di parlare di certi argomenti scomodi.

Al cinema, l'immagine del mafioso ebreo è così furtiva che lo spettatore non esperto non vede nulla di questa realtà. In ogni caso, il

---

firmò l'Ordine Esecutivo 111 110, che conferiva allo Stato l'autorità esclusiva di emettere banconote, una decisione "contraria agli interessi della lobby internazionale dell'usura, poiché abrogava il privilegio di emissione monetaria detenuto dalla *Federal Reserve Bank*, che funge da banca centrale negli Stati Uniti"." (*Le système bancaire est-il la cause des crises économiques?* Avril 2008). Kennedy era diventato il nemico numero uno dell'intero establishment economico e politico-militare statunitense (banchieri, politici, militari, oligarchi del petrolio e delle armi, CIA, mafia, ecc.) [L'assassinio del Presidente Kennedy ha dato origine a molte teorie, come la famosa teoria della pallottola unica inventata da Arlen Specter. Sull'assassinio di Kennedy, leggere William Reymond, *JFK, autopsie d'un crime d'État*, Flammarion, 1998].

mafioso siciliano è sempre visto molto più del gangster ebreo. Nei tre episodi de *Il Padrino* di Francis Ford Coppola (1972, 1974, 1991), o in *Quei bravi ragazzi* di Martin Scorsese (1990), compaiono alcuni personaggi ebrei (uomini o mogli), ma sono i siciliani a comandare.

In *Casinò* (1995) di Scorsese, Robert de Niro, il direttore del casinò, interpreta l'ebreo Sam Rothstein, ma è subordinato ai mafiosi siciliani, i suoi capi con cui fa un sacco di soldi, e alla benevolenza del governatore dello Stato del Nevada. Il ruolo del cattivo è interpretato da Joe Pesci, il piccolo cattivo iperviolento di origine siciliana. L'omicidio di Joe Pesci alla fine del film, preso a bastonate e sepolto vivo in un campo di grano, è ispirato all'omicidio di Anthony Spilotro avvenuto nel giugno 1986.

Mel Horowitz, l'avvocato della malavita di Las Vegas, era amico di Alvin Malnik, l'erede degli affari di Meyer Lansky, considerato dalle autorità federali statunitensi una figura preminente del crimine organizzato, cosa che Alvin Malnik naturalmente respingeva con forza. Dalla fine degli anni '60, Malnik era socio di Sam Cohen, proprietario di maggioranza del Flamingo Hotel. Avvocato, immobiliarista, ristoratore di fama a Miami Beach, Malnik era anche proprietario della catena nazionale di agenzie di prestito per privati: "Prestiti con un tasso di interesse così alto che un procuratore generale parlò di "legalizzazione dell'usura"[78]." Nella sua lunga carriera non è mai stato condannato.

I casinò svolgono un ruolo importante nel riciclaggio del denaro sporco. Ricordiamo che il "Papa" di Las Vegas all'inizio del XXI secolo era un certo Poju (Haïm) Zabludowicz, un israeliano che viveva a Londra e che possedeva diversi hotel e sei casinò nella città, cioè il 40% del centro del gioco d'azzardo. Poju era anche un grande collezionista di arte contemporanea. Dopo aver lasciato la Finlandia per stabilirsi in Israele, suo padre Shlomo aveva fondato la Soltam, una fabbrica di armi che sarebbe diventata il fiore all'occhiello dell'industria israeliana. Arthur Goldberg era il proprietario della più grande catena di casinò degli Stati Uniti. A Las Vegas era proprietario dell'enorme *Paris* Casino e del famoso *Caesars Palace*.

Nel 1999, l'elezione di Oscar Goodman a sindaco di Las Vegas testimoniò che la presa della mafia sulla città era ancora reale. In effetti, Oscar Goodman era stato a lungo l'avvocato della mafia ebraica. Aveva difeso Meyer Lansky e Frank Rosenthal.

C'era anche il brillante Sol Kerzner, un ebreo di origine russa proprietario di *Sun City*, un gigantesco hotel-casinò creato nel 1979 in

---

[78] Jean-François Gayraud, *Le Monde des mafias*, Odile Jacob, 2005, p. 117.

Sudafrica. Kerzner aveva casinò in tutto il mondo: a Las Vegas, ad Atlantic City, a Mauritius, a Dubai e alle Bahamas, dove costruì l'hotel e club vacanze *Atlantis Paradise*. Suo figlio, Butch Kerzner, è stato tragicamente ucciso in un incidente in elicottero nell'ottobre 2006. L'aereo si è schiantato contro una proprietà nella Repubblica Dominicana mentre stava effettuando delle prospezioni nella regione con un investitore.

Il cinema di Hollywood non ci mostra mai questa realtà. In *The Departed (*2007), Scorsese ha ritratto la mafia irlandese di Boston. Il suo capo, interpretato da Jack Nicholson, era crudele e machiavellico come nessun ebreo potrebbe mai apparire in un film "americano". Il film *"Road to Perdition"* (USA, 2002), ha rappresentato la mafia irlandese a Chicago negli anni Trenta. Nonostante avessero sempre in bocca la parola "Dio" o "Signore", questi cattolici dalla fede salda erano terrificanti assassini. Il film è stato diretto da Sam Mendes, che chiaramente non è né irlandese né cattolico.

Tuttavia, l'ebraismo dei protagonisti appare in alcuni film. A quanto pare, può esserci anche un certo orgoglio nel vedere alcuni leader mafiosi della propria comunità. Così, abbiamo visto come il bel film C'era *una volta in America* (1984) abbia rappresentato con grande compiacimento una banda di gangster ebrei ai tempi del proibizionismo (con Robert de Niro e James Wood). Tutto è possibile: prostituzione, alcol, locali notturni, omicidi, rapine a mano armata, furti di diamanti, droga, controllo dei sindacati e infine... consacrazione politica. Ma anche in questo caso, uno spettatore non esperto non vedrà tutti i piccoli dettagli che mostrano l'ebraicità dei gangster. In ogni caso, sono così simpatici che è difficile condannare le loro azioni.

In *L.A. Confidential* (USA, 1997), film di Curtis Hanson tratto dal romanzo di James Ellroy, l'ebraismo appare in modo più discreto. L'incipit del film presenta il padrino della mafia locale nella Los Angeles degli anni Cinquanta, Meyer Cohen, come "Mickey C., per il suo fan club". Era il "re della criminalità organizzata della regione: il re della droga, dell'estorsione e della prostituzione"." Fa fuori una dozzina di persone all'anno" ed è sulle prime pagine dei giornali.

Meyer Lansky, invece, è apparso sullo schermo come una vittima innocente dell'antisemitismo. Nella serie televisiva statunitense del 1999 (Lansky), le due scene iniziali stabiliscono la tendenza. Il primo mostra il vecchio Lansky a Gerusalemme, mentre cerca di acquistare un lotto nel cimitero vicino alla tomba dei suoi nonni. In una seconda scena, in un *flashback,* lo vediamo all'età di sette anni, pietrificato, mentre assiste al massacro di un povero ebreo da parte di contadini polacchi durante un pogrom a Grodno, la sua città natale, così, senza un motivo apparente. In altre riprese, è costretto a difendersi anche dagli ubriachi irlandesi. Nella serie *I Soprano* (1999), l'unico ebreo è un gentile yayo allevatore di cavalli il cui unico crimine sembra essere stato quello di truffare i diritti d'autore dei cantanti neri.

Il fatto di cancellare la traccia dell'ebraismo dei principali criminali nei film americani è riconosciuto persino dagli specialisti. Così si legge sul quotidiano *Libération* del 10 febbraio 2000, sotto la penna di Philippe Garnier: "Storicamente, l'importanza dei gangster ebrei è stata nascosta dagli scrittori americani, ma soprattutto da Hollywood. Hemingway, che sapeva farsi gli affari suoi, lasciava intendere che *"gli assassini"* del suo omonimo romanzo erano ebrei... Nel film di Robert Siodmak prodotto da Mark Hellinger [nel 1946], ogni allusione è scomparsa e uno degli assassini è interpretato da Charles McGraw, un bruto goy se mai ce n'è stato uno."

Negli anni Trenta, ai grandi attori del teatro yiddish come Paul Muni e E.G. Robinson furono offerti i ruoli di italiani come Scarface o Rico. La rivista *CinémAction* ha confermato: "Durante il grande periodo del cinema noir, nessun personaggio di spicco dei gangster era stato ebreo; il cambiamento è avvenuto solo a partire dagli anni '50, quando sono state girate le biografie di "Legs" Diamond, Arnold Rothstein e "Lepke" Buchalter - e anche in quel caso, il background etnico e religioso è stato quasi trascurato[79]."

Nel 1931, il produttore Howard Hughes acquistò i diritti di un romanzo intitolato *Queer people*. La storia raccontava di un giornalista appena arrivato a Hollywood che scoprì che tutti gli studi cinematografici erano gestiti da uomini d'affari ebrei. Nessun attore accettò di partecipare al film, tranne William Haines, e alla fine Hughes, che aveva ricevuto minacce di morte al telefono, dovette rinunciare al suo film[80].

Dopo la guerra, questo dominio assoluto è stato in qualche modo ufficializzato. Nel 1947 diverse organizzazioni ebraiche americane fondarono il *Motion Picture Project*, un organismo che doveva monitorare la rappresentazione di Hollywood di temi ebraici e l'immagine degli ebrei. Un certo John Stone fu assunto per imporre i

---

[79] CinémAction, *Cinéma et judéité*, Annie Goldmann, Cerf, 1986, pag. 104.
[80] Tutti gli studios di Hollywood sono stati creati da ebrei ashkenaziti. Leggi in *Le speranze planetarie.*" Jack Warner pretendeva che tutti i suoi dipendenti versassero una percentuale del loro stipendio al Jewish Unified Social Fund..." Era sufficiente che dicesse: se non donate nulla allo *United Jewish Appeal*, non lavorerete mai più qui", ha riconosciuto il figlio Jack junior." (Neal Gabler, *Le Royaume de leur rêve*, 1988, Calmamnn-Lévy, 2005, p. 336).

suoi obiettivi agli studios: "Eliminare tutto ciò che potrebbe generare antisemitismo, specialmente nei film sulla vita di Gesù Cristo; evitare personaggi ebrei non simpatici; orientare l'opinione pubblica verso la consapevolezza delle persecuzioni a cui gli ebrei furono sottoposti[81]". Così, ad esempio, Stone ha fatto pressioni sullo sceneggiatore di *Murder Inc*, la storia del gangster ebreo Louis Lepke, affinché inserisse nella sceneggiatura un combattivo procuratore ebreo.

Il 19 luglio 2007 il giornale di Alexandre Adler, *Courier international*, ha citato il libro di Tim Adler, *Hollywood e la mafia*, dedicato ai "torbidi legami tra l'industria cinematografica e il sindacato del crimine... Tuttavia, i dubbi legami di Hollywood con la mafia non sono scomparsi. Oggi la mafia russa è in prima linea. Il loro controllo sull'industria cinematografica ha già portato alla bancarotta di una compagnia di assicurazioni australiana, e sembra che la storia della mafia sia tutt'altro che finita." Certo, questi gangster "russi" sono piuttosto spaventosi, come vedremo nei capitoli successivi.

L'influente Jacques Attali, ex consigliere del presidente socialista François Mitterrand prima di diventare consigliere del presidente liberale Nicolas Sarkozy nel 2007[82], è stato un po' più onesto. Sul settimanale *L'Express* del 10 gennaio 2002 ha presentato il suo ultimo libro, *Gli ebrei, il mondo e il denaro*. Il giornalista gli chiede: "Lei evoca senza mezzi termini un altro tabù: il potere del gangsterismo ebraico negli Stati Uniti." Jacques Attali ha risposto: "Sarebbe stato disonesto non parlare di questo episodio marginale e affascinante." E noi stessi saremmo disonesti se non trascrivessimo qui questi dettagli forniti da Attali, che relativizzano il fenomeno della criminalità ebraica: "Uno dei capi della mafia americana è un certo Meyer Lansky. Fa parte di quella piccola minoranza di criminali ebrei - forse 2000 su 2 milioni di ebrei russi immigrati negli Stati Uniti alla fine del XIX secolo e all'inizio del XX secolo."

Ma Attali ha aggiunto: "Questa frazione totalmente "disintegrata" della comunità è una grande novità storica. Fino ad allora, gli ebrei avevano avuto la fobia della delinquenza e della criminalità per motivi teologici, ma anche per ragioni di sopravvivenza, poiché il comportamento di un singolo individuo poteva mettere in pericolo la sicurezza dell'intera comunità[83]."

---

[81] Jean-Luc Doin, *Dictionnaire de la censure au cinéma*, Presses Universitaires de France, 1998, pag. 316.
[82] E mentore di Emmanuel Macron nel 2017. (NdT).
[83] "Un ebreo è come tutto l'ebraismo", scriveva il fondatore del Congresso ebraico mondiale, Nahum Goldmann, citando il famoso versetto del Talmud (*Le Paradoxe juif*,

In realtà, questa criminalità ebraica non era affatto una "novità storica[84]", come vedremo in seguito. Né è scomparsa, come ha cercato di far credere Jean-François "Gayraud" nel suo libro *Il mondo delle mafie*, pubblicato nel 2005. Infatti, ha cercato di farci capire che il gangsterismo ebraico si era estinto e che era un fenomeno eccezionale ed effimero: "A differenza degli italiani, la comunità ebraica dopo la seconda guerra mondiale si era definitivamente allontanata dall'illegalità[85]."

E ancora, con grande attenzione alla verità, Jacques Attali ha dichiarato: "Meyer Lansky non ha alcun legame con la comunità... Quando in seguito fu arrestato - per motivi fiscali, come Al Capone - e chiese a Israele il diritto di beneficiare della Legge del Ritorno, Golda Meir non glielo concesse." Qualche anno dopo, Lansky cercherà di rifugiarsi in Israele, che gli negherà il beneficio della Legge del Ritorno: per i suoi crimini, avrà perso il diritto di essere riconosciuto come ebreo[86]." E Attali continua fino alla fine con la sua onestà intellettuale: "Meyer Lansky, il gangster ebreo era una novità; in realtà, non era più un ebreo[87]."

Avete capito, i gangster ebrei non esistono, per la semplice ragione che non si può essere gangster ed ebrei allo stesso tempo. In realtà, questo ragionamento è esattamente lo stesso utilizzato dagli intellettuali ebrei che sostengono che in realtà i criminali bolscevichi non erano più "ebrei", poiché erano comunisti e atei. Il punto è abbastanza chiaro: avete semplicemente avuto un'allucinazione.

Paris, Stock, 1976, p. 43).

[84] "L'elemento ebraico nel mondo del gangsterismo era una questione molto seria e grave per l'ebraismo americano; qualcosa che non poteva essere ignorato, un problema di grande portata. Questa comunicazione tra ebrei e non ebrei nei sotterranei della società trovava espressione nel fatto che il gergo della malavita tedesca era essenzialmente yiddish, o ebraico. L'intera malavita l'ha fatta propria, semplicemente come lingua segreta, e proprio gli elementi ebraici dello yiddish parlati dagli ebrei sono stati accettati con particolare gusto come parole in codice dalla malavita non ebraica, come quelle lingue con cui i prigionieri comunicano tra loro." *Tutto è cabala. Dialogo con Jorg Drews, seguito da Dieci tesi astoriche sulla Cabala*. Gershom Scholem, Editorial Trotta, Madrid, 2001, p. 22.

[85] Jean-François Gayraud, *Il mondo delle mafie*, Odile Jacob, 2005, p. 116.

[86] Jacques Attali, *Les Juifs, le monde et l'argent*, Fondo de cultura económica, 2005, Buenos Aires, p. 412.

[87] Jacques Attali, *Les Juifs, le monde et l'argent*, Fayard, 2002, pag. 485.

2. Russia sotto il giogo degli oligarchi

Tuttavia, il modo migliore per costruire rapidamente grandi fortune è ancora quello di operare legalmente e di agire alla luce del sole. Ma questo richiede alcune circostanze favorevoli. Guerre, rivoluzioni e grandi cambiamenti sono molto opportuni per gli individui più reattivi, più esperti nella gestione del denaro e più spregiudicati.

Un esempio su mille: sappiamo che la fortuna dei Rothschild è nata in seguito alla sconfitta delle armate napoleoniche nella battaglia di Waterloo del 1815. Informato dell'esito della battaglia prima di tutti gli altri, Rothschild si presentò alla Borsa di Londra con un'aria cupa che lasciava intendere che Napoleone avesse vinto. Questo gli ha permesso di prendere tutti i titoli che erano stati frettolosamente venduti a un prezzo molto basso. Questo celebre episodio aveva ispirato alcuni versi di Victor Hugo, che così vedeva passare il finanziere davanti a sé nelle sue *Contemplazioni*:

"Questo che passa ha fatto la sua fortuna nell'ora in cui voi versavate il vostro sangue, scommetteva in basso e si alzava man mano che andava, perché la nostra caduta fosse più profonda e più sicura, doveva esserci un avvoltoio per i nostri morti, ed era lui."

Il caos che ha seguito il crollo del comunismo in Russia ha rappresentato un formidabile terreno di caccia per i predatori. La Russia divenne quindi preda di alcuni uomini d'affari cosmopoliti che acquistarono tutte le ex imprese e fabbriche collettivizzate a prezzi ridicolmente bassi. Alcuni individui hanno accumulato fortune colossali durante le privatizzazioni degli anni '90, mentre la stragrande maggioranza della popolazione è caduta nella povertà e nell'indigenza.

Il saccheggio della Russia

Tra i libri sulla mafia "russa" usciti dopo il crollo del comunismo nel 1991, *Boris Berezovsky and the Pillage of Russia* di Paul Klebnikov[88] è stato quello di maggior successo. Paul Klebnikov,

---

[88] Paul Klebnikov, *Godfather of the Kremlin: Boris Berezovsky and the looting of Russia*

specialista della Russia per la famosa rivista americana *Forbes*, aveva intervistato un gran numero di personalità e svolto ricerche approfondite. Le informazioni presentate in questo capitolo sono tratte da questo libro.

Nell'agosto 1991, Boris Eltsin, appena eletto presidente della Repubblica russa, aveva sventato il tentativo di colpo di stato dei comunisti davanti al parlamento[89]. Per rovesciare il presidente sovietico Gorbaciov, Eltsin aveva concordato con i presidenti delle repubbliche ucraina e bielorussa che l'Unione Sovietica avrebbe ufficialmente cessato di esistere. L'8 dicembre 1991, l'URSS ha lasciato il posto a quindici nuovi Stati indipendenti. La Russia perse 50 milioni di abitanti e tornò ai confini del 1613.

La transizione verso l'economia di mercato è stata una marcia forzata. All'inizio del 1992, i prezzi sono stati liberalizzati e l'inflazione è salita alle stelle. Alla fine dell'anno, gli aumenti di prezzo erano del 1900% per le uova, del 3100% per il sapone, del 3600% per il tabacco, del 4300% per il pane e del 4800% per il latte. Nello stesso intervallo di tempo, i conti di risparmio e i depositi hanno registrato un interesse annuo inferiore al 10% e i salari sono leggermente aumentati. Tutti i risparmi della popolazione furono quindi rapidamente divorati dall'inflazione. La "terapia d'urto" del Primo Ministro Gaïdar consisteva - come dicevano i russi - in "molti shock e poca terapia". Più di cento milioni di persone caddero in miseria.

Il Presidente Eltsin, forte bevitore, è stato in realtà ampiamente manipolato da un gruppo di furfanti il cui scopo era quello di impadronirsi delle risorse naturali della Russia. Le persone più vicine a lui erano uomini d'affari guidati da Boris Berezovsky.

Boris Berezovsky era nato nel 1946 "in una famiglia ebrea dell'intellighenzia moscovita" e aveva studiato informatica presso uno dei principali istituti scientifici segreti dell'URSS. Nel 1989 ha fondato una società di distribuzione di automobili chiamata LogoVaz, che commercializzava i veicoli di AvtoVaz, la cui fabbrica principale si

---

(2000). Paul Klebnikov è stato ucciso in una strada di Mosca nel 2004. È stato vittima di un omicidio su commissione.

[89] "La nuova élite ebraica non si identificò completamente con la Russia, ma perseguì una politica separata. Ciò ha avuto un effetto decisivo nel 1991, quando più del 50% degli ebrei ha appoggiato il colpo di Stato filo-occidentale del presidente Eltsin, mentre solo il 13% dei russi lo ha sostenuto. Nel 1995, l'81% degli ebrei ha votato per i partiti filo-occidentali e solo il 3% per i comunisti (mentre il 46% dei russi ha votato per i comunisti), come pubblicato dalla sociologa ebrea Ryvkina nel suo libro del 1996, *Jews in Post-Soviet Russia.*" In Israele Adam Shamir, *L'altra faccia di Israele*, Ediciones Ojeda, Barcellona, 2004, p. 125, 126.

trovava sul Volga, e si è rapidamente affermata come il più grande rivenditore di auto Lada. La sua fortuna lo rese un bersaglio ambito per le bande criminali che all'epoca prosperavano impunemente. Le sparatorie tra bande non erano rare a Mosca e, per sopravvivere, i principali uomini d'affari dovevano essere pesantemente protetti. Mentre il governo russo scendeva nel caos, i servizi di sicurezza più efficaci si rivelarono quelli della mafia. Boris Berezovsky ha lavorato in coordinamento con gruppi criminali organizzati della piccola repubblica meridionale della Cecenia. Erano i "terrificanti gangster ceceni" che lo proteggevano.

Dopo il crollo dell'URSS alla fine del 1991, le truppe russe si erano ritirate dal territorio ceceno, lasciando dietro di sé grandi depositi di armi. Allo stesso tempo, una delle prime misure del nuovo governo ceceno è stata quella di aprire le porte delle prigioni e rilasciare circa 4.000 criminali professionisti. Molti dei boss della malavita sono diventati membri del governo della piccola repubblica, pur mantenendo i loro contatti con i gruppi ceceni a Mosca e in altre grandi città russe", ha scritto Paul Klebnikov."

All'inizio degli anni '90, le sette principali bande mafiose cecene a Mosca avevano un potenziale di cinquecento combattenti. Avevano creato una rete per estorcere denaro a negozi, ristoranti e alberghi in tutta la città. Hanno rapidamente preso il controllo della catena statale Beriozka e dei supermercati di lusso di epoca sovietica riservati ai membri della Nomenklatura e agli stranieri. Quando nel 1992-1993 cominciarono ad apparire i casinò, i ceceni presero il controllo di quelli più importanti. Con gli enormi introiti generati dalle loro attività criminali, sono penetrati nei mercati finanziari e hanno preso il controllo di decine di banche. Controllavano anche il gigantesco hotel Rossïa, di fronte al Cremlino. Gran parte dei proventi delle estorsioni sono stati rimpatriati in Cecenia.

L'aeroporto di Grozny è quindi diventato il centro delle attività di contrabbando nella Repubblica cecena e uno degli hub internazionali per il traffico di eroina[90].

Klebnikov ci ha informato che la maggior parte degli altri boss mafiosi apparteneva a una delle numerose minoranze etniche. Così, nel 1993, dei sessanta boss delle bande che operavano a Mosca, più della metà proveniva dalla Georgia e una dozzina da altre regioni del Caucaso." C'erano numerose auto di lusso che sfilavano per le strade

---

[90] Paul Klebnikov, *Parrain du Kremlin, Boris Berezovski et le pillage de la Russie*, Robert Laffont, 2001, pagg. 22-26.

della capitale senza targa. Nessuna polizia rischierebbe di fermarli[91]." Dopo due anni di esperienza democratica, la maggior parte dei russi si era resa conto che il loro Paese era caduto nelle mani di una casta criminale.

Nel 1993 erano stati commessi 29.200 omicidi, un tasso doppio rispetto a quello degli Stati Uniti, che stavano vivendo la loro più alta ondata di criminalità. A Mosca, il numero di omicidi è aumentato di otto volte tra il 1987 e il 1993, ma queste cifre rappresentano solo una frazione del numero reale di omicidi in Russia, poiché molte vittime sono state registrate nelle statistiche in altre categorie: suicidi, incidenti, sparizioni. Oltre alle trentamila vittime all'anno, c'erano circa quarantamila persone scomparse. La polizia, incapace di incanalare questa violenza, ha subito 185 morti tra i suoi agenti nel 1994." Quando ho interrogato Berezovsky sulle cause dell'epidemia di criminalità in Russia", ha scritto Paul Klebnikov, "mi ha anche parlato della collusione tra gangster e alti funzionari governativi[92]."

Contro i gangster ceceni si sono sollevate bande slave come la Fraternità di Solntsevo, creata in un grigio quartiere moscovita chiamato Solntsevo. Nel 1993 è iniziata una guerra tra bande, in cui Boris Berezovsky è stato coinvolto perché alleato dei ceceni. Nella primavera del 1994 ha subito diversi attentati in cui sono stati uccisi diversi suoi stretti collaboratori e lui stesso è stato ferito. Dopo mesi di massacri, le bande slave e cecene si erano sterminate a vicenda. I leader ceceni si ritirarono dalle luci della ribalta e i loro omologhi slavi emigrarono all'estero. Alla fine del 1994, due anni di follia si conclusero. I veri vincitori sono stati i nuovi uomini d'affari che hanno lavorato con la malavita e che d'ora in poi avrebbero smesso di ricorrere agli omicidi su commissione. L'11 dicembre 1994, l'esercito russo invase la Cecenia.

I sovietici avevano già la tendenza a trattare con loschi intermediari nei loro affari con l'estero. Il trader di materie prime Marc Rich, ad esempio, era un commerciante di petrolio che aveva avuto il suo periodo di massimo splendore negli anni Settanta. Era fuggito dagli Stati Uniti nel 1983 dopo essere stato accusato di estorsione, racket, frode fiscale e commercio con l'Iran, una potenza ostile. Oggi multimilionario, Marc Rich, cinquantenne, viveva a Zug, in Svizzera, dove combinava la sua vita di uomo d'affari internazionale con quella

---

[91] Paul Klebnikov, *Parrain du Kremlin, Boris Berezovski et le pillage de la Russie*, Robert Laffont, 2001, p. 37.
[92] Paul Klebnikov, *Parrain du Kremlin, Boris Berezovski et le pillage de la Russie*, Robert Laffont, 2001, pagg. 45-50.

di fuorilegge ricercato. Era in cima agli "avvisi rossi" dell'Interpol, il che significa che la sua cattura era una priorità, ma la Svizzera si è rifiutata di estradarlo negli Stati Uniti.

I ricchi commerciavano ogni tipo di merce con i sovietici. Vendette loro grano, zucchero, concentrato di zinco, allumina (un estratto della bauxite, il principale composto dell'alluminio) e si fece pagare in petrolio, alluminio, nichel, rame e altri metalli. Le materie prime hanno dato a Rich un peso considerevole in alcuni dei mercati più importanti del mondo. Grazie soprattutto ai suoi contratti sovietici, Rich trattava, ad esempio, due milioni di tonnellate di alluminio all'anno, il che significava che controllava un terzo del mercato mondiale di questo metallo." In realtà, scrive Klebnikov, Rich ha truffato i russi acquistando le materie prime con informazioni privilegiate sui prezzi." Ha rivenduto all'estero, intascando i profitti nel suo rifugio fiscale di Zug, in Svizzera.

Altri uomini d'affari russi si sono impegnati in operazioni simili negli anni '90, anche se la particolarità di Rich è stata quella di averlo fatto prima di tutti gli altri e su larga scala, corrompendo i dirigenti delle fabbriche." Molte delle sue azioni erano illegali secondo la legge sovietica, ma aveva ingegnosi collaboratori all'interno del Paese. I suoi contratti contenevano solitamente accordi segreti con i direttori delle compagnie petrolifere e dell'alluminio e prevedevano complessi meccanismi di pagamento in tutto il pianeta[93]."

Uno dei partner più importanti di Rich era un uomo d'affari quarantenne di nome Artem Tarasov, un uomo che sarebbe stato considerato uno dei pionieri del capitalismo predatorio russo. Per metà georgiano, Tarasov era cresciuto sulla costa del Mar Nero. Ha frequentato gli studi superiori presso l'Istituto di estrazione mineraria e la Scuola superiore di economia di Gosplan (il Comitato di pianificazione statale). Quando nel 1987 fu legalizzata la creazione di aziende private, Tarasov fondò una cooperativa chiamata Tekhnika, che vendeva materie prime russe e importava computer individuali e dalla quale ricavò una piccola fortuna. La società che fondò in seguito, la Istok, divenne un impero economico dedicato all'esportazione di treni attrezzati, magazzini, strutture portuali, navi e depositi, tutti affittati dallo Stato. Il governo russo sotto Boris Eltsin le concesse anche una licenza per l'esportazione di olio combustibile sovietico e la autorizzò a tenere i suoi profitti all'estero - "un privilegio senza precedenti per un imprenditore privato", scrisse Klebnikov - a condizione che utilizzasse

---

[93] Paul Klebnikov, *Parrain du Kremlin, Boris Berezovski et le pillage de la Russie*, Robert Laffont, 2001, p. 77-79.

parte dei suoi ricavi per incassare le cambiali che il governo aveva emesso a corto di denaro per pagare gli agricoltori del Kolkhoz[94]. I contadini potevano quindi scambiare queste cambiali con beni di consumo importati." Tarasov vendette l'olio combustibile all'estero, ma i contadini sovietici non ricevettero mai i loro beni di consumo. Fu un noto scandalo", ha scritto Klebnikov. Tarasov era davvero il nostro maestro", ha riconosciuto in seguito con aria rammaricata Oleg Davydov, un alto funzionario del Ministero del Commercio. Comprava olio combustibile in patria a 36 dollari la tonnellata e lo rivendeva all'estero a 80 dollari... Ovviamente, il ministero faceva esattamente la stessa cosa; solo che la differenza tra i prezzi interni e quelli mondiali non finiva nelle tasche di Tarasov, ma nel bilancio del governo[95]."

Berezovsky ha quindi adottato molte delle strategie di fuga dei capitali di Marc Rich. Paul Klebnikov ha avuto l'opportunità di discutere la questione della fuga di capitali negli ultimi anni dell'URSS con Egor Gaidar, il primo capo di governo russo dell'era post-sovietica: "C'era molto mistero sui contratti del commercio estero sovietico, mi ha confessato. Stavamo acquistando tutti i tipi di attrezzature a prezzi anormalmente alti che pagavamo in contanti, mentre una parte significativa della nostra produzione veniva venduta a prezzi molto bassi." E Klebnikov ha aggiunto: "Una cosa è chiara: le riserve auree e valutarie dell'Unione Sovietica sono scomparse intorno al 1990". Le casse si stavano svuotando." All'inizio degli anni '80, la riserva aurea sovietica ammontava a 1.300 tonnellate (circa 30 miliardi di dollari dell'epoca). In due anni, tra il 1989 e il 1991, la maggior parte dell'oro (circa mille tonnellate) fu venduta. Nello stesso periodo, le riserve valutarie sono scese da 15 miliardi di dollari all'inizio del regno di Gorbaciov a solo 1 miliardo di dollari." Alexander Yakovlev, il più stretto consigliere di Gorbaciov e il principale architetto della Perestrojka, è stato accusato dal movimento antisemita Pamiat di essere una "spia sionista".

Sostenuti e incoraggiati dai capi del Fondo Monetario Internazionale e da altri consiglieri occidentali, i giovani riformatori eltsiniani decisero che lo Stato non doveva più intervenire nel commercio estero. Hanno eliminato le barriere che potevano impedire ai commercianti di acquistare materie prime a prezzi nazionali per rivenderle all'estero. Nel giro di pochi mesi, il 30% delle esportazioni russe di petrolio e il 70% di quelle di metalli sono state effettuate al di

---

[94] I Kolkhoz erano fattorie collettive nell'Unione Sovietica.
[95] Paul Klebnikov, *Parrain du Kremlin, Boris Berezovsky et le pillage de la Russie*, Robert Laffont, 2001, p. 80-81.

fuori delle agenzie commerciali statali, e nel 1994 la maggior parte del commercio estero russo era nelle mani di società private di import-export. Berezovsky è emerso rapidamente come uno dei principali commercianti. La sua società LogoVaz ha venduto centinaia di migliaia di tonnellate di alluminio e di petrolio grezzo in Svizzera e negli Stati Uniti, e decine di migliaia di stereo a legna all'estero.

Per evitare di pagare le tasse, la maggior parte di questi commercianti ha fatto ricorso a un vecchio trucco del KGB: false fatture di import-export. Il legno da costruzione di buona qualità, ad esempio, veniva registrato come legno da riscaldamento ed esportato a un prezzo basso, con l'acquirente straniero che pagava la differenza su conti bancari esteri. Le stesse procedure sono state applicate ad alluminio, acciaio, nichel, metalli strategici, pellicce e pesce. Le importazioni di prodotti alimentari, abbigliamento, elettronica di consumo e attrezzature industriali sono state effettuate allo stesso modo, con commissioni versate sui conti offshore degli acquirenti russi. Le più grandi aziende russe sono così rimaste invischiate in loschi affari. Queste nuove società di import-export tendevano a nascondere quasi tutti i loro profitti all'estero." Si stima che all'epoca la fuga di capitali russi ammontasse a circa 15-20 miliardi di dollari all'anno, trasferiti sui conti bancari di capi mafia, funzionari corrotti di alto rango e dirigenti di fabbrica complici."

In questo spudorato saccheggio delle risorse naturali del Paese, le esportazioni di petrolio hanno generato i profitti più significativi. L'industria petrolifera era quindi "uno dei principali campi di battaglia della criminalità organizzata in Russia"." I gruppi criminali hanno liquidato coloro che si rifiutavano di lavorare con loro, e molti dirigenti delle raffinerie sono stati uccisi[96].

Il 14 dicembre 1992 Boris Eltsin nominò un nuovo primo ministro: Viktor Chernomyrdine. Dopo le misure di Gaidar, il PIL russo è crollato di oltre il 50%, rendendo la Russia più povera del Perù in termini di PIL pro capite. Decenni di successi tecnologici andarono perduti, rinomate istituzioni scientifiche furono lasciate in rovina e la cultura russa sembrò scomparire." Tutti coloro che si sono recati in Russia nei primi anni dell'era Eltsin sono rimasti sbalorditi dallo spettacolo dei cittadini russi che cercavano di sopravvivere", ha scritto Paul Klebnikov. Gli ex combattenti vendevano le loro medaglie per comprare cibo, e le più alte decorazioni sovietiche finivano sulle bancarelle dei mercatini delle pulci esposte in vendita come comuni

---

[96] Paul Klebnikov, *Parrain du Kremlin, Boris Berezovski et le pillage de la Russie*, Robert Laffont, 2001, p. 116-121.

gingilli.

Le voci sulla scarsità di cibo spinsero milioni di abitanti delle città a coltivare patate e cavoli negli orti di periferia. Se la carestia fu evitata, fu grazie al suolo della madre Russia. La recessione in Russia è stata peggiore della Grande Depressione degli anni '30 negli Stati Uniti. Tra il 1990 e il 1994, il tasso di mortalità maschile è aumentato del 53% e quello femminile del 27%. L'aspettativa di vita maschile è crollata e ogni mese migliaia di russi morivano prematuramente. Molti di questi decessi riguardavano persone anziane che avevano perso tutti i loro risparmi.

Secondo le stime ufficiali, il numero di tossicodipendenti nel Paese era compreso tra 2 e 5 milioni, soprattutto giovani. Anche l'alcol ha avuto il suo peso. Un'indagine del 1993 ha rilevato che l'80% degli uomini russi beveva e che il loro consumo medio era di oltre mezzo litro al giorno. Nel 1996, più di 35.000 persone sono morte per avvelenamento da alcol adulterato, contro le poche centinaia negli Stati Uniti nello stesso periodo. Il consumo di alcol e la criminalità hanno contribuito alla drammatica esplosione delle morti violente e accidentali. Dal 1992 al 1997, 229.000 persone si sono suicidate, 159.000 sono morte per intossicazione dopo aver bevuto vodka adulterata e 169.000 sono state assassinate[97]. Molte giovani donne russe hanno rinunciato alla maternità, non per scelta ma per necessità. Diversi milioni di loro sono stati costretti a prostituirsi, e centinaia di migliaia sono stati portati all'estero per essere schiavi del sesso[98]. Il calo del tasso di natalità, combinato con un aumento ancora più rapido del tasso di mortalità, ha portato a un deficit demografico di 6 milioni di russi nel 1999. Parallelamente, centinaia di migliaia di bambini sono stati abbandonati.[99]

---

[97] Aleksandr Solzhenitsyn ha evocato l'antisemitismo legato ai problemi generati da alcuni ebrei con la produzione e la distribuzione di alcolici nella Russia dell'epoca zarista (si legga in *Fanatismo ebraico*). In *Testament d'un antisémite*, Édouard Drumont scriveva già a proposito della produzione e del traffico di alcolici: "Nulla può dare un'idea di ciò che sono gli ebrei di Polonia e Russia. Annientano le popolazioni di interi villaggi con spiriti avvelenati. L'ho sentito dire direttamente da un grande signore polacco: un bambino di otto anni passa per strada. L'oste ebreo lo chiama dalla porta della sua taverna: "Ehi ragazzo! Fermatevi un attimo, vi darò un bicchiere di grappa." E dà al ragazzo un bicchiere pieno di acquavite adulterata... Il signore si avvicina al taverniere e dice: "Perché corrompere questo ragazzo? Non avete alcun interesse, visto che lui non vi paga. -Senza dubbio", risponde l'altro con il sorriso sinistro della gente della sua razza, "non mi paga... ma, vede, bisogna abituarli fin da piccoli." (Édouard Drumont, *Testament d'un antisémite*, 1891, p. 150).
[98] Si veda il capitolo sulla tratta degli schiavi bianchi.
[99] Paul Klebnikov, *Parrain du Kremlin, Boris Berezovski et le pillage de la Russie*,

Lo stesso Stato russo era guidato da un presidente alcolizzato che provocava imbarazzanti incidenti diplomatici. Il 31 agosto 1994, a Berlino, Boris Eltsin e il suo omologo tedesco, il cancelliere Helmut Kohl, hanno presieduto le cerimonie per la partenza delle ultime truppe di occupazione russe. Il presidente russo aveva iniziato a bere molto presto la mattina. Korjakov, il suo capo della sicurezza, spiegò in seguito che Kohl aveva capito perfettamente la situazione e che aveva portato discretamente Boris Nikolaievitch alla cerimonia tenendolo per la vita. Dopo il pranzo e qualche drink, Eltsin ha passato in rassegna le truppe davanti al pubblico. Arrivato vicino all'orchestra della polizia di Berlino, il presidente è improvvisamente salito sul podio, ha afferrato la bacchetta del direttore d'orchestra e ha iniziato a sventolarla ridicolmente contro la musica. Poco dopo, iniziò a cantare una versione ubriaca di "Kalinka". I berlinesi non avevano mai visto nulla di simile.

Berezovsky fu introdotto nella cerchia ristretta di Boris Eltsin nell'inverno 1993-1994. Il parlamento russo, ostile a Eltsin, alle riforme di Gaidar e ai piani di privatizzazione di Chubai, ha bloccato le riforme e minacciato l'impeachment del presidente. Il 21 settembre 1993, il presidente annunciò lo scioglimento del Parlamento, ma i sostenitori di Aleksandr Rutskoi, riuniti all'interno, si rifiutarono di andarsene e lo scontro si trasformò in un bagno di sangue nei giorni del 3 e 4 ottobre. Questa volta le corazzate erano dalla parte di Eltsin e hanno ucciso centinaia di persone. Un progetto di nuova costituzione, che conferisce maggiori poteri al presidente, è stato infine approvato giorni dopo da un referendum, e le privatizzazioni dell'economia russa sono proseguite sotto la supervisione di Anatoly Chubais.

Il piano prevedeva il trasferimento di oltre la metà delle imprese industriali russe al settore privato entro due anni. L'attuazione del piano prevedeva la vendita del 29% delle azioni di una società di proprietà dello Stato in aste pubbliche e la distribuzione del 51% a dirigenti e dipendenti. Il resto verrebbe trattenuto dallo Stato per essere venduto successivamente. A ogni cittadino russo è stato inviato un buono per la privatizzazione. Sono stati distribuiti 151 milioni di obbligazioni. Tutti potrebbero così diventare azionisti e le migliori aziende non verrebbero acquistate dai ricchi. Ma la povertà ha fatto sì che molti russi vendessero immediatamente i loro titoli per strada in cambio di denaro. I loro prezzi erano ridicolmente bassi, circa 10.000 rubli, che corrispondono a 7 dollari. Era appena sufficiente per comprare due bottiglie di vodka a basso costo. A 7 dollari per obbligazione, l'immensa ricchezza industriale della Russia valeva solo 5 miliardi di dollari.

Robert Laffont, 2001, p. 124-129.

Invece di iniziare con i negozi e le piccole imprese, l'intera economia è stata privatizzata in una volta sola: le grandi compagnie petrolifere, le miniere, le più grandi aziende forestali, le case automobilistiche, le grandi società di ingegneria, i principali porti commerciali, ecc. Chubais ha immediatamente privatizzato le più importanti e redditizie società di esportazione russe. Mentre pochi russi hanno ottenuto le azioni, alcuni investitori hanno accumulato immense fortune.

Il primo obiettivo di Berezovsky è stato il canale televisivo statale ORT, l'unico trasmesso in tutto il Paese e che raggiunge 180 milioni di spettatori. Molti russi guardavano la ORT solo per avere informazioni. Berezovsky riuscì a convincere Eltsin e nel novembre 1994 il 49% del canale fu privatizzato.

Il principale rivale di Berezovsky all'epoca era Vladimir Gusinsky. Gusinsky era un moscovita nato da una famiglia ebraica e noto per essere il pupillo del sindaco Yuri Luzkhov. Mosca era "afflitta da casinò, corruzione e guerre tra bande rivali", scrive Klebnikov. La strategia di Luzkhov non consisteva nel combattere direttamente la criminalità organizzata (non aveva i mezzi per farlo), ma nel tassarla. In questo modo riuscì a convincere anche le imprese più losche a contribuire alla realizzazione dei suoi progetti municipali: un lussuoso centro commerciale sotterraneo, l'ampliamento dell'autostrada periferica, la ricostruzione identica della gigantesca Cattedrale di Cristo Salvatore (distrutta per ordine di Stalin e sotto la supervisione di Kaganóvich) e la ricostruzione del centro storico di Mosca. La città ha vissuto una vera e propria frenesia edilizia. Così che, "in un Paese in cui tutto andava a rotoli, Mosca era un'oasi di prosperità e successo[100]."

Il gruppo Most di Gusinsky era uno dei più grandi conglomerati commerciali del Paese. Tra questi, il settore finanziario, i media, una compagnia di assicurazioni, una società di sicurezza, una società di import-export, agenzie immobiliari e società di materiali da costruzione. Il suo servizio di sicurezza contava non meno di mille uomini armati. Gusinsky possedeva giornali (quotidiani e settimanali), una radio e una stazione televisiva dal 1993 (NTV) che "trasmetteva molta pornografia, orrore e violenza (anche per gli standard americani)[101]."

Berezovsky ha sostenuto che Gusinsky rappresentava una

---

[100] Paul Klebnikov, *Parrain du Kremlin, Boris Berezovski et le pillage de la Russie*, Robert Laffont, 2001, p. 175.
[101] Paul Klebnikov, *Parrain du Kremlin, Boris Berezovski et le pillage de la Russie*, Robert Laffont, 2001, p. 173-177.

minaccia per il presidente e ha tentato di assassinarlo. Nel dicembre 1994, era stata organizzata ed eseguita una massiccia operazione quando Gusinsky, come di consueto, stava percorrendo una delle principali arterie della capitale a 140 km all'ora, passando davanti a tutti i semafori. La sua auto blindata era affiancata da altri due veicoli occupati da guardie del corpo armate fino ai denti. L'inseguimento non ebbe successo, ma dopo quell'intenso scontro a fuoco, Gusinsky decise di portare la moglie e i figli al sicuro in Inghilterra. Il concessionario era riuscito a cacciare il suo rivale dal paese.

Berezovski accusò in particolare Gusinsky di essere stato il mandante dell'attentato con autobomba di cui era stato vittima nel giugno 1994. Un'auto era esplosa davanti alla sua e Berezovski aveva visto la testa del suo autista saltare in aria davanti ai suoi occhi. L'attacco lo aveva evidentemente disturbato. Il generale Alexander Korzhakov, capo della sicurezza presidenziale, ha lasciato questa testimonianza: "Berezovsky usava una terminologia speciale. Invece di dire "uccidere", ha preferito dire "finire". Era un termine del vocabolario dei gangster... Berezovsky sembrava credere che la SBP fosse stata creata per "eliminare" le persone che non gli piacevano. Da quel momento in poi ho avuto la convinzione che Berezovsky fosse psicologicamente squilibrato e ho iniziato a tenerlo d'occhio[102]."

Berezovski era anche il principale sospettato dell'omicidio di Vlad Listiev, il più popolare presentatore televisivo russo. Nel febbraio 1996 aveva annunciato che avrebbe revocato il monopolio pubblicitario di Lissovsky e Berezovsky sul canale ORT. Fu assassinato il 1° marzo, con due colpi di pistola alla testa. Pochi giorni prima, scrive Paul Klebnikov, Berezovsky si era incontrato con un "giudice di pace" della malavita per consegnare 100.000 dollari in contanti. L'indignazione popolare fu immensa e decine di migliaia di persone parteciparono al funerale di Listiev.

Berozovsky prese anche il controllo del sesto canale televisivo, di una rivista (*Ogoniok*) e di un quotidiano. Il concessionario d'auto era ora a capo della più grande rete televisiva del Paese. Il servizio di informazione della ORT è diventato una cassa di risonanza per i suoi interessi, tessendo le lodi di Eltsin durante le elezioni del 1996 o denunciando il generale Lebed dopo una disputa tra i due, o attaccando un importante imprenditore concorrente, mentre presentava Berezovsky come uno statista[103].

---

[102] Paul Klebnikov, *Parrain du Kremlin, Boris Berezovsky et le pillage de la Russie*, Robert Laffont, 2001, p. 179.
[103] Paul Klebnikov, *Parrain du Kremlin, Boris Berezovsky et le pillage de la Russie*,

Non era necessario acquistare una società privata per controllarla, ha spiegato Klebnikov. Potrebbe benissimo rimanere nelle mani dello Stato. È bastato rilevarne la gestione e poi incanalarne i profitti, il che equivale a "privatizzare i profitti". Nel 1989, Berezovsky aveva iniziato a privatizzare i profitti della casa automobilistica AvtoVaz, acquistando auto a un prezzo che gli garantiva un grande profitto, ma che risultava in una perdita netta per la fabbrica. Nel 1992 è entrata nel commercio di materie prime, esportando petrolio, legname e alluminio, pagando i prezzi interni russi per le merci e rivendendole poi all'estero ai prezzi del mercato mondiale con un enorme margine. Nel 1993, con l'avvio della privatizzazione delle obbligazioni, Berezovsky è passato alla seconda fase del suo piano: la privatizzazione della proprietà, acquisendo una quota di maggioranza di AvtoVaz. Nel 1994 ha intrapreso la privatizzazione dei profitti di ORT attraverso l'ente di gestione della pubblicità del canale, prima di passare alla privatizzazione completa l'anno successivo. Ha fatto lo stesso nel 1996 con la prima compagnia aerea del Paese, Aeroflot." Quando le delegazioni dell'Aeroflot all'estero hanno chiesto perché la compagnia aerea non avesse ricevuto il denaro fatturato e perché fosse finito su conti privati, è stato detto loro che il denaro era destinato alla campagna presidenziale di Eltsin", ha dichiarato il generale Korzhakov. In realtà, Berezovsky ha tenuto il denaro per sé[104]."

I dati relativi alla fuga di capitali (stimati in 15 miliardi di dollari all'anno) hanno dimostrato che una parte enorme dei profitti delle società russe sfugge sia al fisco che agli azionisti." Questo saccheggio, scrive Klebnikov, ha rovinato grandi gioielli dell'industria russa, privandoli degli investimenti necessari, mentre la fuga di capitali ha minato e rovinato gli sforzi di stabilizzazione monetaria del Paese."

Due mesi dopo aver rilevato l'Aeroflot nel 1995, il magnate ha messo a segno il suo colpo da maestro: la privatizzazione di una delle maggiori compagnie petrolifere russe. Questo è stato il suo più grande successo. Aveva un socio di 29 anni, Roman Abramovitch, e insieme hanno creato Sibneft nell'estate del 1995. Quando Ivan Litskevitch, direttore della raffineria di Omsk, ha saputo dell'acquisizione della raffineria da parte di Abramovitch e Berezovsky e della sua integrazione nella Sibneft, ha protestato. Il 15 agosto 1995 il suo corpo fu ritrovato nel fiume Irtich, ma la milizia non trovò prove di un crimine

---

Robert Laffont, 2001, pagg. 187, 195.
[104] Paul Klebnikov, *Parrain du Kremlin, Boris Berezovski et le pillage de la Russie*, Robert Laffont, 2001, p. 197-204.

mafioso[105].

Da quel momento in poi gli oligarchi misero a punto il sistema per rilevare le grandi aziende esportatrici del Paese: il principio era semplicemente "prestiti in cambio di azioni". Vladimir Potanine, il trentaseienne "ragazzo d'oro" dell'*establishment*, fu responsabile di proporre la misura al Consiglio dei ministri nel marzo 1995. Potanine era accompagnato da un certo Mikhail Khodorkovsky della banca Menatep e da Aleksandr Smolensky. Il governo ha accettato il piano e subito le principali banche "russe" hanno dato vita a una battaglia per il diritto di prestare denaro al governo in cambio di azioni di grandi aziende.

Uno dei primi vincitori dei prestiti in cambio di azioni fu Mikhail Khodorkovsky, un ex socio di Berezovsky che allora aveva 31 anni. Gestiva uno dei più grandi imperi commerciali della Russia dell'epoca, e anche una delle più grandi fortune della Russia. L'elenco dei suoi beni comprendeva la banca Menatep e altre dodici banche, importanti proprietà immobiliari a Mosca, un'acciaieria, i principali produttori di titanio e magnesio del Paese, numerose fabbriche di generi alimentari e di fertilizzanti, aziende tessili e chimiche. L'ufficio di Mikhail Khodorkovsky si trovava in un castello vittoriano nel centro di Mosca. L'edificio era circondato da un grande cancello in ghisa. Gli uomini della sicurezza, alcuni in giacca e cravatta, altri in uniforme nera, pattugliavano l'intera proprietà.

Nel 1987, quando era responsabile della Gioventù comunista di Mosca, aveva creato una cooperativa commerciale con i fondi del partito comunista. L'anno successivo fondò una banca. Quindi vediamo che l'antisemitismo in Unione Sovietica non era così virulento come alcuni sostengono. Tra il 1990 e il 1993 è passato al servizio dello Stato, prima come consigliere economico del Primo Ministro, poi come Vice Ministro del Petrolio e dell'Energia. Le sue società commerciali realizzarono notevoli profitti nel settore del petrolio, del grano, dello zucchero e dei metalli. La banca Menatep si è arricchita di vari conti con la città di Mosca e alcuni ministri federali. Menatep si occupò anche delle sue relazioni con l'estero. Il primo vicepresidente di Menatep fu Constantine Kagalovsky, la cui moglie, Natacha Gurfinkiel-Kagalovsky, era a capo delle operazioni russe della Bank of New York. Paul Klebnikov ha fornito le seguenti informazioni: "Natacha Gurfinkiel sarebbe stata costretta a dimettersi nel 1999 durante l'indagine del governo statunitense sul riciclaggio di denaro presso la

---

[105] Paul Klebnikov, *Parrain du Kremlin, Boris Berezovsky et le pillage de la Russie*, Robert Laffont, 2001, p. 225.

Bank of New York."

Inoltre, Khodorkovsky ha cercato di penetrare in Occidente pubblicizzando il nome Menatep negli Stati Uniti. Nel 1994 ha acquistato diverse pagine pubblicitarie del *Wall Street Journal* e del *New York Times per un* milione di dollari. Paul Klebnikov ha confermato qui l'esistenza di legami comunitari: "Tuttavia, alcuni dei suoi accordi commerciali con l'estero non erano di natura tale da renderlo simpatico agli Stati Uniti. In particolare perché aveva lavorato con Marc Rich, il commerciante americano di materie prime in fuga dalla giustizia statunitense da diversi anni. Inoltre, tra il 1994 e il 1996, aveva venduto a Cuba l'equivalente di centinaia di milioni di dollari di petrolio in cambio di zucchero. Come se non bastasse, Khodorkovsky ha anche contribuito alla creazione di una struttura chiamata *Banca dell'Unione Europea* sull'isola caraibica di Antigua, un noto paradiso fiscale per il riciclaggio di denaro."

Tra le aste di "prestiti in cambio di azioni", Khodorkovsky era particolarmente interessato al 45% di Yukos, la seconda compagnia petrolifera russa. Tuttavia, l'ente responsabile della registrazione delle aste per Yukos non era altro che la sua banca, Menatep. I concorrenti sono stati quindi messi da parte e una società di facciata della Menatep ha vinto la gara d'appalto pagando solo 9 milioni di dollari in più rispetto al prezzo di partenza di 150 milioni. Un altro consorzio aveva presentato un'offerta fino a 350 milioni, ma era stato squalificato con il pretesto della mancanza di garanzie.

Lo stesso copione si è ripetuto nell'acquisto di Norilsk Nickel da parte di Vladimir Potanine. Questa società è stata uno dei primi esportatori russi, le cui miniere erano situate nel Circolo Polare Artico. La miniera di Norilsk, che estraeva il giacimento più abbondante al mondo, è stata acquistata per circa 100.000 dollari in più rispetto al prezzo di partenza di 170 milioni di dollari dell'asta.

Lo stesso processo si è ripetuto per il trasferimento di azioni di altri colossi industriali russi, come il gigante petrolifero Sidanco: "I dirigenti di Rossinski Kredit hanno spiegato che ai loro rappresentanti non era stato permesso di entrare nell'edificio della banca Onexim il giorno dell'asta."

La vendita del 51% delle azioni di Sibneft, una delle maggiori compagnie petrolifere private del mondo, è stata l'ultima della serie. L'asta si è svolta il 28 dicembre 1995. Il prezzo di partenza era ridicolmente basso: 100 milioni di dollari." Era già stato deciso mesi fa che Sibneft sarebbe stata assegnata a Berezovski[106] ", ha scritto

---

[106]Paul Klebnikov, *Parrain du Kremlin, Boris Berezovsky et le pillage de la Russie*,

Klebnikov. Berezovsky ha offerto generosamente 100,3 milioni e l'offerta della rivale Inkombank di 175 milioni è stata respinta. Il giorno della vendita, il rappresentante di Inkombank ha annunciato il suo ritiro nel modo più succinto, senza ulteriori spiegazioni. Due anni dopo, le azioni di Sibneft avevano una capitalizzazione di mercato di 5 miliardi di dollari alla borsa russa.

Nei due anni successivi, la capitalizzazione di mercato di queste società è aumentata di un fattore compreso tra 18 e 26. Il principale artefice delle vendite "prestito in cambio di azioni", Anatoli Chubais, ha negato che le vendite all'asta siano state manipolate e che lo Stato abbia ricevuto somme ridicolmente basse. Ma in realtà, per lo Stato russo, è stato indubbiamente un disastro senza precedenti.

Democrazia mafiosa

Nelle elezioni parlamentari del dicembre 1995, i comunisti e i nazionalisti di Vladimir Khirinovsky avevano superato il partito al potere e avevano ottenuto la maggioranza nella Duma, l'assemblea parlamentare della Russia. Dopo il fallimento del partito filo-eltsiniano, Eltsin è stato costretto a liberarsi dei liberali nel suo governo e Chubais è stato messo da parte. Sei mesi prima delle elezioni presidenziali del 1996, il suo principale sfidante, il comunista Guennadi Ziuganov, era molto avanti nei sondaggi. Secondo i sondaggi di opinione, la quota di fiducia del presidente variava tra il 5 e l'8%.

Per quanto riguarda gli "oligarchi", non avevano più scelta: le aste truccate li hanno costretti a sostenere la rielezione di Eltsin. Berezovsky e Gussinsky avevano messo da parte i loro litigi." Tra gli oligarchi e il governo Eltsin c'era ormai una partnership di malfattori", ha scritto Paul Klebnikov. I principali membri della squadra elettorale di Eltsin erano Boris Berezovsky, Anatoly Chubais, Vladimir Gussinsky, Boris Nemtsov, Yevguiny Kiselyov e sua figlia Tatiana Diatchenko.

La legge prevedeva che le spese per la campagna elettorale non potessero superare i tre milioni di dollari per ciascun partito, ma si è stimato a posteriori che le spese totali di Eltsin fossero state di oltre un miliardo di dollari. A Washington, un think tank aveva addirittura stimato un totale di due miliardi di dollari." Il denaro è stato utilizzato per diffamare i capi politici locali e i corrotti", ha dichiarato il capo del servizio anticorruzione. Grandi quantità di denaro sono state spese anche per produrre documentari, concerti rock e cartelloni pubblicitari

---

Robert Laffont, 2001, p. 231-235.

a favore di Eltsin. L'intera campagna è stata supervisionata dalla casa LogoVaz di Berezovsky, il palazzo del magnate nel centro di Mosca. Era il direttore dell'orchestra. Gli uomini d'affari avevano donato centinaia di milioni alla scatola nera del fantomatico quartier generale." In cambio, hanno ricevuto l'importo del loro contributo moltiplicato sotto forma di sussidi statali[107]." Agli oligarchi sono stati promessi nuovi pacchetti di azioni nelle privatizzazioni dopo le elezioni. Migliaia di aziende hanno così partecipato al finanziamento.

Il presidente era presente nei telegiornali quasi ogni sera, mentre il suo avversario comunista Ziuganov non appariva quasi mai. La squadra di Eltsin aveva pagato giornalisti e redattori." I pagamenti andavano da un centinaio di dollari a un corrispondente di provincia per scrivere un articolo positivo, a milioni pagati ai proprietari dei principali giornali russi" e ai proprietari di stazioni televisive. Anche la maggior parte dei media russi dipendeva dalle sovvenzioni statali, soprattutto la stampa. La stazione televisiva pubblica controllata da Berezovsky ha ricevuto più di 200 milioni di fondi pubblici all'anno.

Il responsabile della campagna elettorale di Eltsin era ufficialmente Anatoli Chubais, ma il team di Boris Eltsin si è avvalso anche dei migliori specialisti americani della comunicazione, in questo caso il famoso stratega politico George Gorton. Lui e il suo staff si trovavano vicino al quartier generale della campagna elettorale, presso l'Hotel President. È stato chiesto loro di essere molto discreti e di lasciare l'hotel il meno possibile. La figlia di Eltsin, Tatiana Diatchenko, ha tenuto i contatti con il team presidenziale. Le sessioni fotografiche e le apparizioni di Boris Eltsin sono state quindi inscenate per apparire spontanee e la strategia elettorale ha oscillato in base ai sondaggi in corso.

Ogni giorno, Eltsin poteva essere visto in televisione mentre visitava i pensionati dell'Estremo Nord, promettendo di sbloccare grandi stanziamenti di bilancio per le comunità isolate, scherzando con i lavoratori di una fattoria collettiva, stringendo la mano al sindaco di qualche lontana città industriale. È stato anche visto con i soldati o con i kolchoziani. Un'altra volta è apparso con un casco da minatore per scendere in un pozzo di carbone. A Mosca, durante un concerto rock, Eltsin è salito sul palco per ballare la musica davanti al pubblico. Milioni di lettere con la sua firma sono state inviate agli ex combattenti della Seconda Guerra Mondiale. Eltsin li ha ringraziati per i servizi resi alla patria. Essendo la prima volta che una campagna politica per

---

[107]Paul Klebnikov, *Parrain du Kremlin, Boris Berezovsky et le pillage de la Russie*, Robert Laffont, 2001, p. 241-253.

corrispondenza veniva condotta in Russia, molti destinatari hanno creduto che le lettere fossero state firmate dal Presidente in persona. Le pubblicità mostravano cittadini inquieti che finivano per dichiarare: "Io credo. Mi piace. Ho speranza. Boris Nikolaevitch Eltsin[108]." Le stazioni televisive hanno anche trasmesso ripetutamente documentari sulle atrocità del regime comunista. Di fronte a queste montagne russe, le centinaia di migliaia di militanti e patrioti comunisti non avevano né soldi né copertura televisiva.

Nel frattempo, insegnanti, medici, soldati e operai hanno aspettato per mesi il loro stipendio e milioni di anziani non hanno ricevuto la loro pensione. In primavera, però, il FMI ha concesso alla Russia un grosso prestito: 10,2 miliardi di dollari da rimborsare in tre anni. Il denaro è stato utilizzato per pagare rapidamente gli stipendi e le pensioni dei dipendenti pubblici, e quindi per finanziare indirettamente la campagna elettorale di Eltsin. In quel periodo morì anche il leader ceceno Dzhojar Dudayev. Due mesi dopo entrò in vigore un cessate il fuoco con i ribelli e i russi furono sollevati.

Il 16 giugno 1996, Eltsin vinse il primo turno delle elezioni con il 35,1% dei voti contro il 32% di Ziuganov. Lebed si è piazzato a sorpresa al terzo posto con il 14,7%. Il 3 luglio, dopo il secondo turno, Boris Eltsin è stato rieletto per un secondo mandato con il 53,7% dei voti. Gli osservatori occidentali avevano naturalmente concluso che le elezioni erano state libere e democratiche.

Tutti i fornitori coinvolti nella campagna elettorale di Eltsin avevano gonfiato le spese e trasferito la differenza su conti esteri. Secondo un'indagine condotta dalla SBP, tra i 200 e i 300 milioni di dollari sono stati sottratti dal fondo elettorale, "principalmente da uomini d'affari vicini al quartier generale della campagna elettorale a Mosca[109]."

Ma alla fine di giugno Boris Eltsin ha avuto un altro attacco di cuore e ha dovuto rimanere a riposo per diversi mesi. I portavoce del Cremlino non avevano rivelato fino a quel momento la gravità dei problemi cardiaci del presidente. Anatoly Chubais ha preso le redini del governo e il banchiere Vladimir Potanine è stato nominato vice primo ministro con il portafoglio dell'economia. Era giunto il momento di ripagare gli uomini d'affari che avevano contribuito alla rielezione di Eltsine. Così Vladimir Gussinsky è stato autorizzato ad acquistare il

---

[108]Paul Klebnikov, *Parrain du Kremlin, Boris Berezovski et le pillage de la Russie*, Robert Laffont, 2001, p. 257-259.
[109]Paul Klebnikov, *Parrain du Kremlin, Boris Berezovsky et le pillage de la Russie*, Robert Laffont, 2001, p. 271.

quarto canale televisivo e la banca Stolitchny di Alekansdr Smolensky e Berezovsky ha raddoppiato le sue dimensioni assorbendo la banca statale Agroprom.

Eltsin aveva nominato il generale Lebed a capo del Consiglio di sicurezza. Ma ha iniziato ad attaccare la corruzione ed è stato licenziato solo quattro mesi dopo la sua nomina e sostituito da Boris Berezovsky, che ha coordinato la politica di sicurezza e difesa. Berezovski occupava ora una posizione ufficiale all'interno dell'apparato statale." D'ora in poi la volpe farà la guardia al pollaio", scrive Klebnikov.

Pochi giorni dopo, l'*Izvestia ha* rivelato che Berezovsky possiede un passaporto israeliano. Questa rivelazione potrebbe mettere seriamente a rischio la sua nomina nell'esecutivo del governo, dato che la legge vieta ai cittadini stranieri di ricoprire funzioni ufficiali. Inizialmente ha negato l'accaduto e ha minacciato di portare il giornale in tribunale. Ma il governo israeliano, assillato dalla stampa, ha confermato l'informazione. Berezovsky è stato quindi costretto ad ammettere di avere effettivamente un passaporto israeliano e ha annunciato di volerlo cedere. Secondo la legge israeliana, chiunque abbia sangue ebraico, per metà o solo per un quarto, è cittadino di Israele", ha detto. Ogni ebreo russo ha di fatto una doppia cittadinanza." Il magnate si è lamentato di essere vittima della crescente ondata di antisemitismo, ma ha comunque mantenuto il suo posto. Un giorno aveva infatti confessato al *Financial Times* "che lui e altri sei finanzieri controllavano il 50% dell'economia russa e avevano permesso la rielezione di Eltsin nel 1996[110]".

All'interno del Consiglio di sicurezza, Berezovsky era responsabile delle relazioni con la Cecenia. Sembrava avere "ottimi rapporti con la leadership cecena" e le sue precedenti relazioni con le bande cecene a Mosca erano senza dubbio utili. All'epoca, scrive Klebnikov, "quasi tutto il paese era controllato da milizie autonome e bande criminali i cui capi erano ex comandanti delle forze cecene... Ognuno di loro governava il proprio piccolo regno feudale, in gran parte costruito su vecchie lealtà di clan e finanziato dal petrolio di contrabbando, dalla droga, dal traffico di armi e da altre operazioni criminali[111]." Hanno anche praticato il rapimento. In due anni, più di 1.300 persone sono state rapite in Russia, molte delle quali generali e giornalisti occidentali. Nel dicembre 1996, ventidue poliziotti russi

---

[110] Paul Klebnikov, *Parrain du Kremlin, Boris Berezovsky et le pillage de la Russie*, Robert Laffont, 2001, pag. 16.

[111] Paul Klebnikov, *Parrain du Kremlin, Boris Berezovski et le pillage de la Russie*, Robert Laffont, 2001, p. 289-292.

sono stati catturati al confine con la Cecenia. Berezovsky si recò sul posto e riuscì a liberarli. Questa fu la prima di una serie di prese di ostaggi che il magnate riuscì a risolvere. Il generale Lebed li vedeva soprattutto come una manovra politica. Nel gennaio 1997 si è anche recato in Cecenia per cercare di liberare due giornalisti, ma senza successo. Pochi giorni dopo, Berezovsky è riuscito a convincere il comandante militare ceceno a rilasciarli. Contrariamente a quanto affermato dal governo, i funzionari sono arrivati da Mosca con valigette piene di denaro con l'ordine di Berezovsky di pagare il riscatto ai rapitori. Inoltre, il magnate non ha nascosto di aver contribuito a finanziare diversi gruppi ceceni in cambio della sua benevolenza. Per oltre due anni e mezzo, Berezovsky ha quindi mantenuto stretti rapporti con i signori della guerra e le bande criminali che hanno effettuato i rapimenti. Lo stesso leader della Repubblica cecena di Ichkeria, Aslan Maskhadov, ha dichiarato un giorno ai giornali russi e britannici che Berezovsky "ha appoggiato le bande criminali cecene, organizzando spesso il pagamento di riscatti"." Gli interlocutori di Berezovsky non erano moderati come il presidente Maskhadov, che aborriva tali accordi che screditavano il popolo ceceno, ma piuttosto leader terroristi come Shamil Basayev e fondamentalisti islamici come Movladi Udugov[112].

Le vendite all'asta di grandi aziende sono proseguite allo stesso modo. La compagnia petrolifera Yukos è stata acquistata da Menatep, la banca di Khodorkovsky, per un prezzo di 350 milioni di dollari, mentre in realtà avrebbe dovuto essere più o meno di 6,2 miliardi di dollari. Alfred Koch, il responsabile della supervisione delle vendite, ha spiegato: "Non abbiamo potuto ottenere un prezzo migliore perché i banchieri che avevano preso il controllo di queste società avevano precedentemente cercato di indebitarle con le loro banche. Se avessimo venduto queste aziende a un altro acquirente, le avrebbero fatte fallire il giorno dopo." Klebnikov ha aggiunto: "Su questo punto, Koch aveva ragione. Sottraendo i fondi delle principali società russe, i finanzieri che avevano vinto la prima fase delle aste erano riusciti a far sì che nessuna di queste società fosse più redditizia da sola... "Siamo un gruppo di società in bancarotta", ammise allegramente Mikhail Khodorkovsky della Menatep davanti a me. L'intero paese era un mucchio di aziende in bancarotta[113]."

---

[112] Paul Klebnikov, *Parrain du Kremlin, Boris Berezovsky et le pillage de la Russie*, Robert Laffont, 2001, p. 293-298. Paul Klebnikov ha trascritto qui una conversazione telefonica tra i due uomini registrata dai servizi di sicurezza russi.
[113] Paul Klebnikov, *Parrain du Kremlin, Boris Berezovski et le pillage de la Russie*, Robert Laffont, 2001, p. 300.

Il 12 maggio 1997, il resto della compagnia petrolifera Sibneft è stato messo all'asta. Alfa bank è stata rimossa perché non ha presentato i documenti richiesti, mentre Onexim è stata rimossa per una presunta violazione di una norma bancaria relativa al trasferimento di un deposito. D'ora in poi la società apparterrà interamente a Berezovsky e Abramovitch.

A marzo, l'*Izvestia ha* pubblicato un resoconto dettagliato delle trattative di Berezovski per l'acquisto della Promstroi Bank, una società legata a un noto truffatore, Grigori Lerner, imprigionato in Israele. Berezovski ha immediatamente negato le accuse del giornale.

Il 25 luglio 1997 si è svolta l'asta di Sviazinvest, il monopolio russo delle telecomunicazioni. Questa volta, Berezovsky e Gussinsky hanno perso contro il gruppo di Vladimir Potanine, sostenuto dal miliardario "americano" George Soros[114]. Paul Klebnikov ha scritto di quell'episodio: "I gioielli dell'industria sono stati consegnati a una manciata di finanzieri senza scrupoli che li hanno spogliati dei loro beni, hanno evitato di pagare le tasse e hanno travasato le loro ricchezze in paradisi fiscali[115]."

Eltsin, fresco di convalescenza, sembrava determinato a "porre fine al capitalismo clientelare che aveva macchiato il suo regime"." Berezovsky, che aveva accusato il governo di favorire Potanine nella vendita di Sviazinvest, è stato rimosso dal suo incarico nel Consiglio di sicurezza. Anche il banchiere e oligarca Vladimir Potanine è stato rimosso dalla carica di vice primo ministro e sostituito da Anatoli Chubais. Un giovane riformista ebreo, Boris Nemtsov, è stato nominato vice primo ministro.

Nel gennaio 1998, un settimanale francese definì Boris Nemtsov "l'uomo dell'anno" e che era stato "acclamato dal popolo russo". Il giornalista Thomas Hofnug lo ha elogiato con aggettivi superlativi, esemplificando la famosa solidarietà comunitaria: "Un fisico da rockstar, una Marlboro all'angolo della bocca, Nemtsov seduce soprattutto con la sua insolenza e intelligenza. Durante un dibattito televisivo, ha ridicolizzato l'ultranazionalista Jirinovski, che gli ha tirato un bicchiere d'acqua in faccia... A 31 anni, è diventato il più giovane governatore del Paese dopo il fallito colpo di Stato del 1991. In cinque anni, grazie a riforme sfrenate, Nemtsov ha fatto della regione di Nižnij Novgorod la vetrina della nuova Russia." Se si crede a Thomas Hofnung, la Russia aveva finalmente trovato l'uomo provvidenziale

---

[114] Su George Soros, leggere *Speranze planetarie* e *fanatismo ebraico*.
[115] Paul Klebnikov, *Parrain du Kremlin, Boris Berezovsky et le pillage de la Russie*, Robert Laffont, 2001, p. 313.

che l'avrebbe fatta uscire dalla depressione e dalla miseria.

Nemtsov era anche responsabile delle riforme sociali. Grazie a lui, ad esempio, è stata annunciata la graduale eliminazione dei sussidi abitativi, lasciando per strada le popolazioni più vulnerabili, impoverite o rovinate dalle riforme degli "oligarchi". Su un televisore, gli è stata impartita una lezione con un bicchiere d'acqua in faccia, cosa che deve aver rallegrato qualche milione di russi umiliati.

Come in tutte le società democratiche, lo Stato si era fortemente indebitato con le banche che pochi anni prima aveva abbondantemente sovvenzionato con fondi pubblici. I debiti dello Stato russo erano principalmente sotto forma di buoni del Tesoro chiamati GKO. Tra il 1995 e il 1998, il rendimento annuo di questi titoli è salito dal 60 al 200% (anche tenendo conto dell'inflazione), garantendo alle banche enormi profitti. L'emissione di GKO è continuata senza sosta dopo la rielezione di Eltsin e ha raggiunto i 70 miliardi due anni dopo. Quando Sergei Kirienko assunse la carica di capo del governo nel marzo 1998, tutte le entrate finanziarie generate dalle GKO dovevano servire a rimborsare gli interessi sulle emissioni precedenti. Il governo è stato costretto a emettere obbligazioni a tassi di interesse sempre più alti semplicemente per mantenere il debito. La lobby usuraia internazionale stava trionfando.

Non c'è niente di meglio di una bella guerra

Paul Klebnikov tornò a Mosca nell'inverno 1998-1999 per continuare le sue indagini su Berezovsky. L'ex ministro del Commercio estero, Oleg Davydov, lo ha avvertito che ci sono stati recenti omicidi e che "non è il momento di tornare sul caso Berezovsky". Con uno come lui, bisogna stare molto attenti. Ha, per così dire, contatti con il mondo della criminalità organizzata[116]."

In realtà, la Russia stava gradualmente diventando più sicura. Nel settembre 1998, il governo di Yevgeny Primakov ha preso le prime vere misure contro la criminalità organizzata dalla fine del comunismo e sono state aperte numerose indagini su varie personalità, come Berezovsky.

All'alba del 2 febbraio 1999, una perquisizione assolutamente forzata ha avuto luogo presso la sede della Sibneft. Uomini in passamontagna, in tenuta militare e armati di fucili d'assalto sono

---

[116] Paul Klebnikov, *Parrain du Kremlin, Boris Berezovski et le pillage de la Russie*, Robert Laffont, 2001, p. 320.

entrati nella sede della compagnia petrolifera. I principali capi d'accusa sono riciclaggio di denaro, violazione della legge sul trasferimento di valuta, frode fiscale e appropriazione indebita. Sono state effettuate perquisizioni anche presso la sede dell'Aeroflot, gli uffici della NFQ (l'agenzia pubblicitaria) e della FOK, la società finanziaria di Berezovsky. L'emittente televisiva ORT è stata privata delle sovvenzioni statali e sottoposta a procedura fallimentare. Sono stati avviati altri procedimenti legali contro società legate a Berezovsky per frode e riciclaggio di denaro, come la casa automobilistica AvtoVaz.

Negli Stati Uniti, gli agenti dell'FBI hanno avviato un'indagine sul riciclaggio di almeno sette miliardi di dollari provenienti dalla Russia attraverso la Bank of New York. In Svizzera, l'attenzione si è concentrata sulle truffe di Berezovsky e Aeroflt. I conti bancari di Andava sono stati bloccati, così come i conti personali di Berezovski.

È in questo periodo che le forze della NATO hanno lanciato attacchi aerei contro la Serbia nel marzo 1999 per costringere il ritiro dei suoi soldati dal Kosovo. Primakov, che era disposto ad adottare una linea dura anti-occidentale, è stato licenziato da Eltsin a maggio." La destituzione di Primakov è stata una vittoria personale", spiegò Berezovsky qualche mese dopo[117].

Berezovsky era quindi all'epoca l'eminenza grigia del Cremlino. Il nuovo primo ministro era Sergei Stepachine, già ministro della Giustizia e degli Interni. Pur essendo fedele a Eltsin, si è rifiutato di interferire nelle indagini contro Berezovsky ed è stato sostituito in agosto da Vladimir Putin, un ex agente del KGB, ora FSB, che egli stesso aveva diretto dal luglio 1998.

Putin è stato obbediente e tutto lasciava pensare che con lui le indagini sarebbero state interrotte. I membri della "famiglia" decisero quindi che Putin sarebbe stato l'uomo in grado di garantire la loro impunità e Eltsin lo nominò ufficialmente suo pupillo per le elezioni presidenziali del 2000. Alle elezioni legislative del dicembre 1999, Berezovsky e i suoi alleati del Cremlino nella coalizione dell'Unità hanno mobilitato tutte le loro risorse. I sondaggi non li davano oltre il 2-5% e Berezovsky sapeva di non poter ripetere l'impresa del 1996. Questa volta non aveva più il quasi monopolio della televisione, poiché laNTV di Gussinsky sosteneva la coalizione Primakov-Luzkhov. La situazione richiedeva un evento drammatico. Era necessaria una guerra.

L'invasione del Daghestan da parte dei soldati ceceni nell'agosto 1999 e la proclamazione di una repubblica islamica sono servite da pretesto. Il 9 settembre, un'enorme esplosione ha squarciato un edificio

---

[117] Sui responsabili della guerra in Serbia, si veda *Speranze planetarie,* (2022).

in un sobborgo povero di Mosca, uccidendo centinaia di persone. Gli attacchi non sono stati rivendicati, ma il Cremlino li ha immediatamente attribuiti ai fondamentalisti ceceni. In effetti, la maggioranza dei russi era ora favorevole a una guerra contro la Cecenia. Klebnikov ha scritto: "Questi attacchi ricordano la misteriosa esplosione nella metropolitana di Mosca una settimana prima del primo turno delle elezioni presidenziali del 1996, che era stata attribuita agli "estremisti comunisti" e il cui risultato immediato era stato quello di rafforzare la pretesa del regime di Eltsin di essere l'unico in grado di garantire la pace e la stabilità in Russia."

Il quotidiano *Le Figaro* del 29 settembre 1999 ha pubblicato un'intervista al generale Aleksandr Lebed, governatore del Territorio di Krasnojarsk. Si è dichiarato "quasi convinto" che il governo russo abbia organizzato gli attacchi terroristici contro i suoi cittadini. La dichiarazione di Lebed ha fatto scalpore. Per la prima volta, un politico di alto livello esprimeva pubblicamente un sospetto a cui la stampa nazionale aveva finora accennato solo di sfuggita. Qualche giorno dopo, Berezovsky partì per Krasnoyarsk, dove i suoi affari con l'alluminio richiedevano la sua presenza, cogliendo l'occasione per incontrare di sfuggita il generale. Non si sa di cosa abbiano parlato, ma il generale non si fece più sentire dopo la sua visita." Finora, scrive Klebnikov, è rimasto apparentemente in disparte dalla scena politica[118]." Il generale Aleksandr Lebed ebbe in seguito queste parole: "Berezovskij è l'apoteosi della burocrazia statale: questo rappresentante della piccola casta al potere non si accontenta di rubare. Vuole che tutti vedano come ruba impunemente[119]." Aleksandr Lebed è morto il 28 aprile 2002 in Siberia in un incidente d'elicottero. L'elicottero si è scontrato con alcuni cavi elettrici a causa della nebbia... Questa è stata la causa ufficiale.

È difficile, tuttavia, vedere la mano del Primo Ministro Putin dietro questi attacchi", ha aggiunto Klebnikov. Nulla nel passato di quest'uomo ci permette di credere che sia stato capace di commettere un crimine così mostruoso per impadronirsi del potere." In realtà, nel settembre 1999 non controllava ancora tutti i poteri. Non c'erano nemmeno prove contro Berezovsky." La spiegazione più probabile è che gli attacchi siano stati in realtà perpetrati da militanti ceceni[120]."

---

[118] Paul Klebnikov, *Parrain du Kremlin, Boris Berezovsky et le pillage de la Russie*, Robert Laffont, 2001, pagg. 338, 339.
[119] Paul Klebnikov, *Parrain du Kremlin, Boris Berezovsky et le pillage de la Russie*, Robert Laffont, 2001, p. 20.
[120] Paul Klebnikov, *Parrain du Kremlin, Boris Berezovsky et le pillage de la Russie*, Robert Laffont, 2001, p. 341.

Comunque sia, più di 100.000 truppe russe si sono riversate nella piccola repubblica separata, scatenando la seconda guerra cecena. La rete televisiva ORT, controllata da Berezovsky, ha sostenuto la guerra e ha lodato le azioni di Putin.

Le elezioni sono state un successo per il Cremlino. Il blocco dell'Unità ha raccolto il 23,3% dei voti, subito dopo il Partito Comunista con il 24,3%, mentre il duo Luzkhov-Primakov è rimasto con il 13,9%. Berezovsky, che si candidava per un mandato da deputato per beneficiare dell'immunità penale, si è candidato in un collegio elettorale oscuro: la repubblica autonoma di Karachayevo-Cherkessia, una regione povera del Caucaso settentrionale con una popolazione di trecentomila abitanti. Ha vinto facilmente il suo seggio, assicurandosi così di non essere perseguito a meno che la Duma non abbia votato per la revoca della sua immunità. È stato eletto anche Roman Abramovitch, suo collaboratore. Aveva scelto un collegio elettorale nell'Okrug autonomo della Chukotka, una terra ghiacciata di fronte all'Alaska che era la regione più povera e primitiva della Russia. Altri gangster erano già stati eletti nelle elezioni precedenti. Non è stato sorprendente vedere la Duma colpita dalla violenza della folla: almeno tre deputati sono stati uccisi, così come una dozzina di assistenti parlamentari e personale.

La vittoria di Putin ha incoraggiato Eltsin a dimettersi. Il 31 dicembre, durante il tradizionale discorso di Capodanno, ha annunciato che si sarebbe dimesso per completare il suo mandato e avrebbe ceduto i poteri al Primo Ministro Vladimir Putin, anticipando così le elezioni presidenziali al 26 marzo 2000.

Nel febbraio 2000, Berezovsky e Abramovitch avevano acquisito tre grandi impianti di alluminio. La Russia era il secondo produttore mondiale dopo gli Stati Uniti e l'alluminio era una delle principali fonti di guadagno in valuta estera del Paese. Dopo aver acquisito una posizione dominante nell'industria automobilistica, televisiva, aerea e petrolifera, l'alluminio era ora il quinto settore di attività di Berezovsky[121].

L'alluminio è stato uno dei settori di attività più colpiti dalla mafia. Le tre fabbriche acquistate dai due uomini d'affari erano precedentemente gestite dal gruppo Trans World Metals Ltd, guidato da Lev Chernoi, un uomo d'affari di Tashkent, in Uzbekistan. Così si leggeva sul quotidiano *Le Monde* del 27 novembre 2002: i fratelli Chernoi avevano conquistato "quasi tutta l'industria dell'alluminio

---

[121] Boris Berezovsky ha dichiarato un patrimonio netto di 39.000 dollari nel 1997, mentre la rivista *Forbes* dello stesso anno ha stimato la sua fortuna in circa 3 miliardi di dollari (William Reymond, *Mafia S.A.*, Flammarion, 2001, p. 318).

della CSI[122] con Trans World Group, una società quotata alla Borsa dei metalli di Londra. Ma le decine di cadaveri che avevano segnato questa conquista avevano costretto i fratelli a fingere il trasferimento dei loro beni nella CSI ad alcuni dei loro uomini fidati." Va aggiunto che Lev Chernoi era anche ebreo, che aveva la cittadinanza israeliana e che i profitti ottenuti con l'alluminio russo sono stati in parte investiti nella Saviom, la "Beverly Hills" israeliana. La battaglia per l'alluminio di Krasnoyarsk fu particolarmente sanguinosa, anche per gli standard russi", scrive Klebnikov. Almeno cinque manager sono stati uccisi nel più puro stile della guerra tra bande."

Alan Clingman, trentaquattrenne "sudafricano", era diventato uno dei trader di maggior successo nel mercato dell'alluminio, ma anche del rame, del nichel, dello zinco, dell'acciaio, delle leghe ferrose, del carbone e dei metalli preziosi. Il mio ritorno sull'investimento è vicino al 100%", si è vantato Klebnikiov davanti a me nel 1994,[123] ", ha scritto. Clingman aveva stabilito relazioni proficue con Krasnoyarsk Aluminium e aveva beneficiato di un contratto di baratto sulle esportazioni. Alla fine del 1995, il corpo del suo rappresentante, Felix Lvov, fu trovato ai margini di una foresta.

Come può la mafia russa prosperare all'ombra del Cremlino, titolava *Le Monde* il 28 dicembre 2002: Djalol Khaidarov, un uomo d'affari uzbeko che aveva iniziato a lavorare con Mikhail Chernoy all'inizio degli anni '90, ha testimoniato contro il suo ex capo. Khaidarov era responsabile della "parte legale" di un gruppo che distribuiva "tra i 35 e i 40 milioni di dollari in tangenti" ogni anno. Era anche responsabile dell'evasione dei loro capitali verso i paradisi fiscali occidentali. Nel 1999, in qualità di direttore di un complesso di rame negli Urali, Khaidarov aveva rifiutato una ridistribuzione delle quote e l'esclusione di un partner straniero, per cui aveva ricevuto minacce di morte ed era dovuto espatriare. Nel luglio 2001 ha testimoniato presso il Tribunale del Distretto Sud di New York. Djalol Khaidarov ha raccontato al tribunale statunitense come è stato confiscato il suo complesso di rame: ricatti ai dirigenti, milizie private, decisioni giudiziarie comprate e infine l'occupazione del sito da parte delle forze speciali del governatore della regione degli Urali, Edouard Rossel. Khaidarov ha accusato quest'ultimo di essere stato comprato dal gruppo

---

[122] La Comunità degli Stati Indipendenti (CSI) è un'organizzazione sovranazionale, composta da dieci delle quindici ex repubbliche sovietiche, creata nel dicembre 1991. (NdT)
[123] Paul Klebnikov, *Parrain du Kremlin, Boris Berezovski et le pillage de la Russie*, Robert Laffont, 2001, p. 350.

di Chernoy. Nell'estate del 2002, il suo autista è stato trovato ucciso e decapitato in Siberia.

Khaidarov ha inoltre spiegato come il suo partner straniero, l'uomo d'affari israelo-americano Josef Traum, abbia dovuto cedere le sue quote. Nel bagno del suo ufficio, gli agenti di polizia avevano opportunamente trovato un chilo di eroina. Le autorità israeliane si erano rivolte al ministero russo per chiedere che Traum potesse lasciare il Paese. Il racconto di Khaidarov coincide con la testimonianza di un altro imprenditore dell'alluminio, Mikhail Khivilo, che si era rifugiato in Francia alla fine del 2000 e aveva presentato una denuncia per "corruzione, omicidio e legami con la criminalità organizzata".

Mikhail Chernoy si era stabilito in Israele nel 1994, mentre era assediato da indagini che lo sospettavano di essere il mandante di alcune delle decine di omicidi che avevano costellato la guerra dell'alluminio. Ha continuato a gestire le sue attività da Israele: immobiliare negli Stati Uniti e in Canada, finanziaria in Svizzera e nei paradisi fiscali, bancaria e di telecomunicazioni in Bulgaria. Ma l'80% dei suoi affari era ancora basato in Russia.

Nella primavera del 2000, Mikhail Chernoy e il suo socio Oleg Deripaska si erano uniti a Roman Abramovitch e Berezovsky per creare Roussal, un colosso industriale che avrebbe prodotto l'80% dell'alluminio russo. Oleg Deripaska è nato il 2 gennaio 1968 a Djerzinsk da una famiglia ebraica. Nel 1994 aveva acquisito i due terzi delle azioni del gigante russo della cellulosa (49 000 dipendenti). Successivamente ha investito nell'alluminio. Deripaska era stato dichiarato persona non grata dal World Economic Forum di Davos a causa dei sospetti su di lui. Mikhail Chernoy ha dichiarato al quotidiano russo *Vedomosti* di conoscere Deripaska dal 1994: "Mi è piaciuto subito", ha ammesso." Sono un azionista, tutto qui", rispose ai suoi accusatori e ai servizi di polizia i cui rapporti comprendevano una lunga lista di omicidi, crimini e reati finanziari di cui era sospettato. Tuttavia, Mikhail Chernoy ha sempre negato di avere legami con il mondo criminale: "Se fosse così, sarei già dietro le sbarre! "

La caduta degli oligarchi

Berezovsky considerava Vladimir Putin un amico di cui aveva promosso la carriera. È stato determinante per l'ascesa di Putin a capo dei servizi di sicurezza nel 1998 e per la sua nomina a primo ministro l'anno successivo. Ha anche svolto un ruolo decisivo nella campagna mediatica per aumentare la sua popolarità. Avendo finanziato e orchestrato l'elezione di un parlamento pro-Putin, Berezovsky fu felice di vedere il suo protetto eletto presidente nelle elezioni del marzo 2000. Il futuro del magnate sembrava assicurato. Ma nel giro di pochi mesi si è reso conto di aver giudicato male il nuovo presidente russo. Lungi dall'essere un docile strumento nelle mani degli oligarchi, Vladimir Putin ha subito dimostrato di essere determinato ad affermare la propria autorità e indipendenza. Era "sano, sobrio e laborioso", scrive Klebnikov.

Il nuovo presidente, desideroso di ripristinare il prestigio dello Stato, si è scagliato contro gli oligarchi. La sua prima vittima è stato il magnate dei media Vladimir Gussinski, accusato di aver trasferito in modo fraudolento all'estero i beni della rete televisiva NTV. Nel giugno 2000 è stato arrestato e messo in custodia cautelare per tre giorni e costretto a cedere il controllo di NTV per il mancato pagamento dei debiti. Dopo il suo rilascio, Gussinski si è recato immediatamente in Spagna dove è stato arrestato nel 2001 su mandato dell'Interpol. L'oligarca è riuscito a evitare l'estradizione in Russia e si è stabilito comodamente in Israele, pur avendo perso il suo impero mediatico[124]. Fortemente indebitata, NTV è rimasta dipendente dai suoi creditori e dalle sovvenzioni statali. Gazprom, che detiene il monopolio del gas naturale russo, ha preso il controllo del canale.

A settembre, a New York, davanti al prestigioso Council on Foreign Relations[125], Gussinski si è presentato come il campione della democrazia, della libertà di espressione e del mercato librario in Russia e "si è vestito della dignità di un grande combattente per i diritti umani", ha scritto Paul Klebnikov: "Secondo il magnate, il presidente Putin stava tradendo gli ideali dell'era Eltsin e stava riportando la Russia all'autoritarismo del passato." A novembre, in una lettera alla stampa internazionale, Berezovsky ha anche accusato il presidente di "violare la costituzione con le sue riforme amministrative e di consegnare il Paese ai servizi di sicurezza e ai burocrati"[126].

---

[124]Paul Klebnikov, *Parrain du Kremlin, Boris Berezovsky et le pillage de la Russie*, Robert Laffont, 2001, p. 356.
[125] CFR: il *Consiglio per le relazioni estere*. Fondata nel 1921, è un'organizzazione statunitense senza scopo di lucro specializzata nella politica estera e negli affari internazionali degli Stati Uniti. Ha sede a New York City. Tra i suoi membri figurano politici di alto livello, più di una dozzina di segretari di Stato americani, direttori della CIA, banchieri, avvocati, professori e personaggi dei media. Il CFR promuove la globalizzazione, il libero scambio, la riduzione delle normative finanziarie sulle imprese transnazionali e il consolidamento economico in blocchi regionali come il NAFTA o l'Unione Europea, e sviluppa politiche governative che riflettono questi obiettivi.
[126]Paul Klebnikov, *Parrain du Kremlin, Boris Berezovski et le pillage de la Russie*,

Berezovsky sentiva che la sua situazione stava rapidamente diventando scomoda. Nel febbraio 2000, ha lasciato la maggioranza delle sue azioni di Russian Aluminium ad Abramovitch. In agosto, due mesi dopo la caduta di Gussinsky, il governo, che possedeva il 51% delle azioni di ORT - la principale rete televisiva russa - ha usato il suo potere di maggioranza per costringere Berezovsky, un azionista di minoranza, a lasciare il canale e quindi a perdere la sua influenza. Tre mesi dopo, uno dei suoi principali soci in Aeroflot, Nikolai Gluchkov, è stato accusato di frode, appropriazione indebita e riciclaggio di denaro e incarcerato. Nel luglio successivo, Berezovsky si è dimesso dal suo incarico e si è trasferito in Inghilterra, dove ha ottenuto lo status di rifugiato politico, rivendicando il titolo di oppositore numero uno di Putin.

Berezovsky e Gussinsky si presentano ora come vittime dell'autoritarismo russo e si dichiarano portabandiera della difesa dei "diritti umani". Negli anni successivi hanno finanziato tutte le cause democratiche, seguendo l'esempio di altri miliardari ebrei americani, come George Soros, che si è vantato di aver finanziato la rivoluzione georgiana, nonché la famosa "rivoluzione arancione" ucraina[127].

Il governo di Putin ha aumentato le tasse sui contratti di baratto che erano la chiave dei profitti della società di Mikhail Chernoy, il "re dell'alluminio". Chernoy si era trasferito in Israele, ma la sua attività russa continuava a prosperare. Anche lui era nel mirino della giustizia. Mikhail Chernoy è stato arrestato due volte dalla polizia - una in Svizzera e una in Israele - e interrogato sui suoi presunti legami con la criminalità organizzata. Tuttavia, le autorità non sono riuscite a dimostrare alcuna violazione della legge. Chernoy è stato nuovamente incriminato per frode fiscale in Israele e condannato agli arresti domiciliari. Viveva comodamente a Tel-Aviv, dove aveva fondato un'associazione per le vittime di attentati suicidi.

Ovviamente, il fatto che nove delle dieci maggiori fortune del Paese fossero nelle mani di cittadini ex sovietici di confessione israeliana, che avevano saputo accompagnare così bene i cambiamenti istituzionali, ha provocato una febbre antisemita in Russia: "Nove russi su dieci pensano che le attuali fortune siano state acquisite male e più del cinquanta per cento approva i procedimenti giudiziari", ha scritto Helena Despic-Popovic sul quotidiano *Libération* il 19 luglio 2003. Il giornalista ha aggiunto: "La campagna è accettata di buon grado da una società ancora contaminata da tracce di antisemitismo, poiché buona

---

Robert Laffont, 2001, pagg. 18, 19.
[127]Su Soros: *speranze planetarie* e *fanatismo ebraico* (2022).

parte degli oligarchi sono ebrei."

Nel 2003, la "campagna contro gli oligarchi" è proseguita e Mikhail Khodorkovsky è stato arrestato. Secondo la rivista *Forbes*, Khodorkovsky, a 41 anni, era diventato l'uomo più ricco della Russia. Il miliardario, a capo della compagnia petrolifera Yukos, è stato accusato di evasione fiscale: la sua società aveva un debito fiscale colossale di quasi 27 miliardi di dollari. Yukos possedeva due grandi giacimenti di petrolio e sei raffinerie in Russia, oltre a un migliaio di stazioni di servizio. La società si era insediata a Houston, in Texas, con il sostegno della banca londinese Menatep, registrata a Gibilterra. Il nuovo azionista principale di Menatep era ora Leonid Nevzline, al quale Mikhail Khodorskovsky aveva trasferito parte dei suoi beni. Leonid Nevzline, numero 2 della compagnia petrolifera Yukos, aveva anche sostituito Vladimir Gussinski a capo del Congresso ebraico russo in cambio della cancellazione di un debito di 100 milioni di dollari che quest'ultimo non era in grado di rimborsare[128]. La banca Menatep ha reclutato personalità influenti: l'ex commissario europeo Frits Bolkestein, responsabile del mercato interno, è stato nominato membro del comitato internazionale del consiglio di amministrazione della banca (*Le Monde*, 2 giugno 2005).

L'ufficio del procuratore russo ha anche annunciato l'apertura di cinque indagini contro Khodorkovsky per omicidio e tentato omicidio che riguardano la società Yukos. Ma prima del suo arresto, il miliardario aveva cercato di affidare la gestione della sua banca al suo correligionario britannico Jacob Rothschild. I prezzi di mercato hanno continuato a crollare, mentre il *New York Times* ha descritto l'acquisizione di Yukos da parte del governo russo come "la più grande spoliazione di interessi ebraici dagli anni '30." Inoltre, si può notare che il miliardario Khodorkovsky era anche amico di Richard Perle, uno dei "falchi" sionisti neo-conservatori alla Casa Bianca e ardente sostenitore dell'invasione dell'Iraq del 2003[129].

Vladimir Putin ha appoggiato le indagini della procura contro il plutocrate, ma ha rassicurato gli altri oligarchi che sono contenti di condurre i loro affari nel quadro della legge. In Russia, ha ribadito il presidente, nessuno può imporsi al di sopra della legge con i miliardi; tutti devono essere uguali davanti ai tribunali per combattere il crimine e la corruzione.

Le Figaro del 17 maggio 2005 ha riferito del processo al

---

[128] La lettre d'Emmanuel Ratier, *Faits-et-documents* du 15 avril 2001 (https: faitsetdocuments.com/index.html)
[129] Sui neoconservatori si legga *Speranze planetarie* e *fanatismo ebraico*.

finanziere. Per la giornalista Laura "Mandeville", il caso Yukos ha ovviamente "infangato" l'immagine di Mosca e Mikhail è stato una povera vittima del fascismo. Tuttavia, abbiamo appreso che la sua fortuna si aggirava intorno ai 15 miliardi di dollari. Un esercito di venti avvocati stava lavorando per difenderlo, mentre diversi suoi collaboratori erano fuggiti: "Tre di loro vivono in Israele, un Paese dal quale non smetteranno di accusare il sistema giudiziario russo di essere al soldo del potere." Come al solito, Khodorkovsky ha dichiarato la sua innocenza: "Il caso è stato inventato dal nulla". E ha fatto i nomi dei colpevoli: "Una burocrazia criminale." Nell'editoriale del giornale si possono leggere alcune righe piene di buon senso sugli oligarchi: "Il fatto che questi uomini, partiti da zero, siano riusciti ad appropriarsi di intere risorse naturali della Russia per un piatto di lenticchie non li ha resi particolarmente popolari nel loro Paese." Khodorkovsky è stato condannato a otto anni di carcere. In realtà, la politica di Vladimir Putin ha riempito di gioia il popolo russo.

Nell'agosto 2003, dopo l'arresto di Mikhail Khodorkovsky, anche Leonid Nevzline si è rifugiato in Israele. La procura russa voleva processarlo per una serie di omicidi e per evasione fiscale. Il 29 aprile, il quotidiano *Le Monde ha* pubblicato un articolo particolarmente illuminante dal titolo "Leonid Nevzline cerca di organizzare l'opposizione russa in esilio". Ecco cosa si legge nell'articolo: "Seduto nel salotto della sua villa a nord di Tel-Aviv, circondato da una collezione di statue di samurai giapponesi, Leonid Nevzline conduce la sua lotta contro Vladimir Putin. Questo oligarca russo di 45 anni vive in Israele dall'agosto 2003, dove si è rifugiato per sfuggire alla giustizia russa... Leonid Nevzline è diventato il leader degli oligarchi russi in esilio che hanno giurato di sconfiggere Vladimir Putin. Sebbene la sua fortuna, valutata nel 2003 dalla rivista *Forbes* in 2 miliardi di dollari, abbia subito le ripercussioni delle indagini giudiziarie e della confisca dei suoi beni in Yukos, rimane comunque significativa. Leonid Nevzline controlla ora da solo il 67% della holding Menatep, con sede a Gibilterra, che possiede oltre il 60% di Yukos. Nella tranquillità della ricca località balneare di Herzliya Pituah, immersa tra pini, lillà e palme, Leonid Nevzline trascorre la maggior parte delle sue giornate al telefono parlando con Mosca e con altri uomini d'affari russi in esilio in Israele o a Londra. In questa casa in stile californiano riceve regolarmente emissari da Mosca. Le finestre si aprono sul giardino con piscina e il garage ospita una lussuosa decappottabile."

Leonid Nevzline aveva investito nel settore petrolchimico israeliano e aveva fondato un istituto che porta il suo nome, il Leonid

Nevzline Research Centre, per gli ebrei russi e dell'Europa orientale che desiderano emigrare in Israele. Ma la sua azione politica fu ancora più febbrile. Ha moltiplicato i suoi forum sulla stampa russa e ha cercato di unire le forze politiche contro il potere di Vladimir Putin, coordinando la sua azione con gli altri esuli: Vladimir Gussinski, Boris Berezovsky, rifugiati a Londra, e uno stretto collaboratore di quest'ultimo, l'uomo d'affari Badri Patarkatsichvili.

Il miliardario georgiano di origine ebraica Badri Patarkatsichvili era socio di Berezovsky nella società di diversione di veicoli su larga scala Avtovaz (Lada) e nella rete televisiva ORT. Si era vantato di aver "portato Putin al potere". Nel 2002, dopo la rottura tra Berezovsky e Putin, aveva anche lasciato la Russia dove era ricercato per "furto aggravato" (i veicoli Lada). Conosciuto come oppositore del regime georgiano, aveva cercato di federare l'opposizione, il che gli era valso un mandato di arresto per "tentato colpo di Stato". Da allora viveva tra Londra e Tel Aviv e sosteneva di essere minacciato. Nel febbraio 2008, il suo corpo senza vita è stato trovato nella sua proprietà di Leatherland, a sud della capitale inglese.

"Tutti questi milionari rivendicati dalla giustizia russa sono di origine ebraica", si legge su *Le Monde*. Questo avrebbe fatto dire a Leonid Nezline, che si dichiarava "sionista e russofilo", che la politica del Cremlino era "animata da forti pregiudizi antisemiti"." Putin non ha amici in Israele", ha insistito.

Il 2 luglio 2007, l'agenzia di stampa russa RIA Novosti ha riferito che la Procura generale russa aveva incriminato Boris Berezovsky per i suoi appelli al rovesciamento del potere con la forza. Infatti, in un'intervista rilasciata al quotidiano britannico *The Guardian* e pubblicata il 13 aprile 2007, Boris Berezovsky aveva dichiarato che stava finanziando i suoi sostenitori che stavano preparando un colpo di Stato in Russia. Un anno prima, nel 2006, aveva già dichiarato che stava finanziando "un movimento clandestino in Russia" per combattere il "regime criminale" di Putin.

Il 29 novembre 2007, RIA Novosti ha riferito che il tribunale distrettuale Savelovsky di Mosca ha condannato in contumacia Boris Berezovsky a sei anni di carcere per il furto dei fondi della compagnia aerea Aeroflot. Ma Berezovsky era ancora in esilio in Gran Bretagna, che si rifiutò di estradarlo." Alcuni vorrebbero farvi credere che io stia cercando solo di vendicarmi di Putin. Ma questo non è vero. Ciò che mi preoccupa è il regime criminale e dittatoriale che ha instaurato."

Dopo la perdita dell'egemonia politica in Russia, alcuni oligarchi hanno continuato a prosperare con le loro attività sia in Russia che all'estero. Tra le grandi fortune russe elencate dalla rivista *Forbes*, Roman Abramovitch compare subito dopo Khodorkovsky. Ha rapidamente prosperato e accumulato un'immensa fortuna con le esportazioni di petrolio insieme a Berezovsky, arrivando a possedere l'80% della Sibneft, la compagnia petrolifera russa, il 50% della Rusal, il monopolio dell'alluminio, e il 25% dell'Aeroflot. Nel 2005, mentre Khodorkovsky era condannato, Abramovitch ha venduto Sibneft per 13 miliardi di euro a Gazprom, cioè allo Stato, una società che aveva acquistato per soli 100 milioni di dollari al momento della privatizzazione. Mentre i suoi ex amici erano in carcere o in esilio all'estero, Abramovitch era sfuggito all'ondata che aveva travolto gli oligarchi. A differenza degli altri, aveva dimostrato la sua fedeltà al presidente Putin restituendo la rete ORT allo Stato russo, un gesto molto apprezzato dal Cremlino[130].

Il settimanale *Le Point* dell'8 febbraio 2007 ha pubblicato un articolo su di lui: All'età di 40 anni, si è distinto con un patrimonio di 18 miliardi di dollari, che lo rende l'11° patrimonio più grande del mondo. Se si crede alla rivista, Abramovitch era un uomo buono e generoso. Aveva sofferto molto durante l'infanzia: "Sua madre morì prima del suo primo compleanno. Suo padre è rimasto ucciso in un incidente edile quando lui aveva due anni e mezzo. Cresciuto dallo zio a Ukhta, 1200 chilometri a nord-est di Mosca, il piccolo Roman ha avuto vita dura. Inoltre, era ebreo, cosa che nell'Unione Sovietica gli precludeva molte carriere."

Nel 2005 era stato rieletto governatore della regione di Chukotka, nella Siberia orientale, un territorio grande circa una volta e mezzo la Francia ma con una popolazione di appena 50.000 abitanti. Alcuni hanno detto che stava cercando di ottenere l'immunità parlamentare. Altri hanno rivelato che una riduzione delle tasse da lui votata alla Duma nel 2000 aveva permesso a una filiale di compravendita della Sibneft, domiciliata ad Anadyr, di risparmiare centinaia di milioni di dollari. Ma questo espediente fiscale era stato vietato dopo due anni." Da allora, Abramovitch ha portato tutto il peso della Chukotka."

L'articolo di Étienne "Gernelle" è stato commovente. Ecco il buon Abramovitch che arriva in elicottero nella sua provincia: "Nella scuola del villaggio, Abramovitch si rifiuta di fare un discorso e chiede di essere interrogato. Un pescatore prende la parola: "Roman

---

[130] Roman Abramovitch e Oleg Deripaska sono stati i principali oligarchi a sfuggire alla repressione giudiziaria. Nel 2007, Oleg Deripaska ha detronizzato Roman Abramovitch ed è diventato l'uomo più ricco della Russia con un patrimonio di 21,2 miliardi di dollari, secondo la classifica della rivista *Forbes*.

Abramovitch, dacci gli ami per andare a pescare". Un mese dopo, cioè con l'aereo successivo, il pescatore ricevette una scatola di ami. Gli altri hanno chiesto farina, zucchero, ecc. In seguito, sarebbero arrivati una scuola, autobus e altri soldi. Odiato in Russia per le sue ricchezze illecite, Abramovitch è celebrato qui come un semidio. I poster con la sua effigie sono esposti in molte case." La generosità di Abramovitch non conosceva limiti: "Ogni cittadino ha diritto a una chiamata gratuita di tre minuti a un call center di Londra per lamentarsi dell'amministrazione locale. Nessun oligarca si è mai impegnato così tanto per la Russia."

Nel 2005, alla fine del suo mandato, Abramovitch non volle ripetere il suo mandato, ma i governatori erano ormai nominati dal presidente e Vladimir Putin decise di confermarlo per un ulteriore mandato: sfortuna!

Nella sua immensa generosità, il miliardario ha anche finanziato la costruzione di decine di campi da calcio in Russia. Ha persino assunto il ruolo di allenatore della nazionale russa. In Inghilterra è stato proprietario della squadra di calcio londinese Chelsea, che gli ha fatto guadagnare l'adorazione di migliaia di tifosi. Il calcio era la sua passione. Ha organizzato importanti tornei in Israele. Il discreto Abramovitch era finalmente uscito dall'anonimato, mostrando sempre più ostentatamente la sua fortuna. Possedeva palazzi in tutto il mondo, un sottomarino, tre elicotteri, due Boeing, tutti dotati di dispositivi elettronici degni della Spectre, l'organizzazione criminale dei film di "James Bond". Il suo Boeing 767 era un vero e proprio palazzo volante con 250 posti a sedere. Possedeva anche quattro yacht: il *Pelorus*, di 115 metri, il *Grand Bleu*, di 112 metri, l'*Ecstase*, di 86 metri, e il piccolo *Sussurro*, di soli 49 metri. L'ultimo dei suoi yacht sarebbe stato l'*Eclipse*, un'imbarcazione di 167 metri dal costo di 300 milioni di euro che stava costruendo in Germania. Lo yacht, dotato di finestre antiproiettile, era più lungo di qualsiasi nave della Royal Navy, ad eccezione delle portaerei, e - come il suo Boing personale - era dotato di un sistema antimissile. Abramovitch viveva ormai tra Mosca e Londra, dove aveva sistemato la sua famiglia e stava evacuando con discrezione il suo denaro, come se stesse preparando una fuga improvvisa.

La mafia invisibile II

Gli occidentali non sono mai stati informati della reale natura di questa mafia, che tutti i media hanno chiamato "russa", come se avessero ricevuto uno slogan. Il film *Tycoon: A New Russian* di Pavel Lunguin (2002, Russia) non ha rivelato nulla di questa realtà. Questa la trama in breve: alla fine degli anni '80, Platone Makovski e i suoi amici, giovani e brillanti studenti universitari, abbandonano gli studi scientifici per darsi all'imprenditoria. Platone, originario di una delle regioni meridionali, ha stabilito legami con la mafia (uzbeka). Ma dobbiamo capire che lo ha fatto per difendersi da altre bande ostili. In ogni caso, lui e i suoi amici sono così gentili che si può perdonare loro qualsiasi cosa. Diventa l'uomo più ricco del Paese, controlla la televisione, ma agisce sempre per una buona causa. Purtroppo, Platone viene ucciso in un attentato. I cattivi del film, responsabili di questo vile omicidio, sono i patrioti russi marxisti-leninisti, grandi, forti e con gli occhi chiari, ma che ingannano il popolo e non si tirano indietro finché non hanno eliminato Platone, il simpatico miliardario. Ancora una volta, l'uomo bianco interpreta il ruolo del bastardo. Naturalmente, non è necessario studiare l'albero genealogico di Pavel Lunguin per capire a quale mafia appartenga.

Il settimanale *L'Express* del 16 luglio 1998 si è dovuto arrendere all'evidenza del controllo mafioso sul Paese: "Gli oligarchi criminali controllano completamente alcuni rami dell'economia e dei territori russi", si legge nelle sue pagine. Nell'ottobre 1997, sul quotidiano *Izvestia*, Anatoly Kulikov, ex ministro degli Interni russo, scriveva: "I rappresentanti della criminalità organizzata si sono insediati negli organi e nelle strutture dello Stato. In alcune regioni, le forze dell'ordine non controllano nulla, se non sono direttamente coinvolte... Ricordiamo che alla fine degli anni '80, in territorio sovietico scomparivano ogni giorno circa venti treni merci." Da allora la situazione è peggiorata. Così scrive Hélène Blanc ne *Il dossier nero delle mafie russe*[131]: "Le varie mafie ereditate dall'era sovietica controllano quasi l'85% dell'economia e delle risorse naturali della Russia." Ma in questo articolo nulla permetteva di individuare la vera natura di questa mafia.

L'Express ha ricordato che questa mafia "russa" esisteva già in epoca sovietica. Sotto Stalin, tuttavia, la Nomenklatura aveva troppa paura delle purghe per dare libero sfogo ai propri appetiti. Il fenomeno è apparso nell'era di Kruscev, quando la corruzione ha iniziato a incancrenire l'apparato statale, e il male si è aggravato soprattutto sotto Breznev. Constantine Tsvigun, generale del KGB nella regione di Mosca, genero di Breznev, si è suicidato dopo la perquisizione del suo appartamento, dove sono stati scoperti oro, banconote in dollari, ecc.

Nel suo libro intitolato *Jewish supremacism*, David Duke, un

---

[131]Hélène Blanc, *Le dossier noir des mafias russes*, Balzac éditeur, 1998.

nazionalista americano, ha citato due libri che spiegano il funzionamento del crimine organizzato nella defunta URSS: *Hustling on Gorky Street* di Yuri Brokhin (1975, Dial Press), un ex pappone ebreo, e *USSR: The Corrupt Society* di Konstantin Simis (1982, Simon and Schuster), quest'ultimo uno dei principali sostenitori della mafia ebraica in Unione Sovietica. Entrambi i libri, ha scritto David Duke, mostrano chiaramente che i mafiosi ebrei controllavano il crimine organizzato in Unione Sovietica. Brokhin spiegò inoltre che solo gli ebrei potevano gestire questa mafia, in quanto gli slavi erano capaci solo di criminalità di strada.

Nel 1992, un libro, pubblicato e distribuito dai maggiori distributori commerciali al grande pubblico, ha approfondito questo argomento poco conosciuto. Il libro di Arkadi Vaksberg, intitolato semplicemente *La mafia russa* (Albin Michel), ci ha raccontato un altro aspetto dell'influenza dei gruppi mafiosi: il commercio di nastri VHS piratati e l'emergere dell'industria pornografica in Russia: "Una nuova distrazione che va di moda e che porta alla mafia profitti favolosi", ha scritto Vaksberg." I profitti generati da questa industria fanno vivere un'intera rete di mafie locali[132]." Vaksberg ha anche menzionato brevemente nel suo libro il caos causato dalle droghe pesanti vendute dai gangster. Nel 1990, in Russia c'erano 130.000 tossicodipendenti. Alla fine del 1990 erano 1,5 milioni.

Ma Arkadi Vaksberg ha presentato un'analisi molto singolare del fenomeno mafioso, in ogni caso molto caratteristica dell'intellettuale ebreo che cerca a tutti i costi di menare il can per l'aia e di evitare argomenti scomodi. Vaksberg denunciò innanzitutto il sistema sovietico e la mafia comunista sotto Andropov e Breznev negli anni '70 e '80: "Il regime politico - scrisse - instaurato per più di 73 anni, e nonostante tutte le sue modifiche, era una vera e propria mafia; un dispotismo totalitario non può essere altro. Le strutture e i fenomeni che oggi chiamiamo mafia, e che identifichiamo come illegali, criminali e antistatali, in realtà non sono altro che il naturale sviluppo dello Stato totalitario[133]."

Dobbiamo quindi credere che la mafia in Russia fosse comunista. Vaksberg si è spinto oltre e ci ha insegnato a vedere cosa succedeva davvero dietro le quinte: "I dogmi marxisti-leninisti e le bandiere rosse sono solo un camuffamento, ha detto, e possono essere sostituiti, se necessario, dalle sure del Corano, per esempio, e dal colore verde

---

[132]Arkadi Vaksberg, *La mafia russa*, Albin Michel, 1992, p. 167.
[133]Arkadi Vaksberg, *La mafia russa*, Albin Michel, 1992, p. 21.

dell'Islam". I cambiamenti di colore e di vocabolario non cambiano nulla nella sostanza: la mafia non sta cedendo terreno. L'autore si è indignato: "Mentre scrivo queste righe, tutti i capi della mafia uzbeka sono in libertà"[134]." Vaksberg ha effettivamente denunciato la mafia uzbeka: "Le rivelazioni sulla mafia uzbeka hanno avuto un impatto immenso sul paese[135]." (pagina 128). Ma c'era anche la mafia kazaka: "La mafia kazaka non è stata del tutto risparmiata." (pagina 151).

Altre mafie erano emerse dopo il crollo del sistema comunista. Ecco cosa scrisse Vaksberg: "Una sera stavamo discutendo a casa di amici sul tema: "Qual è la mafia più potente dell'Unione Sovietica: la mafia della vodka, la mafia della frutta, la mafia dei trasporti?"... In realtà, sono tutte ugualmente potenti e, soprattutto, si sostengono a vicenda[136]."

Arkadi Vaksberg è riuscito nuovamente a invertire i ruoli nella conclusione del suo libro, dimostrando ancora una volta quella tendenza intellettuale così sintomatica dello spirito cosmopolita. Secondo lui, i mafiosi sono coloro che si oppongono all'economia di mercato: "La mafia politica e la mafia economica", scrive, conducono una "feroce battaglia" contro l'economia di mercato. Questa lotta "è in realtà la lotta della mafia che difende le sue posizioni". Il paradosso è che ciò avviene in nome della lotta antimafia: "No all'economia parallela!", gridano i mafiosi, abili nello sfruttare il sentimento popolare, mentre vogliono che l'economia parallela prosperi[137]. Arkadi Vaksberg ha introdotto qui un granello di verità nella sua dimostrazione talmudica: "Se alla fine si instaurerà l'economia di mercato, ha detto, la mafia cesserà di essere tale e diventerà un normale attore economico" (pagina 265)." (pagina 265). Stiamo finalmente entrando nel sistema democratico occidentale, una società pienamente democratica ed egualitaria in cui tutti hanno la

---

[134] Arkadi Vaksberg, *La mafia russa*, Albin Michel, 1992, p. 275, 285.

[135] Il settimanale *Le Point* del 28 aprile 2005 ha rivelato che nel 1999 il noto scrittore "francese" Marek Halter aveva interceduto presso il Ministro degli Interni per chiedergli di revocare il divieto di soggiorno a un uzbeko. Tuttavia, questo individuo era "un membro importante della criminalità organizzata"." I servizi francesi erano ancora più perplessi per il fatto che un altro mafioso uzbeko, respinto alla frontiera francese, aveva detto: "Sono un amico di Marek Halter! Il giornalista Christophe Deloire ha aggiunto maliziosamente alla fine del suo articolo: "Quando a Marek Halter vengono poste domande scomode, risponde con delicatezza, mettendo la mano sull'avambraccio del suo interlocutore."

[136] Arkadi Vaksberg, *La mafia russa*, Albin Michel, 1992, p. 245.

[137] Arkadi Vaksberg, *La mafia russa*, Albin Michel, 1992, p. 257. Sull'inversione accusatoria, si veda il capitolo in *Psicoanalisi dell'ebraismo* (2006). La parola "paradosso" compare molto spesso sotto la penna degli intellettuali ebrei, il che è logico.

nazionalità del Paese, permettendo alle volpi di gestire il pollaio come meglio credono.

La verità è che il libro di Arkadi Vaksberg era più simile a una buffonata che ad altro, ed era stato evidentemente scritto su commissione per occupare il campo dei media e fungere da sostituto per un pubblico che si poneva domande sul fenomeno. Nelle ultime pagine del libro, apprendiamo che Arkadi Vaksberg ha comunque sofferto un po' di cuore: "Da quando ho una segreteria telefonica, il numero di chiamate di persone che vogliono esprimermi i loro sentimenti è in continuo aumento. Minacce e insulti sono sempre più frequenti. Di solito cancello subito i messaggi, ma ho salvato l'ultimo che ho ricevuto quattro giorni prima di scrivere queste righe. Si leggeva: *"Canaglia, puttana, sporco ebreo, cerca di tenere la bocca chiusa o te ne pentirai". Smettete di versare le vostre porcherie nel vostro giornale sionista di merda e state zitti se volete rimanere vivi. Vi ho sentito nella Biblioteca di letteratura straniera gonfiare le teste dei russi onesti con le vostre storie di mafia. La mafia, siete voi sporchi ebrei. Lasciate stare il partito, non toccate la nostra patria[138]."*

---

[138] Arkadi Vaksberg, *La mafia russa*, Albin Michel, 1992, p. 282.

3. La "mafia russa" conquista il mondo

La nuova classe dirigente "russa" aveva acquistato appartamenti, ville, castelli e chalet ovunque in Europa e negli Stati Uniti. I mafiosi investirono i loro capitali in Occidente e acquistarono blocchi di edifici nelle grandi capitali dell'Europa centrale. La rivista *L'Express* del 16 luglio 1998 spiega: "Ci sono molte altre terre promesse per i mafiosi slavi." Questi "nuovi russi", come venivano chiamati all'epoca, erano sulla bocca di tutti per la loro eccentricità e arroganza.

Sulla Costa Azzurra

In Francia, gli oligarchi avevano acquistato le più belle ville della Costa Azzurra, i migliori yacht e organizzato feste grandiose a Cap Antibes. Secondo un inquietante rapporto dei servizi segreti francesi del maggio 1998, che analizzava le attività di uomini d'affari provenienti dall'ex Unione Sovietica, gli investimenti in Francia direttamente collegati alla mafia ammontavano a circa 200 miliardi di franchi, concentrati soprattutto in immobili di lusso, in particolare in Costa Azzurra. Ma molte aziende francesi avrebbero lavorato - spesso inconsapevolmente - con uomini d'affari legati o membri della mafia di Mosca. In effetti, era molto difficile per le autorità francesi ottenere informazioni affidabili sui cittadini dell'ex URSS che venivano a investire i loro capitali.

Tra questi "*nababbi* del freddo", come titolava *L'Express* il 2 maggio 2002, c'erano Boris Berezovski, Arcadi Gaydamak (ora rifugiato in Israele), Boris Birstein, Serguei Rubinstein, Alexandros Kazarian, Alexander Sadadsh e Georgy Khatsenkov. Naturalmente, il giornalista ha deliberatamente evitato di menzionare la loro vera nazionalità.

La rivista fa riferimento a un rapporto confidenziale della brigata di investigazione e controllo fiscale delle Alpi Marittime, che elenca le proprietà, le ville e gli appartamenti - solo beni di fascia alta - acquistati dai "*nababbi*". Alcuni di loro erano già balzati agli onori della cronaca, come Berezovski, che nel dicembre 1996 aveva acquistato lo Château de la Garoupe e, nel luglio 1997, il Campanat de la Garoupe, due delle proprietà più prestigiose di Cap d'Antibes, per un totale di 145 milioni di franchi (22,1 milioni di euro), un prezzo decisamente sottostimato. Berezovsky ospitava regolarmente Tatiana Datchenko, la figlia dell'ex presidente Eltsin.

La seconda "stella" della penisola miliardaria era Arcadi Gaydamak, recentemente coinvolto in un caso di vendita di armi in Angola. Aveva acquistato l'Isleta, a Cap d'Antibes, per circa 59,3 milioni di franchi (8,13 milioni di euro). Si trattava della famosa villa Pellerin, dal nome del costruttore della difesa che l'aveva fatta costruire con i suoi 2000 metri quadrati di costruzioni abusive. L'uomo finì per rifugiarsi in Israele.

Meno noto, il suo vicino di casa si chiamava Boris Birstein. Era nato nel 1947 a Vilnius (Lituania) ed era cittadino canadese, come sua moglie. La coppia aveva acquistato la villa La Cloute a nome di lei nell'aprile 1995 per 1,3 milioni di euro. Gli investigatori fiscali hanno dichiarato: "Boris Birstein conduce la maggior parte delle sue attività commerciali dalla Svizzera, dove ha sede la sua società Seabaco AG....".

Telman Ismailov, nato nel 1956 a Baku (Azerbaigian), era proprietario dal 1999 della splendida villa Istana, acquistata per 36 667 000 franchi, circa 5,59 milioni di euro. Le pareti del complesso, le facciate, le ringhiere e le balaustre e i pavimenti erano tutti in marmo, dentro e fuori. L'uomo amava farsi notare al volante della sua Bentley decappottabile bianca. L'11 settembre 1999, in occasione del suo compleanno, il consiglio gli ha vietato di accendere fuochi d'artificio nella sua proprietà. Per soddisfare il suo capriccio si è quindi trasferito in una grande terrazza di una stanza dell'hotel Meridien di Juan-les-Pins. Un testimone ha raccontato il giorno dopo che una guardia del corpo è venuta a pagare il conto della serata: 450.000 franchi (68.600 euro) in contanti, banconote comunque infilate in una busta di plastica della spesa.

Poco più avanti, a Marina Baie des Anges, si trovava un complesso architettonico ondulato, costruito "con i piedi nell'acqua". Una dozzina di "russi" avevano lì le loro case, che erano costate tra 1,25 e 7 milioni di franchi ciascuna. I servizi che indagano su di loro parlano del "gruppo Villeneuve-Loubet": "Questi individui sono collegati tra loro da attività che gestiscono da diversi luoghi in Europa", si legge in un rapporto del Tesoro. C'erano anche Arcadi Gaydamak e Sergei Rubinstein, nato nel 1971 a Odessa, che è stato uno dei quindici russi espulsi dal Principato di Monaco tra il 1994 e il 1997 e che, in virtù della convenzione franco-monegasca, ha dovuto lasciare anche il dipartimento delle Alpi Marittime. Residente a Berlino, era proprietario di un'azienda di import-export che si riforniva in gran parte da aziende russe. Nell'agosto 1995, Rubinstein aveva affittato la barca a vela del *Club Med*, ancorata nel porto di Cannes, per ospitare i 400 invitati al suo matrimonio. Il costo dei festeggiamenti è stato di 10 milioni di franchi, di cui 100 000 franchi solo per le decorazioni floreali.

Meno prestigioso, ma altrettanto notevole, il programma Atoll Beach, vicino al porto di Saint-Laurent-du-Var, ha ospitato personalità di spicco come Alexandros Kazarian. Nato nel 1951 a Tbilisi (Georgia), nel gennaio 1996 aveva acquistato per 3 milioni di franchi un appartamento di 200 metri quadrati vicino a un altro individuo, Alexandros Pavlidis. In realtà, Kazarian e Pavlidis erano la stessa persona.

Un altro esempio: nel luglio 2005, il miliardario "britannico" Philip Green ha aperto la stagione con il *bar-mitzvah del* figlio. Il *nababbo* aveva prenotato le 44 camere e le 9 suite del famoso Grand Hotel de Cap-Ferrat. Per i 200 ospiti è stata messa a disposizione una flotta di auto da corsa provenienti da Monaco. "I prezzi degli immobili sono saliti a tal punto che la maggior parte dei francesi si è ritirata sulle colline meno ambite dell'entroterra" (*Courrier international*, luglio 2005).

Questi "russi" non erano solo turisti ricchi, festaioli e spendaccioni. Nella seconda parte dei loro rapporti, gli investigatori fiscali hanno dimostrato che un buon numero di loro ha anche investito in affari loschi. In generale, questi investimenti sono finiti in società di servizi o di import-export. Alcuni di loro avevano persino riciclato il denaro della droga colombiana attraverso società commerciali internazionali.

I "russi" venivano in Costa Azzurra semplicemente per fare affari in un'atmosfera piacevole. Nel 1997, una trentina di allegri uomini d'affari accompagnati da una quarantina di "donne della notte" sono stati visti sbarcare all'aeroporto di Nizza. Il gruppo non è passato inosservato alla polizia di intelligence. All'arrivo a Cannes, le donne si sistemarono nei palazzi della Croisette e gli uomini si isolarono su uno yacht di 30 metri, l'*Inéké IV,* che poteva navigare fuori dalle acque territoriali. È su questa nave che in agosto si è svolta quella che potrebbe essere definita la "Yalta delle privatizzazioni", ovvero la distribuzione delle grandi aziende nazionali russe acquistate dallo Stato a un prezzo ignobile. La riunione si svolse con grandi quantità di vodka e champagne a bordo, prima tra gli uomini, poi nelle stanze dove le giovani donne attendevano il ritorno dei nuovi capitalisti.

Ma l'aspetto più inquietante di questa grande inchiesta, conclude il giornalista de *L'Express*, è che qua e là comparivano rappresentanti pubblici, un ex poliziotto, un avvocato, un notaio, un investigatore privato e uomini d'affari francesi, cioè cittadini che, in linea di principio, erano al di sopra di ogni sospetto e perfettamente in sintonia con mafiosi più o meno noti[139].

Alcuni personaggi più discreti, ma non meno inquietanti, sono apparsi sulla costa azzurra. Il 14 dicembre 1994, la procura di Grasse aveva aperto un procedimento per traffico di droga contro un certo Tariel Oniani, nato a Kutaisi, in Georgia, che viveva a Vésinet, nelle Yvelines, e a Cannes. La giustizia francese si era interessata a lui grazie alle informazioni trapelate dall'Interpol di Bruxelles. Pochi mesi prima, un cittadino israeliano, Raphael Michaeli, nato in Georgia e registrato come trafficante di droga, era stato arrestato in Belgio. Il giorno prima del suo arresto, Raphael aveva inviato a Tariel Oniani due passaporti rubati e contraffatti e due permessi di soggiorno. La polizia francese ha poi scoperto, grazie all'Interpol di Israele, che Tariel Oniani era sospettato di essere il capo della banda Kutaiskaya - il nome della sua città natale in Georgia - e che avrebbe dovuto incontrarsi in Francia con il capo di un'altra banda mafiosa - la Solntsevskaya - un certo Sergei Mikhailov. Le intercettazioni di Oniani hanno rivelato un piano di rapimento. Ma la banda era sospettata anche di altre attività criminali: deviazione dell'embargo petrolifero iraniano, estorsioni e rapine per impadronirsi di banche e fabbriche georgiane o russe, rapimenti e omicidi nell'ambito di regolamenti di conti, ecc. Nell'ottobre 1999, il tribunale correzionale di Grasse ha aperto il processo ai "georgiani" (*L'Express* del 16 luglio 1998), accusati di "associazione illecita in vista della preparazione di un crimine". Gli imputati sono stati rilasciati dopo aver trascorso un anno in carcere e pagato una cauzione di 1 milione di franchi ciascuno, ma dovevano rispondere di un sequestro di persona e di un "reato di estorsione di fondi sotto minaccia".

In Francia, come in Israele, la parte più visibile delle attività mafiose esportate dai Paesi dell'ex Unione Sovietica era ovviamente la prostituzione. A Nizza, le prostitute di questi Paesi esercitavano il loro mestiere alla fine della *Promenade des Anglais*, in direzione dell'aeroporto. Sono arrivati via Roma o Amburgo. Non parlando una

---

[139] Nessim Gaon, uomo d'affari ottantenne e direttore della società Noga, era un ebreo sefardita originario del Sudan, giunto a Ginevra alla fine degli anni Cinquanta. Nel dicembre 2004, il tribunale correzionale di Nizza lo ha condannato a tre anni di carcere per aver corrotto Michel Mouillot, l'ex sindaco di Cannes (si legga in *Speranze planetarie,* (2022), *ha* inoltre preteso 600 milioni di dollari dalla Russia per non aver rispettato l'impegno di un enorme contratto di baratto, petrolio in cambio di merci, firmato nel 1991.

parola di francese, scrivevano le tariffe sul palmo della mano destra. Ma la presenza di queste ragazze sulla costa poteva sembrare aneddotica rispetto alle 25.000 loro colleghe, anch'esse provenienti dall'Europa dell'Est, che lavoravano sul suolo tedesco.

Da Berlino a Marbella

Subito dopo la caduta del Muro di Berlino, la Germania si è trovata in prima linea con l'afflusso di 200-300 bande rivali provenienti dai Paesi dell'ex blocco sovietico e Berlino è diventata la patria della criminalità organizzata russa. Secondo Jurgen Roth, autore di due libri sulla mafia russa, una quindicina di padrini della mafia hanno portato scompiglio nel Paese.

Il primo settore a svilupparsi è stato quello del commercio di auto rubate. Nel giro di un anno, le autorità tedesche hanno registrato un'ondata senza precedenti di sparizioni di berlinesi di lusso. Un'inchiesta dello *Spiegel* del 1993 ha rivelato che la mafia russa controllava già una parte considerevole dei ristoranti, delle discoteche e delle gallerie commerciali di Berlino e che molti commercianti della città pagavano fino a 20.000 marchi al mese per la loro "protezione".

L'espansione di questa "mafia russa", secondo William Reymond, autore di *Mafia S.A.*, *si* manifestò anche con l'arrivo massiccio di "Natachas" sui marciapiedi di Berlino e nelle vetrine dei negozi di Amburgo. Nel 1993, un quarto delle prostitute in Germania proveniva dall'Europa dell'Est, ma sette anni dopo erano già tre quarti. Si moltiplicano gli strip club e i bordelli. Il mercato nero è esploso. Le merci importate, destinate a rifornire i soldati, sono state dirottate in esenzione doganale e vendute sul mercato nero[140]. Alla fine del decennio, con l'apertura dell'Est, Berlino era diventata il covo di Ali Baba dei prodotti elettronici. Televisori, calcolatrici e apparecchi hi-fi potrebbero essere venduti in esenzione doganale. I camion arrivarono e partirono immediatamente per l'Europa orientale e l'URSS.

I rapporti del Bundeskriminalant (BKA), l'agenzia federale per la criminalità di Wiesbaden, hanno identificato la criminalità economica come la più importante fonte di crimine, insieme alla droga. La polizia di Berlino ha perquisito 350 aziende gestite dalla "mafia slava" nella capitale tedesca, o almeno sospettate di esserlo (*L'Express* del 16 luglio 1998). L'incubo della polizia tedesca era il riciclaggio di denaro sporco proveniente dalle mafie dell'Europa orientale. Secondo una stima

---

[140]William Reymond, *Mafia S.A.*, Flammarion, 2001, p. 325-327.

dell'Interpol, ogni anno in Germania vengono riciclati 1,3 miliardi di dollari. Secondo alcuni servizi di intelligence, tra il 20 e il 30% del credito annuale dello Stato federale proveniva dalla criminalità organizzata.

Anche l'Austria non è stata risparmiata dal denaro sporco. Una grande azienda russa di Mosca, con sede a Vienna e 8.000 dipendenti, era sospettata di essere un'impresa mafiosa. Le sue attività comprendevano i settori bancario, petrolifero, energetico e delle telecomunicazioni e aveva due filiali a Düsseldorf e Berlino.

Anche il Belgio era un centro importante, scrive William Reymond: "A Bruxelles e Anversa, i russi erano coinvolti nella prostituzione, nel mercato dei diamanti, nelle attività portuali e in vari traffici. Anche Cipro e Israele sono obiettivi della criminalità organizzata russa[141]."

La penisola iberica era un altro dei luoghi preferiti dai mafiosi. Per loro era una sorta di Florida europea. Marbella ha svolto un ruolo simile a quello di Yalta, una località balneare per i "ricchi criminali slavi" (*L'Express*, 16 luglio 1998). I sontuosi yacht di Puerto Banus a Marbella appartenevano a questi "russi" che si rilassavano nelle più belle ville della Costa del Sol. Ma i *nababbi* non erano lì solo per una siesta. Riciclavano soldi della droga a vagonate.

A Marbella, i "narco-rubli" convertiti in dollari avevano preso il posto dei capitali britannici e arabi. I passeggeri dei voli diretti di Aeroflot - cinque voli settimanali in alta stagione tra Malaga e Mosca - non sono arrivati a mani vuote. A volte sbarcavano con normali borse di plastica piene di dollari e presentavano ai funzionari doganali spagnoli un certificato dell'amministrazione russa che li autorizzava a portare i capitali fuori dal Paese. Altri, più discreti, hanno preferito costituire legalmente una società a responsabilità limitata nel paradiso fiscale di Gibilterra, per poter poi acquistare immobili sul continente a nome di questa società di comodo.

L'economia locale ha beneficiato di questa manna finanziaria, ma alcuni eventi episodici hanno ricordato al pubblico la vera natura di questi uomini d'affari. Il 15 febbraio 1998, ad esempio, Roman Frumson è stato trovato ucciso nel suo letto nella sua sontuosa villa rosa a Los Verdiales, un quartiere residenziale di Marbella: gli hanno sparato due volte alla testa mentre dormiva. L'uomo, multimilionario, era stato a lungo identificato come un padrino della mafia. Questo "russo naturalizzato tedesco" (*L'Express*) era finito sulle prime pagine dei tabloid di Marbella per i suoi sfarzosi festeggiamenti di tre giorni al

---

[141] William Reymond, *Mafia S.A.*, Flammarion, 2001, p. 325-327.

palazzo Don Carlos. Era strettamente legato ad altri "russi" che erano schedati dalla polizia spagnola per il rapimento di capi d'azienda, il traffico di armi e opere d'arte e la falsificazione di documenti. Negli anni '80 aveva costruito la sua colossale fortuna come fornitore dell'Armata Rossa nella DDR. Era anche proprietario del bar *Planet Hollywood* di Zurigo, fallito a maggio. Secondo il quotidiano spagnolo *El Mundo*, Roman Frumson aveva anche interessi nel settore della prostituzione di lusso sulla Costa del Sol. Alla fine, era stato vittima di un regolamento di conti.

Un numero significativo di bar e ristoranti della costa spagnola è stato acquistato da "russi", scrive William Reymond. Lo stesso fenomeno è stato osservato sulla costa adriatica e in generale in tutto il Mediterraneo europeo[142].

L'organizzazione negli USA

Il crollo dell'impero sovietico aveva liberato alcune energie fino ad allora represse dalle istituzioni comuniste. Da allora, la famigerata "mafia russa" è diventata la parola d'ordine del mondo, ma soprattutto degli Stati Uniti. Nel suo libro *Red Mafiya: How the Russian Mob has invaded America*, il giornalista americano Robert Friedman è stato categorico: all'inizio degli anni '90 c'erano già circa 5.000 gangster ebrei provenienti dall'Unione Sovietica che operavano a New York. Era più di tutti i membri delle famiglie italiane dell'intero Paese.

Poiché questa malavita russa è *in gran parte ebraica*, la sua eliminazione è eminentemente politica, soprattutto nella regione di New York", ha scritto Friedman, che ha notato che le associazioni ebraiche "rispettabili" come la Anti-Defamation League of B'nai B'rith, la più importante lega antirazzista americana, fanno pressione sulla polizia che persegue queste bande per non menzionare pubblicamente "qualsiasi origine che potrebbe portare il pubblico cristiano a protestare contro il flusso costante di criminali ebrei", la più importante lega antirazzista americana, facevano pressione sulla polizia che perseguiva queste bande affinché non menzionassero pubblicamente "qualsiasi origine che potesse indurre l'opinione pubblica cristiana a protestare contro il flusso costante di criminali ebrei che si presentano come rifugiati"." Alti ufficiali di polizia avevano confessato al giornalista: "I russi sono spietati e pazzi. È una pessima

---

[142]William Reymond, *Mafia S.A.*, Flammarion, 2001, p. 302.

combinazione. Sparano per qualsiasi motivo[143]."

Friedman ha incontrato anche l'ex procuratore generale dell'Unione Sovietica, Boris Urov: "È meraviglioso che la cortina di ferro sia sparita", ha detto, "ma era una protezione per l'Occidente. Ora che abbiamo aperto i cancelli, il mondo intero è in pericolo."

Il nazionalista americano William Pierce scrisse nell'agosto 2000, nel VI volume di *Free Speech* dedicato alla *"mafia ebraica in America"*, che la Anti-Defamation League aveva facilitato il loro ingresso negli Stati Uniti." L'ondata era iniziata trent'anni prima, quando i politici del Congresso, in collusione con le organizzazioni ebraiche, fecero pressioni per facilitare la partenza degli ebrei dall'Unione Sovietica con il pretesto che erano perseguitati. Erano diventati, per magia mediatica, le principali vittime del comunismo[144]."

Negli anni '70, Leonid Brezhnev aveva autorizzato l'emigrazione degli ebrei dall'URSS in cambio di somme di denaro talvolta molto elevate. Centinaia di gangster di origine ebraica sono stati incoraggiati a cercare fortuna all'estero e a emigrare in Israele o nelle comunità ebraiche in Europa o in America. Nel 1998, in un articolo intitolato *"Paying the Organizatsiya"*, William Pierce spiegò che nel 1989 un legislatore ebreo del New Jersey, il senatore Frank Lautenberg, era riuscito a far sì che gli ebrei dell'Unione Sovietica venissero ufficialmente dichiarati "minoranza perseguitata" e quindi idonei ad essere ammessi senza restrizioni sul suolo americano, mentre era quasi impossibile per un semplice goy russo o ucraino essere ammesso negli Stati Uniti. Ogni anno arrivavano cinquantamila ebrei dall'Unione Sovietica, presentandosi come "rifugiati" che avevano subito "persecuzioni". All'arrivo, hanno ricevuto aiuti statali e sussidi vari e diversi.

A New York, questa ondata di immigrazione *russa "refuznik"* si concentrò nel quartiere di Brighton Beach, all'estremità meridionale di Brooklyn. Erano 7.000 nel 1975 e 75.000 cinque anni dopo, e il loro numero è aumentato solo dopo la caduta del regime sovietico. In questo quartiere, chiamato Little Odessa, viveva la maggior parte della comunità russofona e a volte era difficile farsi capire quando si parlava in inglese. All'inizio del XXI secolo, il 70% dei 400 000 russi dello Stato di New York viveva ancora in questo quartiere.

Tra questi nuovi immigrati c'era un personaggio di nome Evsei Agron. Quando arrivò sul suolo statunitense nell'ottobre 1975, dichiarò che la sua professione era quella di gioielliere e che era originario di

---

[143]Robert Friedman, *Mafia rossa*, ed. Little, Brown and Co., 2000, p. 85, 84, 74
[144]natvan.com7free-speech; jewwatch.com

Leningrado. In realtà, l'uomo era stato condannato in Russia a sette anni di carcere per omicidio. Da quattro anni viveva in Germania Ovest, dove aveva organizzato "una delle reti di prostituzione più efficienti dell'Europa occidentale" (*L'Express*, 16 luglio 1998).

Il falso gioielliere Evsei Agron si è stabilito a New York nel quartiere di Brighton Beach, dove si è subito fatto conoscere per la sua spietatezza. Il pungolo elettrico con cui fece rispettare la legge divenne famoso. Lo usava per correggere e torturare le vittime che estorceva[145]." Chi a Brooklyn non ricorda le sue rappresaglie? ", scrive il giornalista belga Alain Lallemand nel suo libro sulla mafia russa: "Un uomo ha trovato la moglie picchiata a morte, con gli occhi cavati dalle orbite e rubati. Rubati? In effetti, la credenza in voga tra questi criminali era che l'immagine dell'assassino fosse impressa nella parte posteriore della retina. Senza occhi, non c'erano più prove."

Con questi metodi Evsei Argon si era affermato come padrino della mafia "russa" di Brooklyn." La sua corporatura, 64 chili per 1,71 metri, non deve ingannarci, perché anche se l'analogia dell'avvocato non si riferiva a lui, gli calza a pennello: "Vai a comprare un sacco di merda da dieci chili e prova a metterlo tutto in un sacco da cinque". Avrete una buona idea di ciò che rappresenta[146]."

Il gangster estorceva denaro alle imprese locali, che gli assicuravano un reddito di 50.000 dollari alla settimana. Ma aveva anche diversificato le sue attività con la prostituzione e il gioco d'azzardo illegale. Dopo cinque anni, Agron era circondata da una vera e propria corte di consiglieri e guardie del corpo.

Così, Agron e i suoi scagnozzi si sono imbarcati in un gigantesco schema di frode fiscale sul petrolio che consisteva nel moltiplicare il numero di società di comodo che rivendevano la benzina l'una all'altra e poi dichiaravano bancarotta prima di essere in grado di pagare le tasse e i dazi. Il petrolio è stato così rivenduto a prezzi scontati, riportando i debiti fiscali alle società fallite. Lo Stato del New Jersey ha così perso 40 milioni all'anno. Questi espedienti petroliferi le permisero di controllare un terzo delle pompe di benzina dell'area metropolitana di New York, un mercato che condivideva con i mafiosi italiani.

Fu anche lui a gettare le basi per la collaborazione tra le varie band russe a New York e in altre città. Era riuscito a firmare un accordo di principio, valido negli Stati Uniti e in Canada, per lo scambio di esecutori. Estorsori e sicari potevano passare da un clan all'altro per

---

[145]https://www.lexpress.fr/informations/salades-russes-a-brooklyn_601064.html
[146]Alain Lallemand, *L'Organizatsiya, La mafia russa all'assalto del mondo*, Calmann-Lévy, 1996, p. 34.

operazioni una tantum, in modo che gli investigatori della polizia non potessero collegare un assassino o un atto criminale a una particolare famiglia.

Ma Evsei Agron non poté godere a lungo della fortuna che aveva accumulato. Nel maggio 1985, mentre aspettava un ascensore in un edificio, un uomo è uscito dalle scale e lo ha freddato con due colpi di pistola alla testa.

Un altro padrino ebreo, più istruito, gli succederà: Marat Balagula. A Odessa, dove è nato, Marat Balagula, laureato in economia, era già il re del mercato nero. Era arrivato a New York nel 1977, dove si era affermato come proprietario di un ristorante in cui si riuniva l'élite della malavita di Brighton Beach. Diventerà il consigliere personale di Evsei Agron. La sua responsabilità per l'omicidio del suo stesso capo non è mai stata provata. L'assassinio di Agron potrebbe essere stato commissionato da un'organizzazione rivale guidata da Boris Goldberg, accusato nel 1991 di traffico di droga, rapina a mano armata, estorsione, traffico di armi e tentato omicidio.

Dopo un accordo con il clan Genovese che controllava il porto, Balagula divenne il più importante contrabbandiere di petrolio della East Coast e visse come un emiro. Tuttavia, nel novembre 1986, fu costretto a fuggire in fretta e furia dagli Stati Uniti a causa di un'accusa di frode con carta di credito. In effetti, la sua amante aveva usato una delle sue carte di credito senza limiti. La polizia lo ha rintracciato in trenta Paesi, da Hong Kong, Germania, Paraguay, Sudafrica e Sierra Leone. In Sierra Leone, Marat Balagula aveva collaborato con un certo Shabtaï Kalmanovitch nel traffico di oro, diamanti e petrolio.

Kalmanovitch era all'epoca il responsabile della sicurezza del presidente della Sierra Leone, ma in passato era stato consigliere ministeriale nel governo laburista israeliano di Golda Meir ed era ancora un importante informatore del Mossad. È stato anche visto accompagnare in Sudafrica Sol Kerzner, il proprietario dell'enorme hotel-casinò *Sun City*. Nel 1987, Kalmanovitch è stato incriminato in North Carolina per aver falsificato assegni per oltre due milioni di dollari. Ma la sua rovina arrivò più tardi quell'anno in Israele, dove fu accusato di spionaggio per l'URSS. Condannato a nove anni di carcere, è stato graziato nel marzo 1993 dal presidente Haïm Herzog. Secondo l'FBI, si è stabilito a Budapest, dove da allora gestisce gli interessi finanziari di Marat Balagula.

Durante questo periodo, Balagula era in prigione. Era stato identificato da un funzionario doganale all'aeroporto di Francoforte nel febbraio 1989 e rinchiuso in un carcere di massima sicurezza prima di essere estradato alla fine dell'anno a New York, dove avrebbe scontato la sua condanna a otto anni di carcere. Nel 1992, la sua pena è stata prolungata di dieci anni a causa della frode sul carburante. L'anno successivo, le indagini in corso hanno portato a una nuova condanna per frode sui carburanti. Si stimava che avesse sottratto 3,6 miliardi di litri di carburante attraverso una rete di diciotto compagnie petrolifere, evadendo così tutte le tasse e le imposte. Questa volta Balagula si è dichiarato colpevole, facendo cadere quasi tutti i suoi complici.

Nel suo libro del 1996, *La mafia russa sta prendendo d'assalto il mondo*, il giornalista belga Alain Lallemand ha scritto che a metà degli anni '80, secondo i federali statunitensi, dodici diversi gruppi criminali russi erano suddivisi a New York. Dieci o dodici boss della mafia "russa" erano stati identificati a Los Angeles, un centinaio di criminali a Filadelfia. Anche a Cleveland, Chicago, Dallas, Portland, Boston, Miami, San Francisco si sono formate bande organizzate in strutture flessibili e mobili, ma molto attive in attività come estorsione, contraffazione, traffico di droga, racket dei riscatti, omicidio, prostituzione, frode fiscale e riciclaggio di denaro. Tutti collegati a Brooklyn." Se ci fidiamo degli analisti del BKA tedesco, dell'MVD russo e dell'FBI, decine, persino centinaia di omicidi portano il loro marchio - da Mosca a Berlino, da Los Angeles a Parigi[147]."

Nel 1991, il regolamento dei conti a Brooklyn era quasi continuo. Una guerra fratricida ha contrapposto Boris Nayfeld, ex autista, confidente e presunto carnefice di Evsei Agron, a Monya Elson, ex guardia del corpo di Agron rilasciata dal carcere nel 1990. La loro rivalità si sarebbe riverberata in tutto il continente europeo, da Roma a Berlino, da Amsterdam ad Anversa.

Monya Elson è nata a Chisinau, in Moldavia. Ha iniziato la sua carriera criminale a Mosca, prima di arrivare a New York nel 1978 dove è stato subito individuato per frodi con carte di credito, contrabbando di benzina e traffico di stupefacenti. Ma Elson era anche un estorsore specializzato in intimidazioni e omicidi - aveva al suo attivo un centinaio di omicidi - come confessò a Robert Friedman quando lo interrogò in carcere: "Non mostri pietà o rimorso quando uccidi qualcuno. Non pensarci nemmeno[148]." Era uno spendaccione. Aveva una passione per i Rolex, i vestiti appariscenti e le auto Bentley.

---

[147] Alain Lallemand, *L'Organizatsiya, La mafia russa all'assalto del mondo*, Calmann-Lévy, 1996, p. 33, 12. Il 14 settembre 1998, ABC News ha parlato di 25 gruppi criminali "russi" che operano sul territorio degli Stati Uniti. L'FBI ha aperto 250 indagini in 27 Stati.
[148] Robert Friedman, *Mafia rossa*, ed. Little, Brown and Co., 2000, p. 12.

Controllava la maggior parte delle esportazioni di diamanti e gioielli in Russia ed era un frequentatore abituale del *Raspoutin*, il nightclub di Brooklyn di proprietà dei fratelli Zilber[149]. È lì che risolveva le controversie tra piccoli gruppi mafiosi, prendendo in cambio una percentuale sulle loro attività illecite[150].

Boris Nayfeld era il suo concorrente nel traffico di eroina. È nato in Bielorussia nel 1947 ed è arrivato negli Stati Uniti poco dopo Elson. Aveva seguito Balagula durante il suo viaggio in Africa ed era anche in grado di avviare operazioni internazionali.

Nel giro di pochi mesi, la guerra tra le due bande ha provocato una dozzina di cadaveri nelle strade. Elson aveva cercato di sbarazzarsi del suo rivale con un'autobomba, ma l'esplosivo utilizzato non aveva potuto avere pieno effetto a causa delle temperature molto basse di quei giorni. Nayfeld lo avrebbe ripagato il 6 novembre 1992, quando un sicario riuscì ad avvicinarsi a Monya Elson e a spargli quasi a bruciapelo. Elson sopravvisse, ma con una mano frantumata, anche se in seguito fu completamente recuperata. Nayfeld cercò di vendicarsi fino alla fine e il 26 luglio 1993 due gangster mitragliarono il veicolo di Elson mentre questi era accompagnato dalla moglie e da una guardia del corpo. Elson fu nuovamente ferito, questa volta alla schiena, così come sua moglie. Dopo l'omicidio della sua guardia del corpo, avvenuto due mesi dopo, Elson si rese conto che era meglio lasciare Brooklyn per sempre e decise di stabilirsi in Europa. Nel marzo 1995, Monya Elson è stato arrestato in Italia dove stava organizzando un'operazione di traffico di eroina tailandese. È stato estradato negli Stati Uniti nell'agosto 1996.

M&S International - Anversa, Vilnius, Bangkok, Bogotà

Boris Nayfeld era diventato l'uomo più influente nei circoli "russi" di Brookilyn, ma era anche un bersaglio per i sicari dei suoi rivali, così preferì stabilirsi ad Anversa, in Belgio, e continuare a gestire i suoi interessi finanziari statunitensi dall'altra parte dell'Atlantico. Da Anversa, Nayfeld doveva rappresentare gli interessi della M&S

---

[149] I "fratelli Zilberstein" vennero "arrestati" nel maggio 1993, dopo quattro anni di indagini, per una frode petrolifera da 60 milioni di dollari.
[150] *Il film Little Odessa* (USA, 1995) di James Gray tratta della criminalità ebraica nella New York degli anni Novanta. Joshua Shapira è un sicario che torna nel suo quartiere di Brooklyn per eseguire un contratto. Nella comunità ebraica russa di Little Odessa, il passaparola si diffonde rapidamente e i conti vengono regolati in un'atmosfera morbosa e sinistra. Questo bellissimo film mostra anche le sofferenze di una famiglia ebrea e il terribile odio che separa padre e figlio.

International, fondata dall'amico Rachmiel Brandwain, nell'ex Unione Sovietica. Si erano conosciuti nel 1987, quando Nayfeld aveva seguito il suo capo Marat Balagula nella sua fuga dalla giustizia americana.

Rachmiel Brandwain è nato nel 1949 in una comunità ebraica dell'Ucraina, dove ha trascorso i primi nove anni della sua vita. In seguito la sua famiglia si trasferì in Israele, ma a metà degli anni Ottanta "Mike" preferì stabilirsi ad Anversa, nel cuore del famoso quartiere ebraico dei commercianti di diamanti. Aveva aperto un negozio di elettronica, ma vendeva anche oro e pietre preziose clandestinamente.

Alla fine del decennio, dopo l'apertura dei Paesi dell'Est, "Mike" Brandwain capì subito dove si trovava il nuovo mercato e fu un precursore nel fare affari con i Paesi dell'ex blocco sovietico. Se Mosca era povera, c'era anche una classe benestante che aveva scoperto l'abbondanza dell'Occidente e desiderava un rifornimento costante di beni di lusso, alcolici, cioccolato, sigarette, gadget elettronici, computer e vestiti all'ultima moda.

Sebbene avesse aperto un altro negozio di elettronica a Berlino, Brandwain gestiva i suoi affari con l'Europa orientale dal porto di Anversa. Certamente, all'epoca, la legislazione in vigore in Belgio non consentiva le intercettazioni.

Nel 1990, Rachmiel Brandwain e un certo Riccardo Fanchini hanno creato una società di import-export chiamata M&S International." M" per Mike Brandwain e "S" per Sacha Krivoruchko, il cognato, "che era buono solo per giocare a tennis e portare a spasso il cane", come disse Brandwain. Computer, apparecchiature elettroniche, gioielli, abiti di lusso, cosmetici, alcolici, sigarette, ecc. sono stati inviati in Russia. Gli affari con l'Oriente erano molto redditizi. Boris Nayfeld, dal canto suo, gestiva ufficialmente gli interessi dell'azienda in Russia, una facciata inattaccabile. Il fatto è che la sua reputazione ha avuto una certa influenza sui russi per la restituzione dei prestiti.

M&S è stata anche la prima azienda a fare affari con l'esercito russo di stanza in Germania dal 1945. Alcuni carichi arrivati all'ingresso della caserma sono stati regolarmente registrati, ma poi hanno lasciato i magazzini per il mercato nero o direttamente per la Polonia e la Russia. Il traffico è stato poi coperto da ufficiali di alto livello. Milioni di sigarette, camion di vino o bottiglie di vodka sono stati venduti alla mafia. Lo scandalo è stato riportato nel giugno 1994 dal settimanale *Moscow News* dal giornalista Alexander Zhilin.

Riccardo Fanchini, di origine polacca, contrariamente a quanto potrebbe far pensare il suo cognome, era legato a un ebreo di origine tedesca di nome Efim Laskin che scosse l'intera comunità "russa" di

Berlino. Il 27 settembre 1991, il corpo di Laskin fu trovato con decine di ferite da taglio nel bagagliaio di un'auto in un parcheggio di Monaco. Laskin ebbe la sfortuna di incontrare Monya Elson in Italia, mentre Elson era ancora in cerca di vendetta contro Nayfeld.

Nel settembre 1992, Fanchini ha fondato la sua società, Trading Unlimited. Era socio di Leonid Barnchuck e Yakov Tilipman, entrambi del New Jersey, vicino a New York. Hanno importato alcolici in Russia, senza pagare le tasse grazie a un'esenzione speciale concessa a una società russa, il Russian National Sports Fund. Era guidata da un noto mafioso "georgiano", Otarik Kvantrichvili, assassinato nell'aprile 1994 a Mosca da un cecchino. Eltsin gli aveva concesso tre anni di esenzione dalle tasse di importazione e dalle quote di esportazione di cemento, ferro, titanio e alluminio. Riccardo Fanchini, dal canto suo, si stabilì a Monaco, dove produceva vodka e sponsorizzava una scuderia di Formula 1.

All'inizio degli anni '90, M&S aveva filiali a New York, Mosca, Berlino, Tel Aviv e Varsavia e fungeva da copertura per le attività del clan "russo". Il commercio di apparecchiature elettroniche era di per sé un'ottima copertura per il traffico di droga. Ad Anversa, il 24 marzo 1992, sono state sequestrate 18 tonnellate di televisori e frigoriferi giapponesi. Il carico, proveniente da Cristobal a Panama, transitava per il Belgio con destinazione finale Tel-Aviv. L'attrezzatura nascondeva 650 chili di cocaina colombiana.

Il 16 febbraio 1993, i poliziotti russi di Viborg, al confine russo-finlandese vicino a San Pietroburgo, fecero la più grande cattura della loro storia: più di una tonnellata di cocaina colombiana nascosta in scatole di carne stagionata. Un israeliano residente a Bogotà, Elias Cohen, sposato con una donna colombiana, in combutta con uno dei clan legati al cartello di Cali, ha organizzato l'approvvigionamento della rete insieme a un certo Yuval Shemesh. La destinazione finale della cocaina era un gruppo di trafficanti israeliani con base nei Paesi Bassi[151]. Una nave cargo ha solitamente trasportato la cocaina dalla Colombia a Göteborg, in Svezia. Una nave più piccola ha trasportato la merce attraverso il Golfo di Finlandia fino a Kotka, dove un camion russo l'ha presa in consegna e un camion belga l'ha infine trasportata nei Paesi Bassi.

Nel settembre 1993, Elias Cohen è stato arrestato in Colombia contemporaneamente a Yuval Shemesh, anch'egli residente in Colombia, sebbene sia stato arrestato a Tel Aviv di ritorno dall'Olanda.

---

[151] Alain Lallemand, *L'Organizatsiya, La mafia russa all'assalto del mondo*, Calmann-Lévy, 1996, p. 217.

In cambio della clemenza della giustizia israeliana, Shemesh accettò di parlare: il capo della rete era un uomo conosciuto da Rachmiel Brandwain e Boris Nayfeld: un certo Jacob Korakin. Korakin era un ebreo religioso che indossava la kippah, molto rispettato nel distretto dei diamanti di Anversa. In questo caso troviamo anche i nomi di Boustain Cohen e Aharon Wiener, entrambi a capo di due società di Anversa. Jacob Korakin, tradito da Shemesh, è stato arrestato a metà ottobre. È stato catturato in un appartamento di Gerusalemme dagli investigatori antidroga di Tel Aviv." Ancora una volta", ha scritto Alain Lallemand, "nessuno sa se parlare di una pista russa o israeliana[152]."

Brandwain e Nayfeld erano anche coinvolti nel traffico di eroina. L'eroina, proveniente dalla Thailandia, era nascosta nei tubi catodici dei televisori importati. Nayfeld e i suoi soci hanno ordinato televisori malesi per Singapore. Lì, raccoglievano l'eroina tailandese portata loro per riempire alcuni televisori. I carichi sono stati poi spediti via mare a Danzica, prima di essere scaricati in un magazzino di Varsavia appartenente a un complice amberiano di Nayfeld. L'eroina poteva poi essere spedita negli Stati Uniti da "muli". Ogni trafficante indossava una "barra" legata alla pancia e dietro le gambe. I candidati erano russi o ucraini di New York, tutti in regola con l'amministrazione, che sostenevano di essere in visita di famiglia in Polonia, un Paese che all'epoca non destava i sospetti e i rigidi controlli della dogana statunitense. Nayfeld si aggirava nel porto di Anversa, mentre un certo David Podlog ritirava la polvere bianca a New York. La Danimarca potrebbe anche servire come punto di transito. In realtà, è stato un funzionario della dogana danese a scoprire un televisore più pesante del normale: era carico di 3,5 chili di eroina. La Drug Enforcement Administration (DEA) statunitense ha poi catturato Podlog e 15 dei suoi complici nell'aprile 1993. È stato condannato a 27 anni di carcere.

La mafia "russa" era presente anche in Lituania, dove ha diffuso il terrore all'inizio degli anni Novanta. I membri della Brigata Vilnius erano noti per essere coinvolti in attività criminali come rapine, commercio illegale di oro e narcotici, contrabbando di attrezzature video e audio, ecc. Anche il contrabbando di alcolici era una delle loro specialità. L'alcol veniva importato illegalmente o addirittura distillato in Lituania e poi etichettato con documenti di importazione falsi. I "russi" erano anche coinvolti nel contrabbando di tabacco. Nel 1993, i documenti relativi alle transazioni illecite provenivano da Anversa, che era il primo punto europeo del traffico di sigarette americane. Nei primi

---

[152]Alain Lallemand, *L'Organizatsiya, La mafia russa all'assalto del mondo*, Calmann-Lévy, 1996, p. 218.

nove mesi del 1994, attraverso Anversa, il piccolo Belgio ha importato fino a 4,5 volte più sigarette Philip Morris dell'intera Germania.

All'epoca, la maggior parte delle aziende della capitale lituana era vittima di estorsioni. I lituani conoscevano soprattutto l'acronimo e il logo dell'azienda M&S, la pantera nera - la "pantera ebraica", scrive il quotidiano *Respublika*. M&S Vilnius è stata fondata da David Kaplan, che si occupava dell'importazione e dell'esportazione di tutti i tipi di merci, compresi gli abiti di lusso con la pantera.

I mafiosi non hanno esitato a ricorrere a omicidi e attentati. La trentaduenne Vita Lingys, vicedirettore del quotidiano *Respublika*, è stata una delle loro numerose vittime. Aveva avuto il coraggio di denunciare le loro attività pubblicando una serie di articoli sulla criminalità organizzata in Lituania. Il 12 ottobre 1993 è stato trovato morto, colpito da tre colpi di pistola alla testa. L'omicidio di Vitas Lingys ha suscitato grande emozione in Lituania e la polizia ha immediatamente effettuato degli arresti. I primi sospetti caddero su David Kaplan, un giovane israeliano che viveva in Lituania da pochi mesi e che aveva firmato un contratto con lo Stato lituano per la vendita di fucili d'assalto Kalachnikov.

David Kaplan era in contatto con due fratelli israeliani di origine lituana, David e Michael Smushkevitch, residenti a Los Angeles, che erano stati incriminati nel 1990 per un'enorme truffa assicurativa. I due fratelli Smushkevitch, insieme alle loro mogli, a otto complici e a un medico di nome Boris Jovovich, avevano escogitato un sistema di propaganda telefonica con cui attiravano clienti californiani nelle loro cliniche mobili "gratuitamente". Una volta lì, il cliente firmava un modulo che trasferiva alla "clinica", in cambio di una specifica operazione medica, i suoi benefici assicurativi. Le fatture per gli atti medici "prescritti da un medico" sono state poi presentate alla compagnia di assicurazione per il rimborso. Le somme prelevate singolarmente non erano molto elevate - mai più di 8000 dollari - ma il numero di clienti era tale da raggiungere il miliardo di dollari, tanto che la truffa aveva generato un aumento delle tariffe assicurative private di tutti gli abbonati californiani[153].

Michael Smushkevitch, la mente dell'operazione, possedeva tre passaporti al momento dell'arresto: oltre al passaporto sovietico del 1981, possedeva un passaporto messicano rilasciato nel 1988 e un passaporto israeliano rilasciato nel 1990. È stato condannato dopo il processo del settembre 1994, ma è stato arrestato solo nel 2006 a Los

---

[153] Alain Lallemand, *L'Organizatsiya, La mafia russa all'assalto del mondo*, Calmann-Lévy, 1996, pag. 188.

Angeles. Il giornalista del settimanale *L'Express* ha aggiunto senza un pizzico di ironia: "L'apparente specializzazione del crimine dei colletti bianchi conferma il livello di formazione dei nuovi criminali slavi."

David Kaplan lo aveva incontrato a Vilnius: era venuto a esplorare le possibilità immobiliari del Paese per acquistare interi blocchi di edifici come facevano i finanzieri cosmopoliti di tutto il mondo. Dopo l'interrogatorio e la campagna stampa contro di lui, Kaplan vendette le sue azioni M&S e andò in esilio in Israele. Si è dichiarato "vittima di un complotto" ordito dal boss dell'antimafia lituana e dal giornalista Lingys contro "commercianti buoni e onesti"."

L'assassino di Vitas Lingys è risultato essere Igor Achremov, un russo di 28 anni che ha confessato il crimine e ha fornito il nome del mandante: Boris Dekanidzé. Era un georgiano il cui padre era il proprietario dello splendido hotel di Vilnius nel centro della città. Boris Dekanidzé era dovuto fuggire dagli Stati Uniti a causa di un caso di frode sui prodotti petroliferi, una "grande specialità russa se mai ce n'è stata una", scrive Alain "Lallemand"[154].

Nel novembre 1993, Dekanidzé è stato arrestato, accusato e incarcerato per omicidio. È stato anche accusato di aver formato una banda criminale. Il fatto è che anche Boris Dekanidzé aveva conosciuto Boris Nayfeld molto prima della penetrazione di M&S in Lituania: si erano incontrati in una discoteca di Berlino. Il 10 novembre 1994 fu pronunciato il verdetto: ergastolo per Achremov e morte per Dekanidzé. È stato giustiziato in una prigione di Vilnius con un colpo alla testa la mattina del 12 luglio 1995. La Brigata Vilnius, che aveva terrorizzato la città per troppo tempo, fu finalmente sciolta. Qualche pagina dopo, Alain Lallemand ci informa che Dekanidzé è un "ebreo di origine georgiana".

Nello stesso periodo si verificò anche la "caduta" di Boris Nayfeld. Il 10 gennaio 1994, dopo diversi mesi di inseguimento, gli agenti federali americani della DEA lo arrestarono sulla strada per l'aeroporto John Kennedy di Queen's. Stava arrivando da Miami per prendere un volo di ritorno in Belgio. Stava arrivando da Miami per prendere un volo di ritorno in Belgio.

Secondo l'FBI, l'organizzazione di Mike Brandwain era responsabile di un centinaio di omicidi alla fine del decennio[155]. Nel 1998, Rachmiel "Mike" Brandwain è stato ucciso a colpi di pistola in una città fiamminga. Secondo il quotidiano israeliano *Yediot Aharonot*

---

[154]Alain Lallemand, *L'Organizatsiya, La mafia russa all'assalto del mondo*, Calmann-Lévy, 1996, pag. 170.
[155]Dina Siegel, *Criminalità organizzata globale*, 2003, pag. 56.

del 2 ottobre 1998, probabilmente era stato liquidato per aver fornito informazioni alla polizia statunitense sulla mafia russa.

Oltre all'omicidio del giornalista lituano Vitas Lingys, sono seguiti altri omicidi di giornalisti. Un anno dopo, il 17 ottobre 1994, Dimitri Kholodov, giornalista investigativo del *Moskovski Komsomolets*, noto per i suoi reportage sulla corruzione all'interno dell'Armata Rossa, è stato ucciso dall'esplosione di un pacco bomba mentre stava lavorando a un caso e stava per pubblicare importanti rivelazioni. Il 24 dello stesso mese, a Dushanbe, in Tagikistan, un giornalista di trentadue anni, Khamidjon Khakimov, è stato ucciso con un colpo di pistola alla testa. Sempre il 1° marzo 1996, il presentatore televisivo Vladislav Listiev è stato ucciso a colpi di pistola sulle scale del suo palazzo residenziale a Mosca[156]. Paul Klebnikov, caporedattore dell'edizione russa della rivista *Forbes* e autore di *The Pillage of Russia*, è stato infine ucciso in strada il 9 luglio 2004. Si ritiene che i colpevoli siano "ceceni".

Predatori internazionali e un mondo senza confini

A New York, la guerra tra le bande di Monya Elson e Boris Nayfeld era durata fino all'arrivo di Vyacheslav Ivankov. Ivankov, soprannominato Yaponchik o "il giapponese" per i suoi tratti somatici, è nato in Georgia nel 1940. Questo ex pugile professionista di Mosca era già a capo di un'organizzazione criminale negli anni Settanta. All'inizio degli anni '80 è stato condannato per possesso di armi, contraffazione, furto con scasso e traffico di droga. Negli anni in cui scontò la pena nel gulag siberiano, Ivankov divenne un *"vor v zakone"* (ladro di leggi), cioè un boss della criminalità organizzata. I *vory v zakone comprendevano* russi indigeni, georgiani, armeni e azeri. Erano circa 400 in Russia, poco più di 300 nelle altre repubbliche dell'ex URSS, e potevano essere identificati dai tatuaggi sul corpo e sulle falangi delle dita. Ivankov fu sorprendentemente rilasciato nel 1991 per "comportamento esemplare". A Mosca era legato a un altro influente padrino della banda di Solntsevo, Otarik Kvantrichvili. In seguito è diventato cittadino israeliano.

L'arrivo di Ivankov sul suolo statunitense nel 1992 fece presagire il peggio per la polizia newyorkese, poiché si affermò rapidamente come leader indiscusso della mafia ebraica russa[157]. Era diventato il

---

[156] Alain Lallemand, *L'Organizatsiya, La mafia russa all'assalto del mondo*, Calmann-Lévy, 1996, pag. 166.
[157] "Ivankov prese rapidamente il controllo della mafia ebraica russa." Robert

boss del traffico di droga, della prostituzione e dell'estorsione. Ma Ivankov ha anche rilevato i segmenti di mercato lasciati liberi dalla concorrenza, come la falsificazione di documenti ufficiali e il traffico di armi automatiche. La fabbricazione di patenti di guida e licenze di taxi false gli aveva permesso di assumere il controllo del mercato del trasporto a pagamento di New York.

Viveva in un lussuoso appartamento di Manhattan in una delle Trump Towers, anche se spesso si recava a Londra, Tel Aviv e Mosca. Durante l'estate del 1994, Ivankov ha presieduto due conferenze a Tel-Aviv nelle sale del lussuoso Dan Hotel per pianificare il traffico internazionale di droga. Qualche settimana prima era stato a Miami dove aveva incontrato i rappresentanti del cartello di Cali. In cambio di un accesso privilegiato alla cocaina colombiana, il "russo" ha offerto i suoi servizi per riciclare il denaro dei fratelli Orejuela. Nello stesso anno, un'altra conferenza, questa volta nel New Jersey, riunì Ivankov e altri gangster per discutere degli investimenti in Thailandia, Brasile e Sierra Leone, dove Yaponchik progettava di prendere il controllo in pochi mesi del commercio dei diamanti[158]. Allo stesso tempo, sviluppava le sue attività a Los Angeles, Houston e Denver, dove incaricava uomini di fiducia di monitorare parte del mercato della droga e di stabilire un metodo rapido per riciclare il *"denaro di strada"*. Il voluminoso rapporto dell'FBI del 1995 sulla sua organizzazione descriveva anche lo stato del suo insediamento in Europa centrale.

La polizia statunitense aveva identificato 47 società in tutto il mondo collegate alla sua rete mafiosa. Aveva una fortuna stimata in centinaia di milioni di dollari. Ma il suo tentativo di estorcere denaro a una società di investimento russa a Brighton Beach lo ha portato alla rovina. Il 5 giugno 1995, la polizia sfonda la sua porta. Aveva con sé quattro telefoni cellulari e una moneta d'oro da dieci rubli dell'epoca zarista con inciso il suo profilo al posto di quello di Nicola II. Nel 1996 è stato condannato a nove anni di carcere. Nel 1996 è stato condannato a nove anni di carcere e rinchiuso nella prigione federale di Lewisburg, da dove ha continuato a gestire il suo impero. Poi, nel 1999, è stato portato nel penitenziario di massima sicurezza di Allenwood dopo che sono state scoperte tracce di eroina nelle sue urine[159]. Una volta uscito di prigione, è stato deportato in Russia e immediatamente arrestato con l'accusa di omicidio. Ma il processo a porte chiuse, tenutosi nel luglio

---

Friedman, *Mafia rossa"*, Ed. Little Brown and Co., 2000, introduzione, p. 15, 277.
[158]Robert Friedman (*Mafia Rossa*) in William Reymond, *Mafia S.A.*, Flammarion, 2001, p. 307, 309.
[159]William Reymond, *Mafia S.A.*, Flammarion, 2001, p. 307-310.

2005, ha portato alla sua liberazione: i testimoni si erano rifiutati di testimoniare.

Nel 1994, la mafia "russa" era significativamente rappresentata in ventiquattro Paesi. Nel 2000, secondo Louis Freech, allora direttore dell'FBI, era entrata direttamente in più di cinquanta paesi[160]. Durante una seduta del Congresso, Louis Freech, anch'egli di origine ebraica, dichiarò che 27 gruppi legati alla mafia russa operavano negli Stati Uniti e che ce n'erano più di cento in tutto il mondo. Jimmy Moody, un altro funzionario dell'FBI, aveva avvertito il Congresso: "I russi stanno diventando il gruppo mafioso numero uno negli Stati Uniti. Sono più numerosi e più ricchi. Anche più dei colombiani di Medellin." Nel 1996 si stimava che circa 100 milioni di dollari in contanti venissero rimpatriati ogni giorno dagli Stati Uniti alla Russia." Importano eroina negli Stati Uniti dal Sud-Est asiatico e dai campi di papaveri che confinano con Chernobyl", ha scritto il giornalista americano Robert Friedman su *Vanity Fair*. Poiché controllano le stazioni di servizio di New York e del Paese, i gangster russi sottraggono 5 miliardi di dollari all'anno, una frazione dei quali va alla mafia italiana" (*Le Nouvel Observateur*, 27 aprile 2000).

Tra gli sponsor più noti c'era anche Ludwig Fainberg, soprannominato "Tarzan", un muscoloso compagno dello sfortunato Yaponchik. È nato nel 1958 a Odessa, in Ucraina, e aveva tredici anni quando i suoi genitori sono emigrati in Israele. Nel 1980 si è stabilito a Berlino, dove ha prosperato con le estorsioni e le frodi con le carte di credito. Quattro anni dopo si trasferisce a New York e si stabilisce nel quartiere di Little Odessa a Brooklyn. Come ha raccontato: "Era come il selvaggio West là fuori, portavo la mia pistola ovunque andassi[161]." Poiché molti dei suoi collaboratori erano stati liquidati, Fainberg decise di emigrare a latitudini più clementi. Nel 1990 si stabilisce nella sede di Miami del *Porky's Club*, dove vive di estorsioni, gioco d'azzardo e prostituzione. Dietro l'estorsione, il suo sport preferito era picchiare le donne. In una scena registrata dagli agenti dell'FBI dal tetto di un edificio, lo si vede buttare una ballerina fuori dal suo *Porky's Club* e picchiarla brutalmente con pugni e calci. Un altro giorno aveva brutalmente buttato a terra un'altra ballerina nel parcheggio del locale, costringendola a mangiare della ghiaia. In un'altra occasione, ha ripetutamente sbattuto la testa dell'amante contro il volante della sua Mercedes fino a versare il sangue sul pavimento[162].

---

[160] William Reymond, *Mafia S.A.*, Flammarion, 2001, p. 310.
[161] Robert Friedman, *Red Mafiya*, Ed. Little, Brown and Co., 2000, p. 146.
[162] Robert Friedman, *Red Mafiya*, ed. Little, Brown and Co., 2000, p. 155.

Ludwig Fainberg aveva importato tonnellate di marijuana dalla Giamaica ed esportato centinaia di chili di cocaina dall'Ecuador a San Pietroburgo. In seguito, una perquisizione del suo nightclub ha rivelato la sua collaborazione con diverse banche d'investimento nei paradisi fiscali dei Caraibi. Le filiali di banche russe ad Antigua e Aruba hanno fornito generosi finanziamenti a una catena di nightclub in Florida, assicurando il collegamento con i cartelli colombiani.

La banda di Tarzan esportava armi ai trafficanti di droga colombiani, come riportato dalla rivista *L'Express* del 16 luglio 1998. Sono stati forniti diversi carichi di armi automatiche e missili terra-aria russi per abbattere gli elicotteri dell'esercito colombiano utilizzati per individuare i laboratori di cocaina nella giungla. Ludwig Fainberg aveva anche fornito a Pablo Escobar, il capo del cartello di Medellín, sei ex elicotteri da combattimento dell'Armata Rossa, venduti per un milione di dollari a unità da ex ufficiali del KGB corrotti dalla mafia. Il gioiello dell'arsenale era un sottomarino diesel del 1992 nel Mar Baltico, con un equipaggio di diciassette marinai di Kronstadt assunti per due anni. Il sottomarino doveva essere utilizzato per trasportare la cocaina lungo la costa del Pacifico fino alla California, evitando così il pedaggio dei cartelli messicani[163].

Nel 1997, prima che la transazione si concretizzasse, la Drug Enforcement Administration (DEA) statunitense era riuscita ad arrestarlo mentre tornava dalla Russia. Aveva con sé i progetti del sottomarino e le fotografie che lo ritraevano in posa con l'equipaggio davanti alla nave. Fainberg è stato condannato a 33 mesi di carcere. La pena era stata ridotta grazie alla sua collaborazione con le autorità statunitensi. Aveva fornito informazioni sulle relazioni di alti ufficiali dell'ex Armata Rossa con la mafia russa, nonché sui loro associati colombiani.

Fainberg ha spiegato a Robert Friedman, che è venuto a intervistarlo nella cella della sua prigione di Miami per il *New Yorker*, che la vita in URSS negli anni '60 e '70 non era così dura, almeno per gli ebrei. Per lui, "essere ebreo in Ucraina significava semplicemente avere alcuni privilegi. Gli ebrei erano le persone più ricche della città, diceva. Avevano auto, soldi, vivevano in bellissimi appartamenti e

---

[163] Durante il crollo dell'URSS, i generali russi corrotti hanno rivenduto le loro enormi scorte di armi ai gangster. Si veda il film *Lord of War* (USA, 2005), di Andrew Niccol e interpretato da Nicolas Cage: il trafficante di armi proviene dalla comunità ebraica di Brooklyn. All'inizio del film, viene presentato il suo primo contatto davanti alla sinagoga di Little Odessa. Questo contatto gli permette di effettuare la sua prima transazione di mitragliatrici.

pagavano per avere le donne più belle. Mia madre aveva abiti e gioielli bellissimi. Andavamo in vacanza a Odessa[164]." Mentre i russi lottavano per procurarsi qualche patata, gli ebrei mangiavano nei migliori ristoranti della città, frequentavano i bordelli dove godevano dei favori delle più belle donne russe. Ma Tarzan preferiva l'America: "Amo questo paese", diceva, "è così facile rubare qui! "E ha aggiunto: "In America si può far credere alla gente qualsiasi cosa. È Disneyland. Mi sorprende che Topolino non sia il presidente[165]! "

Dopo aver scontato la pena, Fainberg si è stabilito in Quebec, dove ha aperto uno strip club che nascondeva una rete di prostitute. Lì ha portato giovani donne dalla Russia, dall'Ucraina, dalla Repubblica Ceca e dalla Romania. E allora ci rendiamo conto che Fainberg aveva un animo generoso quando disse a un giornalista americano: "Le ragazze vengono qui e mandano soldi alle loro famiglie... Io do loro la possibilità di guadagnare soldi. Per me non è solo un'attività commerciale. Li aiuto anche ad andare avanti." In breve, bisognava capire che Fainberg era un benefattore dell'umanità. Ma riconosceva anche crudamente che una ragazza "comprata" per 10.000 dollari, se giovane e carina, poteva essere redditizia nel giro di una settimana. Due giorni dopo questa intervista, Ludwig Fainberg è stato arrestato nella sua casa di Ottawa ed espulso. Indirizzo: Israele. Tuttavia, si era fermato a Cuba, dove, secondo varie fonti, aveva creato una start-up specializzata nella vendita di servizi pornografici su Internet[166].

In un servizio di *History Channel* disponibile su Internet (Youtube, "Russian mafia"), Fainberg ha spiegato le sue transazioni di elicotteri e sottomarini con l'Armata Rossa durante la caduta del comunismo: "Tutto era in vendita, era il caos..."." Alla fine della relazione, ha finalmente spiegato la sua visione del mondo del futuro, molto in sintonia, tra l'altro, con quella dei finanzieri planetari: "Se potete fare soldi in Cina, andate in Cina, se potete fare soldi in Africa, andate in Africa, se potete arricchirvi in Alaska, andate in Alaska. Non abbiamo confini."

Questo è ora il caso di Semion Mogilevitch. Il New York *Village Voice* del 26 maggio 1998 ha pubblicato un articolo di Robert Friedman sull'enigmatico boss della mafia Organizatsiya. Era "il gangster più pericoloso del mondo", scrive Friedman, sostenendo che Mogilevitch aveva accumulato un'immensa fortuna grazie ai suoi vari traffici: traffico di armi, traffico di materiali nucleari, riciclaggio di denaro,

---

[164]Robert Friedman, *Red Mafiya*, ed. Little, Brown and Co., 2000, p. 144.
[165]*Le Nouvel Observateur*, 27 aprile 2000
[166]William Reymond, *Mafia S.A.*, Flammarion, 2001, p. 362, 363

traffico di droga, prostituzione, contrabbando di oggetti d'arte e pietre preziose. Nel suo libro *Red Mafiya*, Robert Friedman ha scritto: "Mogilevitch è il rappresentante di un nuovo tipo di gangster russo, il prototipo di padrino del nuovo millennio. Ha creato una rete di comunicazione globale che utilizza telefoni satellitari criptati, telefoni cellulari impercettibili, fax criptati, un sistema di posta elettronica e supercomputer, tutti gestiti da ingegneri altamente qualificati e altamente qualificanti da lui assunti... Mogilevitch è protetto da una rete di relazioni personali costituita dai capi e dai vertici dei servizi di sicurezza di tutto il mondo, dall'élite dei finanzieri e dei politici.... Ha costruito intorno a sé un'organizzazione altamente strutturata, basata sul modello "classico" della mafia americana, dove i legami di sangue legano tra loro le figure chiave."

Semion Mogilevitch era "un ucraino di confessione ebraica", scrive Friedman. È nato a Kiev nel 1946 da una madre medico e da un padre che dirigeva un'importante tipografia di Stato. Si era laureato in economia all'Università di Lvovo, ma la sua carriera era iniziata negli anni '70 come tirapiedi del clan Lyubeetsky di Mosca. Grazie all'accesso alle macchine da stampa e al talento di alcuni dipendenti della tipografia paterna, all'inizio degli anni Settanta aveva iniziato a stampare moneta falsa, cosa che gli aveva procurato una condanna a quattro anni di carcere[167].

Negli anni '80, ha fatto fortuna proponendo agli ebrei che volevano lasciare l'Unione Sovietica di vendere le loro proprietà e trasferire il denaro in Israele. Naturalmente, il denaro non è stato inviato, ma investito in traffici illegali. In seguito è riuscito ad attirare potenti gruppi mafiosi come il clan Solntsevo. È stato anche cofondatore della prima società commerciale di pompe funebri a Mosca.

Nel 1990 è fuggito dal regolamento di conti tra bande rivali a Mosca ed è diventato cittadino israeliano. Secondo la CIA, a partire dal 1991 ha aperto un gran numero di conti bancari in Israele e ha partecipato a diversi incontri con altri noti criminali. Nel 1992, dopo il matrimonio con un'ebrea ungherese, si stabilì a Budapest in una villa fortificata sulle alture della capitale. La sua nuova nazionalità ungherese è stata aggiunta ai passaporti russo, ucraino e israeliano. Ora gestiva il suo impero dall'Ungheria, in particolare dal suo quartier generale: il *Black and White Club* di Budapest. Ha risieduto anche a Tel Aviv e a Mosca.

La sua organizzazione è stata responsabile di numerosi furti nelle

---

[167]Robert Friedman, *Red Mafiya*, ed. Little, Brown and Co., 2000, pagg. 295-297.

chiese ortodosse in Russia e in Europa centrale. Tra le opere d'arte che trafficava, alcune provenivano dall'Ermitage di San Pietroburgo. Oltre al saccheggio di tesori d'arte e reliquie religiose, c'era anche la falsificazione. Robert Friedman, citando un rapporto della CIA, ha riferito che Mogilevitch aveva rilevato un'importante gioielleria di Budapest, una delle poche al mondo specializzate nel restauro di uova Fabergé. I pezzi originali consegnati dai proprietari sono stati rubati e sostituiti da imitazioni realizzate nei laboratori dei gioiellieri[168].

Un rapporto dei servizi segreti britannici del 1994 affermava che il padrino controllava il mercato nero "da Mosca alla Repubblica Ceca". Mogilevitch è stato anche sospettato di aver messo in piedi una truffa su larga scala per la vendita di olio da riscaldamento deducibile dalle tasse, causando enormi perdite fiscali per la Repubblica Ceca, la Slovacchia e l'Ungheria.

L'uomo era legato alla camorra napoletana e alla famiglia mafiosa genovese. Aveva anche contatti con i cartelli colombiani di Medellin e Cali. Un rapporto dell'FBI del maggio 1995 affermava: "Gli elenchi telefonici indicano che durante la sua visita a Varsavia nel febbraio 1994, Semion Mogilevitch ha effettuato due chiamate a Vienna a numeri appartenenti a trafficanti di droga registrati che lavorano con i cartelli colombiani di Cali e Medellin[169]." Mogilevitch aveva anche acquistato una compagnia aerea da un'ex repubblica sovietica dell'Asia centrale - in cambio di denaro - per trasportare eroina dal Triangolo d'Oro.

Il rapporto dell'FBI menziona il nome di Shabtai Kalmanovitch. L'uomo forniva passaporti israeliani con brevissimo preavviso ai membri dell'organizzazione di Mogilevitch." Una tale facilità nell'ottenere i documenti d'identità suggerisce che Kalmanovitch ha legami con alcuni funzionari del governo israeliano", ha scritto William Reymond.

Semion Mogilevitch gestiva ancora un'importante rete di prostituzione. A Praga, Budapest, Riga e Kiev, sfruttava le ragazze russe nei suoi *"Black and White Club"*, dando loro falsi lavori di copertura. Nel 1995, un'operazione di polizia nel suo ristorante a Praga portò all'arresto di duecento persone e di decine di prostitute[170].

---

[168] Robert Friedman, citato da William Reymond, p. 299. Leggete il caso di un sopravvissuto di Treblinka, Martin Gray, che racconta in *Au Nom de tous les miens* come ha fatto fortuna nella Germania in rovina fabbricando false porcellane del XVIII secolo e vendendole negli Stati Uniti.
[169] William Reymond, *Mafia S.A.*, Flammarion, 2001, p. 298, 299
[170] L'intervento della polizia ceca nel 1995 nel ristorante di Praga è disponibile su Internet, così come diversi video interessanti sulla "mafia russa".

Nel 1996, Semion Mogilevitch acquisisce improvvisamente, una dopo l'altra, tre aziende ungheresi produttrici di armi: Army Co-Op, azienda specializzata nella produzione di mortai, mitragliatrici e missili terra-aria; Digep General Machine Works, che costruiva mortai, ma anche munizioni per l'artiglieria pesante; e Magnex 2000, i cui magneti erano utilizzati in apparecchiature elettroniche militari come la guida dei missili." Se a questo si aggiunge che i contatti di Mogilevitch con i resti dell'Armata Rossa possono renderlo un candidato ideale per il traffico di uranio, ci si chiede perché non si faccia nulla contro di lui", ha scritto William Reymond[171]. Secondo l'FBI, aveva fornito all'Iran missili terra-aria e camion per il trasporto di truppe dalle scorte dell'Armata Rossa. Il gruppo imprenditoriale controllava Inkombank, una delle principali banche private russe, e possedeva azioni della compagnia aerea Soukoi.

Semion Mogilevitch aveva accolto Monya Elson quando aveva avuto dei contrasti a New York con Boris Nayfeld. Elson era stato infine arrestato nel 1995 dalle autorità italiane e tenuto in isolamento per diciotto mesi. A denunciarlo era stata Grecia Rozes, soprannominata il Cannibale, che era stata arrestata in Romania durante un traffico di eroina per conto di Boris Nayfeld. Il "Cannibale" era, nelle parole di un sergente di Brooklyn citate da Robert Friedman, un *"fottuto sporco ebreo"*. Era chiamato il Cannibale perché aveva strappato il naso a una delle sue vittime con i denti. Il Cannibale era un buon amico di Ludwig Fainberg: "Eravamo come fratelli", ha detto Fainberg a Robert Friedman." Eravamo cresciuti insieme nella stessa città in Ucraina e vivevamo nella stessa strada in Israele. Le nostre famiglie erano molto unite[172]."

Monya Elson e Semion Mogilevitch erano molto amici. A quell'epoca, Mogilevitch non aveva ancora raggiunto i media. L'FBI e i servizi israeliani, tuttavia, lo hanno descritto come una minaccia per la stabilità di Israele e dell'Europa orientale. Con sede a Budapest, il suo impero criminale aveva basi e filiali anche a New York, Philadelphia, Los Angeles, San Diego e persino in Nuova Zelanda. Nel marzo 1994, gli agenti dell'FBI hanno fotografato uno dei suoi luogotenenti con un importante finanziatore del Partito Repubblicano di Dallas.

Secondo Alain Lallemand, aveva un esercito di 250 scagnozzi. Nel 1998, Robert Friedman spiegò sul *Village Voice* che alcuni agenti di polizia si rifiutarono di indagare per smantellare la mafia perché i

---

[171]William Reymond, *Mafia S.A.*, Flammarion, 2001, p. 298-300.
[172]Robert Friedman, *Red Mafiya*, Ed. Little, Brown and Co., 2000, p. 160.

criminali non esitavano ad attaccare le loro famiglie. Alla periferia di Praga sono stati scoperti due corpi atrocemente mutilati. La presenza di Mogilevitch a Budapest è stata la causa evidente dell'aumento della criminalità. Tra il 1994 e il 1999 ci sono stati non meno di 170 attentati dinamitardi in città.

Dal maggio 1998, Mogilevitch è stato incriminato negli Stati Uniti per diverse frodi finanziarie relative alla società canadese Magnex International, ma anche per circa 45 reati federali commessi tra il 1993 e il 1998 (estorsione, frode telematica, frode postale, frode sui titoli, riciclaggio di denaro, ecc.) che sono costati agli investitori statunitensi 150 milioni di dollari.

Il 23 settembre 2000, *ABC News* annunciò che Semion Mogilevitch era sospettato di aver riciclato 15 miliardi di dollari attraverso la Banca di New York. In Europa sono state arrestate circa cinquanta persone. L'indagine era iniziata nel 1998, quando la polizia russa aveva chiesto aiuto all'FBI per rintracciare il riscatto di 300.000 dollari pagato dopo il rapimento di un uomo d'affari. Il denaro era stato trasferito dalla banca della vittima a San Francisco a un conto offshore e infine al conto bancario di Sobin a Mosca. Interrogato da un'emittente televisiva, Semion Mogilevitch ha affermato di essere editore e consulente di una società di cereali e che queste false accuse lo hanno rovinato.

Il mafioso intendeva ora stabilirsi in Europa occidentale. Sebbene fosse diventato segretamente un informatore del servizio di intelligence federale tedesco BND e avesse aperto un ufficio ad Anversa, era ancora bandito dall'Unione Europea. Aveva contattato un "belga", Alfred Cahen, ex ambasciatore belga in Congo e in Francia, per negoziare con i servizi segreti francesi l'autorizzazione a entrare nell'UE in cambio di informazioni privilegiate. In Belgio è stato aperto un procedimento per corruzione.

Mogilevitch si nascondeva dietro molteplici identità: "Tra il 1° dicembre e il 5 dicembre 1997, scrive Robert Friedman, Semion Mogilevitch si è recato a Toronto, a Filadelfia, a Miami e di nuovo a Filadelfia... Ha visitato Los Angeles alla fine del 1998... Nel gennaio 2000, secondo vari servizi europei e americani, Mogilevitch si trovava a Boston per occuparsi dei suoi affari[173]."

Di solito gli occidentali non sentono parlare di questo tipo di personaggio, o di personaggi simili, nei media. Nel suo articolo sul *Village Voice*, Robert Friedman, i cui quattro nonni erano ebrei, come lui stesso ha sottolineato, non aveva esitato a scrivere che le

---

[173] Robert Friedman, citato da William Reymond, pag. 302, 303.

organizzazioni ebraiche avevano "corrotto il ministero della giustizia americano per minimizzare l'importanza della mafia". Poco dopo, secondo *Le Nouvel Observateur* del 27 aprile 2000, la polizia di New York aveva avvertito il giornalista che i gangster avevano messo una taglia sulla sua testa e che era meglio non tornare a perlustrare il quartiere di Brighton Beach. Robert Friedman è morto nel 2002 per una malattia del sangue. Ma le minacce di morte ricevute in seguito alla pubblicazione del suo libro e i suoi articoli sulla stampa avvaloravano l'ipotesi della morte per avvelenamento, tanto più che la mafia aveva messo una taglia di 100.000 dollari sulla sua testa. Dalla caduta del comunismo, tredici giornalisti nella Federazione Russa erano stati liquidati dai gangster, come aveva scritto nell'introduzione al suo libro. Friedman aveva anche citato il caso di Anna Zarkova. Questa donna di quarant'anni era stata sfigurata con l'acido solforico nel maggio 1998 a Sofia[174].

Il 23 gennaio 2008 è stato reso noto che Mogilevitch è stato finalmente arrestato. L'arresto era avvenuto a Mosca, dove viveva sotto il nome di Sergei Schneider. I media francesi avevano taciuto, come sempre, ma in Belgio lo specialista Alain Lallemand aveva pubblicato un articolo sul quotidiano *Le Soir*. Scrive: "La polizia di Mosca ha arrestato uno dei più potenti mafiosi russi dell'ultimo quarto del XX secolo, Semion Yudkovich Mogilevitch, 62 anni, alias "Seva". Una particolarità: negli anni Novanta il suo impero criminale si estendeva a tutto il mondo." Dal novembre 1994, la polizia tedesca, italiana, americana e russa ha coordinato i propri sforzi per arrestarlo. Ci sono voluti quattordici anni per farlo.

E Alain Lallemand ha concluso: "In breve, le attività principali della banda di Mogilevitch - o meglio della sua rete internazionale - erano il traffico di armi, il traffico di materiali nucleari, la falsificazione di documenti, la prostituzione, il traffico di droga, l'omicidio su commissione, il commercio di pietre preziose, il riciclaggio di denaro, l'estorsione e il traffico d'arte. Ultimamente, all'elenco si è aggiunta una serie di reati finanziari complessi[175]."

In Francia, l'unico articolo dedicato a Mogilevitch dopo il suo arresto a Mosca è stato pubblicato dal settimanale *Courrier*

---

[174] Si trattava di un metodo già utilizzato in Francia da attivisti ebrei contro i patrioti francesi. Si vedano le foto di *Les Guerriers d'Israel* di Emmanuel Ratier (1995).
[175] Tutto era in vendita in Russia: il 15 agosto 1994, *Der Spiegel* rivelò che la polizia tedesca aveva sequestrato 363 grammi di plutonio 239 puro all'87% proveniente dalla Russia all'aeroporto di Monaco. Due spagnoli e un colombiano sono stati arrestati. Dal 1992 al 2000, sedici casi simili sono stati segnalati dall'FBI e dalla CIA (Friedman, p. 156).

international, il 21 febbraio 2008. Il suo essere ebreo non era evidentemente - o quasi - trascendente. Era "considerato il più importante padrino della malavita russa" e "una delle dieci persone più ricercate dall'FBI in una lista guidata da Osama Bin Laden"." Abbiamo appreso che Mogilevitch intratteneva buoni rapporti con alcuni uomini del nuovo potere democratico ucraino. La sua società Arbat International, ad esempio, aveva acquisito i timbri di accisa (sia l'accisa che il marchio di autenticità) del Fondo sportivo nazionale (che aveva un privilegio in materia) e aveva inondato la Russia di imitazioni di Absolut e Rasputin Vodka prodotte nelle sue fabbriche in Ungheria.

Ma soprattutto era stato coinvolto nella società Eural Trans-Gas, che acquistava gas dal Turkmenistan e lo rivendeva all'Ucraina. Questa nuova società aveva sede in un villaggio dell'Ungheria, "dove era stata creata da tre rumeni disoccupati e da un cittadino israeliano di nome Zev Gordon, che non aveva mai nascosto di essere l'avvocato di Mogilevitch"." L'"ungherese" Andras Knopp ne era l'amministratore delegato. La società aveva accumulato "miliardi di profitti in Ucraina".

L'8 marzo, un notiziario ha annunciato l'arresto di uno dei più grandi trafficanti di armi e di droga del mondo: Victor Anatolyevitch Bout. È stato arrestato nella sua stanza d'albergo a Bangkok, in Thailandia. Gli agenti della DEA avevano incastrato Victor Bout fingendosi attivisti delle FARC (la guerriglia marxista colombiana) a cui forniva armi da tempo." Era un copione abbastanza realistico e credibile... perché pensava di incontrare effettivamente i rappresentanti delle FARC per definire gli ultimi dettagli della transazione."

Victor Bout è stato accusato di aver venduto armi ai quattro angoli del mondo. In Afghanistan, era stato il principale fornitore del regime islamista e di Al-Qaida, l'uomo chiave della loro logistica aerea (*Le Monde*, 26 marzo 2002). Secondo i servizi segreti statunitensi e britannici, alla vigilia dell'11 settembre 2001 aveva rifornito Kabul di armi. Era ricercato da metà febbraio 2002 dall'Interpol, su richiesta della giustizia belga.

Victor Bout è nato il 13 gennaio 1967 a Dushanbe, in Tagikistan. Di nazionalità russa e ufficiale dell'esercito, si è diplomato all'Istituto degli interpreti di Mosca." Camaleonte linguistico", parlava correntemente cinque lingue: oltre al russo e al farsi delle sue origini tagiche, l'inglese, il francese e il portoghese.

È stato visto per la prima volta nel 1990 in Angola, dove ha lavorato con equipaggi di elicotteri sovietici. Durante la grande liquidazione del complesso militare-industriale dell'ex URSS, aveva acquistato dieci Antonov, un Iliuchine e un elicottero Mi-8 a

Chelyabinsk..." Per quattro sterline", ha detto Valeri Spurnov, ex ispettore dell'aviazione civile. Si formò così una flotta pirata di sessanta velivoli, battenti bandiera di comodo. In Liberia, Air Cess è stata la prima e più importante società di Victor Bout. Dalla Liberia allo Swaziland, passando per la Repubblica Centrafricana e la Guinea Equatoriale, i cambiamenti sono stati costanti. I suoi aerei erano furtivi, registrati in un Paese ma operanti da un altro, con piani di volo fittizi. Di fronte all'improvvisa minaccia di un posto di blocco, sono bastate poche ore per cambiare i prefissi dei Paesi.

Dopo aver iniziato in Africa, nel 1995 Air Cess si è trasferita a Ostenda, in Belgio, e per due anni l'attività è andata avanti a gonfie vele. In un anno, la compagnia ha noleggiato 38 aerei solo per il Togo, che all'epoca era il centro di rifornimento dell'Unita, il movimento ribelle angolano. La sua fase fiamminga si è conclusa nel 1997, quando Human Rights Watch ha attirato l'attenzione delle autorità belghe denunciando l'azienda per aver fornito armi agli estremisti hutu dello Zaire orientale, fuggiti dal Ruanda dopo il genocidio del 1994. La "Russia" ha poi rimpatriato alcuni dei suoi aerei dall'Africa.

Per poter vendere meglio la morte a clienti con problemi di liquidità, si era specializzato nel traffico di "diamanti insanguinati". Kisangani, roccaforte dei ribelli congolesi, era diventata il centro del loro commercio di diamanti. Se si crede a un commerciante di diamanti libanese, il valore delle gemme congolesi, angolane e della Sierra Leone esportate fraudolentemente da Kisangani avrebbe superato i 100 milioni di dollari all'anno.

Dopo aver lasciato Ostenda, il "russo" (secondo *Le Monde*) aveva scelto una nuova base negli Emirati Arabi Uniti. Da Sharjah, Dubai e Ras al-Khaimah, ha rilanciato le sue operazioni in Europa orientale, dove ha creato la società di charter Ibis, e in Asia centrale, soprattutto in Afghanistan, dove lavorava con i mujaheddin anti-islamisti. Ma dopo la presa di Kabul da parte dei fondamentalisti, alla fine del 1998, cambiò presto schieramento e assicurò il mantenimento logistico della compagnia aerea afghana Ariana Airways, composta da aerei sovietici.

Victor Bout aveva rifornito numerosi Paesi sotto embargo ONU, in particolare Sierra Leone, Ruanda, Congo, Sudan e l'intera regione dei Grandi Laghi. Secondo un rapporto del 2005 del Dipartimento del Tesoro degli Stati Uniti, era "virtualmente in grado di trasportare carri armati, elicotteri e armi ovunque nel mondo"." In diversi rapporti investigativi, l'ONU lo aveva denunciato come pioniere della globalizzazione mafiosa e del traffico senza frontiere che si fa beffe degli Stati e delle loro leggi.

La ricerca della rispettabilità

Abbiamo già conosciuto Marc Rich, l'uomo d'affari "americano" che era stato costretto a fuggire dagli Stati Uniti e poi aveva prosperato negli anni '80 commerciando con l'URSS dalla Svizzera. Marc Rich è nato ad Anversa nel 1934. La sua famiglia era fuggita dal nazismo e si era stabilita a New York nel 1941. È lì che ha iniziato la sua carriera di uomo d'affari internazionale. Alla fine degli anni '70, fu perseguito e accusato di frode. Nel corso delle indagini, gli investigatori statunitensi scoprirono che il gruppo Rich non solo aveva sottratto fraudolentemente risorse al Dipartimento dell'Energia degli Stati Uniti, privando lo Stato federale di 48 milioni di dollari in tasse, ma aveva anche violato l'embargo petrolifero imposto all'Iran dal Presidente Carter nel 1979. Il 19 settembre 1983, Marc Rich è stato incriminato per frode, evasione fiscale, false dichiarazioni e commercio con il nemico, tra le altre accuse. Il truffatore non ha aspettato la condanna per lasciare il Paese e ha volato con la moglie in Svizzera, un Paese che non ha accordi di estradizione con gli Stati Uniti. Ha rinunciato alla cittadinanza statunitense e ha optato per quella spagnola e israeliana, pur rimanendo nell'elenco dei ricercati dell'FBI.

Il 20 gennaio 2001, Marc Rich è di nuovo al centro delle cronache: il Presidente degli Stati Uniti Bill Clinton lo ha graziato poche ore prima di lasciare il suo incarico. Questa amnistia presidenziale ha scatenato uno scandalo che si è ulteriormente amplificato quando è stato reso noto che Denise Rich, ex moglie dell'uomo d'affari, aveva fatto una donazione di un milione di dollari al Partito Democratico e alla Fondazione Clinton. Il presidente degli Stati Uniti aveva ricevuto personalmente un assegno di 450.000 dollari, mentre Abraham Foxman, presidente della Anti-Defamation League, la potente lega antirazzista statunitense, aveva ricevuto anch'egli una grossa somma di denaro dalle mani del truffatore per sostenere la sua causa[176].

L'FBI stava anche indagando sul coinvolgimento di Rich in varie operazioni di riciclaggio di denaro con banche dell'Europa centrale, del Canada e degli Stati Uniti. Nel marzo 2001, la dogana britannica dell'aeroporto di Gatwick aveva sequestrato 1,9 milioni di dollari al miliardario in base a quella che la legge britannica chiama "prevenzione dei trasferimenti finanziari sospettati di finanziare il traffico di droga"." Per inciso, va notato che Marc Rich possedeva anche un passaporto boliviano.

---

[176] La portavoce dell'ADL Myra Shinbaum ha dichiarato nel marzo 2001 che il budget annuale della Lega contro l'antisemitismo era di 50 milioni di dollari.

Inoltre, l'FBI era ansiosa di interrogare Marc Rich sui suoi rapporti con il Mossad - i servizi segreti israeliani - poiché Rich era sospettato di conoscere l'identità di un informatore del Mossad di altissimo livello infiltrato nell'amministrazione Clinton. Bill Clinton ha poi riconosciuto di aver concesso la grazia presidenziale "in parte perché il Dipartimento di Giustizia non si era opposto e perché aveva ricevuto una richiesta in tal senso dal governo israeliano". La richiesta era arrivata sotto forma di nota scritta da un altro vecchio amico di Bill Clinton: l'ex primo ministro israeliano Ehud Barak. Il lavoro clandestino di Rich in relazione a Israele consisteva nel fornire passaporti israeliani a membri della mafia "russa".

Tra i grandi predatori del pianeta c'è Arcadi Gaydamak. Anche questo uomo d'affari di origine ucraina era riuscito a trarre profitto dal caos generato dal crollo dell'Unione Sovietica. Aveva costruito il suo impero con miniere di fosfato in Kazakistan, allevamenti di pollame in Russia, investimenti immobiliari e bancari e così via. La sua fortuna, che gestiva dalla sua villa di Cesarea (Israele), valeva miliardi di dollari.

Il suo nome è diventato famoso dopo il 1996, quando si è scoperto che era coinvolto in un traffico illegale di armi in Angola. Era anche coinvolto nell'acquisto da parte della Russia di 6 miliardi di dollari del debito dell'Angola ed era riuscito a impadronirsi di gran parte del commercio di diamanti del Paese. Gaydamak era anche sotto l'occhio dei servizi segreti che lo sospettavano di avere stretti rapporti con alcuni uomini d'affari sospetti in Russia, in particolare con il gruppo di Mikhail Chernoi, con il quale era coinvolto in operazioni che hanno permesso loro di rubare decine di milioni di dollari dalla Banca Centrale Russa.

Tuttavia, Arcadi Gaydamak ha sistematicamente attaccato in tribunale per diffamazione chi ha avuto l'imprudenza di collegarlo alla "mafia russa". Accusato dalla giustizia francese di aver venduto armi russe all'Angola senza autorizzazione, Gaydamak ha giurato di aver agito "in tutta legalità" e di aver addirittura "posto fine a una guerra civile" in quel Paese.

Nel dicembre 2000, con sorpresa di alcuni servizi di polizia, ha ricevuto l'Ordine Nazionale del Merito per essere intervenuto nel 1995 nella liberazione di due piloti francesi in Bosnia. Tuttavia, Gaydamak detiene il record del più grande adeguamento fiscale mai richiesto sul territorio francese: 80 milioni di euro, quasi 500 milioni di franchi. Per sua fortuna, possedeva quattro passaporti (angolano, francese, canadese e israeliano). Dapprima si rifugiò a Londra, ma poi scelse Israele. Nella primavera del 2001, è stato emesso un mandato d'arresto internazionale nei suoi confronti per riciclaggio di denaro, riciclaggio aggravato, abuso di beni sociali, frode fiscale, violazione della fiducia e commercio illecito di armi. Ma le ripetute richieste di estradizione da parte della magistratura francese sono rimaste lettera morta. I giudici israeliani non si erano presi la briga di interrogare l'uomo d'affari sugli atti di cui era accusato. In ogni caso, non poteva essere perseguito in Israele con l'accusa principale di traffico d'armi, poiché questa non era un'attività riprovevole nello Stato ebraico. Per quanto riguarda il reato di riciclaggio di denaro, anche questo non esisteva in Israele all'epoca dei fatti. Questo è quanto il Ministero della Giustizia israeliano ha risposto ai giudici francesi, aggiungendo che i mandati d'arresto contenevano imprecisioni che si desiderava fossero chiarite.

Da parte sua, Arcadi Gaydamak ha contrattaccato annunciando una raffica di accuse contro la Francia e ha raccontato apertamente i dettagli della liberazione degli ostaggi a cui aveva partecipato, rivelando che il governo socialista aveva pagato un riscatto di 25 milioni di franchi. *Le Parisien* del 28 giugno 2001 ha pubblicato un'intervista all'uomo d'affari:

- Qual è la sua reazione all'archiviazione del suo processo per "traffico d'armi"?

Arcadi Gaydamak ha risposto: "Sono felice, naturalmente. Ma ho subito una tale ingiustizia fin dall'inizio di questo caso che una decisione contraria non mi avrebbe sorpreso. In questo caso vengo dipinto come un trafficante d'armi, un mafioso, un criminale... Per compensare le prove che mancano, i giudici vogliono darmi un'immagine negativa. Arrivano persino a mettere in dubbio il mio ruolo nella liberazione degli ostaggi francesi."

In Svizzera, la magistratura stava indagando sulle numerose commissioni pagate a vari dignitari angolani nell'ambito del pagamento del debito russo-angolano. Da Israele, dove vive, Arcadi Gaydamak ha risposto alle domande del quotidiano *Le Temps* difendendo la legittimità della transazione con un argomento forte: la più grande banca svizzera, UBS, aveva garantito la legalità dell'operazione ed era stata pagata generosamente per la sua partecipazione. Su *Le Temps* del 1° giugno 2002, Gaydamak ha spiegato il suo ruolo nell'accordo concluso tra Angola e Russia:

"All'inizio del 1992, ha detto, la Russia ha ereditato i debiti verso l'Unione Sovietica di alcuni Paesi del terzo mondo, tra cui l'Angola... Nel novembre 1996 è stato firmato un accordo che prevede il pagamento, a partire dal giugno 2001, di 1,5 miliardi di dollari su 5 miliardi dovuti dall'Angola. È un accordo negoziato dai due Stati, non da me o da Pierre Falcone. Ma ho agito da facilitatore, perché all'epoca in Russia mancavano le strutture amministrative."

Il giornalista gli ha posto questa domanda: "Come si spiega che l'Angola ha erogato 775 milioni di dollari, ma il Ministero delle Finanze russo ha ricevuto solo 161 milioni di dollari?"

Gaydamak ha risposto: "È una buona domanda. Il debito è stato convertito in 31 promissory notes del valore nominale di 48,7 milioni di dollari ciascuna, rimborsabili in rate fisse. Il Ministero delle Finanze russo era il proprietario di queste banconote nel novembre 1996. In quel periodo era molto importante stabilizzare la situazione sociale in Russia. Avevano urgente bisogno di denaro e il Ministero delle Finanze voleva vendere queste obbligazioni al miglior offerente. In quel periodo ho creato la società Abalone che ha acquistato quelle cambiali. Sei di questi sono stati acquistati per un valore totale di 161 milioni di dollari; dal 1998, su richiesta della Russia, ho pagato il resto con obbligazioni russe. Il Ministero delle Finanze russo è stato pagato per intero, come è stato recentemente confermato.

- Quali vantaggi ha tratto personalmente dall'operazione?

- Abalone ha firmato un contratto con l'Angola che mi permetteva di acquistare e rivendere il petrolio pagato con le cambiali. C'era un margine di profitto che dipendeva dal prezzo del petrolio, che all'epoca era molto alto, e che spettava a me e a Pierre Falcone. Non so cosa abbia fatto in seguito con i suoi soldi. Ho subito un danno perché la transazione è stata interrotta dalla giustizia svizzera che ha bloccato metà delle cambiali. Chi è responsabile del danno? La Confederazione svizzera o UBS? I miei avvocati stanno esaminando la questione.

Alla domanda successiva del giornalista: "È disposto a venire a spiegarsi in tribunale, in Francia o in Svizzera?", Gaydamak ha risposto: "Sarebbe vantaggioso per me venire a spiegarmi. Sono pronto a tornare in Francia, voglio tornare, ma il problema è che il giudice francese che sta indagando su questo caso, Philippe Courroye, manipola l'opinione pubblica attraverso la stampa e vuole solo farmi del male quando in realtà il suo caso contro di me è vuoto. Il giudice svizzero, Daniel Devaud, è suo complice. Ma se un giudice diverso da Courroye assume l'incarico di indagare sul caso in Francia, sono pronto a tornare immediatamente." Bisognava capire che Gaydamak era soprattutto vittima del sistema giudiziario.

In *Le Parisien* del 9 febbraio 2001 si apprende che Gaydamak è sospettato di aver partecipato a una dubbia operazione immobiliare con il presidente dei macellai Bernard, Gilbert Salomon, 72 anni, "il re della carne". Quest'ultimo, indagato per "riciclaggio di denaro", era stato discretamente interrogato sui suoi rapporti con "il miliardario franco-russo". Il fratello di Gilbert, Pierre Salomon, ha risposto: "Mio fratello è in ospedale da allora e non ha nulla a che fare con queste persone. Con tutto quello che ha fatto nella sua vita, è triste essere coinvolti in una questione che non lo riguarda."

In effetti, tutto questo era molto triste, soprattutto se si considera che Gilbert Salomon era uno delle centinaia di migliaia di "sopravvissuti ai campi di sterminio". Espulso a 14 anni e rilasciato a 16, aveva costruito un impero della carne con Jean-Baptiste Doumeng, il famoso "miliardario rosso". Nel 1989 ha acquistato una casa a Boulogne-Billancourt, vicino alla foresta, per 35 milioni di franchi (5,3 milioni di euro). L'anno successivo acquistò la villa Montmorency nel 16° arrondissement di Parigi per altri 35 milioni di franchi. Ha poi investito 40 milioni (6,1 milioni di euro) nel 1993 per acquistare la famosa villa Islette (20.000 m^2) a Cap Antibes. L'anno successivo, Gilbert Salomon incontra Arcadi Gaydamak, di trent'anni più giovane di lui. Gaydamak era ufficialmente indebitato in Francia, dove non pagava le tasse. L'"uomo d'affari russo", come scrive il giornalista di *Le Parisien*, propose un curioso affare immobiliare a Gilbert Salomon e, nel marzo 1995, quest'ultimo acquistò da Gaydamak un appartamento di 320 metri^2 a due passi dal Trocadero per 9 milioni di franchi (1,4 milioni di euro). Nel dicembre dello stesso anno, Gilbert Salomon rivendette l'appartamento a una società immobiliare di Metz, controllata da una società inglese che faceva capo a Gaydamak. Due anni dopo, nel 1997, il re della carne vendette anche la sua proprietà di Antibes a Gaydamak. Anche in questo caso, l'uomo d'affari russo non è apparso ufficialmente. È stata la società inglese Minotaur ad acquistare la sontuosa villa Islette per 59 milioni di franchi (9 milioni di euro)." Riciclaggio", hanno detto i giudici che hanno accusato Salomon di aver partecipato a vendite fittizie. Gilbert Salomon, che ha dichiarato di essere "rovinato" dalla crisi della mucca pazza[177], ha spiegato ai magistrati di aver "fatto un buon affare" vendendo la sua proprietà. Il nuovo proprietario, Arcadi Gaydamak, tuttavia, non ha potuto goderne. Era in fuga in Israele.

In Israele, Gaydamak si riunì al suo amico d'infanzia, lo scandaloso oligarca Mikhail Chernoi, che continuò i suoi affari sotto un cielo più sereno. Sul quotidiano *Libération* del 30 agosto 2005 si legge

---

[177] La crisi della mucca pazza è stata una crisi sanitaria e socio-economica caratterizzata dal crollo del consumo di carne bovina negli anni '90, quando i consumatori si sono preoccupati della trasmissione dell'encefalopatia spongiforme bovina (BSE) all'uomo attraverso l'ingestione di carne bovina. (NdT)

che Gaydamak ha appena investito 11 milioni di euro per acquisire e presiedere la leggendaria squadra di calcio Betar di Gerusalemme. Il club è stato descritto così nelle pagine del giornale: "Populista, epidermico, i suoi tifosi sono apertamente razzisti ("Morte agli arabi" è il suo slogan più blando)."

Nell'edizione francese del *Jerusalem Post* del 29 novembre 2005, abbiamo appreso che l'oligarca è stato interrogato dalla polizia israeliana e messo in custodia. Era sospettato di essere coinvolto in un caso molto grave di riciclaggio di denaro con la banca Hapoalim. A marzo, la polizia aveva congelato più di 400 milioni di dollari depositati in una delle filiali della banca a Tel-Aviv. Gaydamak era stato rilasciato dopo aver pagato una cauzione di un milione di sekels. Il suo passaporto era stato confiscato e gli era stato vietato di lasciare il Paese. Naturalmente, il miliardario ha accusato la polizia di perseguitarlo, sostenendo a gran voce che se non fosse stato "un uomo d'affari molto ricco e proprietario di una squadra di calcio, non sarebbe mai stato interrogato"." Anche in Israele, Gaydamak è stato vittima di persecuzioni. Nel luglio 2007 ha creato il suo partito politico: Giustizia Sociale. Per il resto, ha continuato a gestire la sua redditizia attività in Russia. In Russia fu anche un grande benefattore, non esitando a utilizzare parte della sua immensa fortuna per finanziare enti di beneficenza e aiutare gli ebrei più bisognosi.

Edgar Bronfman, che aveva un patrimonio stimato in 30 miliardi di euro, era anche uno degli uomini più ricchi del mondo. Suo padre, Samuel, aveva fatto fortuna ai tempi del proibizionismo, quando i quattro fratelli Bronfman, Allan, Samuel, Abe e Harry, lavoravano con Arnold Rothstein nel commercio di liquori illegali. Nel periodo successivo hanno raggiunto una certa rispettabilità. Già nel 1934, Sam Bronfman si era assicurato la carica di presidente del *National Jewish People's Relief Committee*. La sua fortuna avrebbe aiutato il figlio a diventare presidente del Congresso ebraico mondiale. Profondamente religioso e convinto sionista, Samuel Bronfman aveva finanziato la spedizione di armi all'Haganah[178], contribuendo così alla creazione dello Stato di Israele.

Qualche decennio dopo, Seagram, il gruppo guidato dal figlio Edgar Bronfman, era diventato il primo rivenditore di alcolici e vini al mondo. Il trust possedeva Five Crown (il whisky più venduto negli Stati Uniti), Four Roses, Glenlivet, White Horse, Chivas Scotch whisky e London Gin. Nel 1994 Seagram aveva ottenuto l'esclusiva delle vendite

---

[178] L'Haganah era un'organizzazione paramilitare di autodifesa ebraica creata nel 1920, durante il mandato britannico della Palestina.

della vodka svedese Absolut (60% della vodka importata negli Stati Uniti). Vini Paul Masson, Calvert, Seven Crown, Barton et Guestier; champagne francesi Mumm e Perrier-Jouët. Anche il porto Sandeman e il cognac Martell, acquisiti nel 1988, erano di proprietà di Seagram. L'azienda era anche leader mondiale nei succhi di frutta (40% del mercato mondiale) grazie al marchio Tropicana, anch'esso acquisito nel 1988.

Di certo, il commercio di alcolici sembra essere stato una specialità israelita per molto tempo. Nel suo libro sui rapporti tra ebrei e russi, il grande scrittore Aleksandr Solzhenitsyn ha spiegato che nella Russia del XVIII secolo la produzione di alcolici era diventata la loro principale occupazione, tanto che nel 1804, sotto lo zar Alessandro I, un decreto aveva obbligato gli ebrei a lasciare i villaggi per evitare che danneggiassero la salute dei contadini[179].

Bronfman è stato determinante nel far uscire dal Paese alcuni ebrei dell'Unione Sovietica negli anni Settanta. Insieme al Congresso ebraico mondiale, fecero pressioni sul Congresso degli Stati Uniti per ottenere una legge che concedesse all'Unione Sovietica la clausola della nazione più favorita. Questo diritto commerciale fu infine concordato in cambio della concessione agli ebrei del diritto di emigrare. Edgar Bronfman e il Congresso ebraico mondiale costrinsero i sovietici ad accettare le loro richieste.

All'epoca, una parte del clan Bronfman era ancora legata al gangsterismo. Nel 1972, Mitchell, fratello di Edgar, era stato citato a Montreal nel rapporto di una commissione criminale come complice di Willy Obront, leader della mafia locale. Il rapporto citava attività illegali "come l'usura, il gioco d'azzardo, le scommesse illegali, la contraffazione di titoli, l'estorsione fiscale e la corruzione[180]." Obront e un altro mezzadro, Sidney Rosen, furono entrambi mandati in prigione.

Dal 1981, Edgar Bronfman è stato presidente del Congresso ebraico mondiale. In questa veste, si imbarcò in una fruttuosa impresa di estorsione di fondi: il recupero delle proprietà ebraiche "spoliate" durante la guerra. Un'indagine aveva infatti stabilito che in Svizzera c'erano 775 conti dormienti contenenti 32 milioni di dollari. Nel 1995, insieme al rabbino Israel Singer, segretario del Congresso ebraico mondiale e agente immobiliare molto ricco, iniziarono a fare pressione sui banchieri svizzeri e a lanciare una campagna mediatica internazionale sui media occidentali. La situazione si è rapidamente

---

[179] Aleksandr Solzhenitsyn, *Deux siècles ensemble, Tome I*, Fayard, 2002, p. 70. Si legga in *Jewish Fanaticism*.
[180] Peter C. Newmans, *La dinastia Bronfman*, p. 231

trasformata in calunnia e diffamazione: gli svizzeri nel loro complesso sono stati denunciati come profittatori di "denaro sporco"; hanno commesso un "furto senza precedenti"; la disonestà era il "fondamento della mentalità svizzera"; la loro "avidità" non aveva eguali; hanno "tratto profitto dal genocidio"; hanno commesso il "più grande furto nella storia dell'umanità".

La pressione internazionale è stata tale che, nel febbraio 1997, la Svizzera ha accettato di istituire un "Fondo speciale per le vittime bisognose dell'Olocausto" di duecento milioni di franchi svizzeri. Questa somma non corrispondeva in alcun modo a un debito riconosciuto, ma doveva essere vista come un gesto di riappacificazione, una prova di buona volontà per fermare la campagna di diffamazione. Tuttavia, il Congresso ebraico mondiale non si dichiarò soddisfatto e le pressioni aumentarono ulteriormente. I finanzieri ebrei chiedevano ora un blocco economico della Svizzera." Ora la battaglia sarà molto più sporca", ha avvertito Abraham Burg, presidente dell'Agenzia ebraica. Gli Stati di New York, New Jersey e Illinois adottarono risoluzioni che minacciavano la Svizzera di un blocco economico. Nel maggio 1997, la città di Los Angeles ha ritirato centinaia di milioni di dollari investiti in fondi pensione in una banca svizzera. New York, California, Massachusetts e Illinois hanno seguito l'esempio pochi giorni dopo." Voglio tre miliardi o più", ha dichiarato Bronfman a dicembre. Nel marzo del 1998, egli tuonò nuovamente contro gli svizzeri: "Se gli svizzeri continueranno a battere i tacchi, allora dovrò chiedere a tutti gli azionisti americani di sospendere le trattative preliminari con gli svizzeri... Si sta arrivando al punto in cui la questione deve essere risolta o si dovrà arrivare a una guerra totale[181]."

La Svizzera si trovava nella stessa situazione della Germania nel 1933. A giugno, le banche svizzere hanno fatto un'offerta di 600 milioni di dollari, ma Abraham Foxman dell'ADL ha dichiarato che si tratta di "un insulto alla memoria delle vittime"." Altri Stati americani - Connecticut, Florida, Michigan e California - hanno minacciato la Svizzera di ulteriori sanzioni. A metà agosto, gli svizzeri hanno finalmente ceduto e hanno accettato di pagare 1250 milioni di dollari. Tutte le associazioni ebraiche si sono quindi mobilitate per ottenere la loro parte di bottino. Gli avvocati del Congresso ebraico mondiale e

---

[181] Norman Finkelstein, *The Holocaust Industry, Reflections on the Exploitation of Jewish Suffering*, www.laeditorialvirtual.com.ar, p. 46. Su questo caso, si veda l'eccellente sintesi dello svizzero René-Louis Berclaz, *La Suisse et les fonds juifs en déshérence*.

dell'ADL avevano intascato 15 milioni di dollari.

Tre anni dopo, il rapporto di Adam Sage, pubblicato sul *Times* il 13 ottobre 2001, affermava che i conti senza eredi potevano essere attribuiti a un numero di 200 ebrei deportati e che ammontavano a 6,9 milioni di sterline. Nel marzo 2007, Israel Singer, accusato di appropriazione indebita di milioni di dollari, è stato licenziato dal Congresso ebraico mondiale. Un mese dopo, Edgar Bronfman, che era stato presidente per 26 anni, si dimise. Prima della sua morte, un giornalista gli chiese quale fosse secondo lui la più grande invenzione dell'umanità e Bronfman rispose: "Il prestito con interessi".

Le somme estorte alla Svizzera erano esigue rispetto a quanto la Germania pagava a Israele da decenni. È quanto affermava nel 1976 Nahum Goldmann, il fondatore del Congresso ebraico mondiale, nella sua biografia pubblicata sotto forma di intervista:

"L'ottenimento delle riparazioni tedesche dopo la guerra è stato, per sua stessa ammissione, uno dei suoi risultati più essenziali. Espulso dalla Germania da Adolf Hitler, lei è tornato a parlare quasi alla pari con Konrad Adenauer. Come si sono sviluppati i vostri colloqui?

Nahum Goldmann ha risposto con queste considerazioni:

- In realtà, la Germania ha pagato finora sessanta miliardi di marchi e ne pagherà in totale ottanta. Si tratta di una cifra dodici o quattordici volte superiore a quella che avevamo stimato all'epoca... Non si può rimproverare ai tedeschi di essere stati avari e di non aver mantenuto le loro promesse... Per mettere a tacere la questione delle riparazioni, tuttavia, dobbiamo ricordare che oggi i tedeschi spendono 1,2 miliardi di marchi all'anno per le riparazioni. L'opinione pubblica crede che gli importi maggiori siano stati versati allo Stato di Israele, ma non è così: Israele ha ricevuto ufficialmente l'equivalente di tre miliardi di marchi. Il valore reale è più alto, poiché i prezzi dei prodotti sono stati fissati in un momento in cui i prezzi mondiali erano al minimo. Ma le vittime ebree hanno ricevuto, individualmente, venti volte tanto. Naturalmente, poiché centinaia di migliaia di sopravvissuti si sono stabiliti in Israele, una parte molto consistente dei pagamenti individuali torna indirettamente allo Stato: ci sono migliaia di israeliani il cui sostentamento si basa sui pagamenti tedeschi. Per il resto, i russi non hanno mai risposto alle nostre richieste e la Germania Est non ha reagito[182]."

---

[182] Nahum Goldmann, *Le Paradoxe juif, Conversations en français avec Léon Abramowicz*, Paris, Stock, 1976, p. 146-164. Goldmann parla di 600.000 sopravvissuti ai "campi di sterminio": "Nel 1945 c'erano quasi seicentomila ebrei, sopravvissuti ai campi di concentramento tedeschi, che nessun Paese voleva accogliere." (*Le Paradoxe*

Secondo la rivista tedesca *Der Spiegel* (n. 18, 1992), la Repubblica Federale Tedesca aveva già pagato 85,4 miliardi di marchi a Israele, a organizzazioni sioniste e a privati." Senza le riparazioni tedesche", ha scritto Nahum Goldmann, "Israele non avrebbe metà delle sue infrastrutture."

Nel 1967, Pinhas Sapir, ministro delle Finanze israeliano, aveva rivelato che dal 1949 al 1966 lo Stato di Israele aveva ricevuto sette miliardi di dollari. Per rendersi conto del significato di queste cifre, basta ricordare che gli aiuti del Piano Marshall, concessi tra il 1948 e il 1954 all'Europa occidentale, ammontavano a tredici miliardi di dollari. Ciò significa che lo Stato di Israele ha ricevuto, per meno di due milioni di abitanti, più della metà di quanto hanno ricevuto duecento milioni di europei, cioè cento volte di più per abitante[183].

Inoltre, le organizzazioni ebraiche statunitensi inviano in media un miliardo di dollari a Israele ogni anno. Questi contributi, considerati caritatevoli, sono deducibili dalla dichiarazione dei redditi del donatore, quindi di fatto ricadono sul contribuente americano. Tuttavia, la maggior parte di questi contributi proveniva direttamente dallo Stato americano, i cui aiuti ammontavano a più di tre miliardi di dollari all'anno negli anni '90[184].

Alla fine degli anni '80, la stagnazione del mercato degli alcolici aveva indotto Edgar Bronfman Junior, che aveva rilevato l'impero Brongfman, a riorientare la strategia del gruppo verso il settore dell'intrattenimento e degli audiovisivi. La vendita di Tropicana ha portato all'acquisizione della casa discografica Polygram e al controllo di Deutsch Gramophon, Decca e Philips Music Group. Bronfman ha anche acquistato metà della Interscope Records, una casa discografica specializzata in musica rap. Nel 1995, Seagram aveva rilevato gli studi di Hollywood MCA-Universal e possedeva il 15% di Times Warner. Edgar Bronfman divenne così uno dei più grandi boss di Hollywood[185]. Da quella posizione, poteva far credere alle folle occidentali qualsiasi

---

juif, p. 237).

[183] Roger Garaudy, *Les Mythes fondateurs de la politique israélienne*, La Vieille Taupe, 1995, p. 211, 212.

[184] Si veda anche il libro congiunto di John Mearsheimer e Stephen Walt, *The Israel Lobby and American Foreign Policy*, Harvard University, 2006.

[185] Nel 2001, la rivista cinematografica *Premier* di Michael Solomon ha pubblicato una lista delle 100 "personalità più influenti" di Hollywood. Il numero 1 è Gerald Levin di Times-Warner-AOL, che ha detronizzato Summer Redstone (Murray Rothstein) di Viacom (CBS, Paramount, MTV, ecc.). Il numero 3 era l'australiano Rupert Murdoch (ebreo per via della madre, nata Emma Greene). Il numero 4 è Michael Eisner (Disney, ABC, Miramar, ecc.) Più della metà della lista è composta da personalità israeliane. In *Faits-et-Documents* del 15 aprile 2001.

cosa.

L'Anti-Defamation League (ADL), la potente lega americana "antirazzista", era ancora legata a personaggi poco raccomandabili. Il suo presidente Abraham Foxman, come abbiamo visto in precedenza, aveva ricevuto una somma molto elevata da Marc Rich nel 2000 per perorare la sua causa presso il presidente Clinton. Anche il suo predecessore Kenneth Bialkin era un personaggio sospetto. Negli anni '70 aveva lavorato come avvocato presso lo studio Wilkie Farr & Gallagher di New York. Nel gennaio 1980, si scoprì che Bialkin era stato coinvolto in una truffa gestita da un certo Robert Vesco, che dovette fuggire a Cuba. Vesco aveva precedentemente collaborato con il fornitore di droga "colombiano" Carlos Lehder, contribuendo così alla creazione della rete di vendita di cocaina e marijuana alle Bahamas. Il 17 aprile 1989, Robert Vesco è comparso davanti a un giudice di Jacksonville per il suo coinvolgimento nell'importazione di droga colombiana.

Kenneth Bialkin era stato anche l'avvocato difensore del banchiere Edmond Safra, incriminato nel gennaio 1989 in un caso di riciclaggio di denaro sporco. È stato dimostrato che la banca di Safra a New York è servita come punto di transito per il denaro proveniente da bande libanesi, bulgare e colombiane.

Abbiamo anche Paul Lipkin, presidente della direzione regionale dell'ADL in Virginia. Per decenni ha lavorato come avvocato di Arthur "Bootsy" Goldstein, uno dei re della pornografia che è stato arrestato più volte.

Accoliti di Meyer Lanskydi lunga data come Victor Posner, l'avvocato di Hollywood Sidney Korchak e Moe Dalitz erano stati benefattori della Anti-Defamation League. Morris "Moe" Dalitz, il padrino di Las Vegas, che è stato uno dei fondatori della famigerata "Purple Gang" di Cleveland, è stato inserito nel 1982 nella lista delle 400 persone più ricche d'America della rivista *Forbes*. Nel 1985 è stato premiato come benefattore dell'associazione: l'ADL gli ha conferito il suo più alto riconoscimento, la "Torcia della Libertà".

La mafia in Israele

Dopo il crollo del blocco sovietico nel 1991, centinaia di migliaia di ebrei russi sono arrivati in Israele. Nel 1995 si parlava di quasi 700.000 immigrati in cinque anni, pari a più del 12% della popolazione totale di Israele. Tra loro c'erano alcuni dei più importanti rappresentanti della criminalità organizzata, approfittando della "legge del ritorno" che concedeva automaticamente la cittadinanza israeliana a tutti gli ebrei di tutto il mondo che venivano a stabilirsi in Israele. Certo, la legge israeliana evocava la possibilità di respingere un candidato all'immigrazione se aveva precedenti giudiziari o penali, ma questa disposizione era molto teorica. Il rifiuto della richiesta di Meyer Lansky di risiedere in Israele fu solo un'eccezione[186].

In realtà, per la mafia russa Israele era un'oasi di pace, un luogo di svago e di incontri, ma anche un centro finanziario che offriva opportunità di riciclaggio di denaro. In effetti, un ebreo che arrivava in Israele non doveva giustificare l'origine della valuta straniera che portava nel Paese, qualunque fosse l'importo. Nel 1996, dei 30 miliardi di dollari che avevano lasciato l'ex Unione Sovietica per conto della mafia russa, quattro miliardi erano stati riciclati in Israele[187].

Alcuni di questi nuovi immigrati potrebbero non essere ebrei. È un'idea che viene spesso affermata per minimizzare l'influenza della mafia ebraica nel mondo: i criminali russi si sarebbero finti ebrei per lasciare l'URSS e si sarebbero poi integrati nelle diaspore dei veri ebrei russi, come si può vedere ad esempio nel film *Lord of War*, che mostra la traiettoria di un importante trafficante d'armi internazionale con base a Little Odessa. Alain Lallemand ha scritto: "Questa conclusione è fondamentale e spiega in gran parte perché l'avanzata della mafia russa avvenga soprattutto in zone precedentemente segnate da un'ondata di immigrazione ebraica, con grande dispiacere di queste comunità religiose (Brooklyn, Anversa, Vilnius, Odessa, ecc.), e perché lo sviluppo della mafia russa sia spettacolare, utilizzando e abusando di strutture di immigrazione che le sono estranee[188]." Ovviamente non è una cosa seria.

Tuttavia, all'inizio del suo libro, a pagina 13, Alain Lallemand sembra un po' a disagio quando scrive: "Ebrei? Le dichiarazioni religiose delle persone interessate sono di loro esclusiva responsabilità... Quindi, d'ora in poi, in questo conto, solo la nazionalità sarà a priori rilevante, l'affiliazione religiosa dichiarata o presunta sarà annotata nei casi in cui gioca un ruolo determinante." Ma alla fine ha confessato tra le righe: "In questo caso non è un dettaglio da poco: come vedremo, la criminalità israeliana è complementare a quella russa, ne è

---

[186] In Gli *ebrei, il mondo e il denaro* (2005), Jacques Attali aveva citato questa eccezione per ingannare i suoi lettori.
[187] Alain Lallemand, *L'Organizatsiya, La mafia russa all'assalto del mondo*, Calmann-Lévy, 1996, p. 207.
[188] Alain Lallemand, *L'Organizatsiya, La mafia russa all'assalto del mondo*, Calmann-Lévy, 1996, p. 209.

anzi oggi il prolungamento, e Tel-Aviv ha un ruolo centrale nell'organizzazione mafiosa che ci interessa[189]."

Nel 2002, un rapporto dell'FBI ha dichiarato che la maggior parte dei membri dell'organizzazione criminale di Mogilevitch possedeva passaporti israeliani. Jonathan Winer, esperto dell'ufficio criminale del Dipartimento di Stato, ha dichiarato: "Non c'è nessuna figura importante della criminalità organizzata che stiamo perseguendo che non abbia un passaporto israeliano." (*Strategic Forecasting*, 8 aprile 2002). Il fatto è che i primi 75 criminali russi e ucraini ricercati in tutto il mondo dal governo statunitense alla fine degli anni '90 erano cittadini israeliani.

Il 18 ottobre 2007, il settimanale *Actualité juive* ha riportato "l'impressionante numero di passaporti israeliani rubati, persi o venduti ogni anno all'estero o sul territorio nazionale": 27.500, mentre il numero di dichiarazioni di smarrimento era di 6.000 all'anno. Gli altri documenti sono stati venduti a "mafie locali, nei Paesi più frequentati dagli israeliani come India, Thailandia, Australia o Giappone"."

Israele era diventato una base sicura per la mafia: centinaia di milioni di dollari sono stati investiti lì dai mafiosi per riciclare il loro denaro sporco. Robert Friedman ha scritto: "Di tutte le nazioni in cui la mafia russa si è insediata, nessuna è così profondamente compromessa come lo Stato di Israele."

Alcuni notiziari sono stati davvero rivelatori dell'atmosfera che si respira in Israele. Il 24 febbraio 1993, ad esempio, a Tel-Aviv, Yeheskel Aslan, 43 anni, è stato ucciso da un uomo armato e mascherato. Yeheskel Aslan era proprietario di diversi ristoranti e locali notturni in Israele, oltre che di casinò in Europa orientale e in Belgio. Era stato incarcerato a New York nel 1971 e nel 1979 per traffico di droga e nel 1982 era stato vittima di un primo attentato in cui gli avevano sparato sette volte. Dopo il suo assassinio, il 24 febbraio 1993, circa mille persone hanno seguito la sua bara a Tel Aviv, dando un'idea della sua popolarità e della sua influenza.

Il 10 agosto 1994, Amnon Bahashian fu colpito da tre colpi di pistola alla testa a bruciapelo da un uomo armato che fuggiva in auto con un complice. Il 14 gennaio 1995, sempre a Tel-Aviv, una bomba fu piazzata sotto l'auto di Moshe Alperon, 42 anni, che perse una gamba nell'attentato. Fortunatamente, i rinforzi dell'auto avevano assorbito la

---

[189] Nel suo libro *Le Grand Réveil des mafias (Il grande risveglio delle mafie)*, (JC Lattès, 2003), Xavier Raufer ha taciuto l'importanza della mafia ebraica. Riguardo allo Stato ebraico, ha scritto con clemenza: "Spesso colpito dal terrorismo, questo Paese potrebbe fare a meno di un'altra calamità." (pagina 35).

maggior parte della deflagrazione. La polizia israeliana dirigeva le indagini su Gad "Schatz" Plum, appena arrivato in Israele dopo aver trascorso tredici anni in prigione in Germania per omicidio. Tutti temevano Gad Plum e i suoi metodi per estorcere denaro a tenutari di bordelli e negozianti. Gestiva anche casinò ed era coinvolto nel traffico di eroina. Il 31 ottobre 1995 è stato colpito da tre colpi di pistola al busto sulla terrazza di un caffè di Tel-Aviv. Un giovane uomo armato era saltato giù da una moto e gli aveva sparato a bruciapelo prima di fuggire con il suo complice.

I regolamenti di conti erano all'ordine del giorno, ma il duplice omicidio dell'11 maggio 1995 è passato agli annali di Israele per l'orrore che ha provocato. Una nonna di 67 anni, Sofia Moshayav, e suo nipote Siblei di 20 anni, originario della Cecenia, sono stati trovati decapitati nel loro appartamento nel nord di Tel Aviv. Le teste erano state probabilmente inviate per posta alle Comore del Caucaso, dove il padre di Siblei, Dimitri Moshayav, era in affari con un suo pari. Il colpevole, Oleg Ya'acobov, era un cugino di Siblei. Aveva persino partecipato alla sepoltura delle sue vittime per apparire del tutto normale, ma poche settimane dopo è stato arrestato e perseguito.

I problemi portati dai "russi", come venivano chiamati gli ebrei dell'ex Unione Sovietica, avevano raggiunto proporzioni enormi. Da tempo avevano formato uno Stato nello Stato. Questa comunità pubblicava più di dieci giornali e riviste in russo e assorbiva la criminalità della Russia, del Caucaso e dell'Asia centrale. Gli ebrei provenienti dall'ex URSS avevano anche causato lo straordinario boom del traffico aereo verso i loro Paesi d'origine. Le destinazioni di Tbilisi, Baku, Ekaterinburg, Dushanbe, Almati, Kiev, Sebastopoli, Mosca e San Pietroburgo avevano spesso diversi voli al giorno con Tel Aviv. Questo continuo andirivieni tra l'Asia centrale, la Turchia e Israele ha preoccupato a tal punto le autorità israeliane da decidere di formare un'unità speciale di polizia specializzata nella lotta alla criminalità dell'ex URSS[190].

Nel giro di pochi anni, i "russi" hanno comunque permesso a Israele di raddoppiare le proprie riserve valutarie. Va detto che il sistema bancario israeliano, come quello di Cipro, offre infinite possibilità di riciclaggio del denaro sporco. Le banche israeliane, con filiali e società *"fiscalmente agevolate"* in Europa, Caraibi, Stati Uniti, Canada e Sud-

---

[190] L'aumento dei voli israeliani verso la Turchia è il risultato del rafforzamento delle relazioni economiche e di difesa con Ankara, ma corrisponde anche all'entusiasmo dei turisti israeliani per i casinò, vietati in Israele su pressione dei partiti religiosi. Anche Londra, Las Vegas e Monte Carlo sono state destinazioni popolari.

Est asiatico, hanno di fatto garantito l'anonimato per tutti i depositi in valuta estera e il libero flusso di denaro in tutto il mondo, oltre alla possibilità di convertirlo in oro. Si trattava del famoso sistema *Pata'h* (il "conto estero"), decantato e pubblicizzato dalle principali banche del Paese nei loro opuscoli patinati.

L'Express del 16 luglio 1998 ha fornito ulteriori informazioni sulla situazione in Israele. Lì, come altrove, i criminali pensavano di essere al di sopra della legge. Con le loro fortune colossali, possono comprare chiunque", ha lamentato il generale Mizrahi. Abbiamo smantellato all'interno del nostro ministero degli Interni una rete di complicità che ha permesso loro di ottenere documenti falsi", e ha aggiunto: "Non sono sicuro che potremo impedire loro di stendere un giorno le loro reti sulla politica israeliana."

Il caso di Gregori Lerner, alias Zvi Ben Ari, è stato emblematico. Israeliano di origine russa, era stato arrestato nel 1997 quando aveva cercato di decollare dall'aeroporto Ben-Gurion con un miliardo di dollari in azioni al portatore nella valigia. È stato anche accusato di aver truffato quattro banche russe per circa 106 milioni di dollari e di essere in Israele per organizzare un giro di riciclaggio di denaro. Moshe Mizrahi ha detto che l'uomo "sarebbe potuto diventare un membro della Knesset se non fosse stato rinchiuso dietro le sbarre". Secondo la polizia, il famigerato Lerner, dopo aver miracolosamente accumulato una fortuna in pochi anni nello Stato ebraico, aveva donato 100.000 dollari a un'associazione legata al partito Yissrael B'Aliya (Nuovi Immigrati), guidato da Nathan Chtcharanski. Gregori Lerner era stato condannato a sei anni di carcere, ma ha continuato a ricevere nella sua cella diversi parlamentari israeliani dell'ex URSS.

Il 3 aprile 1998, la BBC ha intervistato il comandante della polizia israeliana Meir Gilboa, che ha dichiarato al giornalista: "Vengono qui in Israele perché non è molto rischioso impegnarsi in attività illegali. Non esistono leggi contro il riciclaggio di denaro o l'appartenenza a un'organizzazione illegale. È facile ottenere la cittadinanza israeliana. Si sentono più sicuri qui che in Russia." Il comandante Gilboa ha riconosciuto che i gangster rappresentano una seria minaccia per la società israeliana: "Hanno i mezzi per corrompere il governo e il sistema economico."

La prostituzione forniva ai gangster uno stile di vita lussuoso. Decine di bordelli e "saloni di massaggio" sono sorti negli ultimi anni a Tel-Aviv e Haifa. Molte erano controllate da gangster russi che reclutavano ragazze dall'Europa orientale." Vengono venduti come schiavi", ha detto l'ufficiale di polizia di Haifa Tony Haddad. Rita

Rasnic, del Centro israeliano di aiuto alle donne, ha affermato che si tratta di un nuovo traffico di bianchi.

Secondo il generale Mizrahi, i tradizionali criminali locali passano per bambini rispetto ai criminali dell'ex Unione Sovietica: "Un gangster russo uccide con molta più freddezza. Non esita a uccidere uno dopo l'altro il gestore e tutte le ragazze di un "centro massaggi" prima di allontanarsi con calma lungo la strada." Metodi che sembrano essere efficaci, a giudicare dal quasi monopolio della prostituzione detenuto dai gangster russi in questa terra biblica, come dimostrano le innumerevoli sagome di ragazze bionde che si aggirano di notte per le strade intorno alla Borsa dei Diamanti di Tel-Aviv"."

Israele era diventato uno dei centri di riciclaggio del denaro sporco. Nel 1997 sono transitati nel Paese tra i quattro e i cinque miliardi di dollari. Nel settembre 1995, la *Dépêche Internationale des Drogues ha* pubblicato le seguenti informazioni: eroina e droghe sintetiche erano apertamente trafficate nel popolare mercato di Shaanan Street, vicino alla stazione centrale degli autobus di Tel-Aviv. Il luogo era un caos di persone e merci. Le popolazioni africane e dell'ex URSS si mescolavano, ma gli ebrei provenienti dall'ex Yiddishland, dal Caucaso e dall'Asia centrale la facevano da padrone.

Il transito dei viaggiatori ha sostenuto anche un commercio di droga quasi familiare: un calzolaio uzbeko di Samarcanda, stabilitosi ad Haifa, ha spiegato di aver creato il suo laboratorio con i soldi di mezzo chilo di eroina venduto in Israele[191]. Tuttavia, in seguito ha dichiarato di non aver più avuto contatti con la droga. Nei principali centri urbani, soprattutto a Tel Aviv e Gerusalemme, ma anche nel porto di Haifa, le dosi di eroina (un terzo di grammo) venivano scambiate a prezzi estremamente variabili, che andavano dai 30 ai 90 dollari. Tuttavia, la lotta alla droga alle frontiere non era una priorità. Le misure di controllo e gli interminabili interrogatori subiti dai viaggiatori in uscita e in entrata da Israele servivano principalmente a garantire la sicurezza e a controllare armi ed esplosivi[192].

La corruzione della polizia è un altro segnale del deterioramento della situazione. La stampa aveva riferito che venerdì 25 agosto 1995, a Tel-Aviv, tre ministri avevano voluto "scendere" in Allenby Street per

---

[191] 300 grammi di eroina producono 35 000 dosi.
[192] I cittadini di Costa Rica, Guatemala, Salvador e Repubblica Dominicana non sono stati sottoposti a rigidi controlli all'aeroporto internazionale Ben-Gurion, poiché questi Paesi sono gli unici ad aver riconosciuto Gerusalemme come capitale dello Stato ebraico dal 1980. Alcuni viaggiatori ne hanno approfittato per contrabbandare cocaina in Israele.

rendersi conto di persona dell'entità del traffico. Hanno potuto vedere che gli spacciatori distribuivano i loro sacchi di cannabis davanti alla stazione di polizia locale. Lungo la strada e nei bar si vendevano tutte le droghe. Dopo questo colpo di scena mediatico, la stampa ha riportato diversi casi di agenti di polizia che avevano derubato i commercianti o estorto loro i profitti durante l'arresto. Altri sono stati accusati direttamente di coinvolgimento nel traffico di droga. Nel gennaio 1997, l'esercito israeliano ha rivelato che un ufficiale della dogana era stato arrestato in quanto principale sospettato di aver dirottato 14 chili di eroina sequestrata.

Secondo un rapporto dell'agosto 2001 dell'Ufficio delle Nazioni Unite per il controllo delle droghe e la prevenzione del crimine, il 75% dei crimini in Israele è legato alla droga (marijuana, eroina, cocaina, ecstasy, LSD). Il Paese contava 300.000 consumatori occasionali e 20.000 tossicodipendenti. Ma Israele non era solo un Paese consumatore: come la Colombia, la Thailandia e il Pakistan, lo Stato di Israele era diventato un centro di traffico internazionale.

In un rapporto statunitense del 2003, Dina Siegel ha scritto che la criminalità organizzata in Israele ha assunto la forma di centinaia di gruppi etnici, di cui gli ebrei caucasici erano i più violenti." Caucasici e georgiani facevano parte di un'unica categoria: la "mafia russa"." Dina Siegel ci ha anche raccontato da dove viene la mafia caucasica: durante la guerra in Cecenia, molti ebrei ceceni erano emigrati in Israele.

La comunità ebraica georgiana era particolarmente forte e strutturata. Jacques Derogy scrive nel suo libro: "Lo stesso Stalin, figlio della Georgia, non aveva osato vietare agli ebrei di praticare liberamente il loro culto, a differenza del resto degli ebrei dell'URSS." Molti di loro avevano lasciato l'Unione Sovietica dopo la Guerra dei Sei Giorni." Di tutti gli immigrati russi in Israele, i georgiani sono la comunità più omogenea, più energica e potente", ha scritto Derogy. Tutti i contrabbandieri avevano cognomi che terminavano con "*shvili*": emigrati dalla Georgia, erano dipendenti dell'aeroporto di Lod dove rubavano la merce"[193].

Ma non tutta la criminalità israeliana può essere imputata ai

---

[193] Jacques Derogy, *Israel Connection*, Plon, 1980, p. 101. Il quotidiano inglese *The Independent* del 25 gennaio 2001 ha riferito che un membro del Congresso ebraico russo, Mikhail Mirilashvili, è stato arrestato a San Pietroburgo e accusato del rapimento di due persone. Mirilashvili è dovuto fuggire dal Paese insieme al Presidente israeliano Moshe Katzav, che all'epoca era in visita di Stato. È stato direttore della società video russa, che nel 1997 è stata acquistata da MediaMost, controllata da Gusinsky.

"russi". La situazione si era già deteriorata negli anni Settanta. Nel 1980, nel suo libro *Israel Connection*, Jacques Derogy, pioniere del giornalismo investigativo ed "ebreo filo-israeliano e filo-israeliano" (pag. 28), scriveva: "Dal 1949 al 1979, la curva della criminalità in Israele è cresciuta quattro volte più velocemente di quella della popolazione, che in trent'anni è passata da uno a tre milioni di abitanti." E ha aggiunto: "Come la sua compagna americana, la mafia israeliana fa fortuna nel traffico di droga in tutto il mondo, nell'estorsione di fondi in tutte le sue forme, in particolare nella "protezione" imposta, nel contrabbando diffuso, soprattutto di diamanti rubati all'aeroporto Ben-Gurion di Lod, nel monopolio proibitivo dei mercati ortofrutticoli e dell'abbigliamento, nella produzione e diffusione su larga scala di assegni bancari falsi, e anche nel papponaggio."

L'estorsione ai danni dei piccoli commercianti e delle aziende commerciali era già una piaga: "Nel corso degli anni, si è solo sviluppata, istituzionalizzata, espansa, al punto che, oggi, è molto difficile trovare un locale pubblico - ristorante, discoteca, negozio, persino drogheria come nella regione di Haifa - in cui il proprietario non paghi regolarmente ingenti somme di denaro a individui che dovrebbero "proteggere" la sua attività[194]."

Il traffico di eroina era dilagante. Si veda il caso di Hershko Nello, un personaggio della malavita israeliana. Era "un trafficante di stupefacenti che aveva creato una rete diretta Thailandia-Israele per trasportare eroina[195]." Hershko Nello e i suoi complici si recavano regolarmente a Chiang Mai, nel nord della Thailandia, per acquistare eroina.

Derogy ha anche citato un certo Albert Liani, un narcotrafficante israeliano con base a Marsiglia che regnava sul trasporto marittimo di stupefacenti tra Israele e gli Stati Uniti. C'era anche Pinhas Goldstein, considerato uno dei pionieri del traffico di cocaina da Amsterdam a Israele[196].

Samy Shoshana, sessantenne, aveva creato una rete parallela a quella dei corsi con la collaborazione di un *"pied-noir*[197]*"* chiamato Jacques Cohen, ex membro della banda di Salomon Abou, smantellata nel 1970. Jacques Derogy descrive così questo individuo: "Tornato a Parigi, nel suo quartier generale nel *faubourg di Montmartre*, Jacques Cohen è uno degli uomini forti della banda creata da altri ebrei

---

[194]Jacques Derogy, *Israel Connection*, Plon, 1980, p. 29, 34, 92
[195]Jacques Derogy, *Israel Connection*, Plon, 1980, p. 143.
[196]Jacques Derogy, *Israel Connection*, Plon, 1980, p. 110, 111.
[197]I francesi rimpatriano dall'Algeria dopo la guerra d'indipendenza.

nordafricani, i fratelli Taieb, che gestiscono i loro affari da due club parigini, il *Gibus* e la *Petite Bergère*." Jacques Cohen si recava regolarmente in Israele, fino al giorno in cui, nel dicembre 1974, Samy Shoshana fu denunciato e arrestato con 22 chili di oppio in un appartamento alla periferia di Tel-Aviv[198]. Quindi vediamo che anche gli ebrei sefarditi del Nord Africa non erano dei fannulloni e sapevano investire nei traffici più redditizi.

La figura mitica del crimine organizzato in Israele era Mordechai Tsarfati, noto anche come Mentesh. Nato a Salonicco nel 1917, era stato il primo "padrino" di Israele negli anni Cinquanta. Aveva dettato legge nei luoghi di svago e di piacere e nei locali notturni, oltre a organizzare il traffico di droga. Fece anche molti favori ai leader del partito laburista al potere, fornendo teppisti per i loro comizi. Era l'agente elettorale di Ben-Gurion nei quartieri popolari. Lì avrebbe formato il suo vice, Betsalel Mizrahi. A quel tempo, Tel-Aviv era già infestata da bande organizzate impegnate in ogni tipo di banditismo.

Abbiamo così visto che i desideri dei padri fondatori dello Stato ebraico sono stati, dopo tutto, prontamente realizzati. Infatti, avevano ripreso le parole del teorico del sionismo, Dov Ber Borokhov, che aveva dichiarato: "Noi ebrei avremo uno Stato come gli altri quando avrà i suoi assassini, i suoi criminali e le sue prostitute." Ma, a dire il vero, i criminali non avevano aspettato la creazione dello Stato di Israele nel 1948 per commettere i loro misfatti: "Negli anni '20, i poliziotti ebrei al servizio del governo britannico in Palestina avevano già avuto a che fare seriamente con ogni tipo di banditi[199]."

---

[198] Jacques Derogy, *Israel Connection*, Plon, 1980, p. 88.
[199] Jacques Derogy, *Israel Connection*, Plon, 1980, p. 35.

PARTE SECONDA

AFFARI SENZA FRONTIERE

1. Armi, droga e diamanti

Con 400 miliardi di profitti annui, il traffico internazionale di droga è la seconda attività economica del mondo, subito dopo l'industria delle armi[200]. I trafficanti di droga hanno bisogno di armi. Hanno anche bisogno di reti organizzate per riciclare i miliardi di dollari generati dal traffico di eroina, cocaina o ecstasy. È qui che entrano in gioco i diamantari.

L'industria del diamante

Gli ebrei hanno sempre avuto un ruolo importante nell'industria dei diamanti. Le pietre preziose sono facilmente trasportabili, il che rappresenta un enorme vantaggio in caso di fuga precipitosa. E la storia degli ebrei, come tutti sappiamo, è costellata di fughe precipitose.

L'estrazione e la commercializzazione dei diamanti grezzi erano interamente nelle mani di uomini d'affari della comunità ebraica. L'azienda De Beers ha goduto a lungo di un quasi monopolio in questo ramo dell'industria. L'impresa della società De Beers era iniziata nel XIX secolo in Sudafrica. Nel 1869, dopo il ritrovamento delle prime pietre, i cercatori d'oro arrivarono da lontano per scavare la terra. Di fronte a un'orda di teste calde del diamante, i fratelli Beers - agricoltori boeri - avevano infine ceduto la loro terra in cambio di circa 6.000 sterline a un consorzio di cercatori, che si sarebbe rivelato il più abbondante giacimento di diamanti del mondo. Un uomo si distinse per

---

[200]William Reymond, *Mafia S.A.*, Flammarion, 2001, p. 370.

il suo senso degli affari: il famoso Cecil Rhodes. Acquistò concessioni, creò partnership e fusioni, riuscendo così a prendere il controllo del mercato africano e fino al 90% della produzione mondiale di diamanti. Per controllare sia la produzione che le vendite, Rhodes creò un sindacato di marketing che chiamò "Diamond Syndicate". Tuttavia, nel 1902, un altro giacimento ancora più abbondante fu scoperto nella provincia del Transvaal, al di fuori del suo controllo.

Il monopolio della produzione e della commercializzazione avvenne negli anni '30 sotto la guida di Ernest Oppenheimer. Nel 1957, il figlio Harry rilevò l'attività e per un decennio il "Sindacato" esercitò un dominio assoluto sull'industria mondiale dei diamanti grezzi. L'azienda stabiliva i prezzi a suo piacimento, accumulando diamanti grezzi nelle sue scorte quando i prezzi erano bassi e vendendo quando i prezzi aumentavano. De Beers ha scelto i suoi clienti, non più di 160, secondo criteri piuttosto opachi." Non si contratta con De Beers; si prende quello che dà, al prezzo che chiede", si dice nel mondo dei diamanti.

Le attività del gruppo si estesero presto a molti altri settori: miniere d'oro, miniere di rame, miniere di carbone, acciaierie, banche, ecc. Quando Harry Oppenheimer andò in pensione nel 1984, suo figlio Nicky lo sostituì nella sede centrale dell'azienda a Londra. L'Organizzazione Centrale di Vendita(OSC) stabiliva la politica commerciale e regolava il mercato. Le attività della CSO non si limitavano ai soli diamanti De Beers, ma coprivano la quasi totalità della produzione mondiale, poiché anche l'URSS e la Cina le affidavano la commercializzazione dei loro diamanti grezzi. All'inizio degli anni '90, De Beers produceva il 45% dei diamanti grezzi del mondo e commercializzava circa l'80% della produzione mondiale. Nicky Oppenheimer, che impiegava decine di migliaia di lavoratori neri nelle sue miniere, era senza dubbio l'uomo più ricco dell'Africa.

Durante l'embargo internazionale contro il regime segregazionista dell'Apartheid negli anni '70, il Sudafrica ha mantenuto ottime relazioni con lo Stato di Israele. Anche se, d'altra parte, Harry Oppenheimer, che aveva rapporti costanti con i leader neri dell'ANC in esilio, e un altro miliardario ebreo, il famoso speculatore ungherese George Soros, avevano finanziato i movimenti neri della Captown University fin dal 1981[201].

La caduta del regime dell'Apartheid all'inizio degli anni '90 non è stata casuale. Era stato deciso a New York da alcune multinazionali anglo-americane. Il giornalista Anthony Sampson ha scritto il 9 maggio

---

[201] Sul ruolo di George Soros, leggere *Speranze planetarie*.

1994 su *Newsweek*, uno degli organi di stampa dell'*establishment* americano: "Nel luglio 1985, la Chase Manhattan Bank (David Rockfeller) fece un gesto storico: tagliò tutti i prestiti finanziari e cancellò l'intero canale di credito al Sudafrica. È stata la Chase Bank a causare la perdita di fiducia internazionale nel Paese, il crollo della sua moneta e l'ondata internazionale a favore della liberazione di Mandela."

In effetti, in Sudafrica, come altrove, finanzieri e intellettuali cosmopoliti hanno sempre incoraggiato la formazione di società multirazziali, poiché la perdita di riferimenti identitari favorisce la loro egemonia[202]. Nell'agosto 2000, quando Harry Oppenheimer morì, il leader nero e neoeletto presidente del Paese, Nelson Mandela, rese omaggio all'uomo definendolo "un grande sudafricano del nostro tempo".

Negli anni '90, tuttavia, De Beers dovette affrontare un temibile concorrente nella persona di Lev Leviev. Lev Leviev è nato e cresciuto nell'ambiente ebraico di Tashkent, in Uzbekistan. Suo padre era un commerciante di tessuti. Nel 1971, dopo sette anni di attesa, la famiglia emigrò in Israele dopo aver convertito le proprie ricchezze in diamanti e averli contrabbandati fuori dall'URSS. Ma all'arrivo in Israele, il padre ricevette solo 200.000 dollari invece del milione previsto. Il quindicenne Lev Leviev ha giurato di vendicarsi. Alla fine degli anni '80, era diventato il più grande commerciante di gemme in Israele ed era uno dei 160 clienti selezionati da De Beers.

Nel 1994, il governo russo decise di vendere parte delle sue decennali scorte di diamanti grezzi sul mercato dei diamanti ambrati, rompendo così il contratto di esclusiva con la società sudafricana De Beers. I prezzi sono poi scesi del 10-50%. Normalmente, De Beers avrebbe acquistato l'intero stock, come nel caso dei diamanti angolani. Ma questa volta il CSO non è riuscito a contenere lo scarico russo." Dal crollo dell'Unione Sovietica, siamo abituati a vedere piccole partite di diamanti di media qualità che arrivano dalla Russia dalla mafia o da ex membri del KGB. Oggi assistiamo a vendite ufficiali di pietre di buona qualità che sfuggono alla De Beers", ha dichiarato un commerciante londinese, uno dei 160 clienti privilegiati incaricati di rivendere i diamanti ai professionisti[203].

---

[202] Sull'apologia della società multiculturale, leggere *Speranze planetarie*.
[203] All'inizio del 2000, la polizia russa ha arrestato due "belgi" all'aeroporto di Mosca. I due uomini, in possesso di 9259 diamanti, facevano parte di un'organizzazione di contrabbando che portava fuori dalla Russia diamanti grezzi, in violazione della legge che impone il taglio dei diamanti nel Paese. (Dina Siegel, *Global organised crime*,

Lev Leviev aveva acquistato parte di queste riserve russe. Qualche anno dopo, la sua partnership Africa-Israel Investments si è aggiudicata l'esclusiva per i diamanti dell'Angola, un contratto del valore di oltre un miliardo di dollari all'anno. All'epoca era in società con l'amico Arcadi Gaydamak, il trafficante d'armi. Leviev possedeva miniere di diamanti in Angola, Namibia e negli Urali, ma anche miniere d'oro in Kazakistan. Altri capitali erano stati investiti nella gestione di immobili a Praga e a Londra, e possedeva 1.700 stazioni di servizio Fina nel sud-ovest degli Stati Uniti, oltre alla stazione televisiva israeliana in lingua russa. Aveva inoltre investito 1 miliardo di dollari in immobili in Russia e una somma equivalente in complessi di uffici ed edifici residenziali a New York e in Texas. In Israele, la sua società Africa-Israele ha costruito centri commerciali, residenze di lusso e investito nell'industria della moda, nel turismo e nelle infrastrutture. Leviev finanziò generosamente le scuole ebraiche. Nel 2002 ha aperto una yeshiva[204] per 350 studenti nel Queens, a New York. Nel 1992 aveva già finanziato interamente la prima scuola ebraica della Russia a San Pietroburgo. Leviev, che viveva nel quartiere ultraortodosso di Gerusalemme di Bnei Brak, era completamente devoto al movimento Chabad-Lubavitch[205], al quale distribuiva almeno trenta milioni di dollari all'anno[206].

De Beers era stata completamente emarginata in Angola e poco dopo sarebbe stata emarginata anche in Congo. La sua quota di mercato, che era dell'80% alla fine degli anni '90, è scesa al 60% nel 2003. Leviev aveva rotto il suo monopolio sul commercio dei diamanti.

In Israele, questa industria si è sviluppata gradualmente negli anni '30, prima ancora della nascita dello Stato ebraico. Si trovava principalmente a Tel-Aviv, nel cuore di Ramat Gan, il quartiere degli affari della città, e più precisamente, all'inizio del XXI secolo, in

---

2003, p. 57). Nell'ottobre 2003, un certo Abraham Traub è stato arrestato in Ungheria su richiesta delle autorità russe per la vendita illegale di diamanti grezzi provenienti dalla Russia.

[204] Una yeshiva è un centro di studi sulla Torah e sul Talmud generalmente riservato agli uomini nell'ebraismo ortodosso. Spesso vengono anche chiamate scuole talmudiche.

[205] Sugli ebrei chassidici Chabad-Lubavitch, si veda *Psicoanalisi dell'ebraismo* e *Fanatismo ebraico*.

[206] *Le Nouvel Économiste*, supplemento del 19 dicembre 2003. Benny Steinmetz era uno dei suoi concorrenti. Nel 2007, questo magnate dei diamanti tagliati era il sesto uomo più ricco di Israele. Anche un altro grande gioielliere, Hans Stern, ha simboleggiato il lusso e il commercio di pietre preziose in tutti i quartieri più illustri del mondo. Hans Stern proveniva da una famiglia di ebrei tedeschi sbarcati a Rio de Janeiro nel 1939. Nel 2001 aveva 3700 dipendenti, di cui 2800 in Brasile.

quattro torri collegate tra loro da passaggi sotterranei. Questa fortezza era un tempo il luogo più sicuro di Israele. Ogni giorno vi lavoravano 15.000 persone. Lo Stato di Israele aveva concesso a questo settore esenzioni fiscali e tariffarie molto elevate. I diamanti, importati grezzi e tagliati in loco, rappresentano un quarto delle entrate commerciali di Israele, circa 6.600 milioni di dollari nel 2006. Quasi la metà dei diamanti grezzi del mondo proviene da lì e più di una pietra su due acquistata negli Stati Uniti proviene da Israele.

Il dinamismo della piazza di Tel-Aviv aveva gradualmente ridotto l'importanza di Anversa, storica capitale del taglio dei diamanti. Nel 1994, il 50% delle pietre del mondo (70 tonnellate di pietre preziose) veniva ancora tagliato dai tagliatori di diamanti nel famoso quartiere ebraico di Anversa. Ma il mercato era appesantito dal costo del lavoro, dalle tasse elevate e dai casi di riciclaggio di denaro sporco. Dei ventimila lavoratori degli anni Settanta, meno di tremila sono rimasti trent'anni dopo.

Il declino di Anversa è dovuto anche alla delocalizzazione delle aziende di taglio dei diamanti in Asia, dove il costo di produzione di un carato si aggira tra i 5 e i 20 dollari, rispetto ai 100-150 dollari del porto fiammingo. All'inizio del millennio, l'India era diventata il principale centro di taglio dei diamanti al mondo. Il lavoro dei bambini ha ridotto notevolmente i costi della manodopera. Venivano pagati per pietra, fino a circa 500 rupie al mese (14 dollari), e lavoravano 12 ore al giorno, sforzando gli occhi su piccole pietre da lucidare. A Jaipur, nel Rajasthan, centinaia di laboratori impiegavano migliaia di bambini. Solo i diamanti più grossi (oltre due carati, cioè 0,4 grammi) sono stati tagliati e lucidati ad Anversa dai migliori specialisti. Il porto fiammingo contava ancora centinaia di botteghe e la borsa di Anversa manteneva la sua supremazia.

L'industria dei diamanti aveva scioccato e indignato le grandi coscienze morali dell'Occidente quando avevano appreso che i diamanti grezzi venivano utilizzati per finanziare le guerre civili in Africa. Il continente africano (Botswana, Sudafrica, Angola, Congo e Namibia) produceva il 60% dei diamanti del mondo e parte di questa produzione era nelle mani di vari movimenti ribelli. Quei "diamanti insanguinati" hanno suscitato l'indignazione della virtuosa "comunità internazionale", che si è espressa presso la sede delle Nazioni Unite a New York. Il governo britannico ha posto l'embargo sulla produzione della Sierra Leone e la De Beers, che si riforniva dai ribelli dell'Unita in Angola, si è impegnata a non vendere più "diamanti di sangue"[207].

---

[207] William Reymond ha citato un passaggio di un rapporto del 1999 sulla criminalità

Israele, che era diventato il principale esportatore mondiale di diamanti tagliati, ha insistito sulla necessità di frenare il commercio di diamanti dei guerriglieri africani. Nel giugno 2000, la borsa dei diamanti di Tel Aviv ha deciso di revocare qualsiasi operatore commerciale che avesse rapporti con i ribelli in Sierra Leone, Angola e Congo. Tuttavia, l'iniziativa non aveva nulla di umanitario. In effetti, la società Leviev Africa-Israel aveva appena firmato un contratto esclusivo con il governo angolano. Pochi mesi dopo, un'altra società israeliana, la IDI Diamonds, guidata da Dan Gertler, ha firmato un altro contratto di esclusiva con il Congo.

Il settore dei diamanti è rimasto un terreno fertile per ogni tipo di truffa. Nella città dei diamanti di Tel-Aviv, come a New York e ad Anversa, le abitudini erano le stesse. Gli scambi avvenivano senza contratti, senza certificati, ma con una stretta di mano e la formula consolidata *"mazal u baraka"* (fortuna e benedizione). In Israele, inoltre, i diamantari non erano tenuti a tenere un registro. Si trattava di un'attività ideale per coprire i trasferimenti di denaro. Molti contrabbandieri di diamanti di contrabbando venivano a riciclare il loro denaro, e naturalmente il traffico era irto di sanguinosi regolamenti di conti. Jacques Derogy lo descriveva già nel 1980: "La borsa dei diamanti di Tel-Aviv è stata, fin dalla sua creazione, un campo d'azione molto fruttuoso per la mafia israeliana e internazionale[208]."

Ad Anversa, nei pressi della stazione centrale, la via Pelikaan è costellata di negozi che vendono oro scadente e pietre di dubbia provenienza. I "georgiani" occupavano questa grande piazza per la ricezione e la rivendita dell'oro. Il 13 gennaio 2005, il settimanale *Courier International* di Alexandre Adler ha pubblicato un articolo in cui si leggeva che la mafia israeliana, "sulla scia della criminalità organizzata russa", si era insediata vicino alla stazione centrale, nel quartiere dei commercianti di diamanti. Un poliziotto di Anversa ha dichiarato anonimamente: "Tutti i criminali usano la violenza, ma gli israeliani hanno la reputazione di essere estremamente violenti. Persino i gangster russi, che per molti versi sono loro colleghi e alleati, hanno difficoltà a tenere il passo... Ci sono decine di gangster israeliani ad Anversa. Alcuni sono arrivati qui legalmente, altri si nascondono: cosa

---

organizzata: "Abbiamo informazioni che dimostrano che cittadini russi o gruppi mafiosi sono coinvolti in attività criminali organizzate in diversi Paesi della regione, soprattutto in Angola, Botswana, Mozambico, Namibia, Swaziland e Sudafrica. In Angola, cercano di ottenere legalmente i diritti di estrazione dei diamanti." (*Mafia S.A.*, Flammarion, 2001, p. 333).
[208] Jacques Derogy, *Israel Connection*, Plon, 1980, p. 100.

fanno? Tutto: riciclaggio di denaro, traffico di droga, estorsione e truffa. Di notte, frequentano caffè, discoteche, strip club, bordelli e sale da gioco. Come riconoscerli? Vanno per lo champagne, la cocaina, l'ecstasy e soprattutto il Viagra. Questi ragazzi sono davvero appassionati e a volte si vedono preceduti da pullman di prostitute e *ragazze squillo.*"

I diamanti suscitavano anche l'avidità dei ladri. Nel febbraio 2003, 123 delle 160 casseforti della Borsa dei Diamanti di Anversa sono state svuotate senza effrazione da un diamantaio "italiano", Leonardo Notabartolo, che era riuscito a conquistare la fiducia di un dipendente. Nel dicembre 1994, tre uomini avevano compiuto una rapina a mano armata alla borsa dei diamanti di Anversa, svuotando cinque casse e portando via tra i 30 e i 300 milioni di franchi francesi in diamanti e contanti. Nel dicembre 2003, un laboratorio di gioielli nel 9° arrondissement di Parigi è stato oggetto di un'incursione. L'uomo, apparentemente ben informato, si era travestito da rabbino e aveva puntato una pistola contro i dipendenti. Le perdite sono state stimate tra i 500.000 e il milione di euro. Nel bellissimo film di Martin Scorsese, C'era una volta *in America*, vediamo anche come una banda di ebrei abbia fatto irruzione in un laboratorio di gioielli e abbia rubato i diamanti. Nel film *Snatch* di Guy Ritchie (USA, 2000), "Francky ha appena rubato un enorme diamante che deve consegnare ad Avi, un mafioso di New York."

Asher Doron operava da Anversa dalla fine degli anni Ottanta. Nel 1993 era stato condannato a 10 anni di carcere.

Vecchi ritagli di giornale dimostrano che le rapine in gioielleria erano uno sport nazionale: nel 1976, ad Amsterdam si verificò una serie di rapine a gioiellerie, uffici postali e ville. I colpevoli erano "israeliani": Yoram Landsberg e la sua banda, Isaac Bahadchan e Shlomo Bronstein. Un certo Naaman Dieler era stato arrestato dopo l'incursione con le torce in una gioielleria di Amsterdam ed era stato condannato a tre anni di carcere. Yoram Landsberg si era rifugiato a Londra. Si veda anche il caso di un certo Isaac Sperber. Nel 1955, Sperber, direttore di un ufficio acquisti di diamanti, riuscì a entrare nella cerchia dei diamantari Amber, fino al giorno in cui pagò i suoi diamanti con assegni scoperti. Ha viaggiato all'estero con 80 milioni di franchi in tasca.

Nelle sue memorie, Elie Wiesel ha raccontato uno dei suoi ricordi, più o meno immaginari come al solito, che coinvolge uno dei suoi correligionari. Ecco come conclude il suo aneddoto: "Il tizio, che viaggiava in tutto il mondo con passaporti falsi, era un criminale ricercato dall'Interpol; aveva appena rubato dei diamanti che, grazie a me, sarebbero stati restituiti al loro proprietario." Di sfuggita, Elie Wiesel ci ha confessato un piccolo segreto all'orecchio: "Etica professionale, doveri e obblighi... In yiddish, questo suona meno convincente che in francese[209]."

Anche la ricettazione di diamanti e gioielli rubati pare fosse una lunga tradizione. Così vediamo che i sefarditi potevano competere con gli ebrei ashkenaziti. Nel dicembre 1994, Maurice Joffo, fratello di Joseph, autore del famoso *best-seller Un sacco di biglie*, che racconta la vita di due bambini ebrei durante l'occupazione, fu arrestato davanti al suo sontuoso ristorante in Place Victor-Hugo, nel XVI arrondissement di Parigi. È stato arrestato mentre saliva sulla sua Mercedes con la moglie e due zingari dai quali aveva appena acquistato 110.000 franchi di gioielli rubati. In seguito, la polizia scoprì in casa sua mezzo chilo di gioielli rubati, che erano solo una parte del bottino delle rapine perpetrate dalle sue bande di zingari. Si presentavano a casa di persone anziane travestiti da dipendenti della società del gas o dell'elettricità. Il tesoro di Joffo, disperso in vari caveau di banche a Ginevra, è stato stimato in 20 milioni di franchi. L'arresto del fratello fu molto negativo per Joseph, poiché coincise con la pubblicazione del suo nuovo romanzo, che trattava di umanità senza confini e tolleranza. Maurice è stato condannato al massimo della pena: sette anni di carcere, un anno sospeso e un milione di franchi di multa.

Alexandre Dumas aveva già evocato il ruolo dei diamantai e dei gioiellieri ebrei in alcuni dei suoi romanzi: "Ebbene, andate dal primo orafo che incontrate e vendete quel diamante a qualsiasi prezzo vi faccia; non importa quanto sia ebreo, troverete sempre ottocento pistole." (*I tre moschettieri, 1844*). E ancora: "Giunto a Livorno, andò alla ricerca di un ebreo e gli vendette quattro dei suoi diamanti più piccoli, per cinquemila franchi ciascuno. Il mercante (ebreo) avrebbe dovuto informarsi su come un marinaio potesse possedere tali gioielli, ma si guardò bene dal farlo, dal momento che guadagnava mille franchi su ognuno di essi." (*Il conte di Montecristo, 1845*).

Il Sudafrica è stato anche il luogo di alcuni noti regolamenti di conti. Nell'ottobre 1999, il corpo di Shai Avishar, 36 anni, è stato trovato in una tomba vicino a Johannesburg. L'uomo era stato in contatto con un esponente della mafia israeliana, Yossi Harari, e la polizia sospettava un regolamento di conti nel mondo illegale del traffico di diamanti, armi e droga. Secondo il *Jewish Bulletin of Northern California*, la rete operava a Johannesburg, Città del Capo e

---

[209] Elie Wiesel, *Mémoires, Tome I*, Le Seuil, 1994, p. 321-325.

Durban.

Qualche tempo dopo, un certo Lior Saad, membro della mafia israeliana, fu accusato dell'omicidio di Shai Avishar. Nel novembre 2003, Lior Saad è stato vittima di un tentato omicidio quando il furgone che lo trasportava in tribunale è stato mitragliato dal passeggero posteriore di una moto, lasciando 18 fori di proiettile e un altro prigioniero morto al suo posto.

Anche Hazel Crane, moglie di Avishar, è stata uccisa a colpi di pistola nella sua Mercedes mentre si recava in tribunale per testimoniare contro i commercianti di diamanti accusati dell'omicidio del marito. Altri due testimoni erano stati liquidati poco prima da gangster israeliani. Si è scoperto che Avishar e Hazel Crane erano due amici intimi di Winnie Mandela, l'ex moglie del presidente sudafricano. Si scoprì che Hazel Crane lavorava per Sol [Solomon] Kerzner, lo sgargiante miliardario proprietario del gigantesco complesso alberghiero-casinò e di intrattenimento Sun City, creato nel 1979 in Sudafrica, dove lavoravano anche molte prostitute. Anche Nelson Mandela, il nuovo presidente del Sudafrica, dopo anni di carcere e icona dei democratici di tutto il mondo, era in ottimi rapporti con Sol Kerzner. Nel 1992, Kerzner aveva costruito Lost City, un complesso faraonico e stravagante con una foresta tropicale, cascate artificiali e migliaia di slot machine.

Nel settembre 2005, sempre a Johannesburg, uno dei più noti gangster ebrei, Brett Kebble, è stato assassinato nella sua lussuosa Mercedes. È stato membro dell'ANC (African National Congress) di Nelson Mandela e ha finanziato l'organizzazione con milioni di rand. Dopo il suo assassinio, i sindacati dei bambini neri avevano chiesto di pregare per lui.

Milizie paramilitari in Colombia

Negli Stati Uniti degli anni '70 la situazione era solo peggiorata da quando ai gangster ebrei si erano aggiunti i loro omologhi israeliani. A quel tempo, diverse centinaia di loro si erano stabiliti in California. Erano, come scrive Jacques Derogy, "stufi di spacciare eroina in grammi in Israele, quando negli Stati Uniti veniva loro offerta la possibilità di spacciare in chili[210]." Yossef Zakharia era il più grande trafficante dell'epoca. Ha organizzato il traffico di cocaina colombiana in tutto il territorio.

---

[210] Jacques Derogy, *Israel Connection*, Plon, 1980, p. 193.

Con l'arrivo dei "nuovi russi" negli anni '90, la situazione non è migliorata. Nel settembre 1994, un rapporto presentato al governo statunitense denunciò il "Triangolo della cocaina", i cui tre lati erano i signori della droga colombiani, gli ebrei e gli israeliani, che si occupavano del riciclaggio, e la mafia "russa", che si occupava della sicurezza. Un rapporto del 1997 del *Center for Strategic International Studies* (CSIS) ha anche stabilito i legami tra la criminalità organizzata "russa" e i cartelli della droga colombiani a Miami[211].

Il fatto è che c'era effettivamente una forte presenza israeliana in Colombia. Sembra che gli israeliani che lavoravano nel Paese fossero coinvolti con il governo sia nella lotta contro i guerriglieri di estrema sinistra che contro i cartelli della droga. Israele è stato il principale fornitore di armi utilizzate contro i guerriglieri marxisti delle FARC (Forze Armate Rivoluzionarie della Colombia) e dell'ELN (Esercito di Liberazione Nazionale). Gli israeliani hanno anche fornito armi leggere, droni, sistemi di sorveglianza e comunicazione, nonché bombe speciali per distruggere le piantagioni di coca. Ufficialmente, erano anche incaricati di addestrare le formazioni antiterrorismo del governo colombiano. La Colombia intrattiene inoltre eccellenti relazioni commerciali con Israele. Nell'aprile 1988, Israele aveva acquistato due milioni di tonnellate di carbone colombiano in cambio dell'acquisto da parte della Colombia di 14 aerei da combattimento israeliani Kfir.

In realtà, i legami tra i Paesi della regione e lo Stato di Israele sono stati stretti solo negli anni Settanta. Il generale Zeevi, amico della mafia israeliana, aveva offerto i suoi servizi come consulente nella lotta al terrorismo a tutti gli Stati sudamericani. Era accompagnato dall'uomo che avrebbe dovuto finanziare queste operazioni: Betsalel Mizrahi, il principale finanziatore della mafia israeliana. Lo stesso generale Zeevi era un trafficante di droga, come ha notato Jacques Derogy: "Il capo dell'intelligence della polizia israeliana, Samy Nahmias, aveva già notato che Betsalel Mizrahi faceva decine di viaggi all'estero a intermittenza, e che al suo ritorno veniva sempre accolto dal generale Zeevi all'aeroporto Ben-Gurion, nonché dal direttore del servizio VIP della compagnia El Al, Mike Pinhasi. Ciò significa che il bagaglio non è stato controllato[212]."

Nel 1987, i produttori di banane, per combattere i guerriglieri marxisti che li estorcevano e attaccavano le loro piantagioni, avevano reclutato l'ex colonnello della riserva israeliana Yair Klein e i mercenari della sua compagnia di sicurezza Hod He'hanitin (Spearhead Ltd.). Il

---

[211] Giornale israeliano *Maariv*, 2 settembre 1994.
[212] Jacques Derogy, *Israel Connection*, Plon, 1980, pagg. 140-142.

Presidente colombiano Virgilio Barco Vargas aveva sostenuto finanziariamente l'operazione su impulso del Ministro della Giustizia, José Manuel Carrizosa. Va notato che era anche il presidente dell'Associazione dei produttori di banane ed era direttamente collegato ai grandi gruppi frutticoli degli Stati Uniti.

Carrizosa contattò per prima cosa il tenente colonnello Yitzhak "Mariot" Shoshani, a capo della ISREX, una società che da anni forniva tecnologia militare alla Colombia. Ha consigliato l'assunzione di Yair Klein, un ex paracadutista che aveva lasciato l'esercito israeliano nel 1985 per fondare una società di mercenari. Klein e i suoi uomini formarono le milizie dei grandi proprietari terrieri che avrebbero costituito la base dei gruppi paramilitari AUC (Autodefensas Unidas de Colombia). Le guerre tra questi gruppi e la guerriglia marxista hanno causato la morte di decine di migliaia di civili nel corso degli anni.

Yair Klein iniziò presto a lavorare per i trafficanti di droga che lottavano senza sosta per il controllo di alcune aree di produzione. Il crescente coinvolgimento delle AUC nel traffico di droga avrebbe esasperato Washington, soprattutto perché le milizie non mancavano di attaccare gli agenti della Drug Enforcement Agency (DEA) mobilitati in loco. Tuttavia, mentre molti leader delle AUC erano ricercati dagli Stati Uniti per traffico di droga o per gravi crimini e abusi, alcuni beneficiavano, come i loro omologhi salvadoregni e nicaraguensi, della quasi impunità in Florida o in Texas, dove avevano le loro residenze secondarie.

Da consigliere strategico del governo colombiano, Yair Klein era diventato il capo di una banda criminale. Nel 1988, il ministero della Giustizia colombiano affermò che Klein era uno dei quattro israeliani assunti dal signore della droga Gonzalo Rodríguez Gacha, soprannominato "El Mexicano". El Mexicano aveva la reputazione di essere uno dei baroni della droga più violenti di Medellín. Una delle sue tecniche preferite era il "metodo Moshe Dayan", che diceva di aver imparato da un commando israeliano: consisteva nell'inserire un piccolo pezzo di selce affilata sotto la palpebra del prigioniero. Il dolore è apparentemente così estremo e insopportabile che il prigioniero impazzisce prima che gli venga lacerato l'occhio.

Yair Klein ha poi ammesso in un tribunale israeliano di aver addestrato le truppe di Rodriguez Gacha a Puerto Bocaya nel 1988. Quando l'esercito ha perquisito la casa di Rodríguez Gacha, ha trovato uno stock di 200 mitragliatrici israeliane. Tuttavia, queste armi facevano parte di una spedizione ufficiale del governo israeliano che Klein aveva deviato. Numerosi documenti rinvenuti attestano anche il ruolo di Klein come formatore di "sicarios" di tutte le età. Nel 1989, El Mexicano fu ucciso durante una sparatoria con l'esercito colombiano e Klein passò quindi al servizio di un altro famoso signore della droga del cartello di Medellín, Pablo Emilio Escobar Gaviria, che si era anche circondato di diversi consiglieri israeliani, come il tenente colonnello Yitzhak Shashono, e di 3.000 sicari. A Medellín, nel 1992, sono morte negli scontri armati non meno di 6662 persone, a cui vanno aggiunti 1292 cadaveri non identificati e 967 abitanti scomparsi. Il cartello di Cali e quello di Medellín erano all'epoca i due maggiori cartelli della droga colombiani. La morte di Pablo Escobar, ucciso dalla polizia nel dicembre 1993, aveva indebolito il cartello di Medellín, cosicché il cartello di Cali distribuiva ora l'80% della cocaina e un terzo dell'eroina mondiali, generando 25 miliardi di dollari all'anno solo negli Stati Uniti[213].

Klein è stato arrestato in Israele nel 1990 e alla fine è comparso in tribunale, accusato di aver esportato illegalmente armi e attrezzature tecnologiche militari a gruppi terroristici colombiani, ma è stato condannato solo a una pena ridicola: un anno di carcere e una multa di 13.400 dollari. Il nuovo governo colombiano ha quindi emesso un mandato di arresto internazionale nei suoi confronti per aver formato i gruppi paramilitari illegali.

Dopo il suo rilascio dal carcere, Yair Klein ha sfruttato i suoi buoni contatti con ex ufficiali rhodesiani e sudafricani per lavorare in Sierra Leone. Nel 1999, è stato interrogato dall'esercito mentre forniva armi ai ribelli di Johnny Koroma e ai ribelli liberiani di Charles Taylor, due signori della guerra noti per le loro sadiche violenze e gli abusi contro la popolazione[214]. Rilasciato dopo 16 mesi di carcere, Klein si è rifugiato in Israele, che ha rifiutato di estradarlo in Colombia. Alla televisione israeliana ha dichiarato di aver lavorato per il governo colombiano, di non aver fatto nulla di male e di essere disposto a tornare in Colombia per aiutare ad addestrare le forze di sicurezza del Paese nella lotta contro le FARC. Klein si era anche recato più volte a Londra e negli Stati Uniti senza mai essere disturbato dalla polizia britannica e statunitense, nonostante fosse ricercato dall'Interpol.

Nella primavera del 2007, l'*Agence France Press ha* riferito che la Colombia aveva emesso un altro mandato di arresto internazionale

---

[213] Abraham Majuat era un capo del cartello di Medellín. Possedeva un ranch vicino a Medellín dove nel 1989 furono trovate 4,5 tonnellate di cocaina.
[214] Nel film *Lord of War* (2005), vediamo il trafficante di armi in Colombia, dove viene pagato in cocaina, e poi in Liberia, dove viene pagato in diamanti, in "*diamanti di sangue*".

per diversi israeliani: Yair Klein, Melnik Ferry e Tzedaka Abraham erano accusati di atrocità contro le popolazioni civili. L'informazione, tuttavia, non è stata riportata dai media francesi.

Il 27 agosto 2007, Klein è stato infine arrestato in Russia, dove la sua società era molto attiva, mentre si preparava a imbarcarsi su un passaporto falso per Tel Aviv. Doveva essere estradato in Colombia. Il vicepresidente colombiano Francisco Santos ha dichiarato: "Vogliamo che Klein ci venga consegnato affinché possa marcire in prigione come punizione per tutto il male che ha fatto al nostro Paese"."

Ma il coinvolgimento israeliano in Colombia non è finito con la fuga di Klein. In un articolo pubblicato il 10 agosto 2007 dal quotidiano *Semana*, il ministro della Difesa colombiano Juan Manuel Santos ha riconosciuto che Bogotà ha reclutato discretamente ex ufficiali dell'esercito israeliano per addestrare i membri delle forze di polizia locali a combattere i guerriglieri delle FARC. La squadra di consiglieri militari - composta da tre ex generali, un sottufficiale, un ufficiale israelo-argentino e tre interpreti - era stata reclutata con un contratto da 10 milioni di dollari. I mercenari israeliani erano specialisti negli interrogatori dei prigionieri e sono venuti a portare la loro esperienza nelle "tecniche speciali di interrogatorio". Per Laude Fernández, esperto di sicurezza nazionale colombiana, "sarebbe stato meglio affidarsi agli inglesi, che hanno un buon sistema di intelligence e migliori standard in materia di diritti umani" (Diario *Semana*, 4 agosto 2007). Tuttavia, per Sergio Jaramillo, vice ministro della Difesa, l'aiuto israeliano è stato prezioso: "Sono una specie di psicanalista. Ci fanno domande [a cui non avremmo pensato] e ci aiutano a vedere tutti i problemi che abbiamo e che non vediamo" (*Ynet News*, 10 agosto 2007)[215].

Ma nonostante ciò, i gangster hanno continuato a vendere armi ai guerriglieri marxisti in Colombia e nella regione andina. Nel 1998, mafiosi "ucraini" che operavano da Tel-Aviv e Kiev avevano partecipato al noleggio di un carico di diecimila fucili d'assalto AK-47 per le Forze Armate Rivoluzionarie della Colombia attraverso una spia peruviana, un certo Vladimir Montesinos. Nel maggio 1999, 3000 kalachnikov e 5 milioni di proiettili provenienti dal Nicaragua sono stati inviati da due israeliani a un gruppo armato colombiano considerato dagli Stati Uniti un gruppo "terrorista". Nel maggio 2000, la polizia colombiana ha arrestato due israeliani che stavano cercando di vendere clandestinamente più di 50.000 armi di ogni tipo alla guerriglia[216].

---

[215] www.semana.com/nacion/articulo/de-tel-aviv-tolemaida/87449-3/
[216] David Marcus Katz è stato un altro importante trafficante d'armi in America centrale

Allo stesso modo, questa mafia ebraica ha continuato la sua proficua collaborazione con i cartelli della droga colombiani. Abbiamo già visto il caso di Ludwig Fainberg, che aveva fornito missili, elicotteri e quasi un sottomarino sovietico ai cartelli della droga.

Il 15 maggio 2007, il quotidiano *Le Monde ha* pubblicato un articolo intitolato *Mafiapulco*, sulla mafia in Messico, in particolare ad Acapulco. La città era un sito strategico per l'importazione di cocaina dalla Colombia. Ogni giorno si registravano sette omicidi. Alla fine di gennaio 2006, la polizia municipale aveva intercettato un convoglio di trafficanti di droga in un quartiere popolare della città. La sparatoria era durata venti minuti e aveva provocato diversi morti. Qualche mese dopo, un video ha rivelato che gli agenti di polizia, pagati da un cartello rivale, avevano ucciso a sangue freddo i "narcos" feriti. I narcotrafficanti si sono poi vendicati dei quattro poliziotti responsabili, rapendoli e decapitandoli. Le loro teste sono state trovate davanti a un edificio ufficiale con un messaggio vendicativo.

Questa guerra a bassa o media intensità avrebbe causato circa 9.000 morti dal 2001 e più di 800 quest'anno. Dotati di attrezzature all'avanguardia, i narcotrafficanti potevano ascoltare e persino minacciare la polizia sulle frequenze radio utilizzate. Avevano anche fucili riservati alle forze militari e munizioni in grado di penetrare i giubbotti antiproiettile, oltre a lanciarazzi e missili terra-aria per abbattere aerei ed elicotteri.

Il governo messicano, tuttavia, è riuscito a sferrare alcuni buoni colpi contro i narcos, in particolare il cartello del Golfo. In aprile è riuscita ad arrestare uno dei suoi operatori più pericolosi, Eleazar Medina, e ha smantellato una "cellula" che trasportava droga e immigrati clandestini negli Stati Uniti. Questo cartello aveva prevalso sul suo principale rivale, il cartello di Sinaloa, guidato da un certo Chapo Guzman, e "basato nel vasto stato settentrionale di Tamaulipas[217]."

L'articolo di Joëlle Stolz su *Le Monde* non fornisce ulteriori dettagli su questo Guzmán. Ricordiamo semplicemente che "Guzmán" era anche il cognome del leader dello Shining Path, un gruppo di guerriglieri marxisti maoisti che operava in Perù dal 1980, noto anche

---

negli anni '80.

[217] Nel maggio 2008, la stampa francese ha riportato la sorte di una donna francese, Florence Cassez, imprigionata in Messico dal 2005 e condannata a una pesante pena detentiva per sequestro di persona e traffico di armi. La donna si è dichiarata innocente, affermando di non essere mai stata a conoscenza delle attività del suo ex fidanzato, Israel Vallarta, responsabile di diversi rapimenti e capo della banda "Zodiaco".

per i suoi abusi e le sue atrocità contro la popolazione civile. I guerriglieri di Shining Path avevano causato la morte di oltre 30.000 persone. Il suo leader, Abimael Guzman, è stato condannato all'ergastolo da un tribunale militare nel 1992.

Hashish, cocaina, eroina

I commercianti ebrei hanno sempre avuto un ruolo di primo piano nel commercio internazionale. Li incontriamo nel commercio della droga, ma anche in quello dei tessuti, del grano, dell'alluminio e della gomma. Ecco alcuni casi in cui sono stati coinvolti grandi trafficanti internazionali, nella misura in cui i nomi dei colpevoli sono stati citati dai giornali, il che non è sempre vero.

Nell'aprile 2008, il settimanale *Rivarol* ha parlato, ad esempio, di un rabbino israeliano di nome Simha Ashlag. L'uomo è stato intercettato con la sua segretaria all'aeroporto di Roissy al suo arrivo dalla Turchia. La polizia aveva trovato una "quantità relativamente grande di droga" nel suo bagaglio. *Actualité juive* del 10 aprile ha presentato il rabbino come "un guru circondato da fanatici che lo hanno preso a modello"."

Il *Washington Times* del 26 giugno 2005 ha pubblicato un articolo su Zvi Heifetz, 48 anni, ambasciatore di Israele in Inghilterra e vicino all'oligarca russo Vladimir Gusinsky. Sua figlia Lee era stata arrestata nel 2003 in Perù con diversi chili di cocaina (*"dieci libbre"*) e rilasciata dopo soli diciotto mesi di detenzione. Va ricordato che il presidente peruviano Alejandro Toledo aveva sposato una cittadina belga di origine ebraica, Eliane Karp, e che le sue affinità con l'ambasciatore avrebbero potuto favorire un rilascio anticipato.

Nell'aprile 2002, abbiamo appreso che i gruppi mafiosi del distretto di North Hollywood a Los Angeles e del quartiere di Brighton Beach a New York avevano negoziato un'alleanza con il cartello messicano di Tijuana e con i trafficanti colombiani per distribuire tonnellate di cocaina in Nord America.

Nel maggio 2000, le autorità colombiane avevano arrestato quattro israeliani per traffico di armi: Itzik Richter, Ofer Zismanovich, David Birnbaum e Yaron Cohen facevano affari con il cartello di Cali. Sono stati accusati di contraffazione di dollari. Poche settimane prima, un altro israeliano, Amos Shimoni, era stato arrestato a Panama con le stesse accuse.

Il 17 ottobre 2001, il *Los Angeles Time ha* riportato l'arresto di uno spacciatore: Alen Amor, cittadino israeliano. La polizia aveva trovato diversi chili di marijuana, cocaina ed eroina nella sua casa.

Due mesi dopo, il 26 novembre 2001, due donne israeliane sono state arrestate all'aeroporto di Roissy. Ortal Biton, 22 anni, e Rozi Benaim, 21 anni, venivano da Bogotà. Quando i loro zaini sono stati perquisiti, i doganieri hanno scoperto non meno di nove chili di cocaina. I due "muli" rischiavano una pena detentiva di dieci anni, ma sorprendentemente il giudice istruttore ha deciso di non ordinarne la custodia cautelare. Il magistrato, Jocelyne Lambert, contattato telefonicamente dal giornalista di *France-soir*, non ha "voluto commentare la sua decisione". Come previsto, le due giovani non si sono presentate davanti al giudice istruttore il 3 dicembre 2001[218].

Alcuni trafficanti sapevano anche come prosperare con le "droghe leggere", come ha dimostrato la cronaca giudiziaria. La cannabis poteva essere un'attività molto redditizia, a patto di lavorare con grandi quantità. Il 9 giugno 2000, dopo undici anni di latitanza, Steven Wolosky, 50 anni, viene arrestato in California. Il suo partner, Mark Stephen Gayer, 50 anni, è stato arrestato in New Mexico. I due uomini, tra i più ricercati del Paese, sono stati accusati di aver contrabbandato più di quattrocento tonnellate di hashish e marijuana nel Paese dalla Colombia e dalla Thailandia con i loro pescherecci. Il loro complice, Robert Singer, era responsabile del trasporto su strada attraverso il territorio statunitense. Undici membri della rete sono stati arrestati. Nel marzo 1998, i due uomini avevano simulato la loro morte accidentale in un incidente nautico al largo della California.

Ecco il caso di Howard Marks, meglio conosciuto come Mr. Nice, che negli anni '80 era un importante spacciatore di marijuana. È nato in Inghilterra e ha studiato a Londra. Ha anche scontato sette anni di prigione nell'Indiana, negli Stati Uniti. Quando è uscito di prigione, nel luglio 2000, ha pubblicato un libro autobiografico in cui si è schierato a favore della legalizzazione della cannabis. È stato all'origine del movimento di legalizzazione in Inghilterra. La US Drug Enforcement Agency di Miami lo ha definito il "Marco Polo del traffico di droga". Sua figlia viveva in Israele (*The Guardian*, Londra, 26 aprile 1995).

Sul quotidiano israeliano *Haaretz del* 10 maggio 2002 abbiamo letto la notizia che un tribunale indiano aveva appena assolto due donne israeliane. Ravi Shriki e Berta Cohen erano stati arrestati un anno prima con due chili e mezzo di cannabis. Le due donne si erano dichiarate innocenti, sostenendo che gli zaini non appartenevano a loro, ma sono state comunque condannate a una pesante pena prima di essere finalmente rilasciate. Il loro avvocato ha dichiarato che le autorità

---

[218]*France-soir*, 6 dicembre 2001. Archivi di Emmanuel Ratier.

indiane hanno probabilmente dato retta al fragoroso clamore mediatico orchestrato negli Stati Uniti e in Israele per chiedere il rilascio delle due donne "innocenti".

L'India era una destinazione popolare per i giovani israeliani. Nel gennaio 2003, Daisy Angus, una donna inglese di 22 anni, era stata rilasciata da una prigione indiana. Era stata arrestata a Mumbai sei settimane prima dopo aver accettato di trasportare gli effetti personali dell'amico israeliano Yoran Kadesh, 37 anni, il cui zaino si era apparentemente rotto. I funzionari doganali indiani hanno trovato due chili di hashish nella valigia della giovane donna, terrorizzata dalla situazione. Fortunatamente per lei, i suoi genitori, che avevano fatto volontariato a Calcutta con Madre Teresa, riuscirono a convincere l'amministrazione indiana del progetto." Una potente mafia israeliana controlla la maggior parte di questo traffico", si legge sul *Guardian*.

Nel 1999, le autorità thailandesi hanno catturato Peres Esat, un israeliano colpevole di aver ucciso un suo correligionario, Shimon Benhamo, a Bangkok. Anche un altro cittadino israeliano, Shimon Ofer Skriki, è stato arrestato. I criminali erano in contrasto tra loro per un carico di cocaina proveniente dal Brasile. Nello stesso anno, a Bangkok, altri quattro israeliani erano stati condannati all'ergastolo per traffico di eroina.

In Canada, il rabbino Eli Gotteman, eletto "rabbino dell'anno" nel 1999, è stato incriminato per traffico di cocaina e marijuana dalla prigione di Montreal dove si occupava dei detenuti ebrei.

Il rabbino Meyer Krentzman, ex direttore del Canadian Jewish National Fund, era già stato arrestato a Montreal nel 1994 per traffico di eroina e cocaina. Uno dei suoi collaboratori, Andor Galandauer, della Congregazione Beth Zion e anch'egli membro della Lega di Difesa Ebraica, è stato arrestato nello stesso momento.

Il 2 dicembre 1993, Vladimir Beigelman, uno spacciatore di cocaina di Brooklyn, viene ucciso alla guida del suo furgone: due colpi di pistola alla testa.

Nel 1995, Norman Max Rosemblum, uno spacciatore di cocaina che lavorava, secondo il giornalista, "per conto di trafficanti associati alla mafia italiana", è stato condannato a 13 anni di carcere in Canada. Era stato arrestato mentre stava per consegnare 558 chili di cocaina agli Hells Angels in Inghilterra. I filmati delle telecamere a circuito chiuso sulla sua barca mostrano un Rosemblum esultante e trionfante dopo essersi impossessato della droga in Colombia. La sua ex moglie, Wanda Halpert, era stata arrestata l'anno precedente nella Colombia britannica in un caso di traffico di 15 tonnellate di hashish. Rosemblum era già stato incarcerato diverse volte, a Bordeaux e a Londra, per traffico di droga e anche per violenza domestica. Nel 1994 aveva fratturato il naso alla moglie con un colpo di testa.

Nel 1991, Uri Mizraci, un trafficante israeliano di hashish ed eroina, fu assassinato a Manhattan. Nello stesso anno, il presidente di Panama, Manuel Noriega, era stato rovesciato da un intervento militare statunitense con il pretesto di favorire il traffico di droga verso gli Stati Uniti. Il braccio destro di Noriega era un agente del Mossad di nome Mikhail Harari, un ex generale dell'esercito israeliano che era diventato il capo dei servizi di sicurezza del presidente panamense. Secondo *Jewish Week*, Panama era allora la Svizzera dei Caraibi e un importante centro finanziario per gli uomini d'affari israeliani. Steven Kalish (alias Frank Brown), era un altro collaboratore di Noriega. Negli anni '60, aveva importato tonnellate di marijuana colombiana da San Francisco agli Stati Uniti, gestendo tutta la logistica. Andava in giro con una Ferrari.

Nel 1994, una bomba esplose su un aereo panamense uccidendo 21 persone, tra cui 12 ebrei. L'obiettivo dell'attentato era probabilmente Saul Schwartz, un passeggero su cui pendeva un mandato di cattura internazionale emesso dalla magistratura italiana. L'uomo era ricercato per i suoi legami con il cartello di Medellín. I media hanno preferito parlare di un atto antisemita.

Nel 1990, l'israeliano Amiram Nir è rimasto ucciso in un misterioso incidente aereo in Messico mentre visitava una grande piantagione di proprietà di Avraham Cohen e del miliardario "svizzero" Nessim Gaon, di cui abbiamo già parlato nelle pagine precedenti. Il *Jerusalem Post ha* riportato che Amiram Nir stava negoziando un'importante vendita di armi israeliane ai trafficanti di droga locali, attraverso Vera Cruz.

Sempre nel 1990, Linda Leary, ex presidente del National Council of Jewish Women, è stata estradata dall'Austria a Indianapolis, negli Stati Uniti. Altre trentuno persone, tra cui i suoi due figli, Paul e Richard Heilbrun, sono state accusate di aver importato tonnellate di marijuana negli Stati Uniti. Linda Leary si è dichiarata colpevole. Aveva aperto conti bancari nel paradiso fiscale delle Isole Cayman.

Negli anni '80, negli Stati Uniti, un certo Israel Abel era a capo di una rete di traffico di cocaina importata dalla Colombia. Israel Abel ne aveva importate non meno di tre tonnellate a Miami prima di lasciare l'attività per godersi una pensione dorata in Costa Rica. Viveva lì da cinque anni, ma gli agenti federali non avevano ancora mollato la presa e gli davano ancora la caccia. Nel 1992 è stato catturato ed estradato negli Stati Uniti, dove è stato condannato all'ergastolo. (*Pittsburgh Post-Gazette*, 24 novembre 1998).

Max Mermelstein era all'epoca il "padrino della cocaina". L'uomo, sposato con una donna colombiana, aveva importato almeno 56 tonnellate di cocaina negli Stati Uniti tra il 1978 e il 1985 ed era coinvolto in numerosi casi di omicidio sulla costa occidentale. Per diversi anni ha importato tre quarti della cocaina che entrava negli Stati Uniti (*Los Angeles Times*, 6 luglio 1987). Il 5 giugno 1985 fu infine fermato al volante della sua Jaguar dagli agenti dell'FBI. Sul sedile della sua auto c'era una pistola e nel suo appartamento la polizia ha trovato 250.000 dollari in contanti e 25 armi da fuoco. Per salvarsi la testa, Mermelstein accettò di collaborare con le autorità. La sua testimonianza ha coinvolto i capi del cartello di Medellín, la famiglia Ochoa e Pablo Escobar.

Nel dicembre 1998, a Parigi è stata smantellata una rete di traffico di droga. Ecco cosa si poteva leggere sulle pagine di *Le Parisien*: "Cocaina, eroina e hashish. Potete trovare tutto questo nella rete di concessionari del Sentier di Parigi. I loro clienti ora soffrono di astinenza... Undici persone sono state appena accusate e sette condannate a Reims. La trappola cominciò a chiudersi su di loro all'inizio del 1987 con l'arresto di Jean-Claude Joukoff a Troyes, sorpreso con una Land Rover rubata e attrezzata per il trasporto di droga. Grazie alla rete criminale e al sequestro di 58 chili di cannabis in un altro veicolo, la polizia è riuscita a rintracciare i fratelli Hazan. A *Chez Joseph*, nell'11° arrondissement, hanno scoperto 130 000 franchi in contanti. Marcel era già stato condannato nel 1986 a Los Angeles per traffico di droga. Tra gli altri arrestati, Francis Obadia, David Ben David, Anna Karamanouguian, ex prostituta di Marsiglia, e Nadi Hafiza. Quest'ultima era una donna afghana che era già stata accusata in un altro caso di traffico di droga ed era stata rilasciata quattro giorni prima dopo aver pagato una cauzione di 200.000 franchi quando è stata nuovamente arrestata dalla polizia... Le informazioni della squadra antidroga statunitense hanno portato al suo arresto[219]."

Gli ebrei sefarditi erano spesso alleati dei trafficanti israeliani, quindi erano fortemente rappresentati nel traffico di droga ad alto livello." Ci sono pochissimi sefardim che sono consumatori o piccoli

---

[219] *Le Parisien* del 12 dicembre 1998, dossier di Emmanuel Ratier. Ci sono infatti ebrei in Afghanistan, così come ci sono ebrei in Georgia, in Cecenia, in Alaska e in tutto il mondo, poiché la loro missione è quella di insediarsi su tutta la faccia della terra e di "raccogliere le scintille divine sparse ai quattro angoli del mondo" (si legga *Psicoanalisi dell'ebraismo*).

spacciatori di strada - un terreno fertile per nordafricani e africani - ma ci sono molti grandi spacciatori altamente organizzati che vendono eroina di ottima qualità. Le 'sedi centrali' di queste reti sono quasi tutte nel quartiere di Faubourg Montmartre", scriveva il mensile ebraico *Passages* nel giugno 1989.

Il settimanale *Actualité juive* del 23 luglio 1992 ha confermato l'insediamento di trafficanti ebrei nella capitale: "Una vera e propria piccola mafia israeliana si è formata a Parigi negli ultimi quindici anni. Fino a poco tempo fa, tutto il piccolo traffico di droga, da Place de la République all'incrocio Richelieu-Drouot, era nelle mani di emigrati o "turisti" israeliani."

Nel dicembre 1986, alcuni articoli apparsi sulla stampa francese riferiscono che il giudice italiano Giovani Falcone si è recato da Palermo in Israele "per indagare sulla rete di traffico di droga soprannominata "French Connection"". Doveva interrogare a Tel Aviv due uomini arrestati nel 1985 a Miami, nonché il comandante di una nave che trasportava otto chili di eroina. L'indagine aveva coinvolto una ventina di persone che operavano tra la Sicilia, Marsiglia e gli Stati Uniti."

Nel 1985, un cittadino israeliano di nome Shmuel Targan è stato arrestato a New York per traffico di cocaina ed eroina. Il suo negozio di scarpe, infatti, non era altro che una copertura. L'anno successivo, altri cinque israeliani sono stati arrestati a New York per lo stesso motivo. A Los Angeles, Abraham Zarchia e Yitzhak Edvi sono stati condannati a dieci anni di carcere nello stesso anno. Sempre nel 1986, Daniel Whitman e lo spacciatore di cocaina Robert Cohen furono arrestati per l'omicidio di Raymond Cohen (nessuna parentela con l'assassino).

Il settimanale *L'Express* del 29 gennaio 1982 ha parlato di "una potente banda israeliana a Los Angeles", in seguito al "doppio arresto di un israeliano di Los Angeles, che trasportava un chilo e mezzo di eroina, il 18 novembre, e di un ebreo americano, che ne trasportava 2,4 chili, il 24 novembre all'aeroporto di Lod"." Gerusalemme aveva anche chiesto l'estradizione di cinque trafficanti catturati, tra cui una ragazza di 17 anni, in seguito allo smantellamento di una rete da parte della polizia francese.

I trafficanti non sembrano aver trascurato il continente asiatico. Nel 1987, una neozelandese, Lorraine Cohen, è stata condannata a morte in Malesia per traffico di eroina. Suo figlio Aaron è stato condannato all'ergastolo. Naturalmente, le organizzazioni per i diritti umani hanno protestato con forza. Nel 1987, Zvi Gafnis, coinvolto nel traffico internazionale di cocaina, è stato arrestato a Hong Kong. Aveva anche contrabbandato dollari falsi in Messico e negli Stati Uniti.

Evidentemente, la mafia ebraica non compare nei film prodotti da Hollywood. Ancora una volta, si preferisce proiettare sui Goyim i crimini per i quali probabilmente ci si sente un po' colpevoli. In *Scarface* (USA, 1983), ad esempio, Al Pacino interpreta un criminale cubano che sale ai vertici della malavita di Miami nei primi anni Ottanta grazie al traffico di cocaina. Un breve dialogo ci informa che il boss della mafia per cui lavora "Tony Montana" è ebreo, ma la scena è così furtiva che pochi spettatori riescono a trattenere l'informazione. Invece, il crudele "boss" boliviano è interpretato da un uomo dai tratti nordici, e anche alcuni degli uomini influenti che lo circondano sono ritratti come biondi con gli occhi azzurri. Le belle donne bionde finiscono immancabilmente tra le braccia dei mafiosi[220]. Il film è di Brian de Palma, che lo ha dedicato a Ben Hecht.

In *Carlito's Way* (USA, 1993), sempre di Brian de Palma, Al Pacino interpreta questa volta un criminale portoricano il cui avvocato riesce a farlo uscire di prigione. È un ebreo di nome Kleinfeld che ha gradualmente adottato i metodi dei gangster: usa la pistola, vende cocaina, frequenta i locali notturni, fa fuori gli altri gangster e finisce per tradire i suoi amici.

Il film *Arma letale* (USA, 1987) mostra molto bene i metodi di questi orribili spacciatori. Due poliziotti, uno bianco e l'altro nero, devono assumersi il compito di fermare questa feccia. I due poliziotti vengono atrocemente torturati nel seminterrato della discoteca gestita dagli spacciatori. Ma non fatevi illusioni: i bastardi sono veterani della guerra del Vietnam, uomini bianchi con gli occhi azzurri. I poveri ebrei non c'entrano nulla. Il film è di Richard Donner.

La seconda parte di *Arma letale* (1989) è ancora più cartoonesca. I due poliziotti, simbolo della trionfante società multiculturale, combattono questa volta contro una temibile banda di spacciatori sudafricani. I bastardi sono tutti bianchi, nordici, francamente biondi e soprattutto terribilmente razzisti. Va notato che Richard Donner è nato con il cognome Schwartzenberg. Questa è un'informazione che può essere utile per capire i messaggi che i suoi film diffondono.

Nel 1973, a Francoforte c'erano 2.000 tossicodipendenti disposti a tutto pur di ottenere i 500 marchi necessari a pagare la doppia razione giornaliera. Francoforte era il centro del traffico di eroina dalla Thailandia e il quartier generale di Yossef Amiel. Amiel non si occupava solo del mercato locale, ma inviava merci anche in Israele.

---

[220] Su questo razzismo, leggete i nostri capitoli sul cinema in *Speranze planetarie* e *Psicoanalisi dell'ebraismo*.

Jacques Derogy ha scritto: "Assistenti di volo, hostess, capitani di volo, marinai, agenti di sicurezza, modelle, modelli, studenti, tutta una popolazione eterogenea, grazie a Yossef Amiel, era in grado di guadagnare molto denaro senza rischi, spesso per provvedere alle proprie razioni." Come posso resistere alla tentazione?", ha chiesto uno studente israeliano impiegato come agente di sicurezza sui voli El Al." Ogni volta che trasporto un chilo di eroina, guadagno 8.000 marchi, che è l'equivalente di un intero anno di stipendio.

La droga veniva nascosta nei bagagli, nei tacchi delle scarpe, negli spolverini delle donne, nelle stampelle dei soldati feriti o disabili e, naturalmente, nelle parti intime degli individui. Quando si trattava di grandi quantità, alcuni funzionari doganali venivano corrotti per chiudere un occhio e lasciar passare il trafficante. Yossef Amiel aveva così conquistato alla sua causa un vero e proprio esercito, con i suoi soldati e il suo staff. Al suo fianco c'era un certo Avner Kedem, il cui incarico di capo della sicurezza del ministero degli Esteri israeliano lo portava a viaggiare regolarmente in Asia e in Europa. Ha approfittato della sacrosanta valigia diplomatica per trasportare cocaina ed eroina in modo sicuro dal produttore al distributore. Nel 1975, Avner Kedem fu arrestato dopo un controllo di routine del suo bagaglio. I doganieri hanno trovato 300 grammi di eroina.

Il 17 marzo 1975, sei poliziotti fecero irruzione nell'edificio occupato da Yossef Amiel e dalla sua banda. Uno dei poliziotti è stato colpito alla spalla con un'ascia, ma i trafficanti sono stati catturati. La più grande rete di contrabbando e distribuzione di eroina della Germania è stata smantellata. L'imprigionato Yossef Amiel era riuscito a fuggire e a lasciare la Germania, ma sette dei suoi complici sono stati processati nel 1976 dal tribunale penale di Francoforte. Sono stati distribuiti più di 40 chili di eroina." Una quantità gigantesca, ha scritto Jacques Derogy, sufficiente a uccidere migliaia di persone e a fare una fortuna per altre migliaia." Le vittime erano soldati tedeschi e americani di stanza a Francoforte, oltre a donne trasformate in prostitute. Nove eroinomani erano morti durante la settimana del processo.

La corte ha ascoltato le registrazioni delle conversazioni telefoniche degli imputati fatte dalla polizia qualche giorno prima degli arresti, in cui si poteva sentire: "Quei cretini di poliziotti tedeschi non ci prenderanno mai", o ancora: "Ehi, puoi fare la consegna tranquillamente". Dio è con noi." Dieci anni di prigione erano la pena più severa. Dopo questo caso, la polizia tedesca ha rafforzato la sua vigilanza e ha creato un ufficio incaricato degli "affari ebraici e israeliani".

In quegli anni a Francoforte, una prostituta su tre o quattro portava una stella di Davide al collo e parlava ebraico. Dopo diverse perquisizioni, 300 israeliani sono stati arrestati nella Moselstrasse, imprigionati o espulsi. Ma per Elie Bolkin questa operazione di polizia è stata solo un piccolo incidente. Elie Bolkin, autore di due omicidi, era stato rilasciato per mancanza di prove." Andando in giro al volante di una Mercedes bianca, circondato da belle donne tedesche e israeliane", ha dichiarato, fingendo una virtuosa indignazione: "Pappone, io? Spacciatore, io? Sono solo storie! Sono un ristoratore! Sono un onesto uomo d'affari![221]"

Traffico di ecstasy: 100% Kasher[222]

Il mercato dell'ecstasy era in piena espansione negli anni '90, reso popolare dall'ondata di musica elettronica techno. I festival o *"free party"* o *"rave"*, che potevano raccogliere decine di migliaia di giovani, per lo più europei, costituivano una nicchia di potenziali consumatori in grado di arricchire i racket.

La grande criminalità organizzata aveva "sottratto il controllo della droga ai *partiti liberi"*, si leggeva sul quotidiano *Libération* del 2 agosto 2001. Secondo l'Ufficio nazionale per le droghe e i tossicodipendenti (Francia), un *"free party"* di 30.000 persone ha generato tra i 4 e i 5 milioni di franchi in 48 ore, di cui due terzi provenienti dalla vendita di ecstasy. Il 23 luglio 2001 leggiamo sullo stesso giornale: "La mafia [israeliana] si è ripresa il mercato delle droghe sintetiche." La stessa osservazione è stata fatta da *Le Figaro* l'11 agosto 2001: "L'ecstasy è appannaggio del mondo della criminalità organizzata israeliana."

La criminalità organizzata israeliana aveva di fatto il monopolio della distribuzione dell'ecstasy nel mondo. Il Belgio ha svolto un ruolo importante, anche se i belgi non c'entrano nulla. L'11 marzo 2004 sono state scoperte 100.000 pillole di ecstasy a Malines, in un parcheggio all'ingresso dell'autostrada. Le autorità hanno arrestato cinque persone, due delle quali di Anversa e le altre tre dei Paesi Bassi. Gli altri tre provenivano dai Paesi Bassi. Pochi giorni dopo, il 18 marzo 2004, a Maasmechelen è avvenuto un sequestro record di materie prime per la produzione di 75-100 milioni di pasticche di ecstasy e di 400.000 pasticche già pronte.

---

[221] Jacques Derogy, *Israel Connection*, Plon, 1980, pagg. 173-182.
[222] "Corretto" o "appropriato" da consumare, cioè conforme ai precetti della religione ebraica. Il sigillo *kosher* è un marchio di qualità che comporta una tassa per i rabbini.

Il 17 aprile 2004, all'aeroporto di Zaventem, il servizio del tribunale distrettuale di Bruxelles-Asse ha arrestato una donna tedesca di origine nigeriana residente ad Amsterdam che trasportava 10.000 pillole di XTC nel suo bagaglio. Il 29 aprile sono state sequestrate un milione di pillole a Knokke-Heist. Durante l'operazione è stato scoperto un laboratorio di produzione di pillole completamente attrezzato e sono state arrestate otto persone. Il 13 luglio 2004 è stato effettuato un altro sequestro record di tre milioni di pillole di ecstasy. Quattro persone della regione di Anversa sono state arrestate. Un altro membro della banda era stato arrestato alla fine di giugno in Australia, dove una pillola poteva essere venduta fino a 40 euro, mentre in Belgio il prezzo di una pillola di XTC era di circa quattro euro.

Il 22 aprile 2004, l'ex ministro israeliano dell'Energia e delle Infrastrutture, il dottor Gonen Segev, proveniente dai Paesi Bassi, è stato arrestato dai funzionari doganali all'aeroporto Ben-Gurion di Tel-Aviv: la sua valigia conteneva 25 000 pillole di ecstasy (circa cinque chili). È stato accusato insieme ai suoi complici, Moshe Verner e Ariel Friedman.

I Paesi Bassi erano il maggior produttore mondiale di ecstasy. La droga veniva prodotta in decine di laboratori clandestini. A capo di questo traffico c'erano ancora una volta trafficanti israeliani legati a varie mafie "russe" che organizzavano le reti che rifornivano l'Europa e gli Stati Uniti.

Il trentenne Itzhak Abergil era un importante trafficante internazionale. La sua organizzazione operava dal porto belga di Anversa per mettere in atto tutta una serie di attività criminali: furto di diamanti, riciclaggio di denaro e traffico di ecstasy." Un uomo come Itzhak Abergil è un uomo di una brutalità senza limiti, si legge in un articolo del *Courier international* del 13 gennaio 2005. Qualsiasi dimostrazione di competenza, errore o parola sbagliata da parte dei suoi complici è punita con il sangue. Itzahk Abergil è quindi temuto da tutti, nemici e amici. Sa come proteggere la sua reputazione." Il 9 settembre 2004, Itzhak Abergil è stato finalmente arrestato nei Paesi Bassi. La magistratura ambrosiana ha immediatamente richiesto la sua estradizione. Poche settimane dopo, è stato rilasciato da un giudice olandese a causa di un "errore procedurale" ed è volato tranquillamente in Israele. Era in contatto con un importante membro della malavita di Las Vegas, un certo Gabriel Ben Harosh, 39 anni, ebreo originario del Marocco, che viveva di estorsioni e traffico di ecstasy e aveva importanti interessi in una delle più grandi imprese edili israeliane. Ben Harosh era stato arrestato in Canada ed era in attesa di essere estradato negli Stati Uniti. La polizia di Las Vegas stava inseguendo anche il suo braccio destro, il 32enne Hai Waknine.

Il quotidiano israeliano *Haaretz* del 6 aprile 2003 ha confermato il ruolo dei criminali "israeliani": "Israele è il centro delle operazioni per il traffico di ecstasy, secondo un documento pubblicato dal Dipartimento di Stato americano. Secondo un documento ufficiale, negli ultimi anni la criminalità organizzata israeliana ha assunto il controllo della distribuzione della droga in Europa in collaborazione con le organizzazioni criminali russe. Il documento rivela che i gruppi criminali israeliani hanno il sopravvento nel commercio di ecstasy in Nord America. Negli anni 2000, l'80% dell'ecstasy venduta negli Stati Uniti proveniva dai Paesi Bassi, che erano il principale centro di produzione. Il Dipartimento di Stato è convinto che le organizzazioni israeliane siano collegate a laboratori nei Paesi Bassi e siano responsabili della distribuzione a livello mondiale." L'articolo era di Nathan Guttman.

Nell'ottobre 1999, la polizia federale australiana ha annunciato il sequestro di 12 chili di ecstasy, equivalenti a 45.000 pillole. L'operazione era avvenuta a giugno, ma su richiesta delle autorità belghe le informazioni erano state tenute segrete. Grazie a questa segretezza, due settimane dopo il raid australiano, 58 chili furono scoperti in Germania. Oltre ai due individui arrestati in Belgio, sono state sequestrate 350.000 pillole di ecstasy. La rete, che ha sempre usato lo stratagemma della spedizione di attrezzature sportive, aveva spedito 45 cartoni negli Stati Uniti. Ogni cartone pesava cinque chili, quindi 225 chili di ecstasy (cioè più di 800.000 pasticche) avevano attraversato il confine degli Stati Uniti.

Subito dopo questa grande operazione, gli investigatori belgi e i loro colleghi olandesi hanno arrestato la mente di questa rete internazionale nei Paesi Bassi. Le indagini hanno portato alla scoperta dei responsabili, che nessuno si aspettava: giovani ebrei chassidici. Sean Erez, israeliano di 30 anni, è stato arrestato ad Amsterdam in seguito a una richiesta di estradizione dagli Stati Uniti. Anche Sean Erez era cittadino canadese. Insieme alla sua compagna, Diana Reicherter, i due sono stati accusati dalla polizia statunitense di aver distribuito più di un milione di pillole negli Stati Uniti. Gli altri cinque individui arrestati dalla polizia erano giovani ebrei ortodossi che servivano come "muli" per passare la dogana. Per un certo periodo, i doganieri non si sono insospettiti di fronte a questi ebrei religiosi in caftano nero, cappelli e papillotes. Ognuno di essi poteva trasportare tra le 35.000 e le 50.000 pillole per viaggio. Questi "muli", che facevano la spola tra l'Europa e gli Stati Uniti, venivano pagati 1500 dollari a tratta. E per ogni nuova recluta ottenuta, ricevevano 200 dollari.

Nell'aprile 1999, all'aeroporto parigino di Orly, la polizia ha arrestato una giovane coppia di ebrei chassidici del New Jersey che trasportava 80.000 pillole di ecstasy. Pochi giorni dopo, i doganieri canadesi hanno arrestato a Montreal una giovane ortodossa di New York con 45 000 pillole di "superman" nascoste nella valigia. In effetti, le pillole recavano spesso vari simboli: un elefante, lo yin-yang, l'eurodollaro. La scelta di "Superman" è stata azzeccata, poiché il supereroe è una creazione dei fumettisti ebrei[223].

Nell'ottobre 1999, sei israeliani sono stati arrestati a New York: Igal Malka, Yariv Azulay, Oshri Ganchrski, Eyal Levy, Robert Levy e Oshri Amar. 300 000 pillole di ecstasy sono state sequestrate. Oshri Amar importava la droga dai laboratori belgi e olandesi e inondava il territorio dalla California all'Ohio, alla Florida, al Massachusetts, alla Pennsylvania e a New York. La polizia ha anche smantellato un laboratorio di produzione dove ha trovato armi ed esplosivi.

Nell'aprile 2000 sono state arrestate altre 25 persone. Il loro leader era Jacob Orgad, 45 anni, israeliano residente a Los Angeles. I suoi complici sembravano essere presenti in tutte le principali città americane, ha osservato il *Jerusalem Post* il 15 giugno 2000. Jacob Orgad, soprannominato "Cookie", aveva iniziato la sua carriera come fornitore di droga e donne per un giro di prostituzione di lusso a Hollywood. Si è poi dedicato al traffico di ecstasy, arrivando a dominare il mercato di Los Angeles. Nell'aprile 2000 è stato arrestato a New York insieme al suo compagno, Shimon Levita, studente della yeshiva di New York. Gli agenti federali avevano intercettato due pacchi pieni di ecstasy. Anche i destinatari, Yaniv Yona e Ereza Abutbul, entrambi israeliani, sono stati arrestati.

A quanto pare, il traffico di ecstasy non era l'unica specialità degli ebrei chassidici: il *Russian Journal* del 15 maggio 2000 riportava la

---

[223] Su Superman leggete *Fanatismo ebraico*. Gli ebrei chassidici potevano intraprendere altre imprese fruttuose. Nel marzo 2001, secondo il quotidiano *Haaretz*, 14 membri della comunità ultraortodossa di Kirpas Joel, 60 chilometri a nord-ovest di New York, sono stati incriminati per frode di assegni e frode assicurativa attraverso false dichiarazioni di morte. Mordechai Samet, il loro capo, aveva trasferito milioni di dollari in conti offshore. Nel 1998, il rabbino Joseph Prushinovski è stato arrestato in Israele. Era ricercato da dieci anni dall'FBI, dalla polizia canadese e olandese e da Scotland Yard per una serie di truffe bancarie e assicurative utilizzate per finanziare la sua comunità, il *Tasch chassidico*. 200 milioni di dollari sono andati in fumo. Nel 1981 era già stato condannato a tre anni di carcere per un'altra truffa. Si è poi trasferito in Canada per continuare le sue truffe per telefono, fax e telex.

notizia che un ebreo ortodosso di origine russa, Mark Simon, era stato trovato ucciso e crivellato di colpi: era implicato in un caso di frode con carta di credito. Nel settembre 2000, lo stesso giornale riportava che la polizia giapponese aveva arrestato un altro israeliano, David Biton, accusato di aver contrabbandato 25.000 pillole nel Paese.

Il 23 maggio 2001 l'*Associated Press ha* confermato che l'organizzazione criminale israeliana era effettivamente la principale fonte di traffico di ecstasy negli Stati Uniti. Il *Jerusalem Post* del 2 agosto 2001 riportava che 17 israeliani erano stati arrestati a maggio in Spagna e negli Stati Uniti. L'indagine aveva portato a Oded Tuito, incriminato a Barcellona. Altri tre israeliani, Eitan e Erez Elkayam e Yossif Hotvashvili, sono stati arrestati a Barcellona in seguito a diverse rapine in gioielleria, che hanno portato all'arresto di Michel Elkayam e Simon Itach, i loro luogotenenti. Oded Tuito, alias "Fat Man", secondo quanto riferito, era molto amichevole e parlava diverse lingue. Era anche uno dei grandi trafficanti internazionali, come riportato dai giornali. Secondo il *New York Post* del 25 maggio 2001, anche Oded Tuito, 44 anni, utilizzava giovani ebrei chassidici in abiti ortodossi per attraversare le frontiere. Il 27 giugno 2001, Tuito è stato condannato a 17 anni di carcere per aver distribuito centinaia di migliaia di pillole di ecstasy. È morto per un attacco di cuore nella prigione di Brooklyn il 20 giugno 2004.

L'arresto di Tuito non ha fermato il traffico, poiché il *Jerusalem Post* del 20 luglio 2001 ha riportato che due cittadini israeliani sono stati arrestati a Manhattan. La polizia aveva scoperto più di un milione di pillole di ecstasy, il più grande sequestro mai effettuato dalla polizia di New York. David Roash, 25 anni, e Israel Ashkenazi, 28 anni, si trovavano entrambi a Tel Aviv.

Nel novembre 2001, durante il processo a Stanmore, negli Stati Uniti, Philipp Lyons e il suo complice Abraham Israel, 31 anni, si sono dichiarati colpevoli di traffico di eroina ed ecstasy e riciclaggio di denaro. Il denaro è stato inviato in Spagna (*Totally Jewish* del 26 novembre 2001).

Una settimana prima, la polizia tedesca ha smantellato un'altra rete internazionale. Due israeliani, Uzi Guttman, 55 anni, e Yosef Raphaelovitz, 41 anni, sono stati arrestati nel porto di Amburgo mentre scaricavano un camion contenente 1,5 milioni di pillole di ecstasy. Le pillole erano nascoste in contenitori di fiori artificiali. L'autista olandese era stato arrestato con loro (*Jerusalem Post*, 22 novembre 2001). Quasi contemporaneamente, la polizia australiana ha arrestato Elyakim Yacov al-Sheikh, 37 anni, residente in Olanda, e Dror Pachima.

Alla fine di luglio 2002, due trafficanti di droga israeliani sono stati arrestati a New York. In ottobre, la polizia di New York aveva arrestato sei membri di un giro di traffico di droga. La banda spacciava principalmente ecstasy, ma anche cocaina, hashish e marijuana. Zwi Haim Harris, 30 anni, è stato arrestato nel suo appartamento dove la polizia ha trovato ecstasy, due pistole e munizioni. Il capobanda era un cittadino israeliano di 37 anni di nome Yigal Dobakarov, in possesso di 50.000 pillole di ecstasy per un valore di 1,25 milioni di dollari. Michael Brenman, 29 anni, ha confessato di essere uno spacciatore della metropolitana di New York. Sono stati accusati anche Allen Agureyev, 48 anni, e Lior Hajaj, 28 anni (*USA Today*, 25 ottobre 2002).

Nello stesso mese, una quindicina di persone sono state arrestate a Miami, New York e Lower Merion. Il boss Lawrence Weinmann e il suo luogotenente Neil Smilen sono stati arrestati a New York proprio mentre stavano entrando in possesso di un carico di pillole proveniente dalla Svizzera. I due uomini facevano continuamente la spola tra Miami e New York, acquistando grandi quantità di droga che rivendevano ad Alan Chernik, un importante distributore del Maine. Anche Stewart e Fred Cohen erano coinvolti nell'attività, così come Craig Ira Yusem, un individuo vicino a Craig Rabinowitz. Rabinowitz aveva ucciso la moglie Stefanie nell'aprile 1997. Avrebbe cercato di far passare la sua morte come una caduta accidentale per riscuotere il premio assicurativo. Questo gruppo era conosciuto come la "mafia delle palline di Matzoh".

Il *New York Post* del 10 ottobre 2002 ha riportato l'arresto di tre membri di un traffico di ecstasy: 1,4 milioni di pillole sono state sequestrate dagli agenti federali a New York. Le pillole, del valore di 42 milioni di dollari sul mercato, erano nascoste nei tavoli di lucidatura dei diamanti. In agosto sono stati arrestati ad Anversa, in Belgio, due uomini: Ofer Lebar e Ofer Weizman.

Il *New York Times* del 1° aprile 2003 riportava un'altra interessante informazione: Natan Banda, 31 anni, capo di una rete internazionale con sede a Brooklyn, era stato arrestato in Florida insieme a Nathan Weiss e ad altre quindici persone, tra cui i fratelli Zakay ed Ezra Sasson. Sono stati accusati di aver riciclato decine di milioni di dollari provenienti dalla vendita di ecstasy e cocaina. I trafficanti erano cittadini statunitensi e israeliani.

Il "re dell'estasi" negli anni successivi fu chiamato El Al Yoram. Questo israeliano era uno dei trafficanti di droga più ricercati al mondo. È stato accusato di aver contrabbandato milioni di pillole di ecstasy negli Stati Uniti e di aver inondato Las Vegas con la sua merce. Il trafficante aveva lasciato il Paese nel 2004 per nascondersi in Uruguay. Arrestato nel 2005, è riuscito a fuggire dal carcere. È stato catturato nel dicembre 2006 in Brasile, in un appartamento di Rio de Janeiro.

L'Arche, "il mensile dell'ebraismo francese" ha pubblicato queste informazioni a pagina 6 nel maggio 2007: "Zeev Rosenstein, il più famoso padrino della mafia israeliana, è tornato negli Stati Uniti per scontare la sua condanna a dodici anni di carcere per traffico di droga." L'uomo era stato condannato per aver importato 850.000 pillole di ecstasy negli Stati Uniti. Ha scontato il resto della pena in Israele. Il settimanale *Mariane* del 18 agosto 2007 riportava che l'organizzazione di Rosenstein era presente in quattro continenti e utilizzava "piccoli scagnozzi latinoamericani per distribuire la sua droga sintetica"." Rosenstein - "L'uomo grasso" - era stato oggetto di sette tentativi di assassinio negli ultimi anni, tra cui uno sotto forma di attentato dinamitardo che aveva ucciso tre persone a Tel Aviv nel dicembre 2003. Meno di un mese dopo, un altro spacciatore, Efraim "Freddy" Ran, 60 anni, è stato colpito mortalmente da un automobilista, nonostante avesse recentemente riciclato la sua attività nel mercato dell'arte. Vent'anni prima aveva fatto parte della New York Gang, coinvolta nell'import-export di stupefacenti, nell'estorsione di fondi e nel gioco d'azzardo clandestino.

Questa droga sintetica chiamata ecstasy, che dà una sensazione di forza e benessere per alcune ore, è soprattutto una vera e propria spazzatura chimica. I suoi effetti a lungo termine sono terribili perché irreversibili: perdita di memoria, disturbi comportamentali, disturbi del sonno, disturbi della concentrazione, danni cerebrali nei figli di madri tossicodipendenti. Tutte queste complicazioni per le vittime non erano importanti per i trafficanti. Con un costo di produzione di 20 o 25 centesimi, una pillola venduta per due dollari a un commerciante che a sua volta la rivendeva per 5-10 dollari, anche 30-40 dollari in alcune discoteche, l'attività generava un profitto sufficiente a mantenere una famiglia numerosa. Se, inoltre, il commerciante possedeva la discoteca, allora era il "re della notte".

I commercianti di diamanti e il riciclaggio di denaro sporco

I commercianti di diamanti di Tel-Aviv, Anversa e New York erano al centro delle operazioni di riciclaggio del denaro sporco dei cartelli colombiani. A Manhattan, la 47a strada era il cuore dell'attività dei trafficanti di diamanti, nonché il più grande centro di riciclaggio del denaro sporco, come riporta il quotidiano israeliano *Maariv*. Gli agenti di polizia statunitensi hanno avuto grandi difficoltà a infiltrarsi in questa mafia molto chiusa, dove le transazioni erano basate sulla fiducia. Inoltre, almeno il 50% dei commercianti di diamanti era di nazionalità israeliana.

Il denaro proveniente dai cartelli colombiani è passato attraverso istituzioni religiose ebraiche, yeshivas e sinagoghe. Le donazioni venivano poi restituite in cambio di una percentuale. La prima operazione di questo tipo è stata scoperta nel 1984 a Manhattan. All'epoca il capo della rete era David Va'anunu, che lavorava con il cartello colombiano di Cali. Il direttore della yeshiva Tifereth Yerushalayim, Mendel Goldberger, riceveva ogni giorno denaro in contanti da Va'anunu e lo depositava in un conto bancario della yeshiva. Nonostante le sue grida di innocenza, è stato condannato a cinque anni di carcere e Va'anunu a otto anni. Altre nove persone sono state coinvolte nel caso, tra cui il rabbino Israel Eidelman, vicepresidente della yeshiva. Anche il rabbino Abraham Lau, leader della comunità chassidica di Los Angeles, è stato arrestato.

Alla fine degli anni '80, le gioiellerie della 47a strada sembravano ampiamente coinvolte. Il rabbino Yosef Crozer fu arrestato nel febbraio 1990 mentre si recava a Brooklyn con valigie e borse piene di denaro in banconote di piccolo taglio. Ogni giorno trasportava somme fino a 300.000 dollari. Durante il processo, ha dichiarato di non sapere che stava riciclando il denaro della droga e di pensare che si trattasse di denaro proveniente dal commercio di diamanti. Tuttavia, la sua collaborazione con la polizia aveva portato all'arresto, il mese successivo, di una trentina di persone appartenenti al mondo ebraico ortodosso, in particolare Avraham Sharir, un altro pio ebreo che possedeva un negozio di oro sulla 47a Strada e che si rivelò essere una delle figure chiave nel riciclaggio del denaro della droga a New York. Avraham Sharir, cittadino israeliano di 45 anni, avrebbe riciclato 200 milioni di dollari per il cartello di Cali. I suoi dipendenti, che contavano le banconote, dovevano regolarmente lasciare i locali per prendere aria perché molte banconote erano state usate per "sniffare" cocaina. Comprava oro a prezzi esorbitanti da altri commercianti complici, e il denaro veniva poi donato alle istituzioni religiose. Sharir ha ricevuto una commissione del 6% per questo lavoro. Possedeva una magnifica proprietà a Long Island e girava con una Jaguar. Anche Avraham Sharir aveva accettato di collaborare con l'FBI, beneficiando così della protezione dei testimoni. Ha denunciato Stefaphan Scorkia, che è stato condannato a 660 anni di carcere (una pena molto americana) e ha vissuto il resto della sua vita sotto falsa identità per evitare rappresaglie.

Nell'aprile del 1990 è stata costituita un'unità di polizia specializzata, composta da 200 agenti, per sequestrare il denaro contante qualora non fosse possibile dimostrarne l'origine. Nei primi due anni, questa unità, chiamata Eldorado, ha sequestrato 60 milioni di dollari e arrestato 120 trafficanti, il che potrebbe sembrare modesto rispetto a tutto il traffico.

La comunità chassidica di Williamsbourg è entrata in subbuglio dopo l'arresto di alcuni suoi membri: Naftali, Miklosh, Yotzhak e Ya'akov Shlesinger, oltre a Milton Jacoby, erano stati tutti incriminati per riciclaggio di denaro. Le autorità doganali statunitensi avevano sequestrato milioni di dollari nascosti nei container e negli scafi delle petroliere. Nel 1990, i funzionari doganali hanno trovato 14 milioni di dollari in contanti in una spedizione di cavi, ma si trattava della 234esima spedizione di questo tipo. All'aeroporto Kennedy sono stati trovati 6,5 milioni in contenitori che avrebbero dovuto contenere sperma congelato. In un'altra occasione, hanno trovato 210.000 dollari in banconote da 100 nascoste in palle da bowling.

Nel maggio 1993, cinque membri di queste reti ebraiche di riciclaggio di denaro che lavoravano per il cartello di Cali sono stati arrestati dall'FBI. A capo della rete c'era un certo Sion Ya'akov Evenheim, che aveva la doppia nazionalità israeliana e colombiana. Da Cali, coordinava le attività e supervisionava il trasferimento dei fondi. Raymond Shoshana, 38 anni, Daniella Levi, 30 anni, Binyamin Hazon, Meir Ochayon, 33 anni, e Alex Ajami, 34 anni, sono stati arrestati e altri dieci sospetti sono fuggiti in Israele. Gli investigatori avevano registrato diverse ore di conversazioni telefoniche in ebraico. Per la traduzione si sono rivolti a Neil Elefant, un ebreo del New Jersey che aveva vissuto in Israele. Un giorno, con sorpresa, ha riconosciuto la voce di un amico tra quelle dei trafficanti: Jack Zbeida, un antiquario di Brooklyn. Elefant si trovò quindi di fronte a un dilemma morale e andò a chiedere consiglio al suo rabbino, che gli consigliò di avvertire Zbeida. Fu una decisione sbagliata, perché alla fine Zbeida fu arrestato e si offrì di collaborare con la polizia denunciando Elefant, che a sua volta fu arrestato. Elefant si è difeso accusando gli agenti dell'FBI di antisemitismo. Secondo lui, erano colpevoli di aver cercato troppo di coinvolgere lo Stato di Israele in un caso di traffico di droga. Il giudice Kevin Duffy lo ha condannato a 18 mesi di carcere.

Anche Adi Tal ha lavorato per il cartello di Cali. Era già stato arrestato nel marzo 1988 con undici membri di una rete di riciclaggio di denaro in compagnia di Nir Goldstein. I soldi della droga sono stati versati su conti bancari, con depositi di 10.000 dollari, importo oltre il quale un deposito in una banca statunitense era soggetto a denuncia. Hanno poi convertito il denaro in travellers' cheques che hanno inviato a Panama. Hanno usato un linguaggio in codice. L'invio di un diamante da 30,4 carati significava trentamila e quattrocento dollari.

Il rabbino Shalom Leviatan, un Chabad-Lubavitch, il principale ramo degli ebrei chassidici[224], era a capo della rete di Seattle." Le mie intenzioni erano buone", ha assicurato alla polizia, sostenendo che credeva di aiutare gli ebrei iraniani a portare il loro denaro fuori dal Paese. Leviatan è stato condannato a 52 mesi di carcere, ma la sua detenzione non è servita come punizione, poiché al suo rilascio si è unito a una banda che è stata poi smantellata. Fortunatamente per lui, questa volta ebbe il tempo di fuggire in Israele.

Nel 1994, 23 persone sono state arrestate per riciclaggio di denaro, tra cui i rabbini di New York Alexander Schwarts e Menashe Leifer, gli avvocati Hervey Weinig e Robert Hirsch, il poliziotto Michael Kalanz e un banchiere svizzero. I soldi della cocaina sono finiti su un conto bancario a Zurigo. Il rabbino Schwarts era stato sorpreso a Porto Rico con 267.830 dollari in contanti.

Il 7 luglio 1995, un certo Moshe Benyamin viene arrestato davanti a una banca di Montecarlo. Nel suo veicolo, gli agenti di polizia hanno scoperto sei valigie piene di banconote per un valore di 5,5 milioni di dollari. Nato in Italia ma di nazionalità israeliana, Moshe Benyamin era sospettato di essere il "capo riciclatore" di un cartello colombiano di cocaina. Il 30 agosto, suo fratello William viene assassinato a Tel Aviv. Nel 1996, un ebreo ortodosso, David Bright, fu arrestato all'aeroporto di New York con una valigia contenente 200.000 dollari in contanti. Lavorava per il cartello di Cali.

Nachum Goldberg, ebreo ortodosso australiano, era stato mandato in prigione nel 1997. Faceva parte di una rete internazionale di riciclaggio di denaro che comprendeva commercianti di diamanti di Israele, Belgio e Australia. Goldberg aveva riciclato 90 milioni di dollari in tredici anni attraverso un conto bancario della *United Charity*. In questo modo finanziò la comunità ebraica ortodossa. La maggior parte del denaro proveniva dalla vendita di diamanti importati illegalmente in Australia. Decine di migliaia di dollari sono stati inviati al fratello, che gestiva la banca Leumi a Gerusalemme. Nell'ottobre 2000, Goldberg è stato condannato a cinque anni di carcere. Il giudice aveva criticato il governo israeliano per la scarsa collaborazione con gli investigatori.

Nel 1997, altri due rabbini chassidici di New York, Bernald

---

[224]Sugli ebrei chabad-lubavitch chassidici leggi *Psicoanalisi dell'ebraismo*.

Grunfeld e Mahir Reiss, sono stati incriminati insieme ad altre dieci persone per aver riciclato milioni di dollari di droga. Il rabbino Weiss è stato descritto dal *New York Times* come la mente del giro. Anche suo fratello Abraham, che raccoglieva il denaro dai commercianti di Manhattan, era stato arrestato, così come Israel Knoblach. Jack Pinski era ancora in fuga. Abraham Reiss è stato anche vicepresidente della Conferenza dei presidenti delle organizzazioni ebraiche americane. L'anno successivo, il rabbino Elliot Amsel di Brooklyn, che gestiva il Syrit College, è stato accusato di evasione fiscale e riciclaggio di denaro. 1.700.000 dollari che aveva accumulato furono depositati in Israele.

Alcuni ebrei chassidici erano passati direttamente al traffico di droga. Nel 1998 è stato scoperto che il business dei diamanti di Anversa era una copertura per il traffico internazionale di eroina. A luglio, la piccola comunità di diamanti della città fiamminga è stata duramente colpita da una serie di arresti di ebrei Chabad-Lubavitch. Il quotidiano inglese *The Independant* del 25 luglio ha riferito che la polizia e le dogane inglesi hanno smantellato un giro di contrabbando di eroina tra Israele, Anversa e Londra. Ne sono stati sequestrati 15 chili. Un ebreo ortodosso, Dror Hazenfratz, era a capo della rete. Nato ad Haifa, Hazenfratz aveva un passaporto israeliano e una carta d'identità belga. In tribunale si è presentato in abito tradizionale, caftano nero, cappello e papillotes, ma questo non gli ha risparmiato una condanna a undici anni di carcere.

Nel 2001, il rabbino Leon Edery è stato condannato a un anno di prigione a Toronto, in Canada, per evasione fiscale. Le ricevute per le donazioni a istituzioni caritatevoli e religiose erano significativamente più alte delle donazioni effettive.

Alla fine del 2002, a New York è stata smantellata una rete internazionale di riciclaggio di denaro sporco dei cartelli colombiani. Secondo il Procuratore degli Stati Uniti James Comey, era gestito da ebrei chassidici che tenevano incontri segreti con i colombiani a Miami e a Manhattan. Avraham Zaltzamn e Aaron Bornstein, residenti a Brooklyn, sono stati incarcerati. Un altro uomo, Akiva Apter, era in fuga, ma altri arresti di trafficanti in California e a Houston hanno portato allo smantellamento della rete chassidica (*New York Daily News*, 2 novembre 2002). La notizia è stata ripresa il 10 novembre da *The Observer*, un giornale inglese che si è stupito del coinvolgimento di questo movimento religioso con i cartelli colombiani. Un anno prima, la polizia aveva smantellato un'altra rete gestita da un altro ebreo chassidico, Sean Erez, che aveva investito nel traffico di ecstasy. La droga veniva contrabbandata in modo fraudolento all'interno dei cappelli o dei rotoli di preghiera di questi pii ebrei, nella convinzione che i funzionari doganali non avrebbero sospettato nulla.

In effetti, gli ebrei religiosi avevano da tempo approfittato dell'ingenuità dei funzionari doganali. Jacques Derogy ci ha informato che, già negli anni '70, ci sono state segnalazioni che Abu Hatsira, un parente del Ministro della Religione e degli Affari Religiosi, "aveva contrabbandato eroina in Israele, camuffata in un rotolo della Legge"."

Alla fine degli anni '70, Isaac Kattan-Kassin, che viveva a New York e Miami, era uno dei maggiori riciclatori di cocaina colombiana. Tra gli altri nomi figurano Beno Ghitis e Victor Eisenstein, oltre ad Abel Holtz, presidente della Capital Bank di Miami.

Ecco un altro caso evidenziato da Derogy: quello del capitano Pressman, comandante di volo della compagnia El Al, arrestato per traffico d'oro tra Israele e la Svizzera." Veterano della compagnia aerea israeliana, Pressman si era rifiutato per otto anni di cambiare Boeing e compagnia aerea. E a ragione, perché ad ogni scalo a Ginevra prendeva un carico di lingotti d'oro per contrabbandarli in Israele per conto dei mercanti di Mea Chearim, il quartiere ultraortodosso[225]."

Nel 2002, nel suo libro *Gli ebrei, il mondo e il denaro*, l'autorevole Jacques Attali spiegava che la criminalità ebraica era, al massimo, solo un fenomeno marginale: "Il ruolo relativo della 'malavita' ebraica nella criminalità sta diminuendo con la globalizzazione, anche se alcuni dei suoi membri si trovano ancora come intermediari in alcuni tipi di riciclaggio di denaro nel traffico di droga, da Los Angeles a Mosca, da Bogotà a Tel-Aviv." Jacques Attali ha continuato: "Un'unica rete specificamente ebraica è stata scoperta nel febbraio 1990 a New York; ha seguito il seguente percorso: parte della droga del cartello di Cali veniva scambiata in Colombia con diamanti; per trasformarli in denaro contante, i diamanti venivano spediti a Milano e montati su gioielli, che poi venivano rispediti a Manhattan per essere venduti legalmente - alla conta - sulla 47esima strada, dove, secondo un commento empatico del quotidiano israeliano *Maariv*, che ha rivelato il caso, "ci sono più ristoranti kosher che in tutta Tel-Aviv, e dove si trova il più grande riciclaggio di denaro sporco negli Stati Uniti". Una parte dei proventi veniva poi consegnata dai gioiellieri alle istituzioni ebraiche di New York, che ne restituivano una parte - sempre in *contanti* - ai corrieri del cartello. I leader del giro hanno fatto credere ad alcuni dei loro assistiti - ebrei ortodossi, come un rabbino di Brooklyn il cui arresto nel febbraio 1990 ha rivelato l'intera vicenda - che stavano aiutando i commercianti

---

[225] Jacques Derogy, *Israel Connection*, Plon, 1980, pag. 200.

di diamanti della 47a Strada a frodare il fisco o a sottrarre i loro soldi agli ebrei iraniani. Il capo di questa rete, un israeliano, ha confessato di aver riciclato 200 milioni di dollari per conto del cartello di Cali, meno dell'1% dell'importo gestito annualmente dal cartello, che distribuisce quattro quinti della cocaina e un terzo dell'eroina consumata nel mondo226." Come abbiamo scritto noi stessi in *Speranze planetarie*: "Se Jacques Attali è discreto sul ruolo degli ebrei nella criminalità come lo è stato sul loro ruolo nel bolscevismo, questa rivelazione rappresenta da sola una grande cosa."

Il film *Blood Diamonds* (USA, 2007) ha presentato un buon esempio di "furtività" dei media quando si tratta di criminalità ebraica. In effetti, il film mostra a malapena il ruolo degli ebrei nell'industria dei diamanti, solo in una breve sequenza in cui un ebreo ortodosso appare sullo schermo... per mezzo secondo! per mezzo secondo! Gli spettatori non hanno capito il senso. Va detto che, nel suo genere, il regista Edward Zwick è un prestigiatore.

"Le informazioni sulla criminalità o sulla mafia [ebraica] non appaiono quasi mai sulla stampa internazionale", scriveva Jacques Derogy già nel 1980. A metà del XIX secolo, la dittatura dei media non aveva ancora raggiunto i livelli attuali nei Paesi occidentali. Così, nel 1864, nel numero del 9 dicembre, la rivista ebraica *L'Univers israélite si* indignava per la rivelazione dell'identità di alcuni criminali da parte della stampa tradizionale: "Quattro israeliti olandesi, tagliatori di diamanti, compaiono davanti alla giuria della Senna, ecc."...... Sembra che sia finalmente giunto il momento che il Consiglio centrale chieda al Ministero degli Interni un comunicato che inviti i giornali a non rivelare più il culto di qualsiasi persona che compaia in una corte di giustizia. Questa semplice misura sarebbe sufficiente per porre fine a un abuso ripugnante che oltraggia tutti gli israeliani francesi e la loro religione!227" È infatti importante non "indignarli": sono persone suscettibili.

Una lunga tradizione

La storia romanzata dei gangster ebrei ha sempre trascurato il loro

---

[226]Jacques Attali, *Les Juifs, le monde et l'argent,* Fondo de cultura económica, 2005, Buenos Aires pag. 479, 480.
[227] *L'Univers Israélite*, settembre 1864, in Roger Gougenot des Mousseaux, *Los Judíos y la judeización de los pueblos cristianos*, versione pdf. Tradotto in inglese dal professor Noemí Coronel e con la preziosa collaborazione dell'équipe di Catholic Nationalism. Argentina, 2013, pag. 150-151

coinvolgimento nel traffico di droga. Gli spacciatori sono infatti considerati intrattabili." Quegli ebrei non esistono, punto e basta", ha scritto Rich Cohen nel suo libro *Yiddish Connection*." Ora, ha osservato Cohen, il primo grande spacciatore americano è stato probabilmente proprio Arnold Rothstein." Sta diventando sempre più chiaro che il traffico di droga negli Stati Uniti è condotto da un'unica fonte, si legge in un rapporto criminale federale della fine degli anni Venti. Inoltre, le informazioni a nostra disposizione alimentano la nostra convinzione che quella fonte si chiami Arnold Rothstein"."

Rothstein aveva previsto l'abrogazione della legge sul proibizionismo degli alcolici e aveva capito prima di chiunque altro che la droga avrebbe potuto compensare la perdita del commercio di alcolici illegali. Il suo complice in questa occasione fu un certo Yasha Katzenberg: "Fure una delle grandi figure avvolte della malavita ebraica", ha scritto Rich Cohen. Nel 1928, alla morte di Rothstein, la sua organizzazione di narcotrafficanti passò nelle mani di Lepke Buchalter, che gestiva una fabbrica di oppio sulla Seymour Avenue[228].

Nel 1931, un trattato della Società delle Nazioni aveva vietato quasi tutta la produzione mondiale. D'ora in poi, ogni Paese potrà produrre solo la quantità di narcotico necessaria per l'uso medico nazionale. Le fonti di approvvigionamento di Lepke erano esaurite, così decise di inviare Katzenberg in Oriente. Rich Cohen ha scritto: "Yasha è scomparso nelle lontane regioni della Cina, lasciando dietro di sé una scia di lettere. Ricompare mesi dopo, sulle colline intorno a Shanghai, circondato da un esercito di banditi. Aveva insegnato loro a produrre eroina e aveva costruito una fabbrica nella valle del fiume, e presto il flusso di eroina riprese il suo cammino verso il Lower East Side." Alla fine degli anni '30, quando le autorità scoprirono le attività di Katzenberg, la Società delle Nazioni decretò che egli rappresentava una "minaccia per la comunità internazionale". Anni dopo, fu incriminato insieme a Lepke e ad altri ventotto gangster per violazione delle leggi sugli stupefacenti. Katzenberg denunciò Buchalter, ma questo non gli evitò una condanna a diciotto anni di carcere[229].

Il coinvolgimento di trafficanti ebrei nel traffico di droga non era quindi una novità. Negli Stati Uniti degli anni '40 c'erano decine di spacciatori di eroina a New York, "i resti della macchina Rothstein", ha scritto Rich Cohen. Solly Gelb, Solly Gordon, Tudi Schoenfeld, Artie

---

[228] Rich Cohen, *Yiddish Connection*, 1998, Denoël, 2000, Folio, p. 222-224. Il film di Sergio Leone, *C'era una volta in America*, mostra come alcuni gangster fossero clienti abituali delle fumerie d'oppio.
[229] Rich Cohen, *Yiddish Connection*, 1998, Denoël, 2000, Folio, p. 227, 228

West, Niggy Rutkin, Harry Koch, Sam Haas, Moe Taubman e Harry Hechinger, per esempio. Un certo Bernard Bergman era un uomo estremamente ricco e una figura di spicco della comunità ebraica ortodossa. Era "uno degli ebrei ortodossi più ricchi del mondo", ha scritto Robert Friedman. Aveva costruito la sua fortuna nell'assistenza medica, estendendo la sua attività in tutto il territorio. Nel 1941, la polizia sequestrò otto chili di eroina nascosti nei suoi libri di preghiere a casa sua. Il giudice Martin Frankel lo aveva condannato a una ridicola pena detentiva di quattro mesi, generando una voce puramente antisemita. Il caso è stato riesaminato e il nuovo giudice, Aloysius Melia, ha aggiunto un anno di reclusione alla precedente sentenza.

Nel 1942, in Francia, un autore come Léon de Poncins, che aveva stilato un elenco delle attività criminali di alcuni ebrei - grandi truffe finanziarie, casi di spionaggio e assassinii politici, eccetera - menzionò anche il traffico di droga e fece due nomi: Isaac Leifer e Theodore Lyon. Isaac Leifer era stato condannato il 20 giugno 1939 a Parigi a due anni di reclusione e a una multa di 5000 franchi. Le buste di eroina inviate negli Stati Uniti erano nascoste nelle bibbie[230]. Lucien Rebatet, da parte sua, scrisse nel settimanale *Je Suis Partout*, del 17 febbraio 1939: "Recentemente, in seguito all'arresto di un rabbino di Brooklyn per traffico internazionale di droga di nome Isaac Leifer, abbiamo assistito a un'altra grande difesa della razza eletta. Questa volta si trattava di negare che Leifer fosse un rabbino. Ancora un po' e sembrerebbe che non fosse nemmeno ebreo. In questa occasione, il *Matin ha* pubblicato un articolo con un titolo che recitava: "Lo pseudo-grande rabbino...". La parola "grande" è stata adattata, ma è stata presentata in modo tale che la falsa qualità sembrava applicarsi anche alla parola "rabbino". Dopo di che, uno si informa e finisce per scoprire che il capo dell'informazione del *Matin* si chiama Sam Cohen."

Secondo Thomas Keyes, nel suo libro *Opium in China*, l'oppio fu probabilmente introdotto in Cina dai commercianti arabi durante la dinastia Tang (619-907). L'oppio era allora usato come medicina. Nel 1729, nel 1780, nel 1796 e nel 1800, editti imperiali indirizzati ai portoghesi e agli inglesi avevano vietato il tabacco e l'oppio. Ma negli anni Venti del XIX secolo, la Compagnia britannica delle Indie orientali iniziò a esportare in Cina l'oppio prodotto in India. Successivamente si ritirò da quel mercato, cedendo il franchising alla società Jardine, Matheson and Co. fondata nel 1832 da due scozzesi.

Nei primi decenni del XIX secolo, anche gli ebrei di Baghdad erano arrivati in India. A Bombay e Calcutta si affermeranno alcune

---

[230]Léon de Poncins, *Israël destructeur d'empires*, Mercure de France, 1942, p. 83.

delle famiglie più potenti, come i Kadouri, i Cohen, gli Ezra, i Solomon, i Gubbay, gli Elias e, soprattutto, i Sassoon. David Sassoon (1792-1864), in fuga dalla legge del governatore ottomano di Baghdad, arrivò a Bombay nel 1832 dove fondò la David Sassoon and Co e si dedicò al commercio di tessuti, alla coltivazione e al commercio del cotone, ma anche alla coltivazione dell'indaco e del papavero da oppio. David Sassoon e i suoi discendenti sarebbero stati in seguito considerati i Rothschild d'Oriente, dato che la loro fortuna era considerata così favolosa.

David Sassoon si trovò in diretta concorrenza con Jardine, Matheson and Co nella produzione e nel commercio dell'oppio. Ben presto, il commissario dell'imperatore Daoguang, Lin Hse Tsu, prese misure per frenare il commercio, punire gli spacciatori e disintossicare e riabilitare socialmente i dipendenti dall'oppio. Queste misure non impressionarono gli intraprendenti inglesi ed ebrei, che continuarono il loro commercio. Scoppiò quindi una prima guerra dell'oppio (1839-1842) che si concluse con il Trattato di Nankin, imposto alla Cina dalla vittoriosa Gran Bretagna. I termini del trattato imponevano indennizzi di guerra a carico della Cina e Hong Kong fu ceduta agli inglesi. Tuttavia, l'oppio è rimasto illegale. Nel 1858 scoppiò una seconda guerra dell'oppio, questa volta combattuta dai ribelli cinesi che volevano liberare il Paese dall'oppio. Questa volta, il trattato di pace non proibiva più specificamente l'oppio.

Nel 1859 erano state prodotte non meno di 4 800 tonnellate e nel 1880 la cifra aveva raggiunto le 6700 tonnellate[231].

La società David Sassoon and Co. ora nelle mani degli eredi, controllava già più del 70% del commercio dell'oppio e altre società erano state create da altri mercanti ebrei, cosicché alla fine del XIX secolo la Jardine e altre società britanniche erano state estromesse dal commercio dell'oppio. Nel 1900, l'oppio in Cina era praticamente un monopolio ebraico. All'epoca, il Paese contava almeno venticinque milioni di tossicodipendenti da oppio.

Il traffico di droga era apparentemente una vecchia tradizione della comunità ebraica. Nel XV secolo, i mercanti ebrei dello Stato polacco si recavano liberamente a Mosca. Ma sotto il regno di Ivan il Terribile la situazione cambiò e l'ingresso in Russia fu vietato ai mercanti israeliti. Quando nel 1550 il re polacco Sigismondo-Augusto chiese che fosse nuovamente consentito il libero accesso alla Russia, lo zar Ivan si oppose in questi termini:

---

[231]Ciò equivale all'incirca alla produzione dell'attuale Afghanistan "liberato" dalle truppe statunitensi nel 2002.

"Riguardo a ciò che ci scrivete, ovvero che dovremmo permettere ai vostri ebrei di entrare nelle nostre terre, vi abbiamo già scritto diverse volte, raccontandovi le malefatte degli ebrei, che allontanano il nostro popolo da Cristo, portano farmaci avvelenati nel nostro Stato e causano molti danni al nostro popolo. Dovresti vergognarti, fratello, di scriverci di loro sapendo delle loro malefatte. Anche negli altri Stati hanno fatto molto male, e per questo sono stati espulsi o condannati a morte. Non possiamo permettere che gli ebrei entrino nel nostro Stato, perché non vogliamo vedere il male in esso; vogliamo solo che Dio permetta alla gente del nostro Paese di vivere in pace, senza alcun disturbo. E tu, fratello, d'ora in poi non dovrai più scriverci degli ebrei[232]."

Gli stessi ebrei erano probabilmente forti consumatori di stupefacenti. Nel marzo 2008, un professore dell'Università Ebraica di Gerusalemme, Benny Shanon, ha commentato ai microfoni di una radio israeliana un suo articolo pubblicato sulla rivista filosofica *Time and Mind*, in cui spiegava che gli Ebrei dell'antichità avevano l'abitudine di usare droghe allucinatorie durante i riti religiosi. Secondo lui, la rivelazione dei Dieci Comandamenti da parte di Dio sul Monte Sinai probabilmente non era altro che il frutto delle allucinazioni di Mosè, causate dal consumo ripetuto di psicofarmaci.

È quanto si legge sul quotidiano *Le Figaro* del 4 marzo 2008. Le "voci, il bagliore, la voce del corno e la montagna fumante" che gli Ebrei videro, secondo la Bibbia, accampandosi intorno al Monte Sinai (Libro dell'Esodo), gli avevano ricordato le sue esperienze allucinatorie in Amazzonia dopo aver assunto l'ayahuasca, un intruglio di bejuco bevuto dagli sciamani in America Latina. Benny Shanon ha spiegato di averla consumata più di cento volte: "Con l'ayahuasca ho sperimentato visioni religiose e spirituali." La trasmissione divina delle tavole della Legge a Mosè fu il risultato di un'allucinazione: "Durante l'episodio sul Monte Sinai, il Libro dell'Esodo menziona che gli israeliti percepiscono dei suoni. È un fenomeno molto classico della tradizione amerindia, in cui la musica viene 'vista'", ha detto Shanon, che ha anche sottolineato che le ipotesi che collegano la nascita delle religioni all'uso di sostanze psicotrope esistono da più di 20 anni. Tuttavia, nei deserti del Negev e del Sinai crescono due piante allucinatorie, l'harmal, ancora usato dai beduini, e la corteccia di acacia, che producono gli stessi effetti psichedelici dell'ayahuasca.

L'acacia è un albero spesso citato nella Bibbia. Il suo legno era

---

[232] Léon Poliakov, *Histoire de l'antisémitisme, Tome I,* Point Seuil, 1981, p. 419. Queste parole sono citate anche dal grande scrittore russo Aleksandr Solzhenitsyn, in *Deux Siècles ensemble, Tome I,* Fayard, 2002, pp. 26, 27.

stato probabilmente utilizzato per costruire l'Arca dell'Alleanza, insisteva il professore. Per lui, un altro famoso episodio della Torah corrisponde agli effetti dell'uso di droghe: il roveto ardente; "Mosè credeva che il roveto non fosse stato ridotto in cenere dal fuoco perché la sua percezione del tempo era stata alterata dall'ingestione di psicofarmaci che lo convincevano di parlare con Dio." Tuttavia, per Benny Shanon, il pastore rimaneva un personaggio eccezionale: "Chiunque consumi piante allucinatorie non è in grado di portarti la Torah, devi essere Mosè per questo."

Disintossicazione e depenalizzazione

Dagli anni '70, e fino al 1995, l'aiuto alle vittime dell'eroina è stato personificato in Francia e in Europa da un uomo carismatico che non ha risparmiato sforzi per far uscire i tossicodipendenti dalla loro dipendenza. L'uomo, che i non iniziati chiamavano "Patriarca", aveva sempre avuto l'aspetto di un nonno con la sua barba bianca. All'inizio degli anni '70, aveva creato una comunità per accogliere persone emarginate e tossicodipendenti che volevano seguire una cura di disintossicazione e allontanarsi definitivamente dal mondo della droga.

Quando si è arrivati al Castello della Boère, vicino a Tolosa, ci si è dovuti spogliare di tutto. La carta d'identità e il denaro sono stati portati via. Il trattamento di disintossicazione è durato cinque giorni, in segreto. La persona malata è stata rinchiusa con un ex tossicodipendente che aveva già vissuto la stessa situazione. Si presero cura di lui, ma lui dovette lavorare: restaurando fattorie o vendendo il giornale dell'associazione, *Antitox*. I medici della regione hanno appoggiato il "patriarca" e le famiglie di molti tossicodipendenti lo hanno sostenuto, rassicurate dal fatto che i loro figli non si stavano più autodistruggendo. Per anni l'associazione ha operato in questo modo, con la compiacenza delle autorità pubbliche.

L'associazione *del Patriarca si è* poi sviluppata notevolmente, attirando donazioni per i tossicodipendenti di tutta Europa. Nel 1995, la struttura contava 67 centri solo in Francia, che accoglievano 2.500 ex tossicodipendenti, e 210 centri in 17 Paesi. Lo Château de Boère era al centro di una costellazione di otto associazioni in Francia, otto società commerciali in Europa e in America e quattro holding in Lussemburgo. *Il Patriarca* era diventato una vera e propria multinazionale della disintossicazione.

I fondi sono stati finanziati in gran parte da donazioni e sovvenzioni. Il Ministero della Salute ha contribuito con 6,6 milioni di franchi all'anno, "senza che venisse inviato alcun tipo di controllo o rapporto di attività", ha rilevato la Corte dei Conti. La vendita in Europa di 400.000 copie di *Antitox*, il mensile ideato e venduto per strada dai tossicodipendenti, ha rappresentato un'altra importante fonte di denaro, soprattutto perché i venditori ambulanti non venivano pagati. Tutto è crollato nel 1995. Le denunce di alcuni pensionati per violazione della fiducia avevano interrotto il regolare funzionamento dell'associazione, che alla fine era stata iscritta nel registro delle sette nella relazione parlamentare. Sono stati avviati altri procedimenti legali per stupri e tentativi di stupro di pensionati. L'indagine giudiziaria ha rivelato che 100 milioni di franchi erano circolati tra Svizzera, Lussemburgo e Liechtenstein.

Da qualche tempo", ha dichiarato Stéphane Hédiard, storico segretario privato di Lucien Engelmajer, "le cose non andavano più come prima. Era fuori controllo. Era interessato solo alle sue storie di liquidazioni, raccolte di denaro e investimenti immobiliari." (*Libération* dell'8 novembre 2006). Il *"Patriarca"*, secondo le informazioni che abbiamo ricevuto, non era un tipo facile: "Alcuni pensionati che erano fuggiti sono stati perseguitati e minacciati. Quando veniva criticato, il Patriarca poteva essere estremamente violento verbalmente."

All'età di 86 anni, Lucien Engelmajer era oggetto di due mandati di cattura internazionali. Ma questo non gli impedì di dormire profondamente. Il Patriarca viveva già da tempo a Miami e successivamente si era stabilito in Belize, Paese di cui aveva acquisito (o comprato) la cittadinanza per sfuggire alla giustizia francese. Nel 2006, otto dei suoi collaboratori e sei dei suoi figli sono stati portati in tribunale per complicità in abuso di beni sociali, abuso di fiducia, abuso di debolezza, riciclaggio di denaro e ricettazione. Jean-Paul Séguéla, professore di medicina ed ex deputato dell'RPR (destra liberale), ha dichiarato di "non capire cosa ci facesse lì", sul banco degli imputati, e ha negato di aver beneficiato di prestiti gratuiti da parte del Patriarca (6 milioni di franchi)." Per quanto riguarda i cinque figli e figlie del fondatore, l'avvocato Simon Cohen ha affermato: "Perché avrebbero dovuto chiedere da dove provenissero i fondi regolarmente trasferiti sui loro conti? Lucien Engelmajer "era un buon padre, tutto qui"."

Gli intellettuali cosmopoliti sono stati anche i primi a sostenere la depenalizzazione delle droghe. Questa è l'opinione di Daniel Cohn-Bendit, ex leader studentesco del Maggio '68 e poi sindaco di Francoforte, città in cui il possesso di piccole quantità di eroina non era criminalizzato: "La questione oggi è come le società possono convivere con le droghe", ha detto Cohn-Bendit. Il proibizionismo è inutile. In primo luogo, nelle società di mercato, qualsiasi proibizione porta automaticamente al traffico e a un mercato nero che non può essere fermato... L'intera strategia della guerra alla droga è fallita perché non riesce a eliminare il bisogno di droga e il consumo di droga attraverso la repressione. Dobbiamo quindi affrontare la realtà... Dobbiamo depenalizzare l'uso delle droghe leggere, regolamentare le situazioni in cui possono essere utilizzate, controllarne la qualità, come per qualsiasi bene di consumo." Cohn-Bendit ha continuato: "A Francoforte portiamo avanti una politica di riduzione del rischio che rasenta i limiti della legge, distribuendo metadone e creando luoghi dove i tossicodipendenti possono incontrarsi e avere accesso all'eroina che non possono procurarsi. Questi luoghi sono le cosiddette "stanze della droga", allestite all'interno dei bar, dove si possono consumare[233]."

Così, l'ambientalista di sinistra Cohn-Bendit ha detto la stessa cosa dell'intellettuale liberale Guy Sorman, anch'egli ben noto al pubblico. Nel suo libro *French Happiness*, pubblicato nel 1995, ha scritto, riferendosi a uno dei suoi correligionari: "Milton Friedman è stato il primo ad aver analizzato il fallimento della guerra alla droga, ad averne dettagliato gli effetti controproducenti e ad aver proposto la depenalizzazione di tutte le droghe. Mi convinse che i danni causati dalla guerra alle droghe erano maggiori degli effetti della droga stessa e che, poiché questa guerra era universale, era suo dovere diffondere in Francia le sue argomentazioni a favore della liberalizzazione." Ecco la spiegazione: "Il calcolo di Friedman era - ed è tuttora - essenzialmente basato su un approccio economico: i miliardi investiti nel proibizionismo arricchiscono le mafie facendo salire i prezzi; ne beneficiano anche poliziotti, magistrati, psichiatri e doganieri, il cui status e la cui virtù vengono accresciuti. Al contrario, i tossicodipendenti sono spinti a commettere reati che non avrebbero commesso se la droga fosse stata accessibile, in quanto non avrebbero dovuto rubare le somme di denaro necessarie per il loro consumo. Il proibizionismo, ha aggiunto Friedman, inonda il mercato di prodotti adulterati che causano un numero infinitamente maggiore di vittime rispetto alla droga pura se fosse disponibile al suo prezzo di costo, che è molto basso." Guy Sorman ha aggiunto: "Economista, ma anche

---

[233] Daniel Cohn-Bendit, *Une Envie de politique*, La Découverte, 1998, pagg. 126-133. Gli intellettuali cosmopoliti sostengono anche che l'immigrazione è "ineluttabile", proprio come un tempo sostenevano che il trionfo del proletariato era "ineluttabile". Qui il traffico di droga è "ineluttabile". Comunque sia, possiamo ben capire perché sono contrari alla pena di morte per i trafficanti di droga.

filosofo, Friedman sottolinea che nessuno dovrebbe essere incriminato per i propri consumi personali, lo Stato non è legittimato a interferire in una libera scelta individuale che non causa vittime esterne."

In breve, gli intellettuali *planetari*, socialisti o liberali, sono concordi nel sostenere la depenalizzazione. In Francia, Michèle Barzach, un ministro di destra, aveva autorizzato nel 1987 la vendita gratuita di siringhe il cui uso era noto. E fu il famoso Bernard Kouchner, un socialista poi passato alla destra, ad autorizzare per primo la distribuzione del metadone. Simone Veil e il suo ministro della Salute, Philippe Douste-Blazy, vorrebbero ampliare e organizzare il suo utilizzo, non solo negli ospedali, ma anche direttamente nelle farmacie[234].

La lotta degli intellettuali e dei politici cosmopoliti per la depenalizzazione delle droghe potrebbe essere vista come un altro elemento dell'arsenale bellico delle mafie cosmopolite nella loro guerra contro le nazioni[235]. Nel 1996, ad esempio, un alto ufficiale dell'esercito israeliano è stato accusato di traffico di droga in Egitto. Non si trattava di un caso di diritto comune, ma di un'operazione segreta volta a inondare l'esercito egiziano di marijuana per minarne le capacità di combattimento. Seguendo questa logica, la cannabis e i derivati dell'eroina erano destinati al nemico, mentre le anfetamine facevano parte dell'arsenale bellico dei soldati di Tsahal.

Alcuni trafficanti sembravano essere importanti per lo Stato ebraico. Così, nel 2004, le autorità israeliane hanno scambiato 400 prigionieri libanesi e arabi in cambio di Elhanan Tannebaum, un colonnello della riserva israeliana rapito tre anni prima in Libano e tenuto prigioniero da Hezbollah. Nel dicembre 2006, ha ammesso di essersi recato in Libano per trafficare stupefacenti. In effetti, questo scambio sproporzionato aveva provocato l'indignazione di molti israeliani.

Anche gli intellettuali cosmopoliti sono pienamente impegnati nella lotta antirazzista. La difesa delle minoranze, di tutte le minoranze, permette infatti di indebolire a poco a poco l'organismo di nazioni etnicamente omogenee e impermeabili alla loro influenza." L'odio per il tossicodipendente coincide con quello per l'immigrato e l'ebreo", ha scritto Guy Sorman.

In Germania, Michel Friedman era un avvocato molto noto, molto presente nei media e uno dei "portavoce" della lotta contro il razzismo e l'antisemitismo. Numero 2 della comunità ebraica sull'altra sponda

---

[234]Guy Sorman, *Le Bonheur français*, Fayard 1995, pagg. 111, 112.
[235]La guerra contro le nazioni: cfr. *Le speranze planetarie* e Il *fanatismo ebraico*.

del Reno, è stato anche presidente del Congresso ebraico europeo. Temuto conduttore di talk show ed ex membro della leadership della CDU, il partito conservatore tedesco, ha pontificato su tutte le televisioni. Il settimanale francese *L'Express* del 26 giugno 2003 ha pubblicato un articolo su di lui intitolato *L'onore perduto di Michel Friedman*. La rivista ha scritto: "Michel Friedman ha irritato più di qualcuno in Germania con le sue arie da dandy, i suoi capelli gelati e le sue cravatte rosa. Ma a molti piaceva anche perché era un brillante difensore dei grandi principi della morale e dei diritti umani, parlava forte e chiaro e rifiutava di essere incasellato nel "ruolo di vittima ebraica che molti avrebbero voluto vedergli assumere", come ha recentemente osservato il quotidiano di sinistra *Tageszeitung*. In breve, Michel Friedman, 47 anni, vicepresidente del Consiglio centrale degli ebrei in Germania, è stato indispensabile nel dibattito pubblico."

Il 15 giugno 2003, tuttavia, è stata effettuata una perquisizione nella sua abitazione a Francoforte, dopo che il suo nome era comparso in un'indagine su una rete criminale ucraina attiva nel traffico di droga, prostituzione e armi in Germania. A quanto pare, anche il consumatore mondano aveva rapporti dubbi con quel mondo.

Il caso era iniziato con le intercettazioni dei protettori sospettati di contrabbandare prostitute ucraine e polacche in Germania. Dalle telefonate in arrivo, gli investigatori avevano riconosciuto la voce forte e familiare dell'avvocato dei media dietro lo pseudonimo di un certo Paolo Pinkel. Quest'ultimo aveva ordinato diverse prostitute, specificando che dovevano raggiungerlo nella sua stanza d'albergo. Anche se non si adattava bene al discorso pubblico dell'interessato, questa azione di per sé non era illegale. Ma il caso ha preso una piega diversa quando due prostitute hanno dichiarato, durante l'interrogatorio, che l'avvocato aveva offerto loro della cocaina.

Crollato psicologicamente, raccontano gli amici, Friedman aveva sospeso tutti i suoi programmi televisivi, preferendo andare in Italia a riposare. La prima pagina del popolare quotidiano *Bild-Zeitung* mostrava una foto che lo ritraeva seduto a un tavolo sulla terrazza di un hotel di lusso a Venezia. La giornalista de *L'Express* "Blandine Milcent" compiangeva il pover'uomo: viveva "abitato da un bisogno permanente di riconoscimento sociale e da una costante smania di "curiosare dove dà più fastidio". Nel corso degli anni, Michel Friedman si è specializzato nella denuncia dell'intolleranza, del razzismo e dell'ipocrisia della società tedesca. Nato a Parigi nel 1956 (parla francese senza accento), questo figlio di pellicciai - ebrei polacchi salvati dall'Olocausto da Oskar Schindler - si era affermato come la figura più mediatica della comunità ebraica tedesca. Chiacchierone, acerbo, arrogante fino all'inverosimile, amava dire che se dava fastidio nel suo Paese, non era un problema suo. Queste affermazioni erano comunque molto sintomatiche di una certa mentalità di alcune persone che si vantano costantemente di essere "fastidiose", "provocatorie" e "irritanti"[236]. E queste sono le stesse persone che si sorprendono di essere espulse da ogni dove.

---

[236] Si veda *Psicoanalisi dell'ebraismo* e *Fanatismo ebraico*.

2. La mafia del porno

Liberazione sessuale

L'industria del sesso si è sviluppata notevolmente a partire dagli anni '70 e da allora è in continua crescita." Nelle grandi città non c'è più un muro, una fermata dell'autobus o un'edicola che non offra sesso", scriveva Yann Moncouble nel 1989 in un libro intitolato *Politica, sesso e finanza*. Nel 2008, gli occidentali potevano solo osservare che il sesso stava diventando sempre più invasivo, in televisione e su Internet. Era evidente che l'onnipresente pornografia non promuoveva il tasso di natalità, ma anzi incoraggiava ogni sorta di patologia sociale. Yann Moncomble ha citato uno studio ufficiale che ha stabilito un legame tra la pornografia e l'aumento del numero di stupri e di crimini lievi o iperviolenti: "Nella sua testimonianza davanti alla Commissione Messe, Ken Lanning, specialista di pornografia presso l'FBI, ha sottolineato che in molti casi di stupro con morte, il colpevole era il proprietario di una grande quantità di materiale pornografico. Le statistiche mostrano anche un netto aumento del numero di stupri negli Stati in cui la vendita di riviste pornografiche è più elevata. Infatti, nel 40% dei casi gli stupratori hanno confessato di essersi ispirati a scene pornografiche prima o durante la perpetrazione del crimine[237]."

Coloro che traevano profitto da questa industria molto redditizia erano evidentemente persone che non si preoccupavano troppo della morale cristiana "reazionaria". Prendiamo ad esempio Jack Kahane. Nel 1931 aveva fondato a Parigi la casa editrice Obelisk e pubblicato in inglese gli scrittori maledetti del suo Paese, come Henry Miller, Anaís Nin e Laurence Durell. Suo figlio, Maurice Girodias, innovò pubblicando opere erotiche in inglese, vendute dopo il 1944 ai soldati americani che le portarono con sé negli Stati Uniti.

Roger Faligot e Rémi Kauffer, coautori di un libro del 1987 intitolato *Porno Business*, descrivono così Maurice Girodias: "È sempre un sogno davanti agli altri e con la polizia alle calcagna... In lui,

---

[237] Yann Moncomble, *La politique, le sexe et la finance*, Faits-et-Documents, 1989, pag. 17.

un innato fiuto per il genio letterario si mescola al gusto per l'intrigo e la provocazione. Si diverte a frequentare i cospiratori della Sinarchia, la massoneria *mezza cagliaritana*[238], *mezza grand guignol*[239]. Senza dubbio, questo ebreo franco-inglese aveva dei contatti che lo aiutarono a sfuggire ai raid nazisti. Durante la guerra, Girodias pubblicò libri d'arte. Ma dal 1945 in poi lo si vede con Miller, che mette in scena colpi spettacolari, sanguinosi e raccapriccianti - in breve, alcune incredibili partite a poker con la censura[240]."

Maurice Girodias aveva creato una struttura editoriale, la *Olympia Press*. All'epoca, nessun editore negli Stati Uniti avrebbe osato pubblicare *Lolita*, il manoscritto di un professore della Cornell University di Vladimir Nabokov. Il romanzo racconta la storia di un uomo innamorato di una ragazzina di dodici anni. Girodias era naturalmente entusiasta di questo tipo di letteratura[241]. Acquistò i diritti d'autore per 1.000 dollari e lo pubblicò nell'autunno del 1955 in due volumi con una tiratura di 5.000 copie. Grazie a contrabbandieri professionisti, il libro circolò in tutta l'Inghilterra. La polizia inglese è intervenuta tramite l'Interpol per far intervenire la brigata di censura francese. Il romanzo è stato vietato in Francia da un'ordinanza del Ministero degli Interni, ma Girodias ha fatto ricorso al tribunale amministrativo. Nel febbraio 1958 il divieto fu revocato e la versione inglese del libro fu legalizzata in Francia.

Negli Stati Uniti, il libro che aveva superato la dogana divenne un *bestseller*. Segno dei tempi, nel 1959 viene autorizzato e pubblicato anche *L'amante di Lady Chatterley* di D.H. Lawrence. L'anno successivo, *Tropico del Cancro*, ma anche Jean Genet, il Marchese de Sade, William Burroughs: l'intero catalogo di *Olympia Press* era in libera vendita. Tuttavia, 65 dei 70 libri pubblicati da *Olympia Press erano* ancora vietati in Francia. L'editore maledetto passava così il suo tempo tra Parigi e gli Stati Uniti, dove passava per "liberatore della morale". *Lolita fu* comunque un successo clamoroso e il regista cosmopolita Stanley Kubrick ne fece un adattamento cinematografico.

Nel novembre 1953, il giovane giornalista Hugh Hefner inventa la stampa erotica con *Playboy*. Marylin Monroe inaugurò la rivista

---

[238] La Cagoule (La Cappa), nome popolare del "Comitato segreto di azione rivoluzionaria". Era un'organizzazione di estrema destra attiva in Francia tra il 1936 e il 1937 e nota per le sue attività terroristiche (NdT).
[239] Famoso teatro di Pigalle (Parigi) noto per i suoi spettacoli horror naturalistici.
[240] Roger Faligot, Rémi Kauffer, *Porno Business*, Fayard, 1987, pag. 38, 25
[241] Nabokov aveva sposato una figlia del popolo eletto. Sull'incesto nelle famiglie ebraiche e sulla pedocriminalità si vedano i capitoli Psicopatologia dell'ebraismo in *Psicoanalisi dell'ebraismo* (2006) e *Fanatismo ebraico* (2007).

posando sulla copertina. La rivista è passata da 70.000 a 900.000 copie vendute in quattro anni. *Playboy ha* indubbiamente svolto un ruolo importante nel promuovere i valori di "tolleranza", in particolare i diritti all'aborto, i diritti degli omosessuali e il consumo di droghe leggere, che hanno gradualmente permeato le società occidentali. In effetti, la *Playboy* Foundation era impegnata nella lotta per i "diritti dei gay", che sosteneva finanziariamente. Hugh Hefner, seguendo alcune antiche usanze ebraiche così ben ridicolizzate da Voltaire, aveva addirittura difeso gli esseri umani che fanno sesso con gli animali.

Nel 1963 uscì *Lui*, la "rivista dell'uomo moderno", che allora era la principale rivista concorrente. È stato diretto da Jacques Lanzman, un militante di estrema sinistra. La foto centrale pieghevole è ispirata al famoso *Playboy*. All'inizio del 1964 *Lui*, che aveva appena pubblicato il suo terzo numero, stampava già 300.000 copie. Il fondatore fu Daniel Philipacchi, amico di Roger Frey, ministro degli Interni del generale de Gaulle. Fu Roger Frey ad appianare le cose con il generale. Anche Marcel Bleustein-Blanchet, il re della pubblicità, aveva capito l'importanza di questa stampa e intervenne a favore della rivista. Il genero di Frey, Paul Giannoli, sarebbe diventato editore anni dopo. Esistevano inoltre forti legami tra Philipacchi e la banca Rothschild. La maggior parte del successo commerciale del gruppo Philipacchi si basa su questa stampa specializzata: 360.000 copie di *Lui*, 410.000 di *Newlook* e 145.000 di *Penthouse*.

La carriera di Philipacchi decolla negli anni felici del gollismo trionfante. Suo padre, Henri Filipacchi, era sbarcato a Marsiglia nel 1922, "da Smirne, senza altro bagaglio che un violino sotto il braccio", scrive Roger Faligot. Divenne segretario generale della società di distribuzione della stampa Hachette, assicurando il regolare svolgimento degli affari durante l'occupazione e trattando con i tedeschi. Henri Philipacchi era anche un amico intimo di Maurice Girodias.

Negli anni che precedono l'esplosione del maggio 1986, la serie *Angélique di* Bernard Borderie fa scalpore al cinema. Tra il 1964 e il 1967 sono usciti cinque film. Angelica, l'eroina, è stata venduta ai Berberi come schiava e frustata dai pirati, ma si è sempre salvata in extremis, anche se non si è piegata ai capricci degli uomini. Il 1967 è anche l'anno di *La monaca* di Jacques Rivette, film tratto da un romanzo di Diderot. Il film fu vietato, ma André Malraux, ministro della Cultura del generale de Gaulle, intervenne in suo favore[242]. Nello stesso anno, l'Assemblea Nazionale aveva votato la formazione di una

---

[242]Malraux era sposato con una donna ebrea di origine tedesca.

commissione speciale guidata da Lucien Neuwirth, deputato gollista della Loira, per legiferare sulla contraccezione. La legge Neuwirth è stata votata il 28 dicembre. L'aborto era ancora vietato, ma il testo regolava la vendita di contraccettivi ai minori (sotto i 21 anni). La pillola contraccettiva ha fatto il suo ingresso nella società.

Gli eventi del maggio 1968 iniziarono sulla scia di una conferenza sulla rivoluzione sessuale, guidata da un trotskista di nome Boris Fraenkel. Fraenkel fu anche il traduttore delle opere di Herbert Marcuse, un suo correligionario che era diventato il guru dei militanti della sinistra radicale[243].

All'epoca, le vendite della rivista *Lui* avevano superato le 700.000 copie. Régine Deforges inizia a pubblicare letteratura erotica con *Irene*. Il libro fu sequestrato e Aragon, scrittore stalinista, rifiutò di riconoscere la paternità del manoscritto e finse che fosse stato rubato. In un piccolo negozio in Rue du Cherche-Midi, Eric e Pierrette Losfeld gestivano le *Editions du Terrain vague*. Eric Losfeld è stato il primo a pubblicare fumetti erotici: *Barbarella e Pravda la survireuse*.

Nel 1969, in un film intitolato *Le Désirable et le Sublime*, il regista José Bénazéraf mostrò una coppia che faceva l'amore sul tappeto del salotto mentre il candidato di sinistra Alain Krivine appariva sullo schermo televisivo durante una campagna elettorale. Ebreo di Casablanca, José Bénazéraf era nato in una famiglia dell'alta borghesia, il che ovviamente non era affatto in contraddizione con il suo impegno politico nell'estrema sinistra, purché si capisca che per questi militanti la questione sociale è molto marginale: per loro la questione essenziale è la disgregazione della società europea tradizionale. Nel 1961, Bénazéraf aveva già diretto *Le Cri de la chair* (Il grido della *carne*). Il regista, dopo venticinque film, si affermò come maestro indiscusso di questa nuova industria e da allora è considerato "il padre del cinema pornografico francese[244]."

Il 1973 vide la pubblicazione del primo numero di Playboy in versione francese, sotto l'impulso di Daniel Philipacchi e Hugh Hefner. Daniel Philipacchi voleva estendere il suo impero agli Stati Uniti ed espandere il suo mercato in Francia. Per farlo, si è avvalso dei servizi di uno specialista dell'erotismo, l'editore Eric Losfeld. Philipacchi voleva anche pubblicare una versione di *Lui* negli Stati Uniti e lanciare in Francia una rivista un po' più *"hardcore"* di quella. Per la prima volta, le *compagne di gioco* della rivista hanno mostrato il loro sesso e

---

[243]Su Wilhelm Reich e Herbert Marcuse, si veda *Speranze planetarie*, capitolo sulla *società matriarcale*.
[244]Roger Faligot, Rémi Kauffer, *Porno Business*, Fayard, 1987, pag. 103.

si sono accarezzate[245]. Lo stesso anno, in ottobre, si è svolta a Copenaghen la Fiera Internazionale del Porno.

Promotori del porno

Gli anni '70 sono stati l'epoca d'oro del cinema porno. Nel suo libro del 1982 sul *cinema erotico*, Jacques Zimmer ha fatto una breve cronaca del fenomeno. In copertina, abbiamo visto per la prima volta una suggestiva foto del film *Les Onze mille Vierges*, del grande Eric Lipmann. La Svezia era allora all'avanguardia nel movimento di "liberazione". Il film *Les Envoûtées* aveva avuto 190.000 spettatori nel 1971.

Film erotici come *Emmanuelle* (1974) o *Histoire d'O*, prodotti da Alain Siritzky; *Les Saisons du plaisir* di Jean-Pierre Mocky; *La Bonzesse* di François Jouffa; *Les Onze mille Vierges* di Eric Lipmann; *Emmanuelle II* di Francis Giacobetti, *Godefinger* di Bob Logan o *La Kermesse érotique* di Jean Le Vitte hanno suscitato grande scandalo.

Nel 1975, il nuovo Presidente della Repubblica Valéry Giscard d'Estaing, che voleva promuovere un'ondata di liberalismo in Francia, ordinò al suo Ministro della Cultura, Michel Guy, di "liberalizzare il cinema" e di non decretare più un divieto totale. La proiezione di film pornografici è stata quindi autorizzata nonostante i criteri e il parere delle commissioni di controllo. Questo liberalismo ha portato a uno tsunami di film, soprattutto quelli stranieri che erano stati precedentemente vietati. Nel suo *Dizionario della censura nel cinema*, Jean-Luc Doin scrive: "Stupefatti, gli spettatori scoprirono manifesti che mostravano organi sessuali in azione e cinema specializzati sulla strada[246]."

La Francia era preoccupata per questa proliferazione di film pornografici, capolavori come *Love Variations* (Regno Unito); *La Possédée* (Svezia); *Les petites Filles modèles* (Francia); *Des Filles pour mercenaires* (Italia-Spagna); *Edith* (Francia); *L'Insatiable* (Grecia); *La Poupée d'amour* (Svezia-Francia); *Frustration* (Francia).

Nel 1975 sono usciti settantasette film. Le associazioni familiari cattoliche hanno reagito e il governo ha fatto marcia indietro decidendo di tassare i film più violenti o pornografici. La legge del 30 dicembre 1975 autorizzava la proiezione di film pornografici in cambio della classificazione X. Ciò comportava una serie di obblighi, come il divieto

---

[245]Roger Faligot, Rémi Kauffer, *Porno Business*, Fayard, 1987, p.100
[246]Jean-Luc Doin, *Dictionnaire de la censure au cinéma*, Presses Universitaires de France, 1998, p. 351.

ai minori di 18 anni e una sanzione fiscale e finanziaria: un'IVA del 33% anziché del 18,6% e un'imposta del 20% sugli utili, con tasse aggiuntive per i film stranieri. Inoltre, è stata vietata la pubblicità. Il ghetto del cinema X era appena stato creato.

Nell'autunno del 1975, il settimanale *L'Express* di Jean-Jacques Servan-Schreiber pubblica alcuni estratti di *Histoire d'O*, mentre la rivista lanciata da Michel Caen e José Bénazéraf, *L'Organe*, viene messa al bando.

Tuttavia, questi anni hanno rappresentato un periodo di brillantezza. Nel 1975, *Exhibition*, di Jean-François Davy, fu il primo film *hard-core* francese. L'attrice protagonista era Claudine Beccarie. Con *Exhibition*, Davy guadagnò più di 10 milioni di franchi in 19 settimane. *Le Canard enchaîné* del 24 dicembre 1975 ha rilevato che i film *La Bête, Suce pas ton pouce* e *C'est plus facile à garder la bouche ouverte*, tre film pornografici autorizzati, erano stati in parte finanziati dal barone Elie de Rothschild[247]. Il grande capitale cosmopolita, come si vede, era già compatibile con la "liberazione morale" fin dall'inizio.

Nel gennaio 1976, 161 film pornografici sono stati proiettati in "cinema specializzati". In quell'anno, i film pornografici hanno totalizzato 10 milioni di ingressi, contro i 177 milioni dei film "normali".

Molti registi e produttori ebrei entrarono nel settore, formando la locomotiva. Francis Mischkind, proprietario di diversi cinema, è stato uno dei primi, con Max Pécas, a produrre e distribuire film erotici, poi pornografici, francesi e stranieri. Un altro pioniere del cinema X fu l'imprescindibile Boris Gourevitch, proprietario del Cinévog Saint-Lazare. All'epoca, gestiva quasi quaranta cinema parigini e generava profitti che reinvestiva immediatamente nella produzione di film tradizionali[248].

Nel 1977, una denuncia presentata contro la trasmissione de *L'Essayeuse*, un film di Serge Korber (sotto lo pseudonimo di John Thomas), portò a un processo che fece scalpore. Il film non solo è stato vietato, ma il tribunale ha ordinato la distruzione fisica della pellicola, che doveva essere bruciata.

Ecco cosa scriveva Jean-Luc Doin nel 1998 nel suo *Dictionnaire de la censure dans le cinéma*: "In Francia il cinema era ancora esemplarmente prudente, anche se Paul Éluard, nelle sue *Lettres à Gala*, aveva già esaltato lo splendore del "cinema osceno": "Una scoperta!

---

[247]Yann Moncomble, *La Politique, le sexe et la finance*, Faits-et-Documents, 1989, p. 21.
[248]Roger Faligot, Rémi Kauffer, *Porno Business*, Fayard, 1987, p. 113, 120

L'incredibile vita di sessi immensi e magnifici sullo schermo, lo sperma che esce. È ammirevole. E molto ben fatto, di un erotismo straordinario. Il cinema mi ha fatto venire un'erezione esacerbata per un'ora[249]"."

José Bénazéraf, molto politicizzato all'estrema sinistra, ha dato il tono con film porno-intellettuali pieni di citazioni sagge e allusioni sovversive all'attualità. Oltre a José Bénazéraf, "il patriarca", dominava un trio di registi: Jean-François Davy, che sceglieva i suoi titoli con un certo umorismo *(Bananes mécaniques)*, Gerard Kikoïne e Francis "Leroi". Quest'ultimo ha diretto *Petites Filles* ed è stato co-regista e co-produttore di *Sexe qui parle*.

Oltre a questo "trio infernale", Davy-Kikoïne-Leroi, c'erano molti altri registi, non tutti ebrei, ovviamente: Lucien Hustaix aveva prodotto una serie: *Les Pulpeuses, Les Jouisseuses, Les Lécheuses*. Michel "Lemoine" ha praticato la provocazione anticristiana con *Les Petites Saintes se touchent* (*Le piccole saturnine si toccano*). C'erano anche Frédéric Lansac (Claude Mulot), Michel "Barny" (Didier Philippe Gérard), Burt Tambaree (Claude-Bernard Aubert), Pierre B. Reinhart (Reinhart Brulle), John Love (Alain Payet), Gréco de Beauparis (Gérard Grégory), Jean Rollin[250].

Secondo Jacques Zimmer, dai 19 film X prodotti in Francia nel 1973, si era passati ai 43 del 1974, ai 78 del 1977 e ai 167 del 1978, il punto più alto del porno. Ma solo quattro di questi film hanno superato le 100.000 presenze. Nel 1979, il pubblico ne aveva abbastanza. L'affluenza nei cinema X è scesa da oltre 10 milioni a meno di 8 milioni. Il numero di cinema in Francia è sceso da 151 nel 1976 a 76 nel 1986. Dieci anni dopo, questi cinema non superavano i due milioni di spettatori. La concorrenza delle videocassette VHS si era fatta sentire.

Nel 1982 in Francia erano stati venduti un milione di videoregistratori e le case editrici di film X su videocassetta si moltiplicavano a Parigi e in tutto il Paese. Jean-Claude Goldstuck ha poi creato Scherzo e ha lanciato la collezione "American X classics". Jean Eckenbaum, che aveva iniziato a lavorare nel cinema X con *Les producteurs du vice*, ha creato Ski'l Productions. Henri Lenique acquistò una dozzina di titoli per gettare le basi di Travelling-Productions. Infine, Jean-François Davy ha aggiunto una nuova attività al suo portafoglio[251]. Nel 1986, tutti questi difensori della cultura sono stati nuovamente vittime di "persecuzione" quando la Corte Suprema ha esteso alle videocassette il divieto e persino il sequestro da parte

---

[249] Il vero nome di Paul Éluard era Eugène Grindel.
[250] Roger Faligot, Rémi Kauffer, *Porno Business*, Fayard, 1987, p. 132.
[251] Roger Faligot, Rémi Kauffer, *Porno Business*, Fayard, 1987, p. 252.

della polizia di materiale con connotazioni pedofile, zoofile o sadomasochistiche. Si trattava di un nuovo dramma nella storia di un popolo che aveva già sofferto tanto.

Elie Oury, il capo *di Initial, ha* confessato prontamente di aver distribuito il 35-40% delle sue videocassette nei supermercati e nei negozi popolari. Il suo catalogo comprendeva un centinaio di titoli, un terzo dei quali erano film X. Jean-Claude Goldstuck, dal canto suo, si è concentrato su un altro segmento di mercato, una clientela più selettiva. Nel 1986, in Francia erano stati venduti 280.000 X-film su un totale di 850.000. Ma sette nastri su dieci provengono dagli Stati Uniti. Richard Fhal e le *Editions Concorde divennero in seguito* uno dei maggiori distributori in Francia.

Della ventina di editori di cassette X identificati da Roger Faligot, una dozzina aveva nomi ebraici. Tutti gli editori, i grossisti, i distributori, i venditori per corrispondenza di prodotti e accessori sessuali in Francia non erano ebrei, ma in questo settore come in altri, gli uomini d'affari ebrei, come ad esempio Marc Dorcel (M. Herskovits), erano i più influenti e presero l'iniziativa.

Nel 1986, Catherine Ringer, la rockstar di Rita Mitsouko, fa notizia. La sua causa contro George Baruck, presidente del distributore di videocassette VSD-international, è stata archiviata. Nel 1982 aveva registrato tre film porno a scopo di lucro, senza alcuna intenzione di intraprendere una carriera nel mondo del porno. Ma Georges Baruck, che aveva acquisito i diritti, intendeva approfittare della nuova notorietà della cantante francese.

Roger Faligot ci ha presentato il suddetto individuo nel suo libro: "Con i suoi baffi sottili e il suo grande sigaro, Georges Baruck è un *outsider* nel mondo del videotape X." Mi piace la provocazione. Sono conosciuto per questo nel settore e mi piace così", ha detto senza mezzi termini." Roger Faligot ha aggiunto: "Dopo aver vinto la sua causa, è lieto di aver acquistato i diritti del primo film di Catherine Ringer, *Poker-partouze pour Marcia!* È ancora più che felice, perché questo film beneficia incredibilmente della notorietà della cantante di Rita Mitsouko e vende come un pane... Il suo secondo film, *Le Choc des stars*, venderà altrettanto bene. Il terzo, come lui stesso confessa, Georges Baruck lo mette in riserva in attesa che Rita Mitsouko salga nella *hit-parade*[252]."

Negli Stati Uniti, Reuben Sturman è stato il principale distributore di pornografia *hard-core* negli anni Settanta e Ottanta. Ha distribuito spedizioni di cassette pornografiche in tutti gli Stati Uniti e in Europa.

---

[252]Roger Faligot, Rémi Kauffer, *Porno Business*, Fayard, 1987, pagg. 264, 265.

Il suo impero aveva sede a Las Vegas, ma Sturman controllava la distribuzione di pornografia a Baltimora, Chicago, Pittsburgh, Denver, Milwaukee, Buffalo, Toronto, Los Angeles e Detroit. Secondo un rapporto dell'FBI, possedeva centinaia di negozi specializzati in tutto il Paese. Alcuni dei film da lui prodotti presentavano scene di esseri umani che mangiavano escrementi, o di donne che facevano sesso con cavalli, maiali e altri atti sadomasochistici. Nel 1976 e nel 1980, Reuben Sturman era stato assolto dalla Corte Suprema dalle accuse di oscenità. Ma si lamentava di essere vittima di una persecuzione giudiziaria. Nel 1989 è stato condannato a Cleveland per frode fiscale a 10 anni di carcere per aver ostacolato un'ispezione fiscale. Nel 1993, il tribunale di Chicago riuscì a mettergli le mani addosso e lo condannò a 19 anni per estorsione. È stato anche condannato per frode fiscale per aver evaso fondi a banche svizzere e olandesi. Reuben Sturman è morto nell'ottobre 1997 all'età di 73 anni nella prigione federale del Kentucky. È stata una grande perdita per l'umanità, ma fortunatamente il figlio David ha rilevato l'azienda di famiglia. Negli anni '90 avrebbe conquistato la maggior parte del mercato della pornografia in Australia.

Ciò che Roger Faligot ha scritto su Sturman conferma i legami del mondo della pornografia con la mafia: negli Stati Uniti, "diversi pornocrati sono di origine russa, come Ralph Ginzburg, che ha trascorso la sua gioventù a Shanghai negli anni '30, dove suo padre era coinvolto in vari traffici; o Reuben Sturman, che è volato a Londra per incontrare Bernie Silver in persona.... Chi è veramente questo Sturman: un pioniere della distribuzione di film porno che si possono vedere nelle cabine di New York e che vuole affermarsi sul mercato londinese; ma anche un diretto rappresentante degli interessi della mafia. Con la sua società Pleasure Books Ltd, Sturman sarebbe diventato uno dei principali fornitori del settore porno, dominando il mondo in circa quaranta paesi[253]."

Bernie Silver era il re del porno a Londra, dove controllava due terzi dei nightclub di Soho, il quartiere a luci rosse. Nel 1974 era stato condannato all'ergastolo per omicidio. Centosettanta maltesi lo avevano accompagnato in prigione. Ma la decisione del tribunale è stata impugnata e Silver, il padrino "maltese", è stato rilasciato quattro anni dopo.

Tutto questo denaro generato dal porno ha ovviamente suscitato grandi appetiti. In un libro del 2003 intitolato *Il grande risveglio della mafia*, Xavier Raufer ha fornito alcune informazioni su questo mondo mafioso. Il primo film porno cult americano, *Gola profonda*, girato nel

---

[253] Roger Faligot, Rémi Kauffer, *Porno Business*, Fayard, 1987, p. 244.

1972 (in diciassette giorni) in Florida, costò solo 26.000 dollari, ma fruttò ai suoi produttori ben 600 milioni di dollari. La protagonista di *Gola profonda*, Linda Lovelace, divenne la prima pornostar in un'atmosfera di erotomania e "liberazione femminile". Ma lungi dall'essere consenziente, la Lovelace era in realtà vittima di un brutale protettore - il suo stesso marito - che, dopo averla drogata, l'aveva fatta prostituire davanti alle telecamere sotto la minaccia di una pistola. La picchiava spesso e non le pagava un dollaro. L'intera storia era contenuta in *Ordeal*, il libro in cui Linda Lovelace raccontava dettagliatamente il suo martirio. Il film rivela inoltre che *Gola profonda* è stato prodotto da Gérard Damiano, che ha dovuto vendere i suoi diritti sotto la minaccia dei fratelli Peraino. All'epoca, un giornalista intervistò Gérard Damiano in merito alla sua esclusione dalla propria azienda. La sua risposta fu: "Non posso dire nulla... rischio la vita"." L'uomo aveva ragione ad essere cauto, perché tra il 1975 e il 1980 le "guerre di mafia" per il controllo del porno (riviste, film, sexy shop, saloni di massaggio) avevano causato 25 morti nel solo Stato di New York, senza contare gli attentati incendiari e le bombe[254].

Dove ci sono molti soldi, ci sono anche molti... criminali. Gérad Leibovici era uno di quei personaggi scintillanti degli anni Settanta. Montatore e produttore di film porno, era anche coinvolto nella contraffazione e nel contrabbando di cassette illegali: sadomasochismo, violenza, pedofilia e zoofilia. Ma anche Gérard Leibovici aveva idee "avanzate" in politica, essendo un militante di estrema sinistra. Aveva preso sotto la sua ala Sabrina, la figlia di Jacques Mesrine, il nemico pubblico numero uno ucciso dalla polizia nel 1979. Il 5 marzo 1984, "Lebo" viene ucciso con quattro colpi di pistola alla nuca in un parcheggio di Avenue Foch a Parigi. I suoi assassini non sono mai stati identificati (*Marianna*, 28 luglio 2007).

Il porno in ogni casa

Poi, a tutti dovrebbe essere permesso di guardare film pornografici sugli schermi televisivi nelle loro case e così finalmente porre fine a tutti i vecchi pregiudizi, a tutta la vecchia morale reazionaria che ha ostacolato lo spirito di tutti quei cristiani un po' repressi.

Sarebbe ancora meglio se i film fossero trasmessi dai canali televisivi. Elie Oury ha intrapreso questa avventura con il canale a pagamento Canal+. Il regista Pierre Lescure e i suoi collaboratori, tra

---

[254]Xavier Raufer, *Le grand Réveil des Mafias*, JC Lattès, 2003, p. 225, 226.

cui Marc Frydman, hanno introdotto il cinema X in televisione. Il 17 novembre 1984, gli spettatori hanno assistito alla prima sul piccolo schermo del film porno *La Bête*, "il classico di Walerian Borowczyk", come lo ha definito Roger Faligot. Il 31 agosto 1985, Canal+ trasmette *Exhibition*, di Jean-François Davy.

Marc Frydman, che ha selezionato i X film proiettati, ha poi scelto *Emmanuelle 4* e *Les Petites filles au bordel* di Francis Leroi. Poi *Gola profonda* e *L'Enfer pour Miss Jones* dell'italo-americano Gérard Damiano, *Histoire d'O numéro 2* di Eric Rochat, *Derrière la porte verte* di Artie James e Adrienne Mitchell e *Hôtesses intimes* di Michel Baudricourt." Canal+ ha fatto un ottimo lavoro di demistificazione del cinema erotico", ha dichiarato Claude Goldstuck[255].

A New York, Abby Ehmann era una delle principali editrici di riviste pornografiche. La sua ambizione era quella di "soddisfare gli appetiti dei newyorchesi che vivevano troppo chiusi nella ristrettezza delle loro piccole vite". Ha iniziato la sua carriera presso la rivista *Porn Free, che ha* lasciato nel 1997 per unirsi a *Extreme Fetish*. È stata anche una delle leader di *Feminist for Free Expression*.

Anche Guy Sitbon, un altro figlio della comunità perseguitata, fu un pioniere del suo genere. Ex corrispondente dagli Stati Uniti del *Nouvel Observateur*, aveva pubblicato un annuncio sul quotidiano *Libération* chiedendo ai lettori di inviargli i racconti delle loro esperienze sessuali. Ha ricevuto centinaia di lettere. Fondò così il suo giornale, che si basava principalmente sui racconti delle esperienze sessuali dei suoi contatti. La *rivista Lettres ha* raggiunto rapidamente una tiratura di 50.000 copie. Alla fine del 1985, il suo giornale aveva raggiunto le 80.000 copie. Guy Sitbon non si è fermato qui e l'anno successivo ha creato *Femmes libérées* e *Lettres gay*.

Nel frattempo erano comparsi il telefono rosa e la messaggeria rosa tramite il Minitel (predecessore di Internet in Francia). Qualche anno dopo, la mafia del porno avrebbe conquistato Internet. L'avventura di "sex.com" è stata abbastanza emblematica degli interessi in gioco.

Nel 1994, negli Stati Uniti, un certo Gary Kremen aveva acquisito una perla di Internet, il nome di dominio sex.com, senza però sfruttarla immediatamente. Stephen Michael Cohen, 57 anni, ha capito subito il potenziale commerciale del nome di dominio. Era un recidivo ed era appena uscito di prigione quando inviò una falsa lettera a Network Solutions in cui affermava che la società di Gary Kremen, proprietaria del nome, aveva deciso di abbandonare il nome e di rinunciare a

---

[255]Roger Faligot, Rémi Kauffer, *Porno Business*, Fayard, 1987, p. 260.

sex.com. La NSI ha ritirato il nome di dominio da Gary Kremen e lo ha trasferito a Stephen Cohen senza i controlli richiesti. Cohen ha quindi acquisito illegalmente il nome di dominio in questione e ha creato il sito pornografico più redditizio di Internet. Ma con Cohen non si trattava più di erotismo, bensì di pornografia esplicita, e sex.com raggiunse un fatturato prodigioso.

Gary Kremen ha quindi intrapreso una lunga battaglia legale e giudiziaria. Ha citato in giudizio sia Stephen Cohen che Network Solution per recuperare la proprietà del suo nome di dominio e il relativo risarcimento. Nel 2000, dopo cinque anni di procedimento, il giudice ha riconosciuto il furto del nome di dominio sex.com e ha ordinato a Stephen Cohen di pagare 65 milioni di dollari: 40 milioni di dollari per i mancati guadagni e 25 milioni di dollari per i danni.

La somma non fu mai pagata, poiché Cohen era fuggito. Gary Kremen ha ricevuto solo i 20 milioni pagati dalla NSI in cambio della rinuncia alla denuncia. Il ladro di sex.com è stato tuttavia arrestato nel novembre 2005 a Tijuana, in Messico. Fu estradato negli Stati Uniti e imprigionato nel penitenziario di San Diego. Ha trascorso tutto questo tempo a trasferire il denaro ottenuto illegalmente su conti bancari, investendolo in diverse società di comodo.

Non si tratta della prima truffa di Cohen. Nel 1991 aveva truffato un'anziana signora per 200.000 dollari ed era stato condannato a 46 mesi di carcere. Negli anni '80 aveva gestito un club per scambisti in California chiamato *French Connection*. In seguito alle lamentele dei vicini, è stato arrestato per aver aperto la sua attività in una zona residenziale. Nel 1996, insieme ad altri tre soci, acquistò un hotel in Nevada che trasformò in un gigantesco bordello "polinesiano" dove decine di giovani donne esotiche vegliavano sul "vostro comfort e sul vostro piacere".

Con la recente apertura del dominio".eu", l'interesse del settore non è scemato: nelle prime ore di apertura sono state registrate circa 213 richieste per il nome sex.eu, ben prima degli altri nomi di dominio (Hotel.eu, travel.eu, job.eu, ecc.).

Seth Silverstein, presidente di *Cybererotica*, era un'altra personalità eminente dell'industria della pornografia su Internet. Si diceva che fosse lo "zar della pornografia".

Il settimanale *Le Point* del 20 aprile 2006 ha pubblicato un articolo sul declino delle piccole imprese e dei negozi tradizionali in rue Saint-Denis a Parigi, dove si concentra un terzo dei porno shop della capitale: "Il porno è in crisi, non possiamo competere con Internet", si lamenta Simon Zouzoti, gestore di *Top Sexy*, che si dichiara pronto a vendere se il comune gli fa una buona offerta. Questa difficile situazione ha rappresentato un ulteriore dramma per la comunità.

Ma prendiamo una rivista porno a caso. Questo è ciò che abbiamo potuto leggere su *Hot Vidéo* del gennaio 2007, a pagina 55: "Steven Hirsch, il grande capo di Vivid è un uomo importante... Infatti, è tra le persone più influenti della città di Los Angeles, secondo il *Los Angeles Magazine*. Fa parte di un elenco di 122 personalità insieme a Steven Spielberg, Hugh Hefner, Magic Johnson e una serie di politici, uomini d'affari, celebrità di Hollywood e televangelisti. Un risultato giustificato, secondo la rivista, dalla sua capacità, "dal 1984, di spostare l'industria pornografica verso il modello tradizionale basato sulla promozione delle ragazze Vivid, ricreando così il vecchio sistema hollywoodiano delle star a contratto". E continua a generare un fatturato di quasi 100 milioni di dollari." Non è niente."

Nel giugno 2007, la rivista di ricerca *Capital* ha pubblicato uno studio sull'argomento: "Eric Larchevêque era predestinato a entrare negli ordini. Tuttavia, ha preferito scegliere un destino meno puro ma più remunerativo: pioniere del porno su Internet, il nostro uomo non aveva nemmeno 25 anni quando ha fondato la società Carpe Diem con due soci nel 1998... Oggi è a capo di un impero pornografico che gestisce più di sessanta portali X e ospita più di mille siti partner gratuiti le cui finestre pubblicitarie fungono da aggancio ai suoi siti a pagamento." I suoi siti vanno da *Blondesalope.com* (*Rubiazorra.com*) a *Gaycast.com* (*Elencogay.com*), passando per *Entrenanas.com* (*entretías.com*)." La sua piccola azienda raggiunge un fatturato di 30 milioni di euro ogni anno, e la sua redditività (che si rifiuta di rivelare) sembra spazzare via tutto[256]."

Un altro imprenditore di spicco è stato Patrice Macar, fondatore di Dreamnex: 18 milioni di visite al mese, 2000 transazioni al giorno, 34 milioni di euro di fatturato nel 2006 (otto volte di più rispetto al 2004), con meno di trenta dipendenti sul libro paga. A 36 anni, Macar, che possiede il 30% delle azioni, è un uomo molto ricco." Alcune vecchie volpi della produzione porno hanno trovato una seconda giovinezza. È il caso di Marcel Dorcel (vero nome Marcel Herkovitz), 73 anni, che ha creato la sua azienda un quarto di secolo fa. Principale produttore-distributore francese di film pornografici (12 milioni di euro di fatturato nel 2006), questo nonno di X - che ha appena prodotto l'inqualificabile "*Erezioni presidenziali*" - è felice di essere riuscito a

---

[256] Larchevêque (Il Vescovo), Leroi (Il Re), Sultan (Sultano), Lempereur (L'Imperatore), ecc..... sono i cognomi utilizzati in quell'attività dai membri della comunità.

salire sul carro del digitale. È una vera esplosione", si rallegra il figlio Gregory Dorcel, amministratore delegato. Ogni giorno vendiamo più di 1000 film via internet e il tasso di crescita è del 5-8% al mese"."

Siamo stati anche informati che Michel Birnbaum era "il papa della stampa maschile" in Francia, proprietario, tra l'altro, delle riviste *Lui, New-Look, Maximal,* nonché di *Playboy* France. Birnbaum, con i suoi quindici milioni di foto in stock, distribuisce immagini a una quarantina di operatori di telefonia mobile in quindici Paesi.

Benjamin Cohen è stato un'altra figura di spicco del cyber-porno. A 16 anni aveva già lanciato sojewish.com, un sito comunitario che due anni dopo ha rivenduto per 600.000 franchi. Nel 2001, all'età di diciotto anni, era già milionario e viveva a Londra. Con il suo nuovo sito, hunt4porn.com, è riuscito a conquistare 60.000 abbonati. La sua comunità religiosa non lo ha disconosciuto: "Molti dei miei azionisti frequentano regolarmente la sinagoga".

Come la droga, la pornografia potrebbe essere considerata dai suoi principali promotori come un'arma da guerra. Nel marzo 2002, ad esempio, l'esercito israeliano, che aveva preso il controllo degli studi televisivi di Ramallah in Palestina, ha immediatamente trasmesso film pornografici sui canali televisivi palestinesi per indebolire il nemico.

I pionieri della pornografia

L'industria del porno è da tempo nelle mani dei figli di Israele. Prima della prima guerra mondiale, un editore di origine bavarese, Moses Offenstadt, aveva già attirato l'attenzione con le sue pubblicazioni licenziose attraverso la sua Société Parisienne d'Édition. In Francia si era fatto chiamare Maurice Villefranche. Nel 1902, aveva creato un settimanale, *La Vie en culotte rouge,* le cui storie luride e i cui disegni osceni gli procurarono alcuni problemi legali." La donna francese era invariabilmente rappresentata come una sgualdrina e in posizioni molto suggestive, il più delle volte in compagnia di un bell'ufficiale in "pantaloncini rossi", oppure sulle ginocchia di un tiratore coloniale con gli occhi pieni di concupiscenza[257]." Tra il 1908 e il 1912, l'uomo è stato condannato più volte per reati contro la moralità pubblica e la decenza, a Lione, Bordeaux e Orléans.

L'avvento del cinema permise immediatamente ad alcuni ebrei di propagare la loro nevrosi ossessiva in modo molto efficace. È noto che

---

[257]Yann Moncomble, *La Politique, le sexe et la finance,* Faits-et-Documents, 1989, p. 26.

i fondatori dei grandi studi di Hollywood erano tutti ebrei ashkenaziti[258]. Jean-Luc Doin ha scritto: "Negli Stati Uniti, il cinema era inizialmente limitato ai mercati delle pulci e ai mercatini dell'usato, con il loro rumore di fondo di organi a botte e cavalli di legno, che attiravano soprattutto persone provenienti dai quartieri poveri. Le prime proiezioni furono organizzate da avventurieri: i futuri proprietari delle *majors*, Adolphe Zuckor era un antiquario e commerciante di pellicce, William Fox uno straccivendolo, Carl Laemmle un sarto. Proiettati al buio, i film erano sospettati di favorire i disturbi dell'anima, di fomentare la frenesia sensuale o il gusto del peccato, "di disturbare la tranquillità e l'ordine pubblico[259]"."

Dal *softcore* all'*hardcore*, un nuovo genere illecito si era affermato al di fuori dei soliti circuiti underground. Russ Meyer aveva così realizzato *L'immorale Mr. Teas,* un film che era stato vietato dopo aver suscitato uno scandalo. Russ Meyer era diventato il campione dei procedimenti legali, con ventitré processi in un anno.

Nel suo *Dizionario della censura nel cinema*, pubblicato nel 1998, Jean-Luc Doin afferma che l'esibizione di atti sessuali non simulati risale al 1912 negli Stati Uniti, dove circolavano film di addio al celibato per corrispondenza." Queste scene sono diventate un fenomeno di moda alla fine degli anni '60, quando sono state proiettate in sale solitamente riservate ai *peep-show*."

Anche il cinema pornografico in Francia ha avuto la sua epoca con il suo timbro israeliano. Nel 1925, Bernard Nathan, con *Suor Vaselina*, inaugurò questo cinema in pubblico, attaccando così la religione cattolica[260].

Negli anni '30, i goyim più coscienziosi erano già preoccupati per la straordinaria aggressività del cinema ebraico. Negli Stati Uniti, dopo alcuni scandali di alto profilo, è stata costituita la *Legione della Decenza*, attraverso la quale i cattolici hanno fatto sentire la loro voce. La Legion of Decency chiedeva l'istituzione di un vero e proprio "codice di decenza" per monitorare il contenuto delle fiction registrate e verificare il rispetto dei "valori americani". Parte della gerarchia cattolica era coinvolta in questa campagna. Nel 1933, l'arcivescovo di Cincinnati (Ohio), monsignor John McNicholas, dichiarò: "Mi unisco a tutti coloro che protestano contro queste immagini che rappresentano una grave minaccia alla vita familiare, alla nazione e alla religione." Nella primavera del 1934, il cardinale di Filadelfia, monsignor Denis

---

[258] Leggere *Speranze planetarie*, (2022).
[259] Jean-Luc Doin, *Films à scandale*, Éditions du Chêne, 2001, p. 12.
[260] Georges Valensin, *La Vie sexuelle juive*, Éditions philosophiques, 1981, p. 164.

Dougherty, invitò tutti i cattolici degli Stati Uniti a boicottare le produzioni hollywoodiane "dominate da uomini d'affari ebrei" e circa 11 milioni di fedeli risposero al suo appello[261]. I risultati del boicottaggio non si fecero attendere: le sale si svuotarono e i profitti dei film crollarono. Il Codice Hays del presidente William Hays, che imponeva rigide regole di decenza, fu applicato nel 1934. Le produzioni dovevano essere sottoposte alla censura della Production Code Commission, presieduta da Joseph Breen, un cattolico che per vent'anni esercitò un certo potere sugli standard morali e politici di Hollywood e la cui politica fu continuata da McCarthy negli anni Cinquanta.

Ma nel 1961 i produttori decisero di violare il codice Hays sull'omosessualità e dopo il 1968 non fu più rispettato[262]. Cinquant'anni dopo, quasi tutti gli argini sono crollati sotto la pressione combinata dell'alta finanza cosmopolita e dei movimenti libertari, i cui attivisti pensano di essere "rivoluzionari" ma in realtà non fanno altro che ripetere gli slogan cosmopoliti dei loro leader e dottrinari. Nel 2005, la reazione cattolica all'ondata di porcherie televisive e cinematografiche è stata espressa da William Donohue, presidente della Lega dei cattolici americani. Quando è uscito il film di Mel Gibson *La passione di Cristo*, tanto criticato dai media ufficiali, non ha esitato a dichiarare davanti alle telecamere: "Hollywood è controllata da ebrei secolari che odiano il cristianesimo". Non è un segreto e non ho paura di dirlo. Ecco perché odiano questo film, perché parla di Gesù Cristo." Ha aggiunto: "Io amo la famiglia, mentre Hollywood ama il sesso anale[263]."

Nella Germania del 1918, la proliferazione di film sessualmente espliciti preoccupava già i governanti. Le sale cinematografiche si sono moltiplicate e le loro entrate sono raddoppiate quando hanno proiettato film pornografici. Jean-Luc Doin ha scritto: "Berlino è preda dei trafficanti di cocaina e rifugio di locali notturni decadenti dove si proiettano numerosi film al pubblico che indossa maschere da domino per non essere riconosciuto. Questa depravazione irritò le anime buone: nel 1919, le Leghe Femminili Cattoliche attaccarono *Die Puppe* di Lubitsch... A Düsseldorf, il pubblico di *Voto di castità* fece a pezzi lo schermo; a Baden, il pubblico ministero sequestrò le copie di *Prostituzione* e perseguì l'autore Oswald. Alcuni ambienti antisemiti

---

[261] Si veda Thomas Dougherty, *Pré-code Hollywood: Sex, Immorality and Insurrection in American Cinema*, New York, Columbia University Press, 2000. E ancora: *Courrier international*, 3 febbraio 2000.

[262] Jean-Luc Doin, *Dictionnaire de la censure au cinéma*, Presses Universitaires de France, 1998.

[263] *Fatti e documenti* del 15 gennaio 2005

hanno suggerito che i responsabili (i produttori) di questi film a luci rosse fossero ebrei[264]." In effetti, questa potrebbe rivelarsi una pista interessante.

Nel suo libro del 2003 *Il grande risveglio delle mafie*, Xavier Raufer, professore di criminologia all'Università di Parigi II - quindi uno specialista della questione - aveva intuito la gravità del pericolo: "Negli anni '60, scrive, l'ondata hippie di *pace e amore*, l'amore libero, ha fatto esplodere il consumo di droghe e pornografia....La mafia ha colto l'opportunità, facendo del porno l'equivalente dell'alcol illegale del proibizionismo: un'enorme fonte di denaro, associata a una gigantesca macchina per il riciclaggio di denaro sporco." , ha concluso Xavier Raufer: "Il business del porno è, fin dalle sue origini, una creazione della mafia italo-americana, la sua cosa, il suo "vincitore", come si dice nella malavita[265]." L'editore del libro di Xavier Raufer era un certo Jean-Claude Lattès, un "italo-americano" come si può intuire.

Sex shop e prostituzione: la connessione Sefarade

I primi *sexy shop sono* apparsi in Francia negli anni '60, sotto la guida di famiglie "poco cattoliche". All'epoca, secondo la polizia, tra il 60 e il 70% del giro d'affari dello spettacolo porno era nelle mani di quattro "famiglie" nordafricane, e i cinque fratelli Darmon erano senza dubbio i più intraprendenti. Fu uno di loro, Paul, ad aprire il primo *sexy shop* in Francia nel 1965[266].

In prima linea in quel grande movimento di liberazione morale c'erano anche i fratelli Zemour, originari di Sétif in Algeria, il cui nome sarebbe stato associato alla malavita non solo in Francia, ma anche in Germania, Spagna e Israele. Il maggiore, Roland, fu il primo ad arrivare in Francia, ma morì nell'anonimato nel 1947 all'età di 21 anni, probabilmente in un regolamento di conti. Negli anni Cinquanta, a Tel-Aviv, i fratelli Zemour - William, Edgar, Gilbert e Andrew - frequentavano il Talmud Tora - la scuola religiosa - e le lezioni di sionismo tenute dal delegato del kibbutz.

Dopo l'arrivo a Parigi, si sono cimentati dapprima con il lavoro di pappone, per il quale sono stati più volte condannati e poi rilasciati. Si unirono poi alla banda di Simon Atlan e si specializzarono nell'estorcere denaro ai negozianti del *faubourg* Montmartre e del

---

[264]Jean-Luc Doin, *Dictionnaire de la censure au cinéma*, Presses Universitaires de France, 1998, p. 17.
[265]Xavier Raufer, *Le grand Réveil des Mafias*, JC Lattès, 2003, p. 225, 226.
[266]Roger Faligot, Rémi Kauffer, *Porno Business*, Fayard, 1987, p. 176, 54, 55

Sentier. Un altro clan si contendeva con loro il controllo di questa attività: quello dei fratelli Perret, mezzi ebrei la cui madre, Léonie Benaïm, guidava la banda. Il 2 ottobre 1965, l'omicidio di Simon Atlan fu il primo di una serie di trentanove omicidi che decimarono il clan Atlan. I fratelli Zemour non avevano altra scelta che essere i modesti luogotenenti o sostituire Simon Atlan. Alla fine del 1967, gli Zemour attaccano i fratelli Perret. I fratelli Perret furono infine arrestati dalla polizia dopo un lungo inseguimento notturno per Parigi. Gli Zemour hanno così ereditato l'attività.

Il clan Zemour aveva il suo quartier generale in un piccolo bar di rue Pont Louis-Philippe a Parigi. Da lì, gli "Z" hanno rivoluzionato il panorama del pappone e della criminalità organizzata investendo nel porno in Francia, ma anche in diversi "Centri Eros" nella Germania Federale. Nel periodo di massimo splendore, i fratelli Zemour controllavano gran parte della prostituzione parigina, oltre a numerosi *sexy shop* in rue Saint-Denis. Gli Zemour avevano circa duecento soldati sotto il loro comando, quindi qualsiasi accenno di ribellione da parte di un negoziante veniva punito severamente: violenza fisica o distruzione dell'esercizio. Durante la Guerra dei Sei Giorni, i negozianti ebrei del *faubourg* Montmartre si rivolsero a loro per fermare le aggressioni arabe contro i loro negozi.

I fratelli Zemour avevano preso il controllo dei covi clandestini, gli scantinati dove i piccoli mafiosi sperperavano i loro soldi scommettendo pesantemente sui tavoli da poker, sul baccarat e sui giochi di dadi. Gilbert, soprattutto, era appassionato di gioco d'azzardo.

A causa di alcuni problemi con la polizia e il fisco, gli Zemour lasciarono la Francia nel 1969 e si stabilirono in Israele con Jacques ed Elie Aboutboul, loro "rappresentanti" a Cannes e proprietari del ristorante *Vesuvio*, frequentato da molti israeliani. Insieme hanno aperto un altro ristorante a Tel Aviv prima di separarsi. Poco dopo, la polizia vi avrebbe trovato pile di dollari falsi, mentre una perquisizione nell'appartamento di Jacques Aboutboul ha portato alla luce una mitragliatrice Uzi[267]. Ma a causa della loro eccessiva avidità furono scacciati dalla malavita locale e tornarono in Francia, con grande disonore. Era il momento in cui, su pressione americana, la Francia aveva deciso di dichiarare guerra alla French Connection. Sebbene gli Zemour non fossero coinvolti in questo traffico, alcuni dei loro luogotenenti, come Roger Bacri "*Petit Roger*", ne erano coinvolti fino al collo. Questi ultimi, che erano stati esclusi, dichiararono loro guerra.

Nel marzo 1973, uno degli scagnozzi della Z, Rafael Dadoun, fu

---

[267] Jacques Derogy, *Israël Connection*, Plon, 1980, p. 62.

ucciso a colpi di pistola nel suo garage a Neuilly. Pochi giorni dopo, la risposta è arrivata con l'omicidio di Désiré Dahan in un ristorante di Vincennes. Raymond Elbaz è stato ucciso il 6 aprile in un bar di Saint-Germain; Henri Lévite è stato ucciso nella sua auto il 27 maggio nel centro di Parigi: dodici morti in sette mesi. Bacri, sentendosi alle strette, finì per suicidarsi.

La catastrofe culminò con la sparatoria al Café Le Thélème, che fece scorrere fiumi di inchiostro sulla stampa per tre anni. Il 28 febbraio 1975, la polizia fu informata da un informatore che era stato organizzato un incontro tra gli Zemours e i "Siciliani" di Roger Bacri per porre fine alla loro rivalità. La brigata antimafia, che finora non era riuscita ad assicurare un solo criminale alla giustizia, ha deciso di intervenire e li ha colti in flagrante per possesso di armi. L'incontro si sarebbe tenuto in un nascondiglio del bar Le Thélème, in boulevard Saint-Germain. Gli ispettori irrompono nel bar: "Polizia, mani in alto, siete circondati! "Una guardia del corpo ha sparato e ferito il primo ispettore entrato nel locale. È scoppiata la sparatoria. Quando è tornata la calma, c'era sangue dappertutto. William Zemour, 45 anni, e la guardia del corpo Joseph Elbaz sono morti. Edgar Zemmour è stato ferito da quattro proiettili. Gli ci vorranno tre mesi per riprendersi. Secondo la polizia, la brigata antimafia era stata manipolata dall'informatore. Non c'è stato alcun incontro organizzato tra la Z e i siciliani. La brigata antimafia era stata manipolata per sterminare gli Zs. Il funerale di Guglielmo al cimitero di Bagneux è stato allestito in modo grandioso.

Gilbert, che gestiva un'attività immobiliare in Canada, era stato espulso dal Paese e si era rifugiato a Miami. Edgar lo raggiunse nel 1976. Andres, dal canto suo, si è stabilito in Martinica. A Parigi, i dissidenti del clan, i "siciliani", stavano liquidando un amico personale di Gilbert. Il 17 ottobre 1975, Yzi Spiegel, proprietario di diverse discoteche ed ex amico dei fratelli Zemour, viene ucciso a colpi di pistola nel parcheggio del suo edificio. Con lui, il bilancio delle vittime raggiunse quota trentuno, ma altri omicidi sarebbero seguiti, tutti impuniti.

Tornato in Francia, Gilbert fu condannato a un anno di prigione per estorsione nel gennaio 1978. Il suo avvocato gridava ad alta voce. In realtà, grazie ad amnistie e prescrizione, Gilbert Zemour era libero da qualsiasi precedente penale, anche se aveva precedenti penali con la criminalità organizzata. Alla fine del 1979, Gilbert Zemour apre a Bruxelles un lussuoso club-discoteca-ristorante. La polizia ha scoperto che la sera il club si trasformava in un covo di pokeristi, mentre al piano di sotto le escort erano molto docili. Gilbert acquistò poi il casinò di

Namur, ma nel novembre 1980 il casinò fu incendiato.

Nel 1983, Edgar, che viveva a Miami ed era stato coinvolto nel traffico di cocaina, fu colpito da quattro proiettili. Pochi mesi dopo, a luglio, Gilbert, che trascorreva la maggior parte del tempo al club di bridge, si beccò due pallottole 357 Magnum nel petto all'alba, vicino alla sua casa di Ségur Avenue. Il terzo proiettile in testa pose fine alla sua carriera. In tutto, trentanove omicidi sono rimasti impuniti per sempre.

Nella piccola scena parigina dei *sexy shop*, la fine dell'impero Zemour ha causato sconcerto e confusione. La scomparsa di Zemour aveva lasciato la strada aperta a una nuova generazione di giovani ebrei sefarditi. I nuovi protettori parigini non gestivano direttamente i loro affari, preferendo affidare il compito a uomini di paglia, a volte vietnamiti o cambogiani. Ma l'esperienza non inganna", scrive Roger Faligot: "Quando si chiede di loro al telefono dei *sexy shop* con i quali non hanno alcun rapporto ufficiale, si mettono subito al telefono per rispondere alla chiamata. In questa complicata architettura di 80 *sexy shop* parigini - di cui 35 in rue Saint-Denis - alcuni nomi spiccano per la loro fama di gestori efficienti: i fratelli Serge e Richard Krief, Philippe Pantel, Mohamed e Ali Ouaghram, Patrick Atlan, Fernand e Jean-Claude Khalifa[268]."

All'inizio degli anni '80 fanno la loro comparsa i *peep-show*. Erano spettacoli per chi voleva vedere senza essere visto. Dopo New York e Amsterdam, il fenomeno è arrivato a Parigi. Rue Saint-Denis, i *peep-show* parigini portavano il numero della strada: 25, 88, 109, 129, 141, 144, 183, 187, 192. Roger Faligot ne ha presentati alcuni: *il salone Émeraude* (Richard Krief), *88* (Roger Darmon), il *salone Christal* (Joseph Haddad), il *salone Madison* (Philippe Pantel), *147* (Eliezer Benhamou), il *centro Hard shop* (Gérard Tourmetz)[269].

In seguito, la rue Saint-Denis fu sempre "occupata" da protettori ebrei provenienti dal Nord Africa. Jacques Perez, ad esempio, possedeva sei negozi in rue Saint-Denis. Nato a Constantine nel 1939, era stato condannato nel 1962 per aver fabbricato dollari falsi. Seguirono altre sei condanne, fino al 1989, tutte per sfruttamento della prostituzione. Nel marzo 1991, un'irruzione della polizia nei suoi negozi ha sorpreso tre "attrici" mentre praticavano una fellatio. Una di loro, grande appassionata di orge e grande ricattatrice, era la sua moglie di fiducia. Perez è stato arrestato, ma una cauzione irrisoria gli ha permesso di tornare libero. Il suo stile di vita lussuoso aveva attirato

---

[268] Roger Faligot, Rémi Kauffer, *Porno Business*, Fayard, 1987, p. 177, 178.
[269] Roger Faligot, Rémi Kauffer, *Porno Business*, Fayard, 1987, p. 186.

l'attenzione sulla sua ricchezza, come la sua bella proprietà a Chelles e i suoi numerosi conti bancari[270].

La criminalità sefardita parigina si è manifestata negli anni 1985-1986 nella rivalità tra i clan Azoulay e Ben Saadoun. Il clan Azoulay, guidato da Jean-Claude, aveva ormai assunto la leadership nel settore delle estorsioni, del pappone e del traffico di droga. Insieme agli italiani, i gangster controllavano decine di negozianti nel quartiere di Les Halles e impiegavano molte prostitute in rue Saint-Denis. Avevano anche interessi nei locali notturni e nei ristoranti parigini. I Ben Saadoun decidono di attaccare e, nel settembre 1985, la polizia della brigata anticrimine trova nel parcheggio sotterraneo del forum Les Halles una Mercedes crivellata da 17 proiettili da 9 mm. Sul sedile posteriore c'era il corpo senza vita di un uomo colpito al petto e alla testa. Era un italiano, amico degli Azoulay. I Saadoun avevano la Mercedes sbagliata.

Il contrattacco è stato rapido e diversi negozi e ristoranti di Ben Saadoun sono stati incendiati. Tre mesi dopo, prima di Natale, i Ben Saadoun lanciarono una seconda offensiva. In Place de Mexico, nel 16° arrondissement di Parigi, Jacques Azoulay, 32 anni, e uno dei suoi luogotenenti, Elie Zerdoun, 37 anni, soprannominato "Willy il Barroso", sono stati uccisi a colpi di mitra nella loro BMW. Gli Azoulay ripagarono la famiglia Ben Saadoun allo stesso modo nell'ottobre 1986, alla vigilia dello Yom Kippur. Due uomini armati in moto hanno liquidato Fréderic Ricco, del clan Ben Saadoun, e un ex uomo di Zemour mentre uscivano da un ristorante vicino a Les Folies-Bergères. In seguito, i Ben Saadoun decisero di andare all'estero. La guerra aveva provocato cinque morti e diversi feriti.[271]

Il resto delle famiglie sefardite in quell'ambiente mafioso si limitava a gestire i propri interessi in noti ristoranti, discoteche, papponi e *sexy shop*. Maurice Azoulay e Daniel Morati, dal canto loro, erano gli specialisti delle partite di poker fisse che si tenevano sempre nello stesso appartamento di Parigi XVI. Maurice Azoulay e Daniel Morati sono stati arrestati dalla Squadra antidroga e antipappone dopo una finta partita di poker durante la quale avevano minacciato e truffato 170.000 franchi a un onesto cittadino svizzero. Dopo molti anni, era stato l'unico giocatore truffato ad avere il coraggio di denunciarli. Ma Daniel Morati aveva anche un'altra specialità: la frode matrimoniale. Seduttore, adescava donne facoltose promettendo loro un matrimonio idilliaco. Troppo fiduciosi, gli hanno dato accesso ai loro conti bancari. Gli ultimi

---

[270] Jacques Solé, *L'Âge d'or de la prostitution, de 1870 à nos jours*, Plon, 1993, p. 275.
[271] Numero di giugno 1989 del mensile ebraico *Passages: La vérité sur les truands juifs*.

due bottini di Morati ammontano a 380.000 e 1,2 milioni di franchi.

Il barone Sinclair era un'altra figura emblematica del ruffianesimo parigino. Era solo "dedito" alla prostituzione di lusso. Nel 1982 era già stato condannato una prima volta. In seguito, aveva preferito andare negli Stati Uniti. Quando è tornato in Francia nel 1988, ha ripreso le sue attività abituali. I suoi clienti erano magnati dell'industria, uomini d'affari, principi del Golfo Persico, alcuni dei quali avevano aperto per lui un conto presso il grande hotel George V. Tra due appuntamenti, per una cena o una serata, pagavano per la compagnia di belle creature. Tra i 2000 e i 5000 franchi per il servizio più piccolo; da 20 000 a 60 000 franchi per una notte o un weekend. Un industriale tessile sostenne di averle versato 913 000 franchi in tre anni (il costo di una Rolls Royce). Un'importante casa automobilistica italiana pagava dai 20 ai 30.000 dollari all'anno.

In tribunale, il barone ha negato categoricamente tutto. I "clienti", ha detto, erano in realtà "una costellazione di amici molto ricchi per i quali faceva favori"." Infatti, ha ricordato la sua amicizia con Fahal d'Arabia: "Lo conosco da più di vent'anni, siamo super amici. Gli ho presentato una ragazza con cui ha avuto un figlio, quindi ovviamente..."." Ha dichiarato di essere stato semplicemente "una sorta di intrattenitore tra i miei amici e le mie amiche"." Ma non è assolutamente un pappone!

Nel suo nuovo appartamento in Place du Marché Saint-Honoré, la polizia ha sequestrato undici dipinti di grande valore. Negli Stati Uniti aveva trafficato in opere d'arte: "Ho comprato e venduto quadri", ha detto. Conosco tante persone lì, ho tanti amici..."." Il giudice ha poi fatto questa osservazione: "I dipinti sono una forma di investimento per voi. In effetti, i mercanti d'arte dicono che lei non capisce nulla di arte[272]."

Il grande magnate italiano dell'auto, che era anche uno dei suoi "amici", aveva tuttavia l'abitudine di soprannominare il Barone Sinclair "Pinocchio" per le sue continue bugie. I poliziotti concordano sul fatto che fosse "un chiacchierone e un seduttore". Inoltre, "Jacky" era molto divertente, perché "Baron Sinclair" era conosciuto dalle ragazze

---

[272] *Libération*, 4 maggio 1993. Archivi di Emmanuel Ratier. Nel numero di giugno 1989 del mensile ebraico *Passages*, dedicato a "*La verità sui truffatori ebrei*", l'avvocato Francis Turquem menziona il traffico di opere d'arte: "Israele recupera per i suoi musei le eredità di beni che dovrebbero rimanere in Francia. Esistono diverse associazioni e fondazioni che fanno un inventario abbastanza preciso delle proprietà di alcune famiglie e fanno pressione sugli anziani affinché le loro proprietà vengano trasferite in Israele. Si tratta di un reato di esportazione illegale: molti dipinti sono sottovalutati da alcuni esperti, praticamente in collusione con l'ambasciata israeliana."

soprattutto con il nome di "Jacky Cohen". Era un rimpatriato dall'Algeria. Il suo vero nome era in realtà Isaac Sellam. Era un adolescente quando sbarcò a Marsiglia con la madre dopo la guerra d'Algeria. Il 3 maggio 1993 Isaac è stato condannato a quattro anni di prigione e a una multa di 1,2 milioni di franchi. Quando finiranno le persecuzioni?

Il numero di giugno 1989 del mensile ebraico *Passages* riportava altre attività favorite dai criminali. Nel 1980, a Lione è stata smantellata una rete di falsari di denaro. Gli agenti di polizia hanno arrestato Marc-Roger Azan, 38 anni, nella sua casa, dove hanno trovato centinaia di monete napoleoniche da 17 carati invece dei 22 carati standard[273]. Marc-Roger Azan aveva da poco acquistato un appartamento sulla Promenade des Anglais a Nizza. In un anno ha cambiato quattro volte auto.

Negli anni '80, la "banda del Marais" faceva irruzione negli appartamenti di donne anziane fingendosi poliziotti gentili e cordiali. Erano "tutti di origine ebraica tunisina". Questa banda operava principalmente nella parte occidentale di Parigi, nel 16° e 17° arrondissement fino a Neuilly. Individuavano una donna anziana che usciva da una banca, la seguivano fino a casa, annotavano l'appartamento in cui viveva e riuscivano ad ottenere il suo nome. Poi cercavano il suo numero nell'elenco telefonico e un "commissaire" la chiamava per avvertirla dei furti nel quartiere e proporle la visita di due ispettori. I criminali a volte operavano con uniformi della polizia rubate dai laboratori di abbigliamento che lavoravano per il Ministero dell'Interno.

Il 22 febbraio 1983, a Besançon, il 23enne William Nakache sparò sei volte ad Abdellali Kahar, un arabo di 19 anni che aveva disturbato i proprietari di una discoteca. Nakache si era rifugiato in Israele. Poco dopo, è stato arrestato sotto falsa identità insieme a quattro complici, tutti travestiti da poliziotti, mentre si preparavano a fermare l'auto di un vescovo greco-cattolico e a derubarlo. In prigione, William Nakache ebbe un tempestivo attacco di fervore religioso. Si fece crescere la barba, indossò con ostentazione uno scialle di preghiera e una kippah e fu sponsorizzato dai rabbini. Ha dichiarato a gran voce di aver fatto fuori un "noto antisemita" e ha affermato di temere per la sua vita se fosse stato estradato in Francia. In Israele, Nakache è diventato un eroe. Su pressione della comunità religiosa, il Ministro della Giustizia ha rifiutato di estradarlo. Nel 1986, il tribunale di Besanzon lo ha

---

[273] Già nel Medioevo, alcuni ebrei furono accusati di aver svilito la moneta. Quando le monete venivano striate, si usava l'acido come tecnica di svalutazione.

condannato in contumacia all'ergastolo.

André Bellaïche fu una figura illustre del grande banditismo. Nato a Tunisi nel 1950, è stato il leader della "Banda delle Postiche". All'epoca, questa banda aveva compiuto una trentina di rapine a mano armata in banche parigine. Jean-Claude Myszka, André Bellaïche, Bruno Berliner e Patrick Geay hanno operato con parrucche, travestiti da aristocratici inglesi, cappelli alla Sherlock Holmes o addirittura da rabbini. Sono stati arrestati nel dicembre 1986 e condannati a pene da 8 a 15 anni di carcere. Nel suo libro intitolato *La mia vita senza parrucchino*, André Bellaïche ha raccontato tutto: "Quei viaggi clandestini con la moglie e il figlio, i suoi abiti Dior, le sue Ferrari, la storia della sua scalata sociale, tutto tranne le rapine con i Posticios"." (*Libération* del 18 ottobre 2007). La banda dei Postizos è stata oggetto di un film di Ariel Zeitoun, *Le dernier gang*, uscito nel 2007. I diritti per l'adattamento del film erano stati venduti a un prezzo elevato. Dopo otto anni di carcere, Bellaïche dichiarò: "Vivere tranquillamente come un borghese ritirato dagli affari: mi ero preparato a tutto tranne che a questo." Il giornalista di "*Libé*", probabilmente rapito dall'ammirazione, aveva dimenticato la morte di un poliziotto nella sparatoria del gennaio 1986.

La criminalità sefardita parigina non era finita, a giudicare da alcuni discreti articoli pubblicati sulla stampa. Il 4 novembre 2002, in Place des Fêtes, nel 20° arrondissement di Parigi, Felix Lévy, 46 anni, è stato colpito da quattro proiettili, due volte alla testa, mentre era seduto a bere il suo caffè e il suo croissant alle nove e mezza del mattino. L'uomo era già noto alla giustizia per un caso di contraffazione di dollari americani[274].

I criminali sefarditi hanno avuto più film, come *Il grande perdono* (*Le Grand Pardon*, Francia 1982*). La* prima parte è una sintesi di tutto: Raymond Bettoun (Roger Hanin, nato Lévy) gestisce casinò e nightclub, fa lavorare le ragazze per strada, estorce piccoli imprenditori e traffica in diamanti rubati. Nella seconda parte, lo vediamo a Miami con i suoi scagnozzi. Questa volta è venuto a dare una mano al figlio che ricicla denaro sporco. Ma attenzione, gli ebrei non si sporcano le mani: non trattano direttamente la cocaina e lasciano il lavoro sporco a un goy. È tanto ricco quanto crudele. Apprendiamo anche che suo padre era un rifugiato nazista in Cile. È lui il vero bastardo del film. Nella prima parte, il bastardo era già un bianco dagli occhi spenti (Bernard Giraudeau), un criminale che aveva manipolato gli ebrei contro gli arabi. E il commissario che perseguiva il povero Raymond Bettoun era

---

[274]*Le Parisien*, 23 novembre 2002, archivio di Emmanuel Ratier.

anche un razzista ("Non mi piacciono i tuoi modi. Puzzi di petrolio"). Il film è di Alexandre Arcady.

Roger Hanin, cognato del Presidente francese François Mitterrand, è stato il regista del film antirazzista *Train d'enfer* (1985), la storia di tre giovani fascisti che defenestrano un magrebino da un treno. La storia è ispirata a un caso reale avvenuto il 15 novembre 1983 sul treno Bordeaux-Vintimilla. Xavier Blondel, Marc Beani e Anselmo Elviro Vidal, candidati alla Legione Straniera, avevano picchiato Habib Grimzi davanti a diversi testimoni e lo avevano gettato dalla finestra sui binari. Elviro Vidal ha confessato: "Aveva bevuto, era un arabo e a me gli arabi non piacciono." Quello che Roger Hanin non ci ha detto nel suo film è che Vidal era ebreo. Prima del processo, Vidal aveva scritto una lettera al *Nouvel Observateur* chiedendo la pena capitale. La lettera fu pubblicata il 31 gennaio 1986 e l'articolo era intitolato: "Io, Anselmo Elviro Vidal, ebreo e assassino...".". In seguito all'uscita del film di Roger Hanin, il rabbino Jacques Grunewald pubblicò una recensione sul settimanale *Tribune juive* l'11 gennaio 1985: "Atroce omicidio su un treno: un giovane arabo viene linciato e defenestrato da tre coscritti alticci. Da questo caso, un atto razzista di tre emarginati, Roger Hanin ha costruito un film da cui intende trarre una grande lezione morale, che questa volta coinvolge tutta la Francia più profonda. Non si tratta più di tre ragazzi isolati e ubriachi. Si tratta di una vera e propria rete neonazista che coinvolge un'intera città, addirittura il mondo intero." Il rabbino ha aggiunto: "Roger Hanin sostiene che, in quanto ebreo algerino, ha imparato fin da bambino ad amare gli arabi. A quanto pare, non gli è stato insegnato ad amare i francesi."

3. La tratta degli schiavi bianchi

Schiavi del sesso in Israele

Dalla caduta del muro di Berlino nel 1989, centinaia di migliaia di giovani donne dell'Est sono state reclutate da associazioni di prostituzione e portate in destinazioni lontane. I media sono rimasti estremamente discreti sulla questione. Tuttavia, nel maggio 2000, un rapporto di Amnesty International ha rivelato l'entità del fenomeno e ha identificato lo Stato di Israele come il centro del traffico[275].

Il crollo dell'URSS nel 1991 aveva portato a un notevole impoverimento della popolazione. Molte giovani donne russe, ucraine e moldave hanno risposto ad allettanti offerte di lavoro pubblicate sulla stampa nel tentativo di sfuggire alla povertà e provvedere alle proprie famiglie. Purtroppo per loro, queste offerte di lavoro all'estero si sono spesso rivelate trappole messe in atto da protettori internazionali.

Il fenomeno era così importante che il cosmopolita *New York Times* dell'11 gennaio 1998 era stato costretto a coprire la storia con un articolo di Michael Specter sulle "ingenue donne slave". Il giornalista ha raccontato la storia commovente di una bellezza ucraina di 21 anni che ha lasciato il suo villaggio in risposta a un annuncio su un giornale locale e si è trovata intrappolata in Israele, costretta a prostituirsi. Le ragazze sarebbero state inviate fino in Giappone e Thailandia da reti di gangster "russi" con base a Mosca. Ricordiamo che all'epoca tutti i media parlavano della terribile "mafia russa".

Il *Jerusalem Post* del 13 gennaio 1998 ha ripreso queste notizie. Il giornale ha riferito che in Israele ci sono più di 10.000 prostitute, quasi tutte russe e ucraine. Le donne, comprate e vendute dai protettori, sono state rapite da bar e bordelli, ognuna delle quali guadagnava al proprietario tra i 50 e i 100.000 dollari all'anno.

Il primo rapporto sulla tratta delle donne bianche è stato pubblicato l'8 aprile 1997 dalla CEDAW[276]. Quel rapporto mostrava che il traffico di donne bianche rapite in Israele era in aumento. A Tel-

---

[275] Edizioni in lingua francese di *Amnesty International*. http://efai.i-france.com. *Violazione dei diritti umani delle donne trafficate dai Paesi dell'ex Unione Sovietica nell'industria del sesso israeliana.*

[276] Comitato per l'eliminazione della discriminazione contro le donne.

Aviv, centinaia di bar, bordelli e locali notturni erano la scena della vita notturna. Il *Tropicana* era allora uno dei bordelli più importanti. Vi lavoravano circa venti donne russe, otto di giorno e dodici di notte. I clienti erano soldati israeliani, uomini d'affari, religiosi e lavoratori immigrati - perché a questi ultimi non era permesso avere rapporti sessuali con donne israeliane, pena l'immediata espulsione. Il proprietario del locale ha dichiarato: "Gli israeliani amano le donne russe. Sono bionde, sono sexy e hanno un'aria disperata che piace molto. Sono disposti a fare qualsiasi cosa per guadagnare denaro." Le ragazze non venivano pagate e intascavano solo le mance. Lavoravano senza sosta, sette giorni su sette, senza riposare durante l'anno, tranne che per lo Yom Kippur.

L'ampio rapporto di Amnesty International ha presentato le testimonianze di diverse giovani donne. Erano state adescate con un pretesto e poi consegnate a giri di prostituzione, comprate e vendute al miglior offerente, il più delle volte all'asta, come bestiame. Venivano poi sequestrati dai "proprietari" in case o appartamenti da cui non potevano uscire senza accompagnamento. I loro passaporti e documenti d'identità sono stati confiscati dai protettori per impedire loro di lasciare il Paese. Spesso venivano picchiate se si rifiutavano di avere rapporti sessuali con determinati clienti o se cercavano di fuggire. Ci sono state numerose segnalazioni di torture, stupri e altri abusi sessuali. I trafficanti hanno minacciato di uccidere loro e i loro familiari se avessero cercato di lasciare Israele, se avessero informato la polizia o se avessero testimoniato in un procedimento penale, rendendo molto difficile portare in tribunale "gli autori delle violazioni dei diritti fondamentali delle persone trafficate[277]".

Il governo israeliano non ha preso alcuna misura per indagare e perseguire tali violenze. Inoltre, le donne sono state generalmente trattate come criminali piuttosto che come vittime. Infatti, secondo la legge israeliana, quasi tutte le ragazze erano immigrate irregolari, residenti in Israele senza un contratto di lavoro o con documenti falsi. Molti di loro sono stati arrestati in seguito a retate della polizia in bordelli o saloni di massaggi. Alcuni sono stati imprigionati per un breve periodo di tempo prima di essere espulsi dal territorio, ma altri sono stati imprigionati per molto più tempo, in alcuni casi sulla base di un ordine del Ministero della Giustizia che impediva loro di lasciare il Paese prima di testimoniare in tribunale. Molte donne imprigionate avevano subito traumi fisici e psicologici significativi e non esisteva un servizio di consulenza per rispondere alle loro esigenze.

---

[277] L'espressione "diritti fondamentali" è costantemente ripetuta nel rapporto.

Durante la loro visita in Israele nell'aprile-maggio 1999, i delegati di Amnesty International avevano visitato il carcere femminile di Neve Tirza per incontrare giovani donne imprigionate per attività legate alla prostituzione e in attesa di rimpatrio.

Questa è la testimonianza di Anna, 31 anni, originaria di San Pietroburgo. Era un'insegnante di fisica in Russia ed era stata attirata in Israele con la promessa di un lavoro che pagava 1.000 dollari al mese, venti volte lo stipendio che percepiva all'epoca in Russia. Il cittadino israeliano che le aveva offerto il lavoro l'aveva avvertita di essere coinvolto nell'industria del sesso, ma quello che le aveva offerto non era chiaramente la realtà. Ana è arrivata in Israele nel 1998 con un visto turistico. All'arrivo in aeroporto, è stata presa e rinchiusa in un appartamento con altre sei donne provenienti dall'ex Unione Sovietica e il suo passaporto è stato immediatamente confiscato. Ana è stata poi venduta successivamente in due aste. La seconda volta è stata comprata per 10.000 dollari e portata ad Haifa dove è stata tenuta in ostaggio con altre due donne. Le finestre dell'appartamento erano sbarrate e le rare volte che potevano uscire erano sempre accompagnati. Gran parte del denaro guadagnato veniva estorto dai protettori sotto forma di multe.

Ana era stata arrestata nel marzo 1999 per prostituzione in seguito a un'irruzione della polizia nell'appartamento in cui era detenuta. Aveva firmato le dichiarazioni presentate dalla polizia in cui riconosceva di essersi prostituita, anche se tutti i documenti erano in ebraico, una lingua che non sapeva né leggere né scrivere. Solo più tardi, durante l'udienza in tribunale, ha saputo di essere accusata di gestire un bordello. Non le fu permesso di incontrare il console russo e rimase in carcere per un altro mese, fino alla sua espulsione dal territorio.

Ecco cosa ha detto Ana: "Non so come sia finito il processo. So solo che Abraham [il pappone] è libero. Gli ho parlato al telefono. Quando i poliziotti ci hanno arrestato, non ci hanno permesso di prendere le nostre cose, che erano state lasciate lì. Abraham[278] conosce il mio indirizzo a San Pietroburgo, il mio numero di telefono e il mio passaporto. Ho lasciato lì mia figlia di otto anni. Mi ha minacciato che mi avrebbe trovato in Russia se non avessi fatto quello che voleva."

Tatiana, originaria della Bielorussia, era arrivata in Israele nell'aprile 1998 con un visto turistico. Le era stato promesso un lavoro come donna delle pulizie in un hotel della località di Eilat, dicendole che il suo stipendio le avrebbe permesso di provvedere alla madre e al figlio di sei anni. Tatiana è stata rapita a Eilat da un uomo

---

[278] I redattori del rapporto di Amnesty International avevano scelto il nome "Arturo".

presumibilmente inviato dall'hotel in cui doveva lavorare. È stata portata in un altro luogo dove è stata costretta a prostituirsi. Le è stato detto che doveva rimborsare il "prezzo di vendita" e il costo del viaggio.

Tatiana aveva escogitato diversi piani di fuga, ma alla fine è stata rilasciata dopo un blitz della polizia: uno dei suoi amici aveva contattato il consolato bielorusso, che aveva allertato la polizia. Tatiana è stata detenuta come immigrata clandestina nel carcere di Neve Tirza in attesa del suo rimpatrio. Pochi giorni dopo la sua detenzione, ha trovato sul letto una lettera anonima che minacciava di morte lei e la sua famiglia se avesse raccontato quello che le era successo. Tatiana voleva testimoniare, ma temeva ritorsioni da parte dei trafficanti che conoscevano tutti i dettagli del suo passaporto e l'indirizzo della sua famiglia in Bielorussia. È stata quindi presentata un'ingiunzione al direttore della polizia per spiegare che sarebbe stato troppo pericoloso per Tatiana testimoniare in tribunale se non fosse stata protetta, il quale ha risposto che la polizia israeliana non poteva garantire la sicurezza di nessuna persona al di fuori di Israele. Tatiana ha finalmente testimoniato nel giugno 1999 ed è stata rimpatriata alla fine del mese. Nonostante avesse chiesto di essere mandata in Polonia o in Lituania per poi tornare in Bielorussia via terra, le autorità israeliane l'hanno mandata direttamente in Bielorussia, dove uno dei suoi parenti l'avrebbe portata verso una destinazione sconosciuta.

Di seguito riportiamo il caso di Valentina, una psicologa ucraina di 27 anni. Era arrivata in Israele nell'agosto 1998 per lavorare come rappresentante. Il cittadino israeliano che le aveva offerto il lavoro aveva predisposto il visto e organizzato il viaggio. Valentina è stata accolta all'aeroporto e portata in albergo. Il giorno dopo le sono stati confiscati i soldi, il passaporto e il biglietto di ritorno. È stata poi mandata in un appartamento dove è stata trattenuta per due mesi. Valentina ha raccontato il suo calvario in Israele: "Le condizioni di vita erano terribili. Una ragazza ha lavorato in cantina per otto mesi e ha contratto la tubercolosi a causa dell'umidità. La maggior parte delle ragazze soffriva di varie infezioni veneree. Non vorrei che i miei nemici soffrissero quello che hanno inflitto a noi... Ho avuto un esaurimento nervoso, spiegò Valentina. Volevo scappare, ma c'erano le sbarre alle finestre e le guardie erano sempre presenti, giorno e notte. Un giorno chiesi aiuto a un cliente, ma venne fuori che facevo parte del loro gruppo e i proprietari mi picchiarono. Non avevo un posto dove andare..."

Valentina, tuttavia, è riuscita a fuggire con un'altra donna saltando dal primo piano dell'edificio. Quando sono tornati alla casa di prostituzione per cercare di aiutare un altro dei loro amici a fuggire, sono stati arrestati dalla polizia che operava in quel momento. Valentina è stata arrestata nel marzo 1999 per soggiorno illegale. Felice dell'intervento della polizia, Valentina aveva paura di testimoniare perché i protettori conoscevano l'indirizzo della sua famiglia in Ucraina. Valentina non sapeva per quanto tempo le autorità israeliane l'avrebbero tenuta in detenzione.

Nina era una ragazza di diciannove anni di Minsk, in Bielorussia. Anche lei era arrivata in Israele alla fine del 1998 con un visto turistico, ignara di ciò che l'aspettava. È stata rapita per tre mesi in un bordello di Haifa e poi sequestrata sotto la minaccia di una pistola, venduta per 10.000 dollari, picchiata e violentata. Dopo essere riuscita a fuggire, Nina è tornata al primo bordello nella speranza di guadagnare abbastanza denaro per pagarsi il biglietto di ritorno in Bielorussia. Nina è stata poi arrestata durante un raid della polizia in un centro massaggi di Tel-Aviv nel marzo 1999 e rinchiusa nella prigione di Neve Tirza prima di essere espulsa. Il procuratore distrettuale di Haifa le aveva vietato di lasciare Israele per testimoniare contro i tre uomini che l'avevano rapita." Voglio tornare a casa", ha detto Nina, "ma il processo a Moses [l'uomo accusato di averla violentata] non si terrà prima di sei mesi. Voglio essere sicuro che Moses[279] vada in prigione."

È una criminale", ha spiegato il portavoce della polizia di Haifa Moshe Nissan. Ha vissuto in Israele senza permesso di soggiorno. È ovvio che non avrebbe testimoniato se non fosse stata detenuta." Nina è stata finalmente rimpatriata nel giugno 1999, dopo essere stata imprigionata per più di due mesi.

Amnesty International non è riuscita a ottenere dalle autorità israeliane alcuna statistica sul numero di procedimenti legali avviati, né dati sulle denunce o sulle condanne pronunciate in questi casi contro i protettori. Secondo una ricerca del 2001 del *National Council of Jewish Women*, delle 392 prostitute arrestate ed espulse da Israele nel 2000, il 46% erano ucraine, il 28% russe e il 17% moldave. Il restante 9% proveniva da altre repubbliche dell'ex Unione Sovietica.

Una testimonianza simile è apparsa in un articolo del *Jerusalem Post* del 13 luglio 2000, che raccontava il processo del diciottenne Boris Yasser. È stato accusato di rapimento, minacce, falsificazione di documenti, aggressione fisica, sfruttamento della prostituzione e stupro. Boris Yasser è stato accusato di aver aiutato il padre a far entrare di nascosto quattro giovani donne ucraine e di averle costrette a prostituirsi. Le quattro giovani donne di età compresa tra i 19 e i 22

---

[279] Il rapporto diceva semplicemente "X".

anni, anch'esse arrestate per essere entrate illegalmente nel Paese, hanno spiegato che era stato loro offerto un lavoro come commesse. Una volta accettato il lavoro, sono stati portati in Israele via Cipro. Ad Haifa sono stati loro sottratti i passaporti e sono stati consegnati loro dei falsi documenti d'identità israeliani. Due delle ragazze sono state poi vendute a un bordello di Tel Aviv per 3.000 dollari ciascuna. Le altre due sono state rapite da un appartamento a Rishon Lezion e costrette a prostituirsi. Boris Yasser accompagnava le giovani donne dai clienti, tra i 15 e i 20 al giorno. Le ragazze non sono state pagate un centesimo. Una di loro era stata picchiata violentemente dopo aver tentato di scappare. In seguito sono riusciti a telefonare ai genitori in Ucraina per chiedere aiuto. Hanno contattato l'ambasciata ucraina.

Nel 1998, anche il console ungherese a Tel-Aviv, Andrea Horvath, ha denunciato che quattro giovani donne ungheresi, che avevano incontrato il loro datore di lavoro in una discoteca di Budapest, venivano trattenute contro la loro volontà in case di Tel-Aviv e costrette a prostituirsi.

Secondo il rapporto CEDAW dell'aprile 1997, esiste una forte correlazione tra prostituzione e consumo di droga. Delle 200 giovani donne detenute nel carcere di Neve Tirza, il 70% era dipendente dall'eroina, la droga più diffusa in Israele. Le giovani donne venivano effettivamente drogate per renderle ancora più dipendenti dai protettori. Alla fine sono diventate totalmente dipendenti e si sono prostituite solo per pagare le dosi di eroina. Alle ragazze non è stato permesso di vedere un medico; qualsiasi assistenza medica è stata negata. Se rimanevano incinte, i protettori non pagavano l'aborto. Sono stati costretti a lavorare per altri cinque mesi e sono stati buttati in strada.

Sul *New York Times* dell'11 gennaio 1998, Irina, che aveva vissuto le stesse esperienze in Israele, confidava al giornalista con le lacrime agli occhi: "Non credo che l'uomo che ha rovinato la mia vita sarà un giorno punito", diceva dolcemente. Sono stupida... sono una stupida ragazza di una piccola città... A volte, mi siedo qui e mi chiedo come tutto questo sia potuto accadere, anche se è successo davvero." Come molte altre, Irina era stata picchiata e violentata dopo aver rifiutato di prostituirsi.

Il rapporto CEDAW rilevava inoltre che le pubblicità dell'industria del sesso si erano moltiplicate sulla stampa quotidiana, tanto che era stato istituito un comitato per vietare le pubblicità che menzionavano esplicitamente l'età delle ragazze sotto i 18 anni e per moderare le immagini che accompagnavano tali pubblicità. In Israele c'era un mercato pedopornografico in piena espansione[280]. Il numero di ragazze dell'Europa orientale sotto i 18 anni che si prostituivano in Israele era probabilmente elevato, ma sconosciuto.

La rivista americana *Moment* - "la rivista della cultura ebraica" - aveva pubblicato nell'aprile 1998 un articolo in cui si leggeva che le ragazze russe erano molto apprezzate dai clienti israeliani. C'erano uomini di tutti i tipi: uomini di legge, poliziotti, ma soprattutto una parte significativa di questi clienti erano ebrei ultraortodossi che venivano perché non potevano avere rapporti con le loro mogli a causa di proibizioni religiose[281]. Giovedì pomeriggio, flotte di autobus li hanno portati da Gerusalemme a Tel Aviv.

Tra le prostitute c'erano anche donne arabe, praticamente ridotte in stato di schiavitù. Alcuni dei clienti ebrei sono arrivati dopo un attacco palestinese per vendicarsi delle prostitute palestinesi.

Ma i protettori hanno anche approfittato della rabbia degli arabi, come si può leggere in un libro di uno scrittore israeliano intitolato *The Promised Land, Not Yet*, pubblicato nel 2002. Ecco cosa scrive l'autore a proposito di quei gangster "russi" in Israele: "I russi sono africani bianchi. Si avventano su tutto ciò che luccica. Sono disposti a fare qualsiasi cosa per avere successo, i peggiori racket, le peggiori malefatte. Ho letto sul giornale che un russo faceva prostituire ragazze vestite da soldati nei Territori. Non è un'assurdità. A forza di essere picchiati dai militari, gli arabi devono essere in vena[282]!"

La rivista *International Affairs* nel 2000 ha parlato del "commercio di Natasha". Il commercio di schiavi bianchi generava tra i sette e i dodici milioni di dollari all'anno e comportava pochi rischi rispetto al traffico di droga o di armi. Yitzhal Tyler della polizia di Haifa ha spiegato a Michael Specter del *New York Times* nel 1998: "Con una decina di ragazze, ognuna delle quali prende 15-20 clienti al giorno, moltiplicate per 200 sequele, sono 30 000 sequele al giorno e almeno 750 000 al mese, pari a 215 000 dollari. Un pappone che possiede cinque bordelli, come spesso accade, guadagna un milione di dollari al mese."

In effetti, in Israele non esistevano "leggi contro il traffico di esseri umani o la prostituzione", riportava il *New York Times* dell'11 gennaio

---

[280] A questo proposito, si vedano i capitoli dedicati all'argomento in *Psychoanalysis of Judaism* (2006) e *Jewish Fanaticism* (2007).

[281] Sulle proibizioni religiose, si veda anche *Psicoanalisi dell'ebraismo* (2006) e *Fanatismo ebraico* (2007).

[282] Michaël Sebban, *La terre promise, pas encore*, Ramsay, 2002, p. 99. Gli ebrei provenienti dalla Russia - più di un milione dalla caduta del comunismo - venivano chiamati "russi" dagli israeliani.

1998. In effetti, non esisteva alcuna legge che vietasse l'importazione di giovani donne straniere in Israele per la prostituzione, ha confermato il rapporto CEDAW dell'8 aprile 1997. Linda Menuhim ha inoltre spiegato (Reuters, 23 agosto 1998): "Il problema non è trovare un buon articolo nel codice penale, ma trovare una donna che osi andare in tribunale."

Il rapporto pubblicato dal Centro femminista di Haifa è stato un'altra importante fonte di informazioni. Si è basato principalmente su interviste a 106 donne vittime della tratta, interrogate tra il 2001 e il 2002 nelle carceri israeliane e in vari centri di accoglienza. Gli autori hanno sottolineato l'incapacità delle autorità di affrontare le mafie e hanno anche incolpato alcuni agenti di polizia coinvolti come clienti dei bordelli, ma anche come collaboratori dei protettori.

Le donne interrogate erano state vendute per una cifra compresa tra i 5.000 e i 10.000 dollari. Avevano lavorato senza interruzioni, senza vacanze, anche durante le loro regole. Un terzo di loro è stato vittima di aggressioni quotidiane. I clienti e i protettori le consideravano come oggetti e le picchiavano continuamente. Circa il 10% di loro era mal nutrito, la metà ha confessato che molti poliziotti frequentavano regolarmente questi bordelli e che non solo erano amici dei protettori, ma spesso erano in affari con loro.

Questa industria era ancora in piena espansione nel 2005, se si vuole credere al rapporto di una commissione parlamentare d'inchiesta israeliana rivelato il 23 marzo 2005 e riportato dall'Agence France Presse. La schiavitù bianca in Israele era un'attività che generava un fatturato di quasi un miliardo di dollari all'anno. Il rapporto afferma che ogni anno tra le 3.000 e le 5.000 donne vengono contrabbandate in Israele per lavorare come prostitute. Queste donne sono state rapite da 300-400 bordelli in diverse regioni del Paese. Venivano vendute per una cifra compresa tra gli 8.000 e i 10.000 dollari e poi servite come schiave sessuali tutti i giorni della settimana per un tempo compreso tra le 14 e le 18 ore al giorno[283]. Hanno ricevuto solo 20 sekels (4 dollari) dei 120 pagati in media per ogni cliente. Il resto della somma veniva intascato dal protettore, ma alcuni non ricevevano nulla. Lo studio condotto su richiesta della commissione aveva anche dimostrato che l'opinione pubblica israeliana non considerava il traffico di bianchi come una violazione dei diritti umani.

La commissione ha evidenziato le debolezze del sistema giudiziario israeliano in questi casi. In effetti, le indagini sui casi di

---

[283] Le donne europee in età fertile rappresentano oggi meno del 2% dell'umanità. Sono una "merce" scarsa e preziosa, molto apprezzata dai protettori.

denuncia hanno richiesto molto tempo, il che ha permesso e incoraggiato le minacce e persino l'omicidio dei denuncianti. Il rapporto rilevava che i giudici venivano spesso corrotti dai protettori. I pubblici ministeri hanno chiesto condanne minime e non hanno nemmeno chiesto un risarcimento per le vittime. I magistrati hanno anche beneficiato dell'immunità dei papponi, proponendosi come informatori di sospetti crimini per la polizia.

Tuttavia, alcuni ebrei ortodossi hanno reagito a quella che considerano un'invasione di papponi e prostitute nelle città israeliane. Il 15 agosto 2000, l'Associated Press ha riportato la notizia della morte di quattro donne in un incendio criminale a Tel-Aviv; quattro donne russe che non erano riuscite a fuggire perché la porta blindata era chiusa e le finestre sigillate con sbarre. Le quattro donne erano state tenute in ostaggio in un appartamento dietro un bar che fungeva da bordello. Le indagini hanno rivelato che un ebreo religioso aveva lanciato una bomba incendiaria. Yariv Baruchim, 34 anni, ha spiegato alla polizia che voleva purificare Tel-Aviv da tutti i suoi bordelli. Aveva dato fuoco a otto bordelli e *sexy shop*. Quella volta le vittime furono quattro: Ina Takorsky, Lila Zachs e Yelena Pomina. La quarta ragazza non è mai stata identificata.

Alcuni registi israeliani - ed è un loro merito - si sono interessati al calvario di queste giovani donne europee. Il film *Welcome to Israel* (2005) di Eyal Halfon mostra le donne arrivate dall'Ucraina nella speranza di guadagnare qualcosa in Israele. Ma, contrariamente alle promesse fatte, sono finite in schiavitù, violentate dai loro protettori e costrette a prostituirsi. Il film mostra anche dei braccianti thailandesi che lavorano come detenuti in una fattoria in Israele.

Sullo stesso tema c'è anche il film di Amos Gitai, *Promised Land* (2005), che racconta il calvario delle giovani donne dell'Europa orientale intrappolate nei circuiti della prostituzione. Vengono vendute come bestiame all'asta, nel cuore della notte, nel deserto e finiscono nei bordelli ai margini del Mar Morto. *Terra promessa* inizia con la scena di un'asta notturna di queste donne nel deserto del Sinai. Quando mi sono interessato alle reti criminali che operano attraverso i confini del Medio Oriente", spiega Amos Gitai, "ho capito che la tratta delle donne era una nuova forma di schiavitù in crescita. Per queste reti internazionali che organizzano la tratta delle schiave bianche, le donne sono semplicemente delle merci. Vengono trasportati dal loro paese d'origine, per lo più l'Europa orientale, attraverso il Sinai in Egitto. Attraversano facilmente il confine israeliano e vengono poi distribuiti in diverse città israeliane o nei territori... Prima di girare *Terra promessa*, ho passato molto tempo a documentarmi grazie ai rapporti delle ONG che lavorano in Israele e in altre parti del mondo per difendere i diritti umani. Centinaia di pagine di testimonianze di vittime della schiavitù bianca mostrano in dettaglio come operano queste reti internazionali... Alcune donne credono di poter sfuggire alla miseria grazie a questi accordi. Cercano di convincersi che è solo per un po' di tempo e che poi avranno un po' di soldi. Vengono abusate a tutti i livelli, fisicamente ed emotivamente, in misura inimmaginabile... È noto che le aste di donne si svolgono in molti luoghi. Ho deciso di filmare la vendita all'asta di notte, nel deserto. Le donne sono circondate da un gruppo di veicoli, come in un'arena, per creare un senso di claustrofobia... Il filo conduttore di *Promised Land* è il destino di queste donne. Li abbiamo seguiti lungo questa strada su cui vengono trasportati da un luogo all'altro. Nella *Terra Promessa* c'è un costante cambiamento di luogo. Da Tallinn ad Haifa, dal Cairo a Ramallah passando per Eilat, le donne passano di mano in mano, dal deserto ai parcheggi, da un immenso acquario costruito sott'acqua nel Mar Morto ai vari veicoli, camion, autostrade, ecc.....".

Naturalmente, Israele non è l'unica destinazione per queste ragazze dell'Est. La mafia ebraica in Russia aveva contatti con la mafia ebraica in tutto il mondo. Secondo il Ministero degli Interni ucraino, negli anni '90 400.000 giovani donne ucraine di età inferiore ai trent'anni hanno lasciato il Paese. Forse non tutte sono cadute nei circuiti della prostituzione, ma l'Organizzazione Internazionale per le Migrazioni ha stimato in 500.000 il numero di giovani donne dell'ex blocco orientale intrappolate nei circuiti di tutto il mondo. L'articolo del *New York Times* dell'11 gennaio 1998 indicava che le donne slave venivano inviate in Turchia e in Giappone e Thailandia.

Molte ragazze dell'Est erano arrivate nell'ex Jugoslavia. Un articolo di Oksana Havrylenko, ucraina, ci ha raccontato il suo calvario. Abbiamo tradotto dall'inglese: i protettori reclutavano soprattutto attraverso piccoli annunci sui giornali, offrendo un lavoro ben pagato all'estero come cameriera, ballerina o donna delle pulizie in Italia, solo che non era possibile ottenere un visto diretto per l'Italia, quindi dovevano passare attraverso il territorio dell'ex Jugoslavia per attraversare l'Adriatico in traghetto. In Bosnia-Erzegovina, dove non c'era un consolato ucraino, le ragazze hanno capito il destino che le attendeva. Una ragazza che aveva rifiutato categoricamente di prostituirsi era stata picchiata, torturata e uccisa davanti alle altre ragazze in un campo. Infine, i protettori le avevano tagliato la gola. Le ragazze troppo difficili venivano rivendute nell'area musulmana. I protettori hanno detto che nessuno di loro è mai riuscito a fuggire.

Le autorità italiane stimano in 30.000 il numero di giovani donne impiegate illegalmente nel Paese. L'articolo del *New York Times* sulle "donne slave ingenue" ha riportato la testimonianza di un'altra giovane ucraina. A Milano, in Italia, una settimana prima di Natale, un'operazione di polizia aveva interrotto un'asta. Le ragazze venivano presentate su scatole, seminude e vendute come bestiame per una media di 1.000 dollari. Michael Platzer delle Nazioni Unite ha spiegato che la prostituzione non presenta molti rischi, essendo quasi legale in molti Paesi. In realtà, in Israele non esisteva alcuna legge contro la vendita di esseri umani. Sembra opportuno sottolineare che, secondo il Talmud, i non ebrei sono spesso considerati come animali[284].

Il sito web americano Jew Watch, una sorta di osservatorio sull'ebraismo, ha rivelato queste informazioni su una rete di ruffiani di giovani donne russe in Florida: nel 1996, un certo Sergey Skobeltsyn aveva acquistato due locali notturni, il *Pure Platinium* e il *Solid Gold* per otto milioni di dollari. Ludwig Fainberg, dal canto suo, aveva acquistato i *Porky* ed era coinvolto in un giro di prostituzione che "importava" donne russe.

Il *Jerusalem Post* del 31 gennaio 2000 ci informava che il leader spirituale della comunità ebraica di Chicago, Joel Gordon, 51 anni, ex "cantore" della Congregazione Shirat Emet, era stato arrestato insieme alla moglie, Alison Ginsberg, 23 anni, entrambi accusati di aver aperto diversi bordelli.

Il 15 settembre 1997, il *New York Post* riportò la notizia che un certo Roman Israilov, di Brooklyn, aveva rapito e violentato una ragazza immigrata russa di 20 anni che aveva cercato di vendere. La

---

[284] Il Talmud discute e nega spesso che i gentili siano persone umane. Come ad esempio in *Keritot, 6b*: "La Mishnah include nella sua lista di persone soggette a *Karet* [punizione]: Chi applica l'olio per l'unzione sulla pelle. I Saggi insegnarono in una *Baraita* [tradizione, insegnamento, ma al di fuori della Mishnah]: chi applica l'olio dell'unzione agli animali o ai recipienti è esente, e chi lo applica ai gentili o ai cadaveri è anch'esso esente. La Gemara obietta: È vero che si è esenti nel caso di animali e recipienti, poiché è scritto: "Sulla carne di una persona non si applica" (*Esodo 30:32*), e animali e recipienti non sono la carne di una persona. È anche chiaro perché si è esenti se si applica a un cadavere, poiché una volta che qualcuno è morto, il corpo è chiamato cadavere e non persona. Ma se uno applica l'olio dell'unzione ai gentili, perché ne è esente - non sono forse inclusi nel significato del termine persona [Adamo]?
La Gemara spiega: In effetti, non lo sono. Come è scritto: "E voi, le mie pecore, le pecore del mio pascolo, siete un popolo [Adamo]" (*Ezechiele 34:31*), da cui si evince che voi, il popolo ebraico, siete chiamati Adamo, ma i Gentili non sono chiamati Adamo." https://www.sefaria.org. (NdT)

polizia era stata avvisata da un vicino.

Tali tragedie di solito non fanno notizia nei media occidentali e non sentiamo mai politici o celebrità protestare contro questo infame traffico. Immaginate ora quale sarebbe stata la reazione se gli europei avessero ridotto in schiavitù e sottoposto a ogni sorta di umiliazione migliaia di giovani donne ebree. Ma il silenzio dei media su questi temi è comprensibile se si considerano i legami tra i gangster e i responsabili della piccola "comunità mediatica internazionale".

Certamente le giovani donne europee, soprattutto le bionde, sono molto apprezzate dagli ebrei, a giudicare da quanto si legge nella letteratura. Ascoltate ad esempio il famoso romanziere americano Philip Roth: "Come fanno ad essere così belle, così sane, così bionde? Disprezzo le loro convinzioni, ma questo è più che compensato dalla mia adorazione per il loro fisico, il modo in cui si muovono, ridono e parlano[285]."

La stessa immagine dell'ebreo e della bella bionda la ritroviamo nello scrittore yiddish Isaac Bashevis Singer, premio Nobel per la letteratura nel 1978, nel suo romanzo *Lo schiavo*, pubblicato nel 1962. La storia segue la vita di Jacob, un povero ebreo nella Polonia del XVII secolo, venduto come schiavo a un contadino di montagna dopo che un pogrom ha distrutto la sua comunità. Isaac Bashevis Singer ha descritto i contadini polacchi nei termini più insultanti e sprezzanti. Tra quegli animali simili a esseri umani viveva però una bellissima giovane donna, Wanda, figlia del suo padrone polacco." A venticinque anni era più alta della maggior parte delle donne. Bionda e con gli occhi azzurri, la sua carnagione era chiara e i suoi lineamenti armoniosi." Isaac Singer ha poi strappato quel bel fiore dal letame su cui era cresciuto, perché bisogna prendere ciò che è più bello dai luridi goyim. L'unica creatura degna di rispetto tra questi polacchi era promessa in sposa all'ebreo[286].

Nel romanzo di Stefan Zweig *La pericolosa pietà* (1939), un rispettabile e ricchissimo proprietario di un castello ungherese di nome Von Kekesfalva si rivela essere un ebreo che fa di tutto per nascondere la sua vera identità, Lämmel Kanitz. Il medico di famiglia, il dottor Condor, svela il segreto e Stefan Zweig, attraverso il suo personaggio, descrive l'individuo senza mezzi termini: "Ciò che mi ha colpito di Kanitz fin dall'inizio è stata la sua volontà veramente demoniaca di accrescere le sue conoscenze e la sua fortuna... Ha studiato tutti i libri

---

[285] Philip Roth, Il *male di Portnoy*, Penguin Random House Debols!llo, Barcellona, 2008. p. 158, 159.
[286] Isaac Bashevis Singer, *Lo schiavo*, 1962, Epublibre, editore digitale German25 (2014), p. 48; Hervé Ryssen, *Psicoanalisi dell'ebraismo*.

di legge, diritto commerciale e diritto industriale, per essere l'avvocato di se stesso... e conosceva tutti gli investimenti e le transazioni come un banchiere." Questo ebreo, che aveva accumulato una fortuna colossale in modo alquanto discutibile, "aveva la possibilità di fare più soldi in ventiquattro ore di quanti ne avesse fatti fino ad allora in ventiquattro anni di piccoli e deplorevoli racket a spese di un contadino ungherese". Aveva anche sposato una giovane donna, una persona molto gentile, una bella ariana, una *"shiksa"*: "come poteva lui, un uomo quasi vecchio, un ebreo, un broker ambulante squallido, brutto, avido di denaro, proporre in matrimonio una ragazza dall'animo così distinto, dall'animo così delicato[287]."

Nel romanzo *Romanzo di guerra* di Robert Bober, la sensale, "Madame Sarah", tornava da un giro di laboratori di sartoria parigini con i suoi piccoli gettoni. Ecco cosa scrive il narratore, rivelando l'evidente invidia per questo popolo così fortemente segnato da difetti genetici: "Nella nostra famiglia ci sono sempre piaciute le guance rosee. Sono un segno di buona salute, diceva mia madre. In Polonia, quando vedeva le ragazze polacche sul marciapiede di fronte, invidiava sempre le loro guance rosee sotto le trecce bionde. Poteva solo consolarsi con una maledizione[288]."

Cipro e il traffico di migranti

A Cipro, la situazione era palesemente identica a quella di Israele, almeno nel nord dell'isola dominato dai turchi. L'area conquistata dai turchi nel 1974 era diventata, nelle parole di un diplomatico europeo, uno "Stato canaglia". Uno Stato riconosciuto solo dalla Turchia e che è servito da rifugio per tutti i criminali internazionali. Il vero signore di questa "Repubblica turca di Cipro del Nord" era il capo di stato maggiore del contingente militare turco. Comandava 35.000 uomini in innumerevoli guarnigioni. Ai 100.000 turco-ciprioti già presenti nel 1974 si aggiunsero i soldati di Ankara e le loro famiglie, oltre a 30.000 lavoratori clandestini provenienti dall'Anatolia. Il governo di Ankara, che sovvenziona tutto, dalle strade ai dipendenti pubblici, aveva ordinato la costruzione di 320 moschee nella regione e vietato il restauro delle 200 chiese ortodosse cadute in rovina.

Sulla carta, la parte turca era notoriamente più povera di quella

---

[287] Stefan Zweig, *La Piedad peligrosa*, Acantilado, Barcellona, 2006, p. 70, 82, 90 citato in Jacques Le Rider, *in Europa*, 1995, p. 40, 41. Shiksa: donna gentile, dispregiativo.
[288] Robert Bober, *Quoi de neuf sur la guerre?* Folio, 1993, p. 19. Sui matrimoni e i difetti genetici, si veda *Psicoanalisi dell'ebraismo*.

greca, ma i turisti potevano assistere alla sfilata ininterrotta di auto di lusso. Lo Stato era coperto da centinaia di bordelli e 37 casinò dove veniva riciclato il denaro della droga.

Le ville grandi come castelli sono cresciute come funghi allo stesso ritmo dei bordelli multicolori intorno alle basi militari turche. Quella parte dell'isola era infatti un punto di riferimento per la mafia. *Le Figaro* del 28 dicembre 2005 riportava le parole di un poliziotto europeo: "Una dozzina di capibanda britannici e israeliani sono rifugiati lì e non possono lasciare il territorio. Prosperano perché la rotta della droga dall'Afghanistan passa per la Turchia e il denaro viene riciclato lì[289]."

Le ragazze provenienti dall'Europa dell'Est venivano "piazzate" nei bordelli militari dell'isola, per poi proseguire verso l'Albania e finire sui marciapiedi delle città europee. Elena Potoran era sull'orlo di questa disgrazia. Elena, 20 anni, è nata a Chisinau (Kichinev) in Moldavia e ricorderà per tutta la vita il suo soggiorno a Cipro. L'incubo della giovane donna è iniziato un anno prima, quando ha accettato un contratto come cameriera ed è stata immediatamente venduta al proprietario di un bordello al suo arrivo a Nicosia. Il *Crazy Night* si trovava accanto al *Sexy Lady*, all'*Harem Night Club* e al *Lipstick* e la sera si riempiva di soldati turchi. Il "proprietario" di Elena, un pappone di nome Ailan, l'ha prima fatta violentare dai clienti prima di sottoporla a un intervento chirurgico in condizioni sordide per allargarle la vagina. Durante la convalescenza, Elena riuscì ad avvertire il padre in Ucraina. Quest'ultimo ha potuto informare un'organizzazione non governativa specializzata nella difesa delle vittime della tratta di esseri umani, Strada International. A Cipro, un sacerdote ortodosso russo, padre Savas, ha fatto da tramite e ha contattato le autorità russe. I funzionari del nord hanno risposto che non potevano fare nulla, che il proprietario del cabaret era un uomo influente." Un diplomatico europeo ha confermato le sue parole: "Le persone al potere a Cipro sono tutte in combutta con le mafie che hanno i soldi."

Il sacerdote non si lasciò scoraggiare e contattò Matthew Palmer, incaricato d'affari di Washington a Cipro. È riuscito a liberare Elena. Il fatto è che Ankara non poteva negare nulla agli americani, che all'epoca erano i più ferventi sostenitori dell'adesione della Turchia all'Unione Europea[290]." Oggi Elena è potuta tornare a casa, ma è completamente

---

[289] Anche i "britannici" erano cittadini israeliani. All'epoca, il Centro statunitense per gli studi strategici e internazionali stimava gli importi a 1 miliardo di dollari al mese.
[290] Gli stretti legami tra Israele e Turchia si spiegano con l'influenza dei Dönmeh sui successivi governi turchi. I Dönmeh sono musulmani, ma solo in apparenza (vedi

traumatizzata", ha spiegato padre Savas."

Ogni anno arrivano sull'isola più di 10.000 musulmani pakistani, siriani e del Bangladesh. In effetti, la Turchia ha rilasciato visti ai cittadini dei Paesi OIC, visti validi per la "Repubblica turca di Cipro del Nord". In cambio di 4.000 dollari, questi falsi turisti sono stati portati alla linea di demarcazione tra nord e sud, scarsamente sorvegliata dai Caschi Blu dell'ONU, e poi spediti come falsi marinai o in container verso l'Europa continentale. La Turchia è diventata così complice di una delle più efficaci reti di immigrazione illegale nell'UE. Alcuni di questi migranti sono rimasti sul lato greco dell'isola. Lì, senza permessi di lavoro, sono stati trattati come schiavi. Melopi, una giovane donna dello Sri Lanka, aveva firmato un contratto di lavoro di 15 anni che prevedeva che avrebbe "lavorato 78 ore alla settimana e 18 ore al giorno ogni venerdì, sabato e domenica".

Non è difficile capire che l'apertura delle frontiere e l'immigrazione di massa sono una benedizione per tutte le mafie e le altre multinazionali: gli immigrati - legali o clandestini - abbassano i salari e contribuiscono alla distruzione dell'identità nazionale dei Paesi in cui si stabiliscono. I grandi finanzieri internazionali hanno ovviamente interesse a dissolvere i confini e i riferimenti della società tradizionale, per sradicare ogni forma di resistenza nazionale alla loro egemonia e alla trasformazione degli individui in consumatori docili e acculturati. È in questi ambienti che le mafie prosperano. Le grandi aziende di proprietà ebraica si distinguono per il fatto che i loro dipendenti subordinati provengono sempre dal terzo mondo. In effetti, gli imprenditori ebrei assumono gli immigrati in via prioritaria e del tutto legale, mentre un industriale francese sarebbe condannato - nel suo Paese - per aver assunto in via prioritaria i suoi connazionali. Da parte loro, intellettuali, giornalisti e politici ebrei, marxisti o liberali, atei o religiosi, sionisti o "perfettamente integrati", hanno sempre incoraggiato l'immigrazione e la costruzione di una società multiculturale. Questo perché è nel loro interesse[291].

Dagli anni '80, lo Stato israeliano ha dovuto fare sempre più affidamento su lavoratori stranieri per sostituire i palestinesi. Dopo la seconda Intifada palestinese, iniziata nel settembre 2000, le restrizioni sono state ancora più severe e nel Paese sono rimaste solo poche migliaia di lavoratori palestinesi. Sono stati sostituiti da lavoratori più sottomessi, che hanno accettato di lavorare in condizioni più difficili e con salari ancora più bassi. La metà degli immigrati in Israele è di

---

Psicoanalisi dell'ebraismo).
[291]Sulla società multiculturale: Hervé Ryssen, *Speranze planetarie* (2005), (2022).

origine asiatica (Cina, Thailandia, Filippine) e il 45% proviene dall'Europa orientale, soprattutto Romania e Moldavia.

Questi lavoratori inizialmente lavoravano legalmente, ma poi hanno perso il lavoro o hanno cambiato datore di lavoro. Poiché il permesso di lavoro permetteva loro di lavorare solo per un determinato datore di lavoro, sono diventati illegali. Dei 300.000 lavoratori, il 60% si trovava in una situazione di illegalità. Nella maggior parte dei casi, i datori di lavoro israeliani avevano confiscato i loro passaporti.

L'età d'oro della tratta degli schiavi bianchi

La tratta degli schiavi bianchi non è iniziata con la caduta dell'impero sovietico. Già alla fine del XIX secolo, le popolazioni occidentali erano allarmate dal fenomeno.

In Europa centrale, dove risiedeva la maggior parte degli ebrei europei, i protettori giravano per le campagne impoverite per convincere i contadini che le loro figlie potevano guadagnare negli Stati Uniti come donne delle pulizie. Hanno spiegato ai genitori che, dopo qualche tempo, le loro figlie avrebbero potuto ripagare il costo del viaggio e iniziare una vita migliore nella terra della libertà. È così che decine di migliaia di giovani donne sono finite nei bordelli di New York, Rio de Janeiro o Buenos Aires. Le figlie dei contadini non furono le uniche vittime. L'intera massa di domestici, lavoratori e immigrati era una potenziale vittima della tratta.

Nell'Impero austro-ungarico la popolazione ebraica era la più numerosa. Nel 1900, la capitale asburgica contava più di 150.000 ebrei e, come in Polonia e in Ucraina, i bordelli e i trafficanti di donne verso l'America e l'Oriente erano membri di questa piccola comunità. La capitale austriaca fungeva da punto di transito tra la Galizia e la Polonia da un lato e la Serbia, la Turchia e la Romania dall'altro. Questi fornitori e mercanti di donne invadevano i luoghi pubblici con la loro presenza.

La Galizia e la Bucovina, nel sud dell'attuale Polonia, erano i principali centri di traffico. Tra il 1904 e il 1908, le autorità identificarono più di cento di questi trafficanti ebrei galitici, quaranta dei quali erano donne. Queste reti criminali di reclutatori di ragazze hanno assunto la forma di imprese familiari. Alcuni di loro avevano persino legami con l'Argentina e l'India. Circa cinquanta protettori di Chernivtsi (che contava 30.000 ebrei) erano collegati a Bombay. A capo di questi clan familiari di gangster, specialisti ereditari della tratta delle schiave bianche, abbiamo spesso trovato energiche matrone, organizzatrici della prostituzione internazionale, da Costantinopoli a

Buenos Aires. Rosa Langer, ad esempio, gestiva un'organizzazione che riforniva tutti i Paesi balcanici di carne per il piacere[292]. Nel 1896 fu arrestata e imprigionata a Vienna.

Va notato che i protettori ebrei non si limitavano a razziare la "merce" cristiana, ma prosperavano anche sullo sfruttamento delle donne della loro stessa tribù: "Esistevano indubbiamente trafficanti ebrei impegnati nello sfruttamento delle donne della loro stessa nazione", ha scritto il professor Jacques Solé nel suo libro intitolato *L'età d'oro della prostituzione, dal 1870 ai giorni nostri*[293].

Il giornalista francese Albert Londres[294] aveva scritto un libro sull'argomento nel 1927, intitolato *La Trata de Blancas, El camino de Buenos Aires*. Le sue ricerche lo porteranno in Polonia, in una città interamente ebraica, a quaranta chilometri da Varsavia. Ecco cosa scrive Albert London: "Era il maggio scorso. Stavo attraversando la campagna polacca, alla ricerca della rivoluzione di Pilsudski. Ed ecco cosa ho trovato: un campo ebraico. Un accampamento molte volte centenario. Niente tende, ma case e strade, persino una piazza, ma comunque un accampamento. Stanca di vagare, la tribù si fermò lì un bel giorno, un giorno nel corso di un secolo molto lontano dal nostro. E i nipoti si stabilirono in modo permanente nelle abitazioni temporanee con centinaia di anni di utilizzo."

A quanto pare, gli ebrei della zona non erano molto ospitali: "Forse non avevano mai visto persone della mia specie prima, e quindi non c'era nessun altro tipo di persone? Sono passato: le persiane e le finestre erano chiuse. Alcuni gruppi di ebrei, che riempivano le strade, si dispersero... Quando mi videro, si rifugiarono in corridoi misteriosi, senza smettere di girare la testa per spiarmi. Se alzavo lo sguardo, le finestre del primo piano erano vuote. Mi avrebbero accolto con acqua, in secchi, ma mi avrebbero rifiutato un bicchiere, se l'avessi avuto. Non avevo mai visto nulla di simile, se non in un paese selvaggio. L'accampamento giaceva su un immenso arazzo di sterco, e le vaghe

---

[292] Raphaël Viau e F. Bournand, pagg. 91, 93, 97; in Georges Valensin, *La Vie sexuelle juive*, Les Éditions philosophiques, 1981, pagg. 65, 66.
[293] Jacques Solé, *L'Age d'or de la prostitution, de 1870 à nos jours*, Plon, 1993, p. 80. Jacques Solé ha basato la sua ricerca principalmente sul libro dello storico ebreo americano Edward J. Bristow: *Prostitution and Prejudice. The Jewish Fight against White Slavery, 1870-1939*, Clarendon Press, 1982. Il libro di Jacques Solé, di 650 pagine, contiene solo un capitolo sull'argomento, ma la descrizione è sufficientemente eloquente per dare un'idea dell'importanza del commercio.
[294] Albert Londres (1884-1932) è stato uno scrittore e giornalista francese. È stato uno dei fondatori del giornalismo d'inchiesta, critico nei confronti degli abusi del colonialismo e delle prigioni dei lavoratori forzati.

sagome di quegli ebrei sembravano sorgere da quel pagliaio, come emanazioni di vapore che avevano assunto forme vagamente umane."

Non erano nemmeno inclini alla pulizia, e la testimonianza di Albert Londres conferma altri punti: "Quei cappotti neri, la cui sporcizia dava loro riflessi biancastri, quei capelli mai lavati, in una ciocca sulla guancia sinistra, quei berretti piatti e rotondi che finivano in una specie di copertura per quelle barbe vergini[295]...".

Albert London ha raccontato come le ragazze povere degli "shtetl" polacchi venissero mandate dalle loro famiglie a prostituirsi in Sud America per accumulare una dote e poi tornare in patria per sposarsi[296]. Il giornalista ci mostra il gioco dei papponi: "E come commercianti sbarcano a Varsavia. Non tutti sono ebrei, ma lo sono i viaggiatori, i commercianti che vanno di fiera in fiera. È indispensabile entrare nelle famiglie. Perché non fanno il loro lavoro nelle strade, come in Francia, ma operano in casa. Prima trattano con i genitori e poi, e solo poi, parlano con la ragazza. Non la rubano, la comprano... A Varsavia, a Cracovia, a Lvoff, in villaggi come il "mio" villaggio, ci sono donne anziane, che pagano tutto l'anno, che non hanno altra occupazione che quella di indicare loro la merce buona. Quella casa non vale nulla: le figlie non godono di buona salute. Diffidate di questa famiglia: i genitori intendono chiedere molto. Ma lì, e lì, e lì, e lì, troverai quello che fa per te, o fratellino. Mostratevi molto religiosi in quel luogo... Prendete il più giovane, il più vecchio è pigro... Li comprano dai poveri per "contratto". Un contratto discusso acrimoniosamente, debitamente firmato, splendidamente motivato... La famiglia chiede centocinquanta zloty al mese per almeno tre anni. L'acquirente ne offre solo cento. La barba del padre trema sotto l'indignazione. Avvicina la figlia, la mostra ancora una volta: è vergine? Lo giura sulla sacra Torah... Una famiglia salvata dalla miseria! A un altro[297]! "È così che migliaia di giovani ragazze ebree sono emigrate dalla Polonia al nuovo mondo.

Già nel 1869, nel suo libro intitolato *L'ebreo, l'ebraismo e l'ebraicizzazione dei popoli cristiani*, Roger Gougenot des Mousseaux dava questa testimonianza: "Da un quarto di secolo, e non potremmo andare oltre, i moralisti si chiedono, e a ragione, come mai in tutte le grandi città d'Europa si osserva che tra le donne di malaffare ci sono

---

[295] Sulla sporcizia, leggete anche la testimonianza del generale Patton in Germania nel 1945.
[296] Encyclopedia Judaica, volume XIII, p. 415. Georges Valensin, *La Vie sexuelle juive*, Les Éditions philosophiques, 1981, p. 65, 66. Shtetl: piccola città o villaggio popolato da ebrei nell'Europa orientale.
[297] Albert Londres, *Camino de Buenos Aires*, Editorial Prensa Ibérica; Clásicos de la Prensa, Barcelona, 1998, pagg. 131-136.

più ebrei che cristiani? Questa domanda è purtroppo fondata; infatti, a Parigi, Londra, Berlino, Amburgo, Vienna, Varsavia e Cracovia, in quello che si è convenuto di chiamare il mondo di mezzo, nei luoghi pubblici e persino nei lupanari, si trovano più ebrei che cristiani, considerando la proporzione esistente tra le due popolazioni[298]."

Le promesse di lavoro o di matrimonio riuscivano così a convincere le famiglie a lasciare andare le quattordicenni. Roger Gougenot citava anche un articolo del giornale *Golos* di San Pietroburgo, datato 3 ottobre 1869, in cui si notava come alcuni ebrei provenienti dalla Galizia e dalla Romania "sposano più volte, in luoghi diversi, belle e giovani ragazze ebree, per venderle subito in Oriente e in Africa", e le lasciano nelle case di tolleranza (Corte di Neusande). Poi, una povera giovane ebrea, per sfuggire ai maltrattamenti dei suoi innaturali genitori, si rifugiò in un convento cattolico, e il popolo, infiammato dagli ebrei, andò a demolire questo asilo per strappare la giovane da lì[299]!"

Nel 1872, secondo lo storico ebreo Edward Bristow, il 17% delle prostitute di Varsavia erano ebree; erano il 27% a Cracovia e il 47% a Vilna. Nel 1889, in Polonia e Ucraina, il 22% delle donne detenute in case di prostituzione (1122 su 5127) erano ebree. La maggior parte delle prostitute erano quindi cristiane, detenute in case ebraiche. In effetti, il console americano notò nel 1908 che il "business" della prostituzione era quasi esclusivamente ebraico[300].

A Varsavia, 16 dei 19 bordelli conosciuti avevano gestori ebrei. Le prostitute ricevevano 40-50 clienti al giorno, e fino a 60-70 nei giorni di punta. Nel 1905, una parte della comunità ebraica di Varsavia si era ribellata alla presenza di questi bordelli, degenerando in un pogrom intracomunitario che aveva portato alla distruzione di 40 bordelli e all'uccisione di otto persone, tra cui una prostituta.

I protettori non vedevano alcuna contraddizione tra le loro attività e la loro fede religiosa. Shilem Letzski aveva organizzato una piccola

---

[298] Archives israélites, XV, p. 711; 1867, in Roger Gougenot des Mousseaux, *L'ebreo, il giudaismo e l'ebraicizzazione dei popoli cristiani*, versione pdf. Tradotto in inglese dal professor Noemí Coronel e con la preziosa collaborazione dell'équipe di Catholic Nationalism. Argentina, 2013, pag. 127

[299] Hermann Kuhn, *Monde*, 1 novembre 1869 e *Correspondance allemande*, in Roger Gougenot des Mousseaux, *L'ebreo, il giudaismo e l'ebraicizzazione dei popoli cristiani*, versione pdf. Tradotto in inglese dal professor Noemí Coronel e con la preziosa collaborazione dell'équipe di Catholic Nationalism. Argentina, 2013, pag. XIX, XX (introduzione). Le donne ebree sarebbero diventate le leader più importanti del movimento femminista qualche decennio più tardi.

[300] Edward J. Bristow: *Prostituzione e pregiudizio. The Jewish Fight against White Slavery, 1870-1939*, Clarendon Press, 1982, pagg. 23, 63, 56.

sinagoga a Varsavia per prostitute, maitresse, papponi e ladri. Questa comunità criminale aveva anche il suo tribunale rabbinico per giudicare le controversie tra i protettori[301]. Molti ebrei consideravano questa professione "perfettamente onorevole".

I protettori ebrei esportavano la loro merce. A San Pietroburgo, la città era off-limits per gli ebrei. Tuttavia, uno di loro, Aaron Simanovitch, risiedeva lì e divenne un fornitore di prede femminili per Rasputin, al quale era molto legato[302]. Tra la Russia e la Germania, i residenti di frontiera aiutavano i loro colleghi protettori ad attraversare il confine con le donne che avrebbero fatto prostituire. Una piccola città della Galizia austriaca fungeva da quartier generale prima di attraversare il confine: Oswiecim, oggi meglio conosciuta come Auschwitz[303]. Ma alla fine degli anni Settanta del XIX secolo, gli imprenditori più audaci trasferirono la loro capanna dalla Polonia all'Argentina.[304]

Il grande scrittore ebreo austriaco Stefan Zweig, andato in esilio in Brasile dopo l'ascesa al potere di Hitler, ha lasciato una testimonianza sulle prostitute di Rio de Janeiro. Nell'agosto del 1936, scriveva: "Donne nere come l'ebano - con i capelli arruffati e i seni scoperti - che ti guardano con apparente indifferenza; ragazze francesi truccate, che indossano camicette sgargianti o pantaloncini provocanti e cantano in modo provocante; ebree dell'Est che promettono le più folli perversioni; mulatte che danno realtà a tutte le gradazioni del café au lait. Ci sono i giovanissimi e i maturi, i delicati e i rozzi[305]..."

I bordelli erano una caratteristica ben nota della società brasiliana. Nel 1879, trentanove protettori ebrei furono espulsi dal Paese, ma nonostante le numerose e ripetute espulsioni, i protettori rimasero nel Paese fino alla Prima Guerra Mondiale.

Le ragazze sono arrivate prima via Buenos Aires, poi via Amburgo. La famosa compagnia di navigazione tedesca di Albert

---

[301] Edward J. Bristow: *Prostituzione e pregiudizio. The Jewish Fight against White Slavery, 1870-1939*, Clarendon Press, 1982, pagg. 60-61.
[302] G. Dupé, *Plaidoyer pour les maudits, Raspoutine*, Éd. Lefeuvre, Nizza, 1978, in Georges Valensin, *La Vie sexuelle juive*, Les Éditions philosophiques, 1981, pagg. 65, 66.
[303] Edward J. Bristow: *Prostituzione e pregiudizio. The Jewish Fight against White Slavery, 1870-1939*, Clarendon Press, 1982, p. 124, in Jacques Solé, *L'Age d'or de la prostitution, de 1870 à nos jours*, Plon, 1993, p. 121, 122.
[304] Jacques Solé, *L'Age d'or de la prostitution, de 1870 à nos jours*, Plon, 1993, pagg. 117-119.
[305] Stefan Zweig, *Diarios (1931-1940)*, Ediciones 98, Madrid, 2021, p. 78.

Ballin, uomo d'affari ebreo e proprietario della Hamburg-America Line, grazie ad alcune complicità fungeva da vettore e riforniva così i bordelli di Buenos Aires di belle ragazze. Edward Bristow ha giustamente sottolineato qui uno di quei tratti così caratteristici di una certa mentalità molto particolare: "Per coloro che nutrivano ancora qualche illusione, la traversata del mare era il momento della verità. Il cambiamento di tono dei loro protettori, incaricati di demoralizzarli, è stato sufficiente per annunciare il loro tragico destino[306]."

Lo storico brasiliano Marc Raizman la mette così: "Alcuni di loro andavano in giro per l'Europa centrale alla ricerca di una bella ragazza ebrea da sposare. Dopo il matrimonio, il protettore usava la sua attività come pretesto per andarsene, offrendo un biglietto per Buenos Aires e promettendo di incontrarla lì. Quando arrivò in Argentina o in Brasile, il marito non c'era e si presentò una donna che si presentò come sua zia. Le giovani donne, che di solito non avevano più di 18 anni, erano preda del pappone. Molti si sono suicidati."

Negli anni Venti, il giornalista Albert Londres raccontava ciò che aveva visto nello stesso luogo: "Franchutas! Polacas! I Franchuta costituiscono l'aristocrazia: cinque pesos. Le donne polacche della classe inferiore: due pesos." I protettori erano ebrei provenienti dalla Polonia: "La tratta delle schiave bianche, quella vera, quella che il termine evoca nell'immaginario popolare, è quella praticata dai polacchi. Lavorano con la miseria... Non c'è un solo polacco a Buenos Aires che non abbia cinque o sei donne. O sette o otto. Tuttavia, non sono gentili. Per due giorni si sono rifiutati di servirmi da bere nel loro bar in via Talcahuano. Non ho bevuto: è l'unica cosa che hanno guadagnato. E siccome non mi hanno rotto gli occhi, li ho guardati, li ho osservati bene... Ufficialmente si definiscono commercianti di pellicce. La pelliccia, è vero, è anche una pelle, e le pelli, quelle umane, sono il loro business[307]." In realtà, si trattava per lo più di protettori.

I viaggi di importazione in Europa per i rifornimenti non cessarono mai durante questo periodo: da tre a sei volte l'anno. Questa industria del vizio si era organizzata verso la fine degli anni Novanta del XIX secolo, formando una sorta di sindacato chiamato Zwi Migdal. Più tardi, nel 1906, i gangster si costituirono legalmente come associazione. Grazie all'appoggio della polizia e di politici corrotti, la

---

[306] Edward J. Bristow: *Prostituzione e pregiudizio. The Jewish Fight against White Slavery, 1870-1939*, Clarendon Press, 1982, p. 124, in Jacques Solé, *L'Age d'or de la prostitution, de 1870 à nos jours*, Plon, 1993, pp. 121-123.
[307] Albert Londres, *Camino de Buenos Aires*, Editorial Prensa Ibérica; Clásicos de la Prensa, Barcelona, 1998, pag. 133-134.

loro rete di bordelli e ragazze si è sviluppata negli anni '20[308]. Il sindacato era dominato da un certo Dickenfaden, "il vero Napoleone dei protettori ebrei di Buenos Aires", ha scritto Jacques Solé. Arrivato da Varsavia nel 1885, morì immensamente ricco e stimato.

I boss di Zwi Migdal organizzavano vere e proprie vendite di donne. Una volta sbarcate a Buenos Aires o a Montevideo, le ragazze venivano portate nei bordelli argentini dove a volte venivano messe in vendita all'asta dopo essere state completamente spogliate[309]. I trafficanti si pavoneggiavano con ostentazione nei teatri o all'opera, indossando abiti eleganti e grandi diamanti al dito. Avevano i loro club, le loro organizzazioni e i loro codici segreti.

Delle 199 case di prostituzione presenti a Buenos Aires nel 1909, 102 erano gestite da ebrei, con nomi ebraici (anche se sappiamo che molti ebrei cambiano spesso nome); e alcune delle prostitute erano ebree. A questi va aggiunto un gran numero di protettori. Spesso sono stati cacciati dal Paese verso il Brasile e poi espulsi in Polonia, ma sono sempre tornati in Argentina, mantenendo i rapporti con Varsavia. Nel 1930, 400 persone traevano ufficialmente profitto dalla prostituzione a Buenos Aires, mentre a Varsavia circa 600 erano sospettate di alimentare il commercio.

Le donne e i protettori erano banditi dalla comunità ebraica. Non potevano, ad esempio, essere sepolti nei cimiteri ebraici. I membri di Zwi Migdal, esclusi dai loro confratelli moralmente più ortodossi, avevano organizzato un secondo mondo ebraico argentino parallelamente alle organizzazioni ufficiali. Avevano quindi un cimitero separato, le loro società di mutuo soccorso e assistenza e le loro sinagoghe. I protettori ebrei, in cerca di rispettabilità, non avevano abbandonato le tradizioni ebraiche.

Lo Zwi Migdal era ancora molto potente negli anni '20, con le sue centinaia di bordelli e migliaia di prostitute. I gangster che lo gestivano avevano investito anche in altre attività criminali: traffico di cocaina ed eroina, estorsione di fondi, racket, furti con scasso e, negli Stati Uniti dell'epoca del proibizionismo, il commercio clandestino di alcolici.

Nel 1929, tuttavia, la denuncia di una donna ebrea contro il marito che voleva costringerla a prostituirsi in un bordello aveva portato a un'importante indagine generale. L'anno successivo sono stati arrestati

---

[308] Jacques Solé, *L'Age d'or de la prostitution, de 1870 à nos jours*, Plon, 1993, p. 122, 123.
[309] Edward J. Bristow: *Prostituzione e pregiudizio. The Jewish Fight against White Slavery, 1870-1939*, Clarendon Press, 1982, pag. 309, in Jacques Solé, *L'Age d'or de la prostitution, de 1870 à nos jours*, Plon, 1993, pag. 135.

112 sospetti. La maggior parte fu rilasciata nel 1931, ma la prostituzione ebraica in Argentina non si riprese mai e i suoi promotori lasciarono il paese[310].

Marc Raizman ha notato che la parola portoghese per "pappone" è "cafetão[311]". Mi spiegò che si trattava di una parola derivata da "caftano", il nome dato ai lunghi mantelli neri indossati dagli ebrei ortodossi dell'Europa orientale. Questo è anche ciò che ha scritto Edward Bristow: "A Rio de Janeiro, gli immigrati ebrei provenienti dalla Russia, dalla Polonia, dall'Ungheria e dalla Romania erano così identificati con il pappone alla fine degli anni Ottanta del XIX secolo che il "caftano", il tradizionale cappotto lungo ebraico, era sinonimo di pappone." (pagina 13).

La popolazione ebraica del Brasile alla fine del XIX secolo era di 150.000 persone, di cui 70.000 vivevano a San Paolo, il cuore commerciale del Paese, e 30.000 a Rio. Marc Raizman era molto orgoglioso di poterci dare i cognomi di tutte le personalità ebraiche in Brasile che avevano avuto successo negli affari, nello spettacolo e nell'industria culturale. Alla fine degli anni '90, il presidente del Brasile si chiamava Fernando Henrique Silva Cardozo e sua figlia aveva sposato un ebreo." Ha un nipote che si chiama Zylberstein", ha scritto Raizman. E lo storico ha sottolineato che Cardozo era un cognome "converso", cioè cattolico, ma solo in apparenza. Le società multiculturali, come ben sappiamo, favoriscono l'ascesa dei figli di Israele[312].

Prima della Prima Guerra Mondiale, Londra era anche un importante centro per la prostituzione ebraica. Numerose giovani donne sono finite in case di depravazione dietro la facciata di presunte case di famiglia[313]. Nell'East End di Londra, Isaac Bogard, chiamato *"Darky the Coon"* per i suoi capelli nerissimi, era il capobanda che gestiva le prostitute e i club locali all'inizio del XX secolo. Poi c'era Harry *"Little Hubby"* Distleman. Un autore ebreo come Chaïm Bermant ha scritto nel *Jewish Chronicle* del 15 gennaio 1993 che all'epoca (1903-1909), 151 stranieri gestivano tali strutture in Inghilterra e che la maggior parte di

---

[310] Edward J. Bristow: *Prostituzione e pregiudizio. The Jewish Fight against White Slavery, 1870-1939*, Clarendon Press, 1982, pag. 309, in Jacques Solé, *L'Age d'or de la prostitution, de 1870 à nos jours*, Plon, 1993, pag. 135.

[311] Cafiolo, cafishio, cafiche in Argentina, Uruguay e altre parti dell'America Latina.

[312] Nel 2008, la Francia di Nicolas Sarkozy, Jacques Attali e Bernard Kouchner, tra gli altri, ne è stata un buon esempio.

[313] L. Gartner, p. 183, in Georges Valensin, *La Vie sexuelle juive*, Les Éditions philosophiques, 1981, p. 264.

essi erano ebrei[314].

Da Londra, le ragazze potevano essere spedite rapidamente negli Stati Uniti. Fin dagli anni Settanta del XIX secolo, alcuni protettori avevano aperto bordelli a New York, ma furono gli anni Novanta del XIX secolo a rappresentare il periodo di massimo splendore dei re ebrei della prostituzione newyorkese. La brama di ricchezza era senza dubbio la motivazione principale dei 6000 protettori presenti negli Stati Uniti nel 1914, che sfruttavano non meno di 30 000 prostitute. Secondo le testimonianze di ebrei contemporanei, fare il pappone era un'attività normale in questa comunità quando si era giovani e poveri. Il pappone era un modello di successo sociale. C'erano anche protettori francesi e italiani in competizione tra loro, ma, come a Buenos Aires, gli ebrei erano di gran lunga superiori per le loro capacità organizzative[315]. In seguito, alcuni di loro furono abbastanza abili da introdursi nella macchina elettorale democratica e poterono così contare sull'appoggio della polizia.

Le giovani donne francesi erano numerose in questi bordelli di New York. Nel 1907, le due nazionalità più rappresentate erano quella francese e quella ebraica, scrive Edward Bristow (p. 165). Gli americani chiamavano queste case *"case francesi"*, anche se i proprietari erano ebrei. Motche Greenberg controllava nel 1912 l'attività di otto bordelli e delle loro 114 ragazze. Era uno dei re del vizio[316].

Un'indagine del 1908 condotta dalla Commissione per l'Immigrazione negli Stati Uniti ha fornito i seguenti dati: dei 2093 casi processati, 1512, cioè i tre quarti, riguardavano ragazze nate nel territorio, con una predominanza di donne ebree. Dei 581 cittadini stranieri, 290 erano irlandesi, 225 ebrei, 154 francesi, 64 tedeschi, 31 italiani e 10 polacchi.

Un'associazione manteneva l'ordine all'interno della prostituzione, anche attraverso l'uccisione delle ragazze disobbedienti. All'epoca fiorì un'intera letteratura sull'argomento. Negli Stati Uniti, tra il 1911 e il 1916, i giornali erano pieni di storie di vergini sacrificate sull'altare del vizio, di donne sedotte, vendute e sottomesse[317]: nel 1910, l'intera New York fu presa dalla storia di una vergine venduta da

---

[314]Jacques Solé, *L'Age d'or de la prostitution, de 1870 à nos jours*, Plon, 1993, p. 79.

[315]Jacques Solé, *L'Age d'or de la prostitution, de 1870 à nos jours*, Plon, 1993, pagg. 125, 126.

[316]Albert Fried, *The Rise and fall of jewish Gangster in America*, 1980, Columbia University Press, 1993, p. 8, 18.

[317] Judith Walkowitz, Ruth Rosen, *Prostitution and Victorian Society Women*, Cambridge University Press, 1980. Ruth Rosen, *The Lost Sisterhood Prostitution in America, 1900-1918*, The John Hopkins University Press, 1982.

un ebreo tedesco. All'epoca c'era un vero e proprio panico collettivo, ovviamente giustificato.

Le prostitute dei bordelli di lingua yiddishe i ruffiani venivano reclutati principalmente nei nightclub o attraverso piccoli annunci, promettendo posti di lavoro come istruttori. Le ingenue vittime erano principalmente destinate all'esportazione, soprattutto in Sudafrica[318].

Ma dal 1910 le campagne contro la tratta degli schiavi bianchi cominciarono ad avere i loro maggiori successi. Tra il 1910 e il 1915 furono arrestati più di mille protettori. Le testimonianze delle vittime e della polizia, insieme alle indagini della stampa, hanno confermato la natura totalmente organizzata del traffico.

Il bellissimo film di Sergio Leone, *C'era una volta in America* (1984), raccontava la storia dei gangster di New York provenienti dalla natia Polonia all'inizio del secolo. In esso si vede che sono impegnati nel contrabbando e in tutti i tipi di traffico e racket. Rapinano una gioielleria, fanno fuori i loro concorrenti, possiedono una discoteca e non esitano a far prostituire le donne della loro tribù. Alla fine, il capo della banda (James Wood) cambia identità e diventa senatore.

A New York, tra tutte le "madame" ebree, gestori di bordelli, Polly Adler, di origine polacca, era la più nota negli anni Venti-Trenta. Qualche anno prima, Rosie Hertz era stata la "madame" più importante della città. Insieme al marito Jacob, aveva aperto diversi bordelli negli anni Ottanta del XIX secolo. Durante il processo, il giudice l'ha definita la "madrina delle prostitute". Un secolo dopo, negli anni Settanta, la famosa Xaviera Hollander avrebbe occupato questa posizione, come lei stessa ha raccontato nel suo libro venduto in oltre 17 milioni di copie[319].

Il più famoso *sex club* newyorkese del 1979 e del 1980 era il *Plato's Retreat*, di proprietà di Larry Levenson. Nel novembre 1999, Steve Kaplan, proprietario del *Gold Club*, uno strip club di Atlanta che era anche un emporio di prostituzione di lusso, è stato processato. Steve Kaplan era strettamente legato alla mafia di New York. È stato accusato di sfruttamento della prostituzione, frode con carta di credito, riciclaggio di denaro e corruzione di funzionari. Inoltre, Kaplan aveva ordinato il pestaggio di più di venti persone che non erano riuscite a ripagare gli interessi sui prestiti usurari che aveva fatto loro[320].

A partire dal 1895, i papponi e le prostitute di New York subirono una crescente repressione da parte della polizia e alcuni partirono per

---

[318] I. Howe, pag. 96, in Georges Valensin, *La Vie sexuelle juive*, Les Éditions philosophiques, 1981, pagg. 65, 66.
[319] Su Xaviera Hollander si legga *Fanatismo ebraico* (2007).
[320] Jean-François Gayraud, *Il mondo delle mafie*, Odile Jacob, 2005, p. 116.

Buenos Aires e Johannesburg, dove arrivarono a dominare il mondo della prostituzione. A Johannesburg, gli osservatori hanno effettivamente notato la presenza di un gran numero di ebrei newyorkesi provenienti dall'Impero russo tra le prostitute. Oltre alle "russe americane", c'erano anche prostitute nere e miste, francesi e tedesche. I protettori di origine ebraica erano numerosi e la maggior parte di loro proveniva da New York.

Joe Silver dominava il mondo "polacco-americano". Era nato in Polonia nel 1869 e aveva lavorato a Londra come reclutatore di prostitute. Nel 1898 si imbarcò a Southampton per il Sudafrica. Un rabbino, che lo aveva visto imbarcarsi a giugno, ha notato che era accompagnato dalla moglie - a sua volta prostituta -, da quattordici scagnozzi e da venticinque ragazze. Grazie alle sue doti di organizzatore, si è rapidamente affermato come il re del vizio a Johannesburg. Creò il famoso "American Club", un'associazione locale di protettori ebrei di cui era presidente. Da questa posizione, Joe Silver ha gestito i problemi derivanti dalla fornitura di questo traffico, in particolare il rinnovo delle "scorte". Gli ebrei polacchi non erano gli unici a svolgere questo lavoro, ma erano di gran lunga i maggiori trafficanti e mantenevano, qui come altrove, stretti legami con il mondo criminale[321].

Joe Silver fu infine arrestato a Pretoria nell'aprile del 1899 e condannato a due anni di esilio, una pena che difficilmente interferì con le abitudini di questo viaggiatore cosmopolita. Si è trasferito a Città del Capo con altri protettori e le loro prostitute. Come a Johannesburg dieci anni prima, il mondo degli affari della città lo sostenne, mentre le autorità religiose cristiane protestarono. Gli europei erano particolarmente scioccati dal fatto che i protettori ebrei collegassero i neri con i bianchi[322]. Nel 1902, le misure repressive li costrinsero a tornare in esilio. Partono per Bloemfontein, ma devono subito lasciare la città. Si stabilirono poi a Durban, ma dovettero nuovamente fuggire nel 1903. Infine, Joe Silver partì per il Transvaal, personificando così le

---

[321] Charles von Onselen, *Studies in the Social and Economic History of the Witwatersrand, 1886-1914*, T.1, The New Babylon, 1982, pag. 106, in Jacques Solé, *L'Age d'or de la prostitution, de 1870 à nos jours*, Plon, 1993, pag. 110.

[322] Promuovono con ogni mezzo l'immigrazione e la mescolanza tra altri popoli, ma difendono il proprio sangue da qualsiasi contaminazione straniera. Nel cinema e nella televisione, questa ossessione per la miscegenazione è ricorrente. È uno dei loro marchi di fabbrica, ma ce ne sono altri: la droga, i travestiti, l'incesto, l'omosessualità, i film "gore", gli attacchi alla Chiesa cattolica, l'apologia della democrazia di mercato e la guerra contro i "cattivi", e così via. Si vedano i capitoli sul cinema in Hervé Ryssen, *Speranze planetarie, Psicoanalisi dell'ebraismo* e *Fanatismo ebraico*.

peregrinazioni dell'"ebreo errante", sempre innocente, sempre perseguitato senza motivo.

Dopo New York e Buenos Aires, Costantinopoli era il terzo centro di prostituzione. Nei bordelli della capitale ottomana, le prostitute greche e armene si mescolavano con quelle dei Paesi europei vicini alla Turchia e con molte donne provenienti dall'Europa centrale. Anche lì i protettori ebrei erano alla ribalta. Trasportavano la loro "merce" attraverso le rotte che partono da Budapest e attraversano la Romania, sebbene anche il porto di Odessa sul Mar Nero fosse un importante snodo del commercio.

Da Costantinopoli, i protettori internazionali organizzavano poi l'esportazione verso l'Egitto, l'Asia orientale o il Sudafrica[323]. Le autorità di Costantinopoli tollerarono a lungo questo traffico, finché non iniziarono a smantellarlo all'inizio della Prima Guerra Mondiale.

Nel 1903 ad Alessandria i trafficanti provenivano principalmente dalla Galizia e dalla Romania. Già nel 1850, a Tunisi, lo storico e viaggiatore francese A. Vilhau parlava dei "mediatori della dissolutezza, quasi tutti ebrei[324]." Un secolo dopo, il giornale filonazista (nazionalsocialista) *Je suis partout* fece la stessa osservazione: "L'ebreo tunisino è un magnaccia, il fornitore di innumerevoli bordelli clandestini e l'organizzatore del traffico di donne ariane[325]."

In Nord Africa, ha confermato Georges Valensin, "per eccezione, la prostituzione ebraica è stata molto attiva fino ad oggi. Prima dell'indipendenza, leggiamo in varie fonti che i protettori ebrei erano "sempre pronti a tirare fuori il coltello per i loro protetti, cosa che provocava il disprezzo degli uomini pii"[326]. Secondo André Chouraqui, nel suo libro *Gli ebrei del Nordafrica*, dopo l'emigrazione in Francia, la prostituzione era diventata sempre più importante[327]."

Al di là del Canale di Suez, l'Asia e l'Africa orientale avrebbero visto la prostituzione di origine europea a partire dal 1870. Le donne

---

[323] Edward J. Bristow: *Prostituzione e pregiudizio. The Jewish Fight against White Slavery, 1870-1939*, Clarendon Press, 1982, p. 181, in Jacques Solé, *L'Age d'or de la prostitution, de 1870 à nos jours*, Plon, 1993, p. 127.

[324] A. Vilhau, in Georges Valensin, *La Vie sexuelle juive*, Les Éditions philosophiques, 1981. Georges Valensin era un medico ebreo algerino che ha pubblicato numerosi libri sulla sessualità.

[325] *Je suis partout*, 11 dicembre 1942. [*Je suis partout* era un giornale settimanale pubblicato in Francia tra il 1930 e il 1944. Descritta come "apertamente profascista e antisemita", adottò una posizione collaborazionista durante l'occupazione tedesca. Importanti autori francesi hanno contribuito alle sue pagine].

[326] *Les Nouveaux cahiers*, n. 42.

[327] Georges Valensin, *La Vie sexuelle juive*, Les Éditions philosophiques, 1981, p. 62, 65, 66

cristiane erano ancora più numerose in Asia: a Ceylon, Calcutta, Bombay, Singapore e Manila. Anche in Manciuria le donne ebree si mescolavano con donne francesi o giapponesi nei bordelli, e persino a Port Arthur e Shanghai. Il poeta Guillaume d'Apollinaire ha evocato questo tema. Nell'antologia di poesie *Alcoli* (1898-1912), alla fine della poesia intitolata *Marizibill*, parla di una prostituta di Colonia, in Germania: "In nudità veniva lasciata/ da un pappone dai capelli rossi e rosei/ che era ebreo e puzzava di aglio/ e che, venendo da Formosa, l'aveva/ portata via da un bordello di Shanghai[328]."

L'espansione di questa attività fu tale che, nel linguaggio comune del mondo del 1900, un ebreo era comunemente considerato in tutte le latitudini come un commerciante di carne umana e un potenziale protettore.

Il processo di Lemberg

La tratta degli schiavi bianchi iniziò a scandalizzare l'opinione pubblica europea a partire dagli anni Ottanta del XIX secolo. Soprattutto nel 1892, con il processo di Lemberg (oggi Lvov) in Galizia, molto pubblicizzato. Ventotto ebrei sono stati accusati di sfruttamento della prostituzione. La rete era composta da reclutatori, trasportatori e agenti locali in Turchia. Le ragazze furono inviate a Costantinopoli, in Egitto, in Sudafrica, in India e in America.

Nel 1899 François Trocase, un giornalista francese che aveva vissuto in Austria-Ungheria per 22 anni, pubblicò un interessante libro sulla situazione del Paese intitolato *L'Austria contemporanea com'è*. Ecco un passaggio di quel libro: "In Austria, gli ebrei hanno instillato nella gioventù femminile una morale dissoluta, abitudini pietose, una demoralizzazione inaudita. L'intrinseca bassezza dei loro sentimenti, il denaro e l'assoluta mancanza di coscienza li predispongono singolarmente al ruolo di seduttori. Così, la prostituzione si nasconde dietro ogni porta per le giovani donne, che nelle grandi città diventano in gran numero le serve degli ebrei. Possiamo dire con certezza che la maggior parte delle sfortunate ragazze che vengono corrotte e fatte prostituire nelle grandi città austriache devono la loro prima caduta agli ebrei... Naturalmente, di tutti i crimini sotto il sole, i cristiani hanno la loro parte; ma mai fino ad ora in Austria è stato rimproverato loro di praticare il commercio di esportare vergini cristiane. Questa vergognosa

---

[328] Guillaume Apollinaire, *Alcoholes/El Poeta asesinado*, Ediciones Cátedra (Anaya), Madrid, 2001, p. 221.

specialità che disonora il nostro secolo appartiene esclusivamente agli ebrei. Questa infamia deve essere lasciata a loro. Per molto tempo i dettagli sono stati ignorati. Abbiamo visto molte giovani donne scomparire misteriosamente, senza dare più notizie di loro. Fu un processo tenutosi nel 1892 nella capitale della Polonia austriaca, a Lemberg, a rivelare finalmente tutto. Ventotto ebrei sono stati accusati di aver rapito e trafficato giovani ragazze. Questi disgraziati avevano abilmente attirato in una trappola molte ragazze cristiane, la maggior parte delle quali erano ancora a scuola. Avevano promesso loro condizioni di lavoro vantaggiose per convincerli ad andare all'estero. Non appena varcarono il confine, furono trattati come schiavi e tutti i tentativi di fuga furono severamente puniti. Una volta in Turchia, venivano vendute a case di prostituzione per un prezzo medio di 1.000 marchi. Chi sono i proprietari di queste case in Turchia? Solo gli ebrei. Quelle di queste povere vittime che volevano resistere venivano rinchiuse in prigioni sotterranee e sottoposte a maltrattamenti. Quando la polizia decise finalmente di intervenire, sessanta di quelle ragazze furono rilasciate. Riuscirono a liberarli dalle grinfie dei barbari, ma purtroppo erano perduti nel corpo e nell'anima. Il processo durò dieci giorni, rivelando e chiarendo tutti i dettagli mostruosi. È stato chiaramente stabilito che centinaia di giovani donne sono state portate dalla banda di Lemberg alla vergogna, alla disperazione, alla malattia e alla morte. A causa di lacune nella legislazione, i colpevoli sono stati condannati a pene insignificanti. Il capo della banda, Isaac Schafenstein, è stato condannato a un anno di prigione. Gli altri passarono alcuni mesi dietro le sbarre e tornarono al sinistro mestiere, applicandosi con maggiore astuzia e mistero. L'aspetto più scandaloso di questo triste caso è che, all'inizio del processo, il firmatario dei contratti di vendita e consegna ha avuto la faccia tosta di proclamare la propria innocenza: "Non avete il diritto di immischiarvi nei miei affari", ha detto ai giudici; "che io venda vestiti, frutta, vitelli o donne, poco importa. Sono in affari e nessuno ha nulla da dire al riguardo". Come ben sappiamo, parlando in questo modo, l'imputato si poneva sul terreno della morale ebraica, che consente qualsiasi attività con gli esseri umani che non sia vietata dal Talmud nei confronti degli animali[329]."

---

[329] François Trocase, *L'Autriche juive*, 1899, in Léon de Poncins, *Israël destructeur d'empires*, Mercure de France, 1942, p. 88-92. [Per esempio, nel Talmud *(Yevamot 98a)*, si legge: "Imparate da questo che il Misericordioso spoglia il maschio gentile della sua discendenza, come è scritto a proposito degli Egiziani: "La cui carne è la carne degli asini e il cui seme è lo sperma dei cavalli" (*Ezechiele 23:20*), cioè la discendenza di un

Il processo di Lemberg fu naturalmente sfruttato dagli antisemiti. Nel 1918 ci furono rivolte contro gli ebrei in città, a dimostrazione che il traffico non era stato interrotto. In quel periodo, il parlamento austriaco stava discutendo della scomparsa di cameriere cristiane che venivano portate nei bordelli all'estero.

Secondo François Trocase, "due milioni di ebrei che vivevano nel Paese avevano tante domestiche quanti erano i 28 milioni di austro-ungarici; nove decimi di loro erano cristiani; spesso avevano il compito di occuparsi del figlio di casa, "affinché non si ammalasse prima del matrimonio"." François Trocase ha evocato il ruolo dei datori di lavoro israeliti. Uno di loro, un industriale obeso dell'industria tessile della Slesia, si vantava di aver posseduto più di mille delle sue lavoratrici. E Trocase conclude: "Gli abusi commessi dagli ebrei nei confronti delle donne hanno fortemente contribuito all'esplosione della rabbia e dell'antisemitismo austriaco... Solo a parlarne, l'odio è diventato indescrivibile[330]."

Il dottor Georges Valensin, israelita originario dell'Algeria, ha confermato il ruolo dei protettori ebrei durante la Prima guerra mondiale. Scriveva nel 1981, nel suo libro intitolato *Vita sessuale ebraica*: "Dopo il 1918, nel mondo approfittatore e profittatore che brulicava a Berlino, si vedevano ebrei frequentare le discoteche dove giovani donne dell'aristocrazia e della borghesia in difficoltà, dopo aver venduto i loro ultimi gioielli, venivano a prostituirsi[331]. Nel 1920, sulle facciate del Reichstag, un enorme manifesto avvertiva le oneste donne tedesche che dietro il volto di una pura e bella donna tedesca si nascondeva nell'ombra un uomo inquietante dai tratti semitici, in agguato per lei: "La lubricità ebraica era incarnata nei tratti del famoso ebreo Joseph Süss Oppenheimer, che fu impiccato nel 1738 a Stoccarda. Dopo questa descrizione schiacciante, Georges Valensin scrive, come se volesse prendere le distanze: "Dopo l'hitlerismo, i suoi fanatici si sono ostinati a credere nelle perversioni sessuali degli ebrei[332]."

Adolf Hitler aveva accennato all'argomento ne *La mia lotta*: "A Vienna, come certamente in nessun'altra città dell'Europa occidentale, ad eccezione forse di qualche porto del sud della Francia, si possono

---

maschio gentile non è considerata più affine a lui della discendenza degli asini e dei cavalli." [NdT].
[330] François Trocase, *L'Autriche contemporaine telle qu'elle est*, Éd. Pierret, Paris, 1899, pagg. 148-157, in Georges Valensin, *La Vie sexuelle juive*, Les Éditions philosophiques, 1981, pagg. 142-144.
[331] H. Andics, pag. 215
[332] Georges Valensin, *La Vie sexuelle juive*, Les Éditions philosophiques, 1981, pagg. 142-144.

studiare al meglio i rapporti dell'ebraismo con la prostituzione e, ancor più, con la tratta delle schiave bianche.

Camminando di notte per il quartiere Leopold, si era, volenti o nolenti, testimoni ad ogni passo di fatti che rimanevano nascosti alla grande maggioranza del popolo tedesco....." E Hitler aggiunse: "Ho rabbrividito quando per la prima volta ho scoperto nell'ebreo il mercante senza cuore, calcolatore, venale e spudorato di quell'irritante traffico di vizi, nella feccia della grande città. Non ne potevo più e da allora non mi sono mai sottratto alla questione ebraica[333]."

In Francia, nel 1936, Léon Blum era diventato capo del governo del Fronte Popolare. Nel 1907 aveva pubblicato un libro intitolato *Sul matrimonio*, ripubblicato poco prima della sua ascesa al potere. Léon Blum sosteneva esplicitamente il vagabondaggio sessuale per le giovani donne cristiane: "Che si abbandonino quando vogliono", scriveva (pagina 279)." La verginità, allegramente rifiutata in giovane età" era per lui la soluzione (pag. 265)." Lasciate che una donna, prima del matrimonio, scarichi tutto ciò che è ardente nel suo istinto, tutto ciò che è labile nel suo capriccio; lasciate che si esaurisca con innumerevoli avventure." (pagina 25). Léon Blum ha insistito: "È barbaro che, nel pieno vigore della sua giovinezza, la vergine, pena la degradazione e il disonore, debba frenare in sé l'istinto che è il movimento stesso della natura." (pagina 296). Blum si rivolge direttamente alle giovani donne francesi: "Il sentimento d'onore che vi proteggeva era artificiale e stupido..." (pag. 265)." (pagina 265).

I vecchi pregiudizi tramandati dal cattolicesimo reazionario devono quindi essere eliminati: "Credo che in futuro non debba rimanere nulla di queste usanze." (pagina 280)." I vostri pregiudizi si riducono a nulla, non appena li isoliamo dai costumi selvaggi o dall'ascetismo religioso che prevalevano un tempo. Sono, come spesso si dice, una reliquia dei tempi passati della civiltà." (pag. 292).

Sull'altra sponda del Reno, nella Germania nazionalsocialista, Julius Striecher, direttore del giornale antisemita *Der Stürmer*, scrisse un articolo sul libro di Léon Blum. La sua conclusione è stata forse un po' brutale: "Finge di affrontare il problema sessuale. In realtà, quel libro è un appello che invita tutti gli ebrei a profanare sistematicamente e metodicamente donne e ragazze non ebree."

---

[333] Edward J. Bristow: *Prostituzione e pregiudizio. The Jewish Fight against White Slavery, 1870-1939*, Clarendon Press, 1982, p. 84; Adolf Hitler, *My Struggle (Mein Kampf)*, Jusego Chile edizione elettronica, 2003, p. 40.

Centro Eros nella Germania sconfitta

Dopo la Seconda guerra mondiale, gli eserciti alleati di stanza in Germania avevano fornito un mercato fruttuoso per ogni tipo di traffico: cibo, alcol, sigarette e prostitute. Yossef Buchman, un "sopravvissuto ai crematori" come lo ha definito Jacques Derogy nel suo libro *Israel Connection*, sapeva come trarre profitto dal dopoguerra. Con i suoi complici, aveva creato una piccola organizzazione per eliminare la concorrenza. Si travestivano da ufficiali della polizia militare statunitense, giravano in jeep e tendevano trappole agli altri trafficanti. Li fermavano, sequestravano i loro beni e poi fingevano di essere disattenti e li lasciavano scappare." Pochi mesi dopo", scrive Derogy, "il giovane rifugiato ebreo polacco guidava una Kaiser, indossava un completo e usciva solo accompagnato da guardie del corpo e da *Gretschen* tanto attraenti quanto docili."

Yossef Buchman si è quindi lanciato nel traffico di dollari, veri o falsi. Aveva creato una rete così redditizia che un giorno il suo tesoriere fu tentato di fuggire con centinaia di migliaia di marchi nelle valigie, ma una pugnalata inaspettata ostacolò i suoi piani.

Yossef Buchman ha prosperato vicino alle basi statunitensi. Kaiserlautern era diventata un noto centro di prostituzione, droga e contrabbando. Un giornale dell'esercito americano, l'*US Overseas Weekly,* aveva denunciato Yossef Buchman come "il re della città del crimine", ma Buchman denunciò il giornale e il suo direttore fu denunciato per diffamazione. Non si può insultare invano un sopravvissuto all'Olocausto.

Nella rivista comunitaria *L'Arche* del novembre 1977, un articolo confermava che nelle "rovine di Berlino" del 1945 si incontravano effettivamente "gruppi di sopravvissuti ebrei che svolgevano attività non ortodosse, tanto meno "*Kasher",* a scopo di lucro". Il giornalista Arnold Mandel ha specificato che questi "non credevano più di avere obblighi morali"."

La famosa Moselstrasse di Francoforte è opera di Buchman. Si era trasferito lì nel 1956 per aprire una casa di prostituzione accanto alla stazione ferroviaria. Quaranta prostitute e *spogliarelliste* costituivano il personale. All'inizio degli anni '60, Francoforte sul Meno, la città storica dei Rothschild, era diventata il centro europeo della malavita.

Con il suo amico e socio d'affari Israelovitch, Yossef Buchman intraprese la costruzione di torri da quattordici a venti piani per ospitare le ragazze. Queste torri erano i primi Centri Eros. Buchman generò così tanto denaro da diventare una personalità di spicco nel giro di pochi anni. È stato accolto nell'alta società tedesca, ha frequentato i ministeri e le sedi dei partiti politici, senza dimenticare, naturalmente, l'ambasciata israeliana. Per "Yossele" Buchman rimase un buon ebreo e sionista, e utilizzò sempre il suo tempo libero tra due imprese commerciali per viaggiare in Israele. In effetti, è stato uno dei principali donatori dell'esercito israeliano, soprattutto durante la Guerra dei Sei Giorni e la Guerra dello Yom Kippur[334].

Meir Cohen era un'altra figura emblematica del mondo mafioso in Germania. Ex soldato dell'esercito israeliano, aveva lasciato Israele per stabilirsi a Francoforte negli anni Settanta. Nel giro di due anni possedeva tre discoteche e impiegava prostitute tedesche. Francoforte, la città dei famosi banchieri Rothschild, era all'epoca il centro del traffico di droga e della prostituzione in Germania.

I protettori reclutavano anche donne ebree. Nel febbraio 1976 il mensile ebraico *L'Arche* aveva pubblicato un articolo sulla criminalità organizzata a Francoforte. Ecco cosa si legge nelle sue pagine: "A Francoforte, nel 1975, molte ragazze di strada erano arrivate da Israele con i loro protettori; una su tre portava la stella di Davide. Parlavano ebraico e sono rimasti in contatto con le loro famiglie. Hanno lasciato la grande città tedesca quando i loro protettori sono stati condannati e imprigionati per traffico di eroina[335]." In effetti, la prostituzione va quasi sempre di pari passo con le discoteche, il traffico di droga, l'estorsione di fondi, l'omicidio e il riciclaggio di denaro.

Nel 1980, Jacques Derogy, anch'egli di origine ebraica, fu colpito dall'evidenza con questa osservazione: "Curioso fenomeno, infatti, questo insediamento di centinaia di criminali israeliani a Francoforte, Amburgo e Monaco, in quella Germania che è appena uscita dal nazismo... Curiosa l'irresistibile ascesa di questi israeliani alle vette germaniche della mafia internazionale, dove prostituzione, droga, truffe e rapine a mano armata sono ovunque visibili[336]."

Nel 1994, *US News and World Report* pubblicò la testimonianza di un poliziotto di Francoforte: "È tutto merito degli ebrei", dichiarò Bernd Gayk nei pressi del quartiere "caldo". C'era solo un cabaret gestito da un tedesco. Nel 1998, Marvin Wolf, un capitano ebreo dell'esercito americano in servizio in Germania, ha spiegato: "Dopo la guerra, nel 1945-46, gli ebrei che già ricevevano una pensione mensile reclutarono a Francoforte donne sole, disperate e affamate per aprire i

---

[334] Jacques Derogy, *Israël Connection*, Plon, 1980, pagg. 170, 171.

[335] *L'Arche*, in Georges Valensin, *La Vie sexuelle juive*, Les Éditions philosophiques, 1981, p. 264.

[336] Jacques Derogy, *Israël Connection*, Plon, 1980, p. 169.

primi bordelli. Si sono vendicati e sono diventati enormemente ricchi."

All'inizio di settembre 1999, la morte di Ignaz Bubis, presidente della Comunità ebraica tedesca, era balzata agli onori della cronaca per un incidente avvenuto a Gerusalemme durante il suo funerale. Un ebreo aveva protestato deturpando la bara del defunto, accusandolo di speculazione immobiliare. Il settimanale *Rivarol riportò che* Ignaz Bubis aveva effettivamente dirottato i fondi ricevuti dal governo tedesco per risarcire le vittime dell'"olocausto" per acquistare blocchi di case a Francoforte. Li aveva trasformati in bordelli insieme ad altri Centri Eros che aveva fatto costruire. Queste strutture gli avevano fruttato un'immensa fortuna.

Per alcuni ebrei, questa attività sembrava essere un'attività normale, a giudicare dalla tendenza a praticarla come un fatto scontato. Così Samuel Pisar, un ebreo sopravvissuto alle camere a gas e poi multimilionario, ha raccontato in uno dei suoi libri le sue esperienze dopo la liberazione nel 1945, dopo quattro anni nei campi nazisti. All'epoca aveva 16 anni. Fortunatamente, lui e i suoi compagni erano sempre in buona salute e iniziarono le loro attività non appena furono liberati dai soldati americani: "L'occupazione della Germania", scrisse, "ha offerto a tutti possibilità attraenti e fruttuose. La mano sinistra acquisita nei campi, stimolata dalle nostre nuove e ambiziose energie, cercava un campo in cui metterle in pratica. L'abbiamo trovato rapidamente. La maggior parte dei tedeschi viveva in una povertà abissale, al contrario dei bonari americani, immersi in un'abbondanza solitaria, accompagnata da enormi sprechi... Non potevo credere ai miei occhi. Potremmo fare da intermediari tra questi due mondi. Per una stecca di sigarette Lucky Strike potevamo mettere in contatto un soldato nero ubriaco e una compiacente signora tedesca."

Vendendo donne tedesche bisognose e spaventate a uomini americani di colore, Samuel Pisar e i suoi amici si dedicavano alla prostituzione e probabilmente soddisfacevano anche un indicibile desiderio di vendetta nei confronti del popolo tedesco.

Samuel Pisar ha spiegato il suo traffico nella città tedesca di Landsberg: "In cambio di un chilo di caffè di seconda mano, abbiamo ricevuto una bottiglia di *schnaps* di prima classe. Per cinque bottiglie di questo liquore, più una docile bionda, gli autisti americani che guidavano le enormi autocisterne accettarono di trasferire parte del loro carico di benzina. La nuova attività stava prosperando in modo così spettacolare che eravamo sul punto di rendere quasi non operativa l'intera divisione americana di stanza nella regione... Nico era diventato un uomo disinvolto che collezionava donne e abiti del taglio migliore.

Avvolto in un cappotto blu e con una sciarpa bianca annodata con noncuranza intorno al collo, passeggiava per la città, con la sua silhouette indolente... Gli anni trascorsi nei campi di sterminio mi avevano convinto che fosse immortale."

Ma il piccolo Samuel e i suoi amici si trovano di nuovo di fronte all'antisemitismo e alla barbarie: "Una mattina, Nico esce per il suo giro e si ritrova in prigione. È stato arrestato a casa della figlia di un ex generale della Wehrmacht da due poliziotti americani in casco bianco che lo hanno portato via in una jeep della Polizia Militare. Ero scioccato. Una vittima della persecuzione nazista è stata nuovamente privata della sua libertà... Ho pensato che fosse mostruoso. Cosa abbiamo fatto, se non rispondere efficacemente alla legge della domanda e dell'offerta? [337]"Ecco alcuni pensieri che la dicono lunga sulle tendenze di fondo dell'ebraismo.

Prima della guerra, i patrioti di tutti i Paesi europei erano allarmati dalla diffusione della pornografia e della tratta degli schiavi bianchi. Soprattutto a Berlino, capitale di un Paese sconfitto nel 1918, gli ebrei sembravano i padroni assoluti. Nel settimanale *Je Suis partout* del 15 aprile 1938, Lucien Rebatet scriveva: "Tutta l'industria notturna degli spettacoli di varietà osceni, delle tane di invertiti, delle tane di furfanti e poliziotti, delle tane e dei narcotici che avevano fatto della Berlino del 1930 la capitale più strana e più dubbia, la più viziosa del mondo, era nelle mani di Israele."

Questo è esattamente ciò che il premio Nobel Elie Wiesel descrisse di Berlino nel 1928 nel suo libro *Testamento di un poeta ebreo assassinato*: "La Germania sconfitta dava l'impressione che tutto fosse permesso sul suo suolo, tranne che prendersi sul serio", scrisse Wiesel. Si rompevano gli idoli, si smantellavano le statue, si appendevano le abitudini dei religiosi, si derideva il sacro e, come se non bastasse, si sacralizzava il riso per il gusto di ridere[338]... La capitale, in perenne effervescenza, ricordava le città peccaminose della Bibbia. Il talmudista che è in me arrossì e distolse lo sguardo. Prostituzione, pornografia, depravazione dei sensi e dello spirito, perversione sessuale e così via; la città si spogliava, si truccava, si umiliava senza remore, brandendo la sua degenerazione come un'ideologia. Dietro l'angolo di *Chez Blum*, in un club privato, uomini e donne, o donne tra loro, ballavano nudi. Altrove, la gente si drogava, si frustava a vicenda, strisciava nel fango,

---

[337] Samuel Pisar, *La Sangre de la esperanza*, Editorial Planeta, 1990, Barcellona, p. 98-102. Leggi in *Psicoanalisi dell'ebraismo*.
[338] Elie Wiesel, *Le Testament d'un poète juif assasiné*, 1980, Points Seuil, 1995, pag. 100.

trasgrediva ogni limite; mi ricordava gli usi e i costumi dei sabatini339. I valori si sono invertiti, i tabù sono stati eliminati, la gente ha sentito l'avvicinarsi della tempesta? E due pagine dopo, Elie Wiesel scriveva ingenuamente: "Berlino sembrava essere dominata dagli ebrei... Giornali e case editrici, teatri e banche, grandi magazzini e salotti letterari". Gli antisemiti francesi che vedevano l'ebreo ovunque avevano ragione... almeno nel caso tedesco. Le scienze, la medicina, le arti: l'ebreo ha fissato lo standard, lo ha imposto340."

Una lunga tradizione

Secondo Jacques Solé, la tratta degli schiavi bianchi avrebbe raggiunto il suo apice alla fine del XIX secolo. Ma il fenomeno era molto più antico. Infatti, scrive Solé: "Fin dalla sua comparsa in Occidente negli anni Trenta del XIX secolo, il termine tratta degli schiavi bianchi è stato associato al traffico di natura ebraica[341]."

Lo storico ebreo Edward Bristow, la cui opera è la fonte di queste informazioni, ha tuttavia cercato di farci ammettere che questo traffico si era estinto negli anni Trenta, sotto i colpi della repressione: "Il grande traffico di donne, inaugurato tra l'Europa orientale e il Sud America negli anni Settanta dell'Ottocento dagli immigrati ebrei, si è estinto dopo sessant'anni." Bristow, pur ammettendo che questo traffico era stato "oscurato dalla storiografia ufficiale", voleva anche farci credere che non si trattava di "un'eredità precedente". Lo sviluppo del commercio negli anni '60 del XIX secolo sarebbe stato per il popolo ebraico una sorta di "aberrazione storica[342]". Secondo lui, la spiegazione va cercata "nei problemi economici, sociali e culturali specifici dell'ebraismo dell'Europa orientale alla fine del XIX secolo"." Jacques Solé, che si è limitato a riprodurre le osservazioni di Bristow, nel suo voluminoso libro di 650 pagine non ha più menzionato il ruolo degli ebrei nella tratta degli schiavi bianchi. Si sarebbe persino guardato bene dal menzionare qualcosa nel suo capitolo sulla Russia post-sovietica.

In realtà, il ruolo preponderante - e persino esclusivo - dei

---

[339] Sul sabbateismo e i sabbatiani si legga Hervé Ryssen, *Psychoanalysis of Judaism*.
[340] Elie Wiesel, *Le Testament d'un poète juif assassiné*, 1980, Points Seuil, 1995, pagg. 124, 126.
[341] Jacques Solé, *L'Age d'or de la prostitution, de 1870 à nos jours*, Plon, 1993, p. 110.
[342] Jacques Solé, *L'Age d'or de la prostitution, de 1870 à nos jours*, Plon, 1993, p. 116, 117. Come abbiamo visto anche nella prima parte, Jacques Attali ha usato la stessa fallacia nei confronti del gangsterismo ebraico degli anni '20 e '30: "aberrazione storica". [Vedi nota 85].

trafficanti ebrei nel papponaggio internazionale risale a molto prima. Nelle *Lettere persiane*, Montesquieu scriveva nel 1721: "Mi chiedete se ci sono ebrei in Francia. Dovreste sapere che dove c'è denaro, ci sono gli ebrei." E più avanti, in un'altra delle lettere: "Quale non sarebbe la mia disperazione nel vedere che mia sorella non è in casa. Pochi giorni prima del mio arrivo, i Tartari avevano fatto irruzione in città. Vedendo che mia sorella era molto bella, la sequestrarono e la vendettero ad alcuni ebrei che stavano andando in Turchia, lasciando a casa solo un bambino che aveva partorito pochi mesi prima. Seguii quegli ebrei e li raggiunsi a circa tre leghe da lì. Le mie suppliche e le mie lacrime furono vane, e mi chiesero i suoi trenta toman senza abbassarmene nemmeno uno[343]."

"Nel XVII secolo, scrive il dottor Valensin, gli ebrei dell'Impero ottomano erano specialisti nella vendita di schiavi, abili in ogni tipo di depravazione, e il commercio delle donne apparteneva interamente a loro, così come i bordelli... Anche a Costantinopoli c'erano ebrei che non avevano altra funzione che quella di verificare la verginità delle ragazze vendute come carne di piacere[344]." Ma si può andare ancora più indietro nel tempo: "Nel 1387 a Barcellona, un pappone ebreo era già punito con una multa[345]."

Già nel Medioevo, le testimonianze attestano la febbrile attività dei mercanti di questa comunità nel commercio degli schiavi: schiavi cristiani nell'alto Medioevo, poi schiavi africani inviati nelle Americhe. Anche le donne e i bambini, come è noto, non sono stati risparmiati, nella misura in cui potevano generare profitti per i trafficanti.

Ricordiamo la bolla papale di Clemente VIII del 1593, *Cum hebreorum malitia*: agli ebrei è vietato favorire la prostituzione, il gioco d'azzardo, la prostituzione e la pederastia.

L'arcivescovo di Lione, Agobardo, nel IX secolo, poco dopo l'epoca di Carlo Magno, denunciò la "convivenza" di alcune donne cristiane con gli ebrei. In una lettera al vescovo di Nibridiius, scriveva: "Molte delle donne di piacere sono ufficialmente serve, altre sono domestiche assunte, altre ancora sono corrotte; in realtà sono tutte prostitute, o sotto il giogo e il dominio di quest'ultimo o abbandonate al piacere e all'inganno di quest'ultimo; i figli del diavolo si

---

[343] Montesquieu, *Cartas Persanas*, Consejo Nacional para la Cultura y las Artes, Messico, 1992, p. 112, 129-130.
[344] M. Yarden, in *Les chrétiens devant le fait juif*, Éd. Beauchesne, Parigi, 1929, pag. 131, in Georges Valensin, *La Vie sexuelle juive*, Les Éditions philosophiques, 1981, 65, 66.
[345] M. Kriegel, *Les Juifs à la fin du moyen âge*, p. 249, in Georges Valensin.

abbandonano proprio a questo con odio maligno e false lusinghe...."

Ma forse dovremmo semplicemente tornare alle fonti. L'Antico Testamento, la Torah, presenta questo eloquente passaggio che probabilmente legittimava la prostituzione delle donne ebree da parte dei loro stessi parenti: "Se qualcuno vende sua figlia come schiava, la ragazza non può andarsene come gli schiavi maschi. Se il padrone non prende in moglie la ragazza perché non è di suo gradimento, deve permettere che venga riscattata. Poiché l'ha rifiutata, non può venderla a nessuno straniero. Se il padrone dà la ragazza al figlio, questi deve trattarla con tutti i diritti di una figlia[346]."

Lo scrittore nazionalista americano David Duke ha fornito ulteriori elementi esplicativi per comprendere la tratta delle donne ebree da parte dei loro stessi simili. Duke ha citato in particolare il libro di Evelyn Kaye, *A Hole in the Sheet*, pubblicato nel 1987 negli Stati Uniti. Evelyne Kaye, cresciuta in una casa ebraica ultraortodossa, ha denunciato la posizione di inferiorità delle donne nella tradizione ebraica: "I tabù delle mestruazioni sono responsabili di gravi danni psicologici per le donne ebree: ho spesso incontrato donne che non sapevano nulla della Torah se non che non potevano toccare il libro sacro durante il periodo delle sue regole[347]." Sappiamo che in una delle loro preghiere, i pii ebrei ringraziano Dio ogni giorno di non essere donne[348]. Crediamo che questa sia l'origine del movimento femminista[349].

Ma tutto questo non ha impedito al grande filosofo francese Bernard-Henri Lévy di dichiarare: "L'ebraismo nella sua interezza è una scuola incomparabile di vero rispetto, senza inganno o finta devozione, per l'unicità della donna[350]."

Anche Philip Roth, il romanziere americano ultra-mediatico, ha distinto le donne ebree dal resto dell'umanità. Ecco come la mette per bocca di uno dei suoi personaggi: "Non fatevi fregare dalle ragazze ebree. Risparmiatelo per i gentili, non disturbate le ragazze ebree[351]."

---

[346] *Esodo, 21, 7-9,* (New International Version Bible 1999).
[347] Evelyn Kaye, *A Hole in the Sheet: a Modern Woman looks at Orthodox and Hasidic Judaism*, Secaucus, New Jersey: L. Stuart, 1987, p. 236-241, in David Duke, *Jewish Supremacism*.
[348] Talmud *Menachot, 43b*.
[349] Si veda *Psicoanalisi dell'ebraismo* (2006) e *Fanatismo ebraico* (2007).
[350] Bernard-Henri Lévy, *Questions de principes*, Grasset, 1986, Livre de Poche, pag. 278.
[351] Philip Roth, *Il teatro di Sabbath*, Epublibre, Titivillus, 2016, p. 158. La traduzione francese differisce: "Non uscire con le ragazze ebree. Risparmiati questo per gli shiksa, hé. Non siate cattivi con le ebree, mai." *Shiksa:* termine ebraico peggiorativo per indicare una donna goy.

Per quanto riguarda lo stupro di cameriere cristiane o di ragazze russe da parte di protettori israeliani, essi potrebbero trovare una legittimazione nel Talmud. In effetti, la Mishnah (Legge orale del Talmud) afferma che chiunque costringa un altro al di fuori del matrimonio deve essere punito, ma la Gemara (i commenti alla legge) insegna che ci sono delle eccezioni, soprattutto per le schiave: finché dorme, la giovane serva è considerata innocente. Se è cosciente, il fariseo è colpevole. Tuttavia, se lui la penetra con mezzi innaturali (analmente), o se lei si ritira prima dell'orgasmo, l'atto è considerato un "semplice contatto sessuale" senza conseguenze morali. In questo caso, il fariseo è "senza macchia, come se avesse dormito"." Questa è probabilmente una delle ragioni del gran numero di casi di psichiatri o psicologi che hanno violentato i loro pazienti dopo aver dato loro farmaci o sonniferi[352].

La dialettica degli intellettuali ebrei

Nel maggio 1969, nella tranquilla città di Orléans, iniziò a diffondersi una voce: giovani ragazze entrate in negozi di abbigliamento gestiti da commercianti ebrei erano misteriosamente scomparse. Erano state addormentate con il cloroformio e poi rapite per essere consegnate a giri di prostituzione sull'altra sponda del Mediterraneo. Il pettegolezzo, cresciuto a dismisura, aveva fatto rivivere un antisemitismo "nauseante" che ricordava "le ore più buie della nostra storia".[353]

L'eminente storico ebreo Léon Poliakov ha spiegato: "Cosa è successo nella tranquilla città di Orléans nel maggio 1969? Niente di che, dopotutto. Alcuni studenti liceali hanno diffuso la voce che i camerini di alcuni negozi di abbigliamento della loro città, gestiti da negozianti ebrei, fossero il punto di partenza di una rete di commercianti di schiavi bianchi. Prima di svanire, questo piccolo delirio riuscì comunque a far impazzire parte della popolazione di Orléans, mentre gli ebrei locali, da parte loro, credettero di vedere improvvisamente riaffiorare per un istante lo spettro del pogrom[354]."

Tuttavia, Poliakov ha dovuto ammetterlo, pena la perdita di

---

[352] Vedi *Fanatismo ebraico* (capitolo: Violazioni in psichiatria).
[353] Le ore più buie (*Les heures les plus sombres*): è un'espressione coniata e utilizzata dalla sfera culturale e mediatica francese che si riferisce agli anni '30 e alla Seconda Guerra Mondiale. È una sorta di richiamo alla memoria del pubblico ogni volta che viene pronunciato (NdT).
[354] Léon Poliakov, *Histoire de l'antisémitisme, 1945-1993*, Seuil, 1994, p. 141.

credibilità, anche se con discrezione. Infatti, una quarantina di pagine dopo aver ridicolizzato la voce di Orleans, scrive semplicemente: "Diverse personalità ebraiche erano impegnate in questo abietto traffico all'inizio del XX secolo[355]."

L'anno successivo, fenomeni simili, anche se meno spettacolari, si verificarono in altre città francesi, in particolare ad Amiens, ma anche a Chalon-sur-Saône, Dinan, Grenoble e Strasburgo, alimentando le fantasie più sfrenate e le accuse più "deliranti".

Evidentemente, questa folle diceria si è protratta per diversi anni: "Già nel 1977, in un liceo alla periferia di Digione, girava la voce che ci fossero dei rapimenti: gli alunni sparivano nel negozio di un ebreo, misteriosamente[356]."

Uno scrittore sefardita come Albert Memmi denunciò queste voci assurde, questa "stupefacente accusa di stupri seriali, presumibilmente organizzati da negozianti ebrei sui loro clienti cloroformizzati[357]."

Di fronte al pericolo di una recrudescenza dell'antisemitismo, il tanto mediatizzato sociologo Edgar Morin (sefardita anch'egli, nato a Nahoum) si è sentito in dovere di scrivere un libro di 250 pagine per spiegare ai francesi che si trattava di una diceria grottesca. Nel suo libro, Morin ha fornito una panoramica esauriente di tutti i fattori esplicativi: l'urbanizzazione, la moda, la psicologia femminile, le adolescenti, la borghesia e le classi sociali, eccetera; tutto tranne l'essenziale[358].

Pertanto, il lettore doveva capire che queste accuse erano totalmente deliranti. Era una "immensa superbia" (pagina 35)." La fantasia è diventata un mito, un'illusione" (pag. 37, 39). La voce era "un'eco delle grandi paure medievali", facendo riemergere "la stessa fantasia antiebraica". L'ebreo, ancora una volta, era il "capro espiatorio", il "colpevole congenito radicato in due millenni di Occidente cristiano" su cui i cristiani scaricavano tutti i loro problemi (pagina 52).

In realtà, come avete capito, erano i cristiani ad essere colpevoli. Al mercante ebreo è stata assegnata "la missione di fissare ed epurare la colpa di una vera e propria fantasia libidinosa e di uno pseudo-traffico di schiavi bianchi"." (pagina 52). Così, l'ebreo avrebbe agito come "fissatore dell'angoscia e della colpa nel mondo occidentale"." (pagina 56). Dobbiamo quindi credere che gli europei abbiano avuto lo spirito

---

[355] Léon Poliakov, *Histoire de l'antisémitisme, 1945-1993*, Seuil, 1994, p. 181.
[356] *Le Matin*, 12 gennaio 1978. Georges Valensin, *La Vie sexuelle juive*, Les Éditions philosophiques, 1981, p. 146.
[357] Albert Memmi, *Le Racisme*, Gallimard, 1982, riedizione di pochi 1994, p. 41.
[358] Edgar Morin, *La Rumeur d'Orléans*, 1969, Points Seuil, 1982.

alterato da duemila anni di cristianesimo.

La tratta degli schiavi bianchi non era altro che un "mito": "È illusorio attribuire la tratta degli schiavi bianchi agli ebrei", insisteva Edgar Morin (p. 73). E a chi, a Orléans o ad Amiens, osava dire che "se il fiume suona, è perché c'è dell'acqua", Edgar Morin rispondeva: "È un amalgama scandaloso" (pag. 239)." L'ebreo è completamente assente dalle notizie, dai resoconti e dalle fiction dei mass media riguardanti la tratta degli schiavi bianchi, e la sua comparsa nelle voci di provincia è sorprendente e assurda[359]."

Queste fantasie erano quindi dello stesso ordine delle accuse di crimini rituali praticati dagli ebrei sui bambini cristiani nel Medioevo. È altrettanto ridicolo accusare gli ebrei di controllare il sistema finanziario, la stampa, la televisione e il cinema nel mondo occidentale. Non ha alcun senso. Allo stesso modo, gli ebrei non hanno alcun ruolo nell'industria della pornografia, né nel traffico globale di eroina, cocaina ed ecstasy, né hanno nulla a che fare con le guerre dell'Occidente contro i Paesi musulmani degli ultimi anni. Gli ebrei sono innocenti, fondamentalmente innocenti di tutto ciò che può essere loro imputato.

Nel cinema, alcuni registi cosmopoliti hanno tipicamente proiettato la colpa dei loro simili sugli altri. Nel film di Roger Hanin (Lévy), *Il protettore* (1974), Natalia, una ragazza di diciotto anni, scompare a Parigi. Per trovarla, suo padre, Samuel Malakian - un povero ebreo - dovette trattare con una rete di schiavitù bianca gestita da un aristocratico, il barone Metzger. Nella *Guida cinematografica* di Jean Tulard, Claude Bouniq-Mercier, che elogia sistematicamente i film dei suoi colleghi, fa le sue solite osservazioni: dopo essersi basato su "ricerche meticolose", Roger Hanin si propone di "denunciare una piaga sociale senza demagogia". Si veda anche il film erotico di "Jean Rougeron", *Police des moeurs* (1987): Séverine, 18 anni, cade nella trappola di un protettore. Preoccupati per la sua scomparsa, i parenti avvertono la polizia. L'indagine conduce la polizia alla rete "Horsh", una rete di trafficanti di donne bianche. Questi bastardi rapiscono le ragazze per venderle a ricchi stranieri. Sono tutti nazisti, grandi tedeschi biondi con gli occhi chiari[360].

La tratta delle schiave bianche dei trafficanti ebrei era apparentemente un argomento di moda alla fine degli anni '60, a giudicare da quanto si poteva leggere nel romanzo di Patrick Modiano,

---

[359] Edgar Morin, *La Rumeur d'Orléans*, 1969, Points Seuil, p. 48.
[360] Nella famosa serie di film *Taken* di Luc Besson *(2008, 2012)*, i bastardi sono albanesi (NdT).

un noto scrittore "francese". In *Il posto della stella*, pubblicato nel 1968, Patrick Modiano ha immaginato un personaggio completamente delirante, buffonesco e simpatico. L'azione si svolge nel giugno 1942 a Parigi; il narratore, Schlemilovitch, è un eroe delirante e donchisciottesco che si immagina di essere un grande scrittore. Sotto una veste grottesca, Patrick Modiano mette in bocca parole così sorprendenti e caricaturali sugli ebrei che nessun lettore sano di mente potrebbe leggerle senza notarne la ridicolaggine. L'antisemitismo è un'allucinazione. Ciò di cui gli ebrei sono accusati è talmente enorme per il lettore medio che le accuse appaiono come un disturbo psichiatrico di chi le formula. Ecco perché Patrick Modiano poteva permettersi di scriverli. Ma sentiamo parlare Schlemilovitch:

"Per il resto, le mie azioni e i miei discorsi contraddicevano le virtù coltivate dai francesi: discrezione, parsimonia e lavoro. Dai miei antenati orientali ho preso gli occhi neri, il gusto per l'esibizionismo e il lusso sfrenato e un'inguaribile pigrizia. Non sono un figlio di questo paese... Ho guidato la cospirazione ebraica mondiale a suon di orge e milioni... Sì, la guerra del 1939 fu dichiarata a causa mia. Sì, sono una specie di Barbablù, un antropofago che mangia giovani arie dopo averle violentate. Sì, sogno di rovinare tutti i contadini francesi e di far diventare ebrea l'intera regione del Cantal...".

Lévy-Vendôme rispose: "Tu, Schlemilovitch, hai tempo davanti a te: approfittane! Usate le vostre carte vincenti personali e pervertite le giovani ragazze ariane. In seguito, scriverete le vostre memorie. Potrebbero chiamarsi "Gli sradicati": la storia di sette ragazze francesi che non hanno saputo resistere al fascino dell'ebreo Schlemilovitch e si sono ritrovate un giorno internate in bordelli orientali o sudamericani. Morale della favola: non avrebbero dovuto dare retta a quel seducente ebreo, ma rimanere nei lussureggianti prati alpini e nei verdi boschetti[361]." L'antisemitismo non sarà mai credibile per il cittadino medio Goy.

Il celebre storico William Shirer, autore di una monumentale storia del Terzo Reich, non ha approfondito molto la questione dell'antisemitismo. Delle 1500 pagine dei suoi due volumi, solo una pagina è stata dedicata alla spiegazione dell'antisemitismo nazista, il che è forse un po' inconsistente. Hitler, ha scritto William Shirer, "scoprì il marchio morale di questo 'popolo eletto'.... C'era forse una qualsiasi forma di sporcizia o licenziosità, soprattutto nella vita culturale, senza che vi fosse coinvolto almeno un ebreo? "Shirer ha semplicemente citato alcuni brevi estratti dal *Mein Kampf* sulla

---

[361] Patrick Modiano, *Il posto della stella*, Pdf, http://Lelibros.org/, p. 14, 15, 26, 42-43

prostituzione e la tratta delle schiave bianche: "Il *Mein Kampf* è disseminato di allusioni luride a strani ebrei che seducono innocenti ragazze cristiane e quindi ne adulterano il sangue. C'è una grande quantità di sessualità morbosa nelle farneticazioni di Hitler sugli ebrei." Così, per William Shirer, non c'era nulla che spiegasse "questo terribile odio, che avrebbe contaminato così tanti tedeschi[362]". Il punto fondamentale è che erano i tedeschi ad essere malati, non gli ebrei, in nessun modo immaginabile. Si tratta di un'analisi che non lascia dubbi sull'origine del suo autore[363].

Uno scrittore minore come Michel Herszlikowicz aveva scritto alcune pagine interessanti nella sua *Filosofia dell'antisemitismo*. Citava ad esempio un autore tedesco che nel 1890 scriveva: "La massa di ebrei che ha conquistato il campo dei bordelli persegue sistematicamente e su larga scala la trasformazione della parte femminile dei popoli ariani in prostitute. Tutti i casi di prostituzione e traffico di Blancas sono quasi esclusivamente nelle mani di ebrei[364]."

E Michel Herszlikowicz ha commentato, nello stile più talmudico possibile: "Il dominio ebraico si realizza attraverso le passioni più basse, attraverso la sessualità più bassa. Il nazismo ha fatto di questo argomento uno degli elementi fondamentali del suo sistema, non perché gli ebrei fossero numerosi nella professione, ma perché l'antisemitismo doveva essere l'antitesi del superuomo germanico. La prostituzione, in quanto necessità inferiore, impedisce la realizzazione della missione del popolo tedesco, e la causa di questo fallimento non può che essere ebraica."

Qui vediamo bene quanto ignominiosi fossero diventati gli ideologi nazisti, sempre pronti a scagliare accuse contro i poveri ebrei al solo scopo di soddisfare la loro volontà di dominare il resto dell'umanità.

---

[362] William L. Shirer, *Auge y caída del Tercer Reich, volume I*, Planeta, Barcellona, 2013, p. 54, 55.
[363] Si vedano i capitoli sull'inversione accusatoria in *Psicoanalisi dell'ebraismo, Fanatismo ebraico e Lo specchio dell'ebraismo*.
[364] A. Berg, *Juden Bordelle*, Berlino, 1890, pag. 10, in Michel Herszlikowicz, *Philosophie de l'antisémitisme*, Presses Universitaires de France, 1985, pag. 108.

4. La tratta degli schiavi neri

I commercianti ebrei non avevano chiaramente alcuna barriera morale nel limitarsi al solo traffico di donne per la prostituzione. La tratta degli schiavi africani fu anche una fonte di prosperità per alcuni grandi commercianti.

Il commercio atlantico I: i portoghesi

Il 2 gennaio 1492, i re cattolici Ferdinando e Isabella entrarono solennemente a Granada, l'ultima roccaforte musulmana della penisola iberica. Dopo secoli di lotta contro gli invasori musulmani, la Reconquista era finita. Ma il caso della comunità ebraica, che aveva fatto tanto per i musulmani fin dall'inizio dell'invasione, rimaneva da risolvere[365]. Il 31 marzo 1492, Isabella firmò il decreto di espulsione degli ebrei, che dovevano lasciare il Paese entro il 31 luglio. Lo storico Leon Poliakov scrisse: "Invano offrirono alla tesoreria immense somme di denaro", e più tardi aggiunse: "Sembra che la grande maggioranza della popolazione cristiana non si sia commossa per la partenza degli ebrei[366]". Il 2 agosto dello stesso anno, le tre caravelle di Cristoforo Colombo salpano verso ovest alla scoperta del nuovo continente. I tre eventi più importanti della storia spagnola si erano verificati nello spazio di pochi mesi.

Tuttavia, alcuni ebrei si erano convertiti al cattolicesimo per poter rimanere in Spagna. Ora erano buoni cattolici che andavano a messa la domenica, facevano la comunione e rispettavano le tradizioni cristiane... ma solo in apparenza. In realtà, la maggior parte di loro ha continuato a maledire Cristo e i cristiani. Questi ebrei falsamente convertiti furono chiamati "marranos" dagli spagnoli, e questa è la parola usata ancora oggi per indicare un ebreo che si nasconde e agisce dietro una maschera religiosa, cosa molto frequente[367].

---

[365] Sul ruolo degli ebrei in Spagna durante la conquista musulmana, si veda Hervé Ryssen, *Planetary Hopes*.
[366] Léon Poliakov, *Histoire de l'antisémitisme, tome I*, Point Seuil, 1981, p. 171.
[367] Sui Marrani, i Dönmeh e i Frankisti (falsi cattolici e falsi musulmani), leggere *Psicoanalisi dell'ebraismo*." (...) Erano ancora, nel loro intimo, ebrei come lo erano stati prima. A quanto pare, vivevano come cristiani. Fecero battezzare i loro figli in

In Spagna, la comunità ebraica aveva controllato gran parte del commercio ed era immensamente ricca. I marrani rimasti avevano ancora potenti mezzi finanziari, tanto da armare le navi della spedizione di Cristoforo Colombo. Nella sua *Storia dei Marranos*, un'opera fondamentale pubblicata nel 1932, Cecil Roth scrisse che i ricchi Marranos avevano finanziato parte dell'impresa. Il più importante di loro era Luis de Santangel, al quale un decreto reale aveva concesso il diritto di esportare grano e cavalli in America[368]. Cabrero, il tesoriere reale, e Santangel, investirono 17.000 ducati. Anche Alfonso de la Cabellería e Diego de Deza contribuirono con fondi; Abraham Ben Samuel Zacuto aveva fornito le attrezzature astronomiche e di navigazione.

Leon Poliakov lo conferma: "Il sostegno e i contributi finanziari provenivano da nuovi cristiani, il che ci permette di ammettere che, al di là dello spirito di avventura o del profitto, erano interessati alla scoperta di nuove terre in cui, se necessario, avrebbero potuto rifugiarsi. Il fatto è che i Nuovi Cristiani, sinceri o meno, hanno avuto un ruolo importante nella colonizzazione dell'America[369]."

Cristoforo Colombo fu accompagnato nella sua spedizione da sette ebrei battezzati. Sulla caravella Santa María c'erano Mastre Bernard, il medico; Luis de Torres, l'interprete; Marco Bernal, il chirurgo; Alonso de la Calle, il navigatore; e Gabriel Sánchez, un ispettore. C'erano anche Juan de Cabrera sulla Pinta e Rodrigo de Triana sulla Niña. Così alcuni studiosi ebrei rivendicano naturalmente Cristoforo Colombo come uno di loro. Ma un punto importante contraddiceva questa ipotesi. Nel 1498, Gabriel Sanchez e gli altri

---

chiesa, anche se si affrettarono a lavare via le tracce della cerimonia non appena tornarono a casa. Andarono dal sacerdote per sposarsi, ma non erano soddisfatti di quella cerimonia e ne celebrarono un'altra, che la completò. A volte andavano al confessionale; ma le loro confessioni erano così irreali che un sacerdote, si dice, chiese a uno di loro un pezzo della sua veste, come reliquia di un'anima così immacolata. Dietro questa finzione puramente esteriore, sono rimasti ciò che sono sempre stati. La loro mancanza di fede nei dogmi della Chiesa era nota. Frequentavano furtivamente le sinagoghe, per la cui illuminazione inviavano regolarmente lampade a olio. Inoltre, formavano associazioni religiose, apparentemente a scopo cattolico, sotto il patrocinio di qualche santo cristiano, e le usavano come schermo, consentendo loro di osservare i riti ancestrali. Per la loro razza e la loro fede, sono rimasti uguali a quelli che erano prima della loro conversione. Erano ebrei solo di nome, cristiani solo di fatto." In Cecil Roth, *Storia dei Marranos*, Editorial Israel, Buenos Aires, 1946, cap. I, pagg. 26, 27.
[368] Cecil Roth, *Storia dei marrani*, Editorial Israel, Buenos Aires, 1946. *Storia dei marrani*, Jewish Publication Society of America, 1932, pagg. 272-273.
[369] Léon Poliakov, *I samaritani*, Grupo Anaya & Mario Muchnik, Madrid, 1992 p. 77. 77

marrani avevano convinto Colomb a catturare 500 amerindi per venderli come schiavi a Siviglia. Tuttavia, Colomb non ha ricevuto un solo centesimo dalla vendita. Comunque sia, quell'operazione fu l'inizio della schiavitù nel Nuovo Mondo.

In quel periodo vide la luce anche un altro fenomeno molto redditizio: il commercio del tabacco. Fu Luis de Torres a introdurre il tabacco in Spagna. Ha impiantato le sue piantagioni a Cuba e poi ha esportato la sua redditizia produzione in tutta Europa.

Molti degli ebrei espulsi dalla Spagna si erano stabiliti in Portogallo. Ma nel 1497 furono espulsi anche da quel regno. Partirono per l'Olanda calvinista o per l'Impero Ottomano. Alcuni preferirono rimanere sudditi della corona portoghese, ma nelle loro colonie per sfuggire all'Inquisizione, che rintracciava i cristiani sospettati di essere ebrei sotto mentite spoglie. Per questo motivo molti ebrei si stabilirono sull'isola di Madeira e successivamente in Brasile, dove fondarono rapidamente degli empori commerciali.

Sull'isola di Madeira, alcuni ebrei erano coinvolti nell'industria dello zucchero. All'inizio del XVI secolo, secondo lo storico ebreo Morechaï Arbell, c'erano circa 150 mulini per la produzione di canna da zucchero. Nel 1516, il re portoghese Manuel I aveva decretato che chi avesse voluto emigrare in Brasile per avviare la produzione di zucchero avrebbe ricevuto dalla corona tutto il materiale necessario e avrebbe beneficiato dell'assistenza di esperti. I "nuovi cristiani" (chiamati anche "marranos" o "conversos"), specializzati nella produzione di zucchero, iniziarono a emigrare in Brasile." La canna da zucchero fu importata in Brasile dall'isola di Madeira nel 1548 dagli ebrei espulsi dal Portogallo", scriveva lo storico Don Antonio de Campany de Montpalan nel 1779[370]. I Nuovi Cristiani non sono sempre stati identificati come ebrei, ma i documenti attestano il loro coinvolgimento in tre fasi: la coltivazione della canna da zucchero, la produzione e la commercializzazione dello zucchero.

Nei suoi studi sul Brasile, lo storico Herbert Bloom scrisse nel 1932: "Gli ebrei possedevano enormi piantagioni di zucchero... Gli ebrei controllavano il commercio dello zucchero in Brasile[371]." Un altro ricercatore, Gilberto Freyre, concorda: "Gli ebrei sono stati gli agenti più attivi nella conquista del mercato dello zucchero in Brasile durante

---

[370] Leon Huhner lo cita nell'articolo *"Brazil"*, in *Jewish Encyclopedia* (New York, 1902), vol. III, pag. 359.
[371] Dr. Herbert J. Bloom, *Study of Brazilian Jewish History*, in *Publications of the American Jewish Historical Society*, 33 (1934), p. 52 e 55. Citato da Mordechaï Arbell, *Les Juifs séfarades des Antilles et le sucre*.

i primi cento anni di colonizzazione. Gli ebrei erano anche i più efficienti nella tecnica degli zuccherifici[372]."

Quando le attività e le indagini dell'Inquisizione si ampliarono, molti dei nuovi cristiani erano coltivatori, commercianti e proprietari dell'industria dello zucchero. Gli arresti portarono a un calo delle esportazioni di zucchero, tanto che, per evitare carenze, all'inizio del XVIII secolo il re del Portogallo ordinò di non confiscare più gli zuccherifici[373]. Ma il Brasile olandese era già diventato il principale centro dello zucchero.

Nell'Olanda calvinista, la tolleranza religiosa e le prospettive commerciali avevano attirato molti ebrei espulsi dalla Spagna e dal Portogallo. Alcuni sono tornati ufficialmente all'ebraismo, ma altri hanno mantenuto la maschera per qualche tempo. Alcuni investirono rapidamente i loro fondi nel taglio dei diamanti, nello zucchero, nella seta, nei tessuti, nel tabacco e nei prodotti alimentari. Le Province Unite divennero il centro del potere e della ricchezza ebraica in Europa. Marcus Arkin ha stimato che nel XVIII secolo il 25% delle azioni delle società internazionali olandesi era di proprietà di ebrei[374]. Le navi effettuavano quindi il commercio triangolare tra Europa, Africa e Americhe. Scambiavano manufatti dall'Africa con schiavi in Brasile, nei Caraibi e negli Stati Uniti, e tornavano in Europa con zucchero e altre merci.

L'occupazione olandese del Brasile tra il 1624 e il 1654 si rivelò un notevole vantaggio per i loro affari. I soldati olandesi, guidati dal principe di Nassau, sconfissero i portoghesi e assicurarono la presenza olandese nel Pernambuco, nel nord-est del Brasile. Duecento ebrei che facevano parte della spedizione, attratti dal commercio dell'oro, iniziarono subito la loro fruttuosa attività. Gli ebrei avevano investito massicciamente, prima nella famosa Compagnia olandese delle Indie occidentali, fondata nel 1621, che si occupava di ogni tipo di commercio, compreso quello degli schiavi. Con la loro secolare esperienza mercantile e le loro reti di amici e parenti sparse in tutto il mondo, giocarono un ruolo molto importante nel capitalismo mercantile dell'epoca.

Nel Pernambuco, nel 1630, la popolazione era di 12.703 persone, di cui 2.890 erano bianchi. Ma in realtà la metà di questi "bianchi" erano

---

[372] Gilberto Freyre, *The Masters and the Slaves: Study in the Development of Brazilian Civilization*, New York, 1946, pag. 12.
[373] Testamento Político da Carta Escrita pelo Conde D. Luis da Cunha, p. 54, in Arnold Wiznitzer, *Jews in Colonial Brazil*, New York, 1960, p. 151.
[374] Jewish Publication Society of America, 1975, pag. 44, 45.

ebrei. Infatti, nello stesso anno costruirono la prima sinagoga di Recife. Lo storico ebreo brasiliano Marc Raizman si è basato sull'importante opera *Historia dos Israelitas no Brasil* che suo padre aveva pubblicato nel 1937. Poiché gli indiani sembravano troppo deboli per tagliare la canna da zucchero, si decise di importare schiavi neri. La Compagnia delle Indie Occidentali era proprietaria delle navi, ma una volta sbarcate sulla terraferma "gli ebrei erano responsabili della compravendita di questi schiavi neri", ha scritto Marc Raizman." Li rivendevano spesso a un prezzo quattro o cinque volte superiore a quello che avevano pagato alla Compagnia."

La preponderanza degli ebrei spagnoli e portoghesi nella coltivazione della canna da zucchero sull'altra sponda dell'Atlantico è stata confermata da un altro storico ebreo, Arnold Wiznitzer, che ha menzionato anche il commercio degli schiavi: "Oltre alla loro posizione dominante nell'industria dello zucchero, essi dominano anche il commercio degli schiavi. Dal 1636 al 1645 arrivarono dall'Africa un totale di 23 163 neri, venduti per 6 714 423 fiorini. Gli acquirenti alle aste erano tutti ebrei e, a causa della mancanza di concorrenza nel settore, gli schiavi venivano acquistati a prezzi bassi. Inoltre, a causa della mancanza di concorrenza nel commercio degli schiavi, gli schiavi venivano pagati a credito fino alla successiva stagione di vendita dello zucchero. Se le aste coincidevano con una festività ebraica, venivano automaticamente posticipate[375]."

A Ouidah e Porto Novo, le due città portoghesi fortificate sulla costa del Dahomey, i mercanti di schiavi ebrei avevano stretto accordi con i re della costa per acquistare i prigionieri. I prigionieri sono stati radunati e ammassati ad Aného, la città di confine, in vista della spedizione. Ben presto le razzie delle popolazioni locali si rivelarono insufficienti e le tribù della costa penetrarono a nord per cacciare gli schiavi sulla terraferma. La riduzione in schiavitù dei neri era in effetti un affare africano, perché gli africani avevano sempre praticato la sottomissione delle tribù avversarie. Le leggende tradizionali dell'impero del Mali, così come quelle di Behanzin nel Dahomey (l'attuale Benin), ne fanno eco. Era un flagello a cui nessun amministratore coloniale era riuscito a porre rimedio prima dell'indipendenza dei Paesi africani negli anni Sessanta. Spesso i

---

[375] In David Duke, *Jewish Supremacism* (2003). Arnold Aaron Wiznitzer, *Jews in Colonial Brazil*, 1960, p. 72, 73. Arnold Aaron Wiznitzer è stato professore all'Università di Vienna negli anni '20, dottore in letteratura ebraica, professore emerito all'Università del Giudaismo di Los Angeles, ex presidente dell'Istituto Brasiliano-Ebraico di Ricerca Storica.

genitori indebitati prendevano in prestito denaro e lasciavano un bambino come garanzia fino a quando i debiti non venivano saldati. I registri dei tribunali coloniali e africani di oggi sono pieni di casi di questo tipo.

I mercanti di schiavi ebrei fornirono così centinaia di migliaia di schiavi neri alle piantagioni del Sud America e dei Caraibi, contribuendo ampiamente a fare del Portogallo la prima nazione schiavista occidentale.

Moshe Kahan ha scritto che nel 1653-1658 "i mercanti ebrei marrani avevano il controllo del commercio spagnolo e portoghese." Secondo le stime di Daniel Swetschinski, gli ebrei dominavano il 75% del commercio giamaicano e rappresentavano il 10% della popolazione bianca.

Lo storico americano Marc Lee Raphael, anch'egli ebreo, ha confermato che gli ebrei avevano a loro volta preso il controllo di "una parte molto importante del business degli schiavi olandesi". A Recife e Mauritius era stata istituita una tassa (*"imposta"*) di cinque *"soldos"* per ogni schiavo nero acquistato da un ebreo brasiliano nelle colonie." A Curaçao nel XVII secolo, ma anche nelle colonie britanniche di Barbados e Giamaica nel XVIII secolo, i mercanti ebrei svolsero un ruolo molto importante nel commercio degli schiavi." I mercanti ebrei hanno quindi svolto "un ruolo fondamentale" nella tratta degli schiavi." In effetti, in tutte le colonie americane, siano esse francesi (Martinica), inglesi o olandesi, i mercanti ebrei giocarono un ruolo preponderante[376]."

In un importante libro di storiografia ebraica, *New World Jewry, 1493-1825*, Seymour B. Liebman ha fornito ulteriori dettagli: "Il commercio era allora un monopolio reale e gli ebrei erano spesso nominati agenti della corona. Erano i principali fornitori di armi per le navi dell'intera regione caraibica, dove il commercio era principalmente un'impresa ebraica. Le navi non solo erano di proprietà di ebrei, ma erano comandate da capitani ed equipaggi composti da ebrei[377]."

Dopo la sconfitta degli olandesi nel 1654, la maggior parte degli ebrei fu espulsa dal Brasile dai portoghesi e lasciò la regione di

---

[376] Marc Lee Raphael, *Jews and Judaism in the United States, a Documentary History*, New York, Behrman House, Inc., 1983, p. 14, 23-25. http://www.blacksandjews.com. Il rabbino Raphael è stato per 10 anni caporedattore di *American Jewish History*, la rivista della Jewish Historical Society della Brandeis University in Massachusetts.

[377] Liebman S. B., *New World Jewry 1493-1825: Requiem for Forgotten*. KTAV, New York, 1982, p. 170, 183. Citato da David Duke in *Jewish Supremacism*.

Pernambuco. Circa 150 famiglie ebree (600 persone) decisero allora di tornare ad Amsterdam con gli olandesi. Altri andarono in altri possedimenti olandesi, come Curaçao - un'isola a nord dell'attuale Venezuela - Bermuda e altre isole caraibiche. Ventitré mercanti ebrei marciarono verso New Amsterdam, che sarebbe diventata New York dopo la conquista inglese nel 1664. Gli olandesi fecero tutto il possibile per promuovere questi insediamenti ed emisero una serie di decreti a favore degli ebrei.

La Compagnia delle Indie occidentali voleva fin dall'inizio fare di Curaçao, con il suo grande porto naturale, il centro della sua rete di commercio di schiavi nei Caraibi. La vita economica della comunità ebraica ruotava principalmente intorno alle piantagioni di canna da zucchero e quindi al commercio degli schiavi. I mercanti ebrei vi crearono un mercato di schiavi che crebbe notevolmente tra il 1643 e il 1648. I mercanti ebrei di Curaçao disponevano di un'eccezionale rete di contatti e relazioni che copriva tutti i Caraibi e l'Europa, con Amsterdam come centro. Un decennio dopo il loro arrivo, gli ebrei possedevano l'80% delle piantagioni.

Altri rifugiati ebrei si stabilirono a Londra. Gli inglesi avevano anche incoraggiato gli imprenditori ebrei a stabilirsi nelle loro colonie, in particolare nell'isola di Barbados, dove erano stati autorizzati a stabilirsi dal 1654. I mercanti ebrei si diffusero così in tutti i Caraibi.

Nel 1655, prima dell'occupazione olandese, gli inglesi avevano incoraggiato gli ebrei a stabilirsi in Suriname, dove erano considerati cittadini inglesi a tutti gli effetti. La "Savana ebraica" era una regione popolata quasi esclusivamente da ebrei e un importante centro dello zucchero. Dopo l'occupazione degli olandesi nel 1667 - il Suriname fu ribattezzato "Guiana olandese" - gli inglesi pensarono di portare gli ebrei in Giamaica per sviluppare la produzione di zucchero, ma gli olandesi si opposero. Nel 1694, la Savana era popolata da circa 100 famiglie ebree (570 ebrei in tutto) che lavoravano con circa 10.000 schiavi neri in una quarantina di piantagioni di canna da zucchero. Nel 1730 possedevano 115 piantagioni e avevano quasi il monopolio delle esportazioni di zucchero in Europa e nel Nuovo Mondo.

Nel suo libro *A History of the Jews*, un altro storico ebreo di nome Solomon Grayzel ha confermato lo stesso: "Gli ebrei erano i più importanti commercianti di schiavi nella società europea[378]." Lo storico ebreo Henry Feingold ha scritto: "Gli ebrei, che spesso erano al centro del commercio, non potevano non contribuire, direttamente o

---

[378] Salomon Grayzel, *A History of the Jews: From Babylonian Exile to the End of World War II*, Philadelphia, Jewish Publication Society of America, p. 312.

indirettamente, in proporzione analoga alla tratta degli schiavi. Nel 1460, quando gli ebrei erano diventati esperti di scienze nautiche in Portogallo, il Portogallo importava già tra i 700 e gli 800 schiavi ogni anno[379]."

Ancora oggi, gli ebrei sefarditi svolgono un ruolo considerevole nel commercio alimentare. Il commercio internazionale di zucchero, cacao, cereali, semi oleosi e quasi tutte le materie prime provenienti da queste regioni sono nelle mani di aziende, generalmente a conduzione familiare, quasi tutte appartenenti a ebrei sefarditi, dichiarati o meno.

Anche il famoso storico Leon Poliakov riconobbe l'importanza del ruolo degli ebrei nell'industria dello zucchero e nella tratta atlantica, ma a quanto pare preferì essere più discreto sul ruolo dei suoi colleghi ebrei nella tratta degli schiavi: "Quel che è certo è che i marrani furono i grandi artigiani dell'economia coloniale in Sudamerica: e prima di tutto in Brasile, dove, essendo più numerosi degli Antichi Cristiani, fondarono grandi dinastie commerciali che oggi, consapevoli delle loro origini, preferiscono nascondere[380]."

La tratta atlantica degli schiavi II: negli Stati Uniti

La tratta degli schiavi portò diverse centinaia di migliaia di schiavi neri nel continente nordamericano. Tra Aného (Dahomey, al confine con il Togo) e Newport (Virginia), e più tardi Charleston (Carolina del Sud), quasi mezzo milione di schiavi neri sono stati acquistati, trasportati e venduti in duecentocinquant'anni (1600-1860) per rifornire le piantagioni di tabacco e cotone.

Anche qui gli ebrei furono tra i maggiori commercianti fino alla proclamazione dell'abolizione della schiavitù nel 1865, alla fine della guerra civile. Nel XVII secolo, la schiavitù era vietata nelle colonie americane settentrionali. Quattro ricchi mercanti israeliti di Filadelfia, Sandiford Lay, Woolman, Solomon e Benazet, influenzarono il legislatore per modificare la legge e ottenerne la legalizzazione. Newport divenne così un importante centro della tratta degli schiavi e ospitava la più grande comunità ebraica dell'America dell'epoca. Infatti, la più antica sinagoga esistente nel Paese si trova a Newport.

All'inizio del XVIII secolo, durante l'apice della tratta, il

---

[379] Henry Feingold, *Le Sionisme en Amérique: L'expérience juive du temps des colonies jusqu'à ce jour- Sion in America: The Jewish Experience from Colonial Times to the Present*, New York, Twayne Publishing Inc. 1974, p. 42, 43.
[380] Leon Poliakov, *I samaritani*, Grupo Anaya & Mario Muchnik, Madrid, 1992, pag. 79.

commercio di schiavi operava attraverso una flotta di 128 navi negriere, quasi tutte di proprietà di armatori ebrei di Newport e Charleston, i due grandi centri del commercio di schiavi. Lo storico ebreo americano Marc Lee Raphael ha ammesso che i mercanti ebrei sono stati i protagonisti della tratta degli schiavi. In tutte le colonie americane, inglesi, francesi o olandesi, i mercanti ebrei dominavano il commercio triangolare: "Questo era vero anche nei territori nordamericani durante il XVIII secolo, quando gli ebrei partecipavano al commercio triangolare che portava schiavi dall'Africa occidentale in cambio di melassa di canna da zucchero, che veniva scambiata con il rum nel New England. Isaac Da Costa di Charleston nel 1750, David Franks di Filadelfia nel 1760 e Aaron Lopez di Newport tra la fine del 1760 e l'inizio del 1770 dominarono il business della schiavitù nel continente nordamericano[381]."

Lo storico francese Jacques Heers è d'accordo: "All'apice della tratta degli schiavi, all'inizio del XVIII secolo, c'erano più di 120 navi negriere, la maggior parte di proprietà di mercanti e armatori ebrei di Charleston, nella Carolina del Sud, e di Newport, sulla baia di Chesapeake, in Virginia (Moses Levy, Isaac Levy, Abraham All, Aaron Lopez, San Levey), o di portoghesi, anch'essi ebrei, stabiliti in Nord America (David Gomez, Felix de Souza), che avevano parenti in Brasile."

Questi trafficanti di ebano (schiavi africani), alcuni di origine "portoghese", erano fortemente impiantati sulla costa africana, anche in terraferma, gestendo direttamente importanti empori di traffico, magazzini e moli, cosa che né gli inglesi né i francesi avevano fatto[382].

Questo è l'elenco dei mercanti di schiavi a Newport nel XVIII secolo, compilato dal ricercatore afroamericano Louis Farrakhan nel suo libro intitolato *The Secret Relationship between Blacks and Jews (La relazione segreta tra neri ed ebrei)*[383], in corsivo tra parentesi i nomi delle loro navi negriere: Joseph e Samuel Frazon (il *Giuseppe e la Rachele*), Abraham de Lucena (la *Maria e l'Abigail*), Modecaï Gomez (la *Giovane Caterina*), Rachel Marks (la *Lydia*, il *fattore Barbadoes*, l'*Affascinante Sally*, la *Hannah*, la *Polly*, il *Delfino*, il *Principe Orange*), Nathan Levy e David Franks (il *Drake*, il *Fiore di mare*, la

---

[381] Marc Lee Raphael, *Jews and Judaism in the United States, a Documentary History (Ebrei e giudaismo negli Stati Uniti, una storia documentata)*, New York, Behrman House, Inc. Vol. 14.
[382] Jacques Heers, *Les Négriers en terre d'Islam*, Perrin, 2003, Poche, 2007, p. 260.
[383] *La relazione segreta tra neri ed ebrei* (1991). Preparato dal Dipartimento di ricerca storica della Nation of Islam. Chicago, Illinois: Latimer Associates.

Myrtilla, ecc.), Isaac e Abraham Hart (la *General Well*, la *Defiance*, la *Perfect Union*, ecc.), Samuel Levy (la *Deborah*), Moses e David Franks (la *Gloucester*, la *Delaware*, la *Belle*, la *Mars*).

Nel XIX secolo, i proprietari delle navi erano David G. Seixas (la *Jane*, la *Nancy*), John Bueno (la *Rebecca*), James de Wolf (la *Ann*), Isaac Levy (la *Crown Gally*, la *Postillion*), Jacob Franks (il *Duca di York*), Samuel Jacobs (la *Betsey*), Emmanuel Alvares Correa e Moses Cardozo (la *Pearl*), Moses Levy (la *Mary e la Ann*), Moses Lopez (la *Rebecca*), Naphtali Hart (la *King George*).

Aaron Lopez, un marrano portoghese, era il più potente di questi mercanti di schiavi. Possedeva decine di navi e importò migliaia di schiavi neri sulle coste americane. I resoconti di una delle sue navi, la *Cleopatra*, mostrano che 250 schiavi erano morti durante due viaggi[384]. Nel 1774, Aaron Lopez controllava da solo il 50% del commercio verso le colonie americane.

Jacques Heers ha fornito anche altre interessanti informazioni che hanno messo in luce le profonde attività di questi trafficanti: "A Charleston", scrive, "una ventina di stabilimenti, per nulla clandestini, distillavano un alcol di scarsa qualità destinato all'Africa per la tratta degli schiavi neri."

Gli ebrei erano anche i maggiori proprietari di schiavi. Uno dei numerosi studi di Ira Rosenwaike, pubblicato dall'American Jewish Historical Society, ha dimostrato che nel 1830 il 75% dei duecentomila proprietari di schiavi della Confederazione erano israeliti.

Lo storico Jacob Marcus ha scritto che nel Sud meno del 10% dei coloni possedeva schiavi, ma gli ebrei avevano molte più probabilità di possedere schiavi rispetto ai gentili. Nel 1820, più del 75% delle famiglie ebree di Charleston e Richmond possedevano schiavi e impiegavano servi[385]. Naturalmente, anche alcune donne nere potrebbero essere sfruttate nei giri di prostituzione.

In Martinica e Guadalupa

Anche nelle colonie francesi, in Martinica e Guadalupa, occupate nel 1635 dai francesi, si sviluppò il commercio di schiavi con l'arrivo di mercanti ebrei che investirono nell'industria dello zucchero. Nel

---

[384] Platt, Virginia B. (1975). *E non dimenticate il viaggio in Guinea: la tratta degli schiavi di Aaron Lopez di Newport*. William e Mary Quartely, in David Duke, *Jewish Supremacism* (2003).

[385] Marcus, J. (1989, *Ebraismo degli Stati Uniti*). 1776-1985. Detroit: Wayne State University Press, p. 586, citato da David Duke, in *Jewish Supremacism*.

1654, sette o otto famiglie ebree accompagnate dai loro schiavi neri erano arrivate in Martinica, espulse dal Brasile dai portoghesi. Questi commercianti portarono con sé le tecniche di lavorazione e raffinazione dell'oro bianco e crearono uno zuccherificio[386]. La mania dello zucchero prese piede tra i coloni e tutti sognavano di diventare ricchi. Nel 1661, c'erano 71 mulini per canne da zucchero in Guadalupa e un numero leggermente inferiore in Martinica. Dieci anni dopo, in Martinica erano attivi 111 mulini e 172 nel 1675.

Nel 1683, in Martinica c'erano 23 famiglie "olandesi" di questo tipo, che rappresentavano circa 90 persone. La presenza di proprietari di schiavi coinvolti nel commercio triangolare con le navi olandesi suscitava sospetti. I gesuiti informarono il re di Francia e l'espulsione degli ebrei fu ordinata con un decreto del 2 maggio 1684 registrato presso il Consiglio sovrano. Da qui nasce il primo articolo del Code Noir di Colbert del marzo 1685:

"Art. 1:... stando così le cose, esortiamo tutti i nostri ufficiali ad espellere dalle nostre isole tutti gli ebrei che vi hanno stabilito la loro residenza, ai quali, in quanto dichiarati nemici della fede cristiana, ordiniamo di andarsene entro tre mesi dal giorno della pubblicazione della presente, sotto pena di confisca dei beni e delle proprietà."

Alcuni partirono per Curuzao, ma il governo coloniale apparentemente ignorò l'articolo 1, poiché molti ebrei continuarono a prosperare sulle isole. La Rivoluzione francese, che dichiarò il principio dell'uguaglianza dei diritti, assicurò la loro egemonia nel commercio degli schiavi come agenti (intermediari) delle compagnie europee di commercio degli schiavi. Dal 1786 al 1792, il 50% delle navi negriere francesi fu assemblato a Bordeaux. I principali armatori si chiamavano Nairac, Cabarrus, Balguerie, Baour, Gradis.

La dinastia dei Gradis illustra bene la storia degli ebrei nelle colonie francesi. La casa era stata fondata nel 1685 da Diego Gradis, rampollo di un'antica famiglia "portoghese" stabilitasi a Bordeaux. L'aveva passata al figlio David Gradis (1665-1751), che aveva avviato l'impresa commerciale a Saint-Pierre de Martinique e aperto una filiale nella Saint-Domingue francese nel 1724. Il suo commercio consisteva tipicamente in uno scambio triangolare tra Europa, Caraibi e Nord America. A Bordeaux, il "Re Davide" armò ventisei navi in quegli anni. Era diventato così potente che il governo coloniale non riuscì a bandirlo dalla Martinica. Quando David morì nel 1751, suo figlio Abraham continuò con successo l'opera del padre e aumentò ulteriormente la

---

[386] Armand Nicolas, *Histoire de la Martinique*, Tome I, Éditions L'Harmattan, p. 73, 74.

ricchezza e il potere della famiglia. La sua influenza era così grande che nel 1779 gli furono concessi "i diritti dei francesi", un'onorificenza mai concessa prima a un ebreo. Alla sua morte, nel 1780, la sua fortuna era valutata in 8 milioni di sterline, pari alla metà del valore delle esportazioni della Martinica in Francia. Abraham Gradis fu ricordato molto tempo dopo la sua morte dagli abitanti di Bordeaux, che lo chiamavano il famoso ebreo Gradis, "il re di Bordeaux". Nel 1789, la casa di Gradis fu duramente colpita dalla Rivoluzione e dall'abolizione della schiavitù. Tuttavia, riuscì a ricostruirsi con il settore dei trasporti e dello zucchero in Martinica.

Isaac Mendès fu un altro grande mercante di schiavi dei Caraibi. Sefardita di Bordeaux, dove si erano stabiliti alcuni ebrei portoghesi, si fece chiamare Mendès France, per distinguersi dal ramo portoghese della sua famiglia. Isaac Mendès La Francia fu al centro di un controverso processo nel 1776, sotto il regno di Luigi XVI. Era tornato in Francia con due schiavi congolesi: "Gabriel Pampy, nero, di 24 anni, e Amynte Julienne, nero, di 18 anni". Ma avevano lasciato il loro padrone a Parigi, così Mendès France li fece consegnare alla giustizia. Leon Poliakov ha scritto che, durante il processo, gli schiavi accusarono Mendès "di crudeltà, elencando diversi esempi[387]". Ma Poliakov non ha fornito ulteriori dettagli.

Alla fine il tribunale si è pronunciato a favore di Pampy e Julianne. Il Codice non si applicava più nella metropoli e ogni schiavo che entrava nel regno veniva immediatamente liberato. È vero che un altro editto reale proibiva ai "negri" di entrare nel regno, così come i matrimoni tra persone.

Mendès France continuò comunque il suo commercio, come dimostra un documento dell'epoca risalente al 1785: "Conto della vendita di 524 capi di neri provenienti dalla costa dell'Angola sbarcati nel porto di Léogane dalla nave *Agamemnon* il 19 dicembre 1785". Furono vendute a Mendès Francia 105 code nere, di cui 9 malate e una di pian: 16 nere, una nera, 62 piccole nere, 26 piccole nere per una somma totale di 192 000 sterline. Il carico totale di neri dell'*Agamennone* ammontava a 1.215.960 libbre." Il politico Pierre Mendès France, primo ministro francese nel 1954-1955, era un discendente di questa famiglia di schiavisti.

---

[387] Léon Poliakov, *Histoire de l'antisémitisme, tome I*, Seuil, 1981, p. 448, 449.

Il dibattito

Tutte queste prove non impedirono alla stampa tradizionale di affermare che gli ebrei non erano mai stati coinvolti nella tratta degli schiavi. È quanto si legge, ad esempio, sul settimanale *Le Point* del 4 maggio 2006: Alla domanda: "Gli ebrei sono stati gli artefici della tratta atlantica degli schiavi? "Risposta: "Falso: questa è la tesi del populista americano Farakhan, difesa in Francia da Dieudonné [umorista mulatto in contrasto con la comunità ebraica francese, cfr. *Le speranze planetarie*]. È in contraddizione con il Codice Nero. Dixit: "Esortiamo tutti i nostri ufficiali a espellere dalle nostre isole tutti gli ebrei che vi hanno stabilito la loro residenza, ai quali, in quanto dichiarati nemici della fede cristiana, ordiniamo di andarsene entro tre mesi...". Sebbene alcuni finanziatori ebrei avessero partecipato alla conquista del Nuovo Mondo, osserva il giornalista, sembra che siano stati piuttosto i cristiani, soprattutto i protestanti, a organizzare il trattato da Liverpool, Nantes, Bordeaux, La Rochelle, Le Havre o Amsterdam." Ovviamente, questo senza contare i marrani, che erano buoni cattolici, almeno in apparenza.

Un anno prima, il 3 marzo 2005, un altro settimanale di sinistra a grande tiratura - *Le Nouvel Observateur - aveva* pubblicato un importante dossier sull'argomento, intitolato "La verità sulla tratta degli schiavi". Leggiamo queste righe: "Gli ebrei hanno partecipato alla tratta atlantica degli schiavi? - Falso, ha risposto Olivier Pétré-Grenouilleau. La prova migliore che si tratta di un'elucubrazione priva di fondamento storico si trova nel Code Noir, promulgato nel 1685 da Luigi XIV. Il primo articolo di questo testo, che regolava la schiavitù nelle Indie Occidentali, nella Guyana francese e nella Louisiana, escludeva formalmente gli ebrei da questi territori: "Esortiamo tutti i nostri funzionari a espellere tutti gli ebrei dalle nostre suddette isole...". D'altra parte, a La Rochelle, Nantes e Bordeaux, grandi famiglie protestanti prosperarono grazie al commercio triangolare."

Così, vediamo che la diversità di opinione esiste ancora nel sistema democratico, ma è evidente solo quando si tratta di discutere di questioni sostanziali.

Nel 2004, lo storico Olivier Pétré-Grenouilleauha pubblicato in Francia un "libro di riferimento" intitolato *La tratta degli schiavi*. Ha scritto: "I miti sul ruolo che gli ebrei avrebbero avuto nella tratta degli schiavi devono essere immediatamente corretti." Ha aggiunto: "Seymour Drescher ha fornito una brillante sintesi sull'argomento. In esso ha sottolineato il fatto che duemila bambini ebrei furono deportati dai portoghesi a São Tomé dopo il 1492 e che i loro discendenti furono i primi commercianti dell'isola." In effetti, nel suo libro Pétré-Grenouilleau fa riferimento soprattutto a storici ebrei....

Per quanto riguarda il ruolo della comunità marraniana, Grenouilleauha citato ancora Seymour Drescher: "Il suo impatto complessivo è stato modesto in Europa, Africa e Atlantico, anche nei periodi di maggiore influenza ebraica (1640-1700). Drescher conclude che "la sua presenza nel commercio era semplicemente troppo effimera, localizzata e limitata per distinguersi in modo apprezzabile[388]." Quindi se l'ha detto Seymour Drescher, deve essere vero. Questo è l'unico riferimento al ruolo dei commercianti ebrei che si trova nel libro di 700 pagine di Olivier Pétré-Grenouilleau.

Come sappiamo, gli intellettuali ebrei hanno una forte tendenza a trasferire sugli altri ciò per cui probabilmente si sentono un po' in colpa. Naturalmente, gli articoli di giornale di *Time* o *Newsweek*, del *Nouvel Observateur* o di *Le Point* hanno negato il ruolo degli ebrei nella schiavitù. Allo stesso modo in cui il film di Steven Spielberg sulla tratta degli schiavi, *Amistad* (USA, 1997), non mostra il ruolo inconfutabile dei commercianti ebrei in quella tragedia e respinge tutto il peso dell'infamia sui cristiani.

Nel 2006, in *Il mondo moderno e la questione ebraica*, il sociologo sefardita Edgar Morin (nato Nahoum) ammise il coinvolgimento di schiavisti ebrei, pur liquidando la questione con una sola frase: "La fuga dei marrani dalla Spagna e dal Portogallo fornì ai Paesi Bassi e all'Inghilterra i fermenti del loro boom economico, e più in generale di tutta la crescita economica dei tempi moderni, nel bene (apertura intellettuale e cosmopolitismo) e nel male (contributo alla sottomissione degli indiani d'America e alla pratica della tratta degli schiavi)[389]."

Ma si trattava di un'onestà intellettuale eccezionale, perché di solito gli intellettuali ebrei preferiscono dare la colpa agli altri. Lo stesso Edgar Morin era stato volentieri all'attacco nel suo libro del 2005, gentilmente intitolato *Cultura europea e barbarie*. L'Europa è "potenzialmente criminale[390]", ha detto l'indispensabile Bernard-Henri Lévy.

Segnaliamo ora le parole di un altro intellettuale "francese", Stéphane Zagdanski, che nel 2006 ha scritto un breve dialogo

---

[388] Olivier Pétré-Grenouilleau, *Les traites négrières*, Gallimard, 2004, Folio, 2006, p. 65, 66.
[389] Edgar Morin, *Le Monde moderne et la question juive*, Seuil, 2006, p. 55.
[390] Sulla colpevolizzazione, si veda *Speranze planetarie, Psicoanalisi dell'ebraismo* e del *fanatismo ebraico*.

sull'umorista mulatto franco-camerunense Dieudonné [*"Diosdado"* in spagnolo, ndt] che aveva scoperto e compreso il ruolo dei commercianti ebrei nella tratta degli schiavi:

"Non potendo scegliere tra suo padre e sua madre, o meglio, visto che il razzismo degli altri lo ha fatto per lui, si vendica attaccando la radice "senza frode" del suo cognome.

- Risultato: definisce esplicitamente l'ebraismo una "truffa"!
- E gli ebrei diventano in gran parte responsabili del loro malessere esistenziale?

-Precisamente! Non potete nemmeno immaginare a quali fantasie abbia dato credito questo pallido cretino: gli ebrei avrebbero schiavizzato massicciamente gli africani!

- Si tratta di un'originalissima inversione della verità, dovuta a un banale odio antisemita. Gli ebrei sono proprio l'unico popolo al mondo che non ha alcuna responsabilità per le continue tragedie e disgrazie dell'Africa[391]."

Questo è un ottimo esempio di ciò che gli intellettuali ebrei sono capaci di fare, spinti dalla loro solita *"chutzpah"*, cioè la massima impudenza che permette loro di difendere l'esatto contrario della verità. Gli intellettuali ebrei tendono sempre a proiettare le proprie colpe sugli altri, compresa quella che consiste nel proiettare le proprie colpe sugli altri. Sappiamo anche che hanno la deplorevole tendenza a insultare gli avversari.

Un altro elemento costitutivo dello spirito ebraico è la tendenza a trattare gli avversari come malati di mente. Per esempio, ecco cosa ha scritto Zagdanski su Louis Farrakhan: "Il leader nero americano con un seguito crescente, il cui antisemitismo è semplicemente nauseante. Si tratta evidentemente di un'altra manifestazione della "sindrome da proiezione"[392]".

Inoltre, Zagdanski ha confermato che gli ebrei hanno incoraggiato l'immigrazione e la creazione di società multirazziali in Occidente. Hanno sempre sostenuto l'integrazione dei neri nelle società europee e americane, ha scritto. Farrakhan, secondo lui, ha sconfessato e annullato "ciò che l'emancipazione dei neri deve all'assistenza attiva della comunità ebraica in America".

Gli intellettuali ebrei hanno ovviamente molta più simpatia per i neri docili: "L'anti-Farrakhan è il Nelson Mandela sorridente", ha scritto Zagdanski. Appena eletto presidente, si è recato alla grande

---

[391] Stéphane Zagdanski, *De l'Antisémitisme*, Climats, 1995, 2006, p. 346.
[392] Sull'inversione accusatoria e la tendenza all'insulto, si leggano i capitoli *Psicoanalisi dell'ebraismo* e *Fanatismo ebraico*.

sinagoga di Johannesburg per ringraziare la comunità ebraica sudafricana per la sua partecipazione alla lotta contro l'apartheid[393]."

Tuttavia, non va dimenticato che gli ebrei e lo Stato di Israele sono stati a lungo i più forti sostenitori internazionali del regime dell'Apartheid, permettendo loro di beneficiare dello sfruttamento delle miniere d'oro e di diamanti del Sudafrica. La parità di diritti per la popolazione nera non ha cambiato nulla. In tutte le società multietniche - con o senza Apartheid - i neri sono sempre in fondo alla scala sociale, mentre gli ebrei sono in cima. In Sudafrica come altrove, gli ebrei hanno favorito l'uguaglianza dei diritti non perché rappresentasse un dovere morale, ma perché l'obiettivo era quello di minare la società bianca, di dissolvere le identità e le comunità etnicamente omogenee per evitare un possibile contraccolpo nazionalista contro la loro dominazione.

L'aiuto che gli ebrei avevano dato agli immigrati in Occidente non era in realtà una vocazione disinteressata o immotivata, non corrispondeva a sentimenti umanitari. La profondità dell'anima ebraica era ben diversa. Ecco, ad esempio, un estratto del *Mishneh Torah* di Maimonide, l'eminente talmudista del XII secolo, morto a Cordova nel 1204, che gli ebrei chiamano anche "il Mosè medievale": "I turchi dell'estremo Nord e i neri dell'estremo Sud e i loro simili nei nostri climi devono essere considerati come animali irrazionali al di sotto degli uomini e al di sopra delle scimmie."

Ascoltiamo anche il famoso romanziere americano Philip Roth, nel 1967, parlando della donna delle pulizie dei suoi genitori: "La donna delle pulizie è ovviamente una shiksa[394], ma non conta, perché è nera[395]".

Mordecai Richler è un altro noto romanziere ebreo nato a Montreal, nel Quebec. Autore di una dozzina di romanzi e di diverse sceneggiature, è stato naturalmente definito dalla stampa, come tutti i romanzieri ebrei, un "genio". Aveva ricevuto numerosi premi, ovvia manifestazione di questa famosa solidarietà comunitaria. Il suo romanzo *Joshua Then and Now* è stato "considerato dalla critica uno dei suoi libri migliori". Se i critici lo dicevano, doveva essere vero. Non ne dubitiamo: Mordecai Richler era un meraviglioso genio letterario.

Ecco un estratto del suo lavoro: "Guardate i neri, per esempio. Sono disponibili in tutte le tonalità, dal nero carbone al marrone, come

---

[393] Stéphane Zagdanski, *De l'Antisémitisme*, Climats, 1995, 2006, p. 256, 257
[394] Shiksa: donna non ebrea (peggiorativo).
[395] Philip Roth, Il *male di Portnoy*, Penguin Random House Debols!llo, Barcellona, 2008. p. 92.

Sugar Ray, fino all'abbronzatura chiara[396]." Le profondità dell'anima di un popolo si intravedono sempre meglio nei suoi romanzi.

Sulla quarta di copertina del libro si può leggere la seguente recensione: "Joshua Shapiro, figlio di un pugile diventato contrabbandiere e di un piccolo truffatore, ha avuto una vita piuttosto buona. Scrittore, giornalista, star televisiva, si innamora dell'affascinante Pauline, figlia di un senatore che si muove nell'illustre società di Montreal... Seguiamo il turbolento viaggio di questo eroe insolente e irresistibile. Mordace, feroce, l'umorismo di Richler non smette mai di stupirci."

Peccato, però, che la parola "merda" compaia ogni due pagine. In 615 pagine è forse troppo.

---

[396] Mordecaï Richler, *Joshua*, Buchet/Chastel, 2004, p. 280, 443

5. Schiavi cristiani

La tratta degli schiavi neri verso l'America divenne molto importante alla fine del XVII secolo e cessò a metà del XIX secolo. Ma fin dall'antichità, e fino all'apice della tratta degli schiavi nel XVIII secolo, la maggior parte degli schiavi acquistati e venduti dai commercianti ebrei erano bianchi.

Verso l'America

La verità è che anche all'epoca della tratta degli schiavi era più facile procurarsi schiavi bianchi che schiavi africani. I capi tribù costieri dovevano essere pagati per andare a catturare gli schiavi nelle terre africane e le cacce potevano durare anche settimane. Al contrario, gli schiavi bianchi erano facilmente raggiungibili dai commercianti inglesi.

Nel 1615, il parlamento inglese, con l'appoggio del re Carlo I, aveva concesso ai magistrati il potere di autorizzare la deportazione dei sudditi più poveri per incoraggiare lo sviluppo delle colonie inglesi e favorire l'espansione dell'Impero britannico. Nel 1618, i rappresentanti dell'aristocrazia avevano presentato una petizione al Consiglio di Londra per chiedere la deportazione dei bambini erranti in Virginia. Da parte loro, i proprietari delle piantagioni chiesero la legalizzazione e l'espansione del *rapimento*, e nel febbraio 1652 i mendicanti inglesi partirono per l'America in catene.

L'edizione del 1796 del *Dictionary of Vulgar Tongue* definiva il *rapitore* come segue: "Una persona che ruba i bambini per mandarli nelle colonie, nelle piantagioni dei Caraibi". Nel 1670, secondo lo storico Edward Channing, nella sua *Storia degli Stati Uniti*, diecimila bambini furono rapiti in questo modo e deportati negli Stati Uniti.

Anche l'Irlanda avrebbe vissuto momenti difficili con il suo vicino inglese. Il Paese, invaso dalle truppe di Cromwell dopo la caduta della monarchia inglese, pagò pesantemente il suo attaccamento alla fede cattolica. Più di 100.000 uomini, donne e bambini furono deportati e solo una parte sopravvisse alle difficili condizioni della traversata dell'Oceano Atlantico, durata 9-12 settimane. Nel settembre 1655, Cromwell chiese che altri 1.500 ragazzi irlandesi di età compresa tra i 12 e i 14 anni fossero inviati in Giamaica e nei Caraibi inglesi per alleviare l'alto tasso di mortalità. In *The Curse of Cromwell: A History of the Ironside Conquest of Ireland* (*La maledizione di Cromwell: una storia della conquista dell'Irlanda da parte di Ironside*), Rose Esson ha affermato che i sacerdoti irlandesi furono sistematicamente messi in campi di internamento e deportati in America insieme a vecchi ultraottantenni.

Nel febbraio 1656, Cromwell diede l'ordine di catturare e deportare 1200 donne inglesi; altre 2000 seguirono il mese successivo. Nello stesso anno, Cromwell fece deportare tutti gli scozzesi senza fissa dimora e, successivamente, tutti i prigionieri politici e anche i mendicanti inglesi. Al contrario, il puritano Cromwell, così impregnato dei valori dell'Antico Testamento, aveva permesso il ritorno degli ebrei in Inghilterra, espulsi dal regno nel 1290 dal re Edoardo I.

In un libro intitolato *They Were White and They Were Slaves*, l'americano Michael A. Hoffman, citando il caso di un capitano la cui nave era carica di 200-300 schiavi bianchi diretti in Carolina, spiegò che uno schiavo bianco valeva meno di uno schiavo nero perché quest'ultimo era più abituato al clima tropicale della Virginia o della Florida. Il tesoriere dello Stato della Virginia, George Sandys, scambiò, ad esempio, sette schiavi bianchi contro 150 libbre di tabacco. Nel 1657, uno schiavo bianco fu scambiato con un maiale. In *Sugar and Slaves: The Rise of the Planter Class in the English West Indies* (*Zucchero e schiavi: l'ascesa della classe dei piantatori nelle Indie Occidentali inglesi*), lo storico Richard Dunn ha dimostrato che le piantagioni di canna da zucchero nei Caraibi inglesi furono la tomba degli schiavi bianchi, dato che l'80% morì entro il primo anno dal loro arrivo.

Non lontano dalla Martinica, nelle isole Barbados, nel XVII secolo le piantagioni di canna da zucchero impiegavano soprattutto schiavi bianchi. Nel 1640, 21.700 dei 25.000 schiavi erano bianchi. I soldati francesi, irlandesi e scozzesi dell'esercito giacobita vi furono deportati dopo la sconfitta di Culloden nel 1746.

La schiavitù nel Mediterraneo

La schiavitù nel Mediterraneo è stata studiata dallo storico americano Robert C. Davies in un libro intitolato *Christian Slaves, Muslim Maters*, pubblicato nel 2004. La fiorente industria del rapimento di esseri umani da parte dei pirati barbareschi è durata circa trecento anni, dal 1500 al 1800. Per la maggior parte di quel periodo, le marine europee erano troppo deboli per opporsi efficacemente. Salé in

Marocco, Tunisi, Algeri e Tripoli erano le grandi capitali degli schiavi[397].

Fino a poco tempo fa, ad eccezione di alcuni specialisti, si pensava che la prigionia dei cristiani nelle mani dei Berberi non fosse altro che un aneddoto. I racconti della prigionia, come quello di Miguel de Cervantes, hanno contribuito a creare questa leggenda. Inoltre, era molto difficile cogliere il significato del fenomeno." Lo studio di Davis fornisce per la prima volta un'analisi quantitativa", ha scritto Olivier Pétré-Grenouilleau, commentando il libro." Ci rendiamo conto che si tratta di una schiavitù su larga scala e che è rimasta ignorata per molto tempo. Nel XVI secolo, il numero di schiavi cristiani rapiti era superiore al numero di africani deportati in America. Anche se è vero che la tratta degli schiavi si è sviluppata solo alla fine del XVII secolo, con la rivoluzione dello zucchero nei Caraibi."

Se questo traffico è stato ignorato per così tanto tempo, è perché non ha lasciato molte tracce. Gli schiavi bianchi erano soprattutto uomini, il 90%, e a differenza degli africani in America, non hanno messo radici e non hanno lasciato tracce nella terra dell'Islam.

All'inizio, i Berberi si dedicarono alla pirateria e alle razzie lungo le coste del Mediterraneo. In seguito, i cristiani si mobilitarono per salvare i loro parenti dalla schiavitù in cui erano caduti. È diventato molto redditizio. Questa motivazione finanziaria intensificò le incursioni musulmane a partire dal XVI secolo. Essendo vendibili, i prigionieri erano considerati una preda più conveniente rispetto alle navi o ai carichi. I Berberi moltiplicarono le loro incursioni lungo le coste del Mediterraneo, soprattutto nell'Italia meridionale. Dopo qualche anno, gli schiavi cristiani furono comprati e restituiti al loro Paese. Gli altri furono impiegati come servi, braccianti agricoli, ma molti marcirono nei presidios, dove scomparvero rapidamente, poiché il tasso di mortalità era piuttosto alto: circa il 15%, secondo Davis. I meno fortunati morirono per sfinimento nelle galere. Gli schiavi della flotta del Sultano turco venivano tenuti in mare per mesi, incatenati ai remi, anche nei porti. Le loro galere erano prigioni a vita.

I pirati rapivano la maggior parte degli schiavi intercettando le navi, ma anche gli attacchi via terra potevano essere molto fruttuosi, anche se più rischiosi di quelli in alto mare. L'Italia era l'obiettivo più ambito. La Sicilia distava solo 200 km dalla Tunisia e non aveva un

---

[397] Dopo diversi fallimenti nel XVIII secolo, la monarchia spagnola e i suoi alleati riuscirono a fermare la pirateria barbaresca grazie al bombardamento di Algeri del 1784, comandato dall'ammiraglio Antonio Barceló. La conquista francese dell'Algeria nel 1830 pose definitivamente fine alla loro attività.

governo centrale forte che potesse organizzare la resistenza all'invasione. Ad esempio, gli algerini rapirono 7.000 persone nel Golfo di Napoli nel 1544. La razzia fece crollare il prezzo degli schiavi, tanto che si diceva che si poteva "scambiare un cristiano per una cipolla". Nel 1554, i pirati saccheggiarono Vieste, nell'Italia meridionale, facendo non meno di 6.000 prigionieri. Anche la Spagna ha subito attacchi su larga scala. Dopo un raid su Granada che fece prigionieri 4.000 uomini, donne e bambini, si disse che "i cristiani piovvero su Algeri". Per ognuna di queste grandi incursioni, ci sono state probabilmente decine di incursioni minori.

Tra l'altro, i pirati musulmani non hanno mai mancato di profanare chiese e santuari. Spesso rubavano le campane, poiché il metallo era di grande valore, e così mettevano a tacere anche il cristianesimo.

Solo a partire dal 1700 gli italiani poterono iniziare a respingere questi spettacolari attacchi via terra, anche se la pirateria via mare rimase inalterata. Per tutto il XVII secolo, i pirati arabi avevano operato liberamente, anche nelle acque britanniche. In tre anni, dal 1606 al 1609, la marina britannica perse 466 navi mercantili inglesi e scozzesi a causa degli attacchi dei corsari algerini. Le navi dei corsari arabi erano in netto vantaggio rispetto ai loro avversari perché disponevano di due mezzi di propulsione: il vento e i rematori. Gli equipaggi e i passeggeri delle navi erano quindi la principale fonte di schiavi bianchi e se i pirati finivano gli schiavi per le galee, potevano immediatamente mettere al lavoro alcuni dei loro prigionieri. Ma di solito i prigionieri venivano mandati nella stiva per il viaggio di ritorno. Erano ammassati l'uno all'altro, a malapena in grado di muoversi, tra sporcizia, pestilenza e parassiti. Molti morirono prima di raggiungere il porto.

All'arrivo in Nord Africa, la tradizione era quella di far sfilare i cristiani per le strade, in modo che la gente potesse deriderli e i bambini potessero gettare rifiuti su di loro. Nel mercato degli schiavi, gli uomini erano costretti a saltare su e giù per dimostrare di non essere zoppi. I clienti volevano vederli nudi per vedere se erano in buona salute. I compratori, sperando di trarre un buon profitto dall'eventuale riscatto, esaminavano i lobi delle orecchie alla ricerca di segni di orecchini, segno di ricchezza. Era anche consuetudine controllare i denti del prigioniero per vedere se poteva sopravvivere al duro regime di schiavitù. Le donne bianche erano naturalmente di grande valore. Tutte queste capitali schiaviste avevano a loro volta una fiorente rete omosessuale.

Il professor Davis ha osservato che, mentre sono state condotte molte ricerche per stabilire con la massima precisione possibile il numero di neri portati attraverso l'Oceano Atlantico, non esisteva uno studio analogo sull'estensione della schiavitù nel Mediterraneo. In realtà, non era facile ottenere un resoconto affidabile - gli stessi arabi in genere non tenevano registri - ma dopo dieci anni di ricerche il professor Davis aveva sviluppato un metodo di stima.

I dati raccolti suggeriscono che dal 1580 al 1680, nei Paesi della Barberia c'erano stati in media 35.000 schiavi. La conclusione del ricercatore è stata quindi che tra il 1530 e il 1780 più di un milione di cristiani bianchi europei sono stati schiavizzati dai musulmani nel Mediterraneo.

Le potenze europee non erano riuscite a porre fine a questo traffico che, pur avendo subito un forte rallentamento alla fine del XVIII secolo, era tornato a crescere durante il caos delle guerre napoleoniche. La questione era ancora in discussione al Congresso di Vienna del 1815. L'avventura degli schiavi barbareschi si concluse nel 1830, con la presa definitiva di Algeri da parte dei francesi, voluta dal re francese Carlo X. I soldati del generale Bourmont scoprirono allora che 120 schiavi bianchi erano ancora prigionieri nella prigione del porto.

Ci si potrebbe interrogare sul ruolo dei commercianti ebrei nella tratta degli schiavi, ma né Robeert Davis né Olivier Pétré-Grenouilleau hanno risposto a questa domanda.

Nel Medioevo e nell'Antichità

Gli ebrei, infatti, hanno sempre avuto un ruolo di primo piano nel commercio internazionale. Nel Medioevo, come ai nostri giorni, avevano relazioni, membri delle loro famiglie in tutti i Paesi del mondo, che favorivano la fiducia necessaria per gli scambi commerciali. I pagamenti venivano quindi effettuati tramite lettere di credito, che evitavano il trasporto di grandi quantità d'oro su lunghe distanze. Gli ebrei potevano facilmente utilizzare i loro legami familiari per garantire questi scambi e i pagamenti tramite queste lettere di credito. I legami di sangue garantivano il buon funzionamento dell'azienda. D'altra parte, gli ebrei non avevano gli scrupoli che limitavano i cristiani - soprattutto i cattolici - nelle loro imprese commerciali.

Il grande scrittore russo Aleksandr Solzhenitsyn ha fornito un esempio del ruolo dei mercanti ebrei in questo traffico. Nel XIII secolo, gli ebrei, invitati a stabilirsi a Kiev dai tartari, si erano guadagnati l'odio degli altri abitanti della capitale. Solzhenitsyn citò un certo Karamzine: "Queste persone acquistarono il diritto di riscuotere tributi dai Tatari e praticarono un'usura esorbitante nei confronti dei poveri e, in caso di mancato pagamento, li dichiararono schiavi e li fecero prigionieri. Gli abitanti di Vladimir, di Suzdal, di Rostov, persero la pazienza e si sollevarono all'unanimità, suonando le loro campane, contro questi malvagi usurai: alcuni furono uccisi, gli altri espulsi."

I mercanti ebrei godettero di immense fortune. Solzhenitsyn ha citato un'altra fonte: *La Piccola Enciclopedia Ebraica*, pubblicata a Gerusalemme nel 1976: "Gli archivi del XV secolo menzionano ebrei di Kiev, esattori delle tasse, che godettero di notevoli fortune[398]."

Qualche secolo prima, al tempo di Carlo Magno, i mercanti ebrei sembravano già avere il monopolio del commercio internazionale, tanto che le parole *"judaeus"* e *"mercator"* comparivano come termini intercambiabili nei documenti carolingi[399]. E poiché gli affari sono affari, non c'era motivo per cui la tratta degli schiavi dovesse sfuggire alla regola.

Il commercio con l'Asia era nelle loro mani: "Anche in questo caso", scrive Jacques Heers, "gli ebrei assicuravano una parte sicuramente importante dello scambio di prodotti con la lontana Asia, attraverso le steppe e i deserti degli altipiani. Lo storico e geografo Ibn Khordadhbeh ha dedicato un lungo passaggio della sua descrizione del mondo a quegli ebrei radaniti[400]."

Esistono pochissime fonti sui Radhaniti, i mercanti ebrei dell'Alto Medioevo che dominavano il commercio tra il mondo cristiano e quello musulmano. Dalla valle del Rodano scesero in Nord Africa, passando per la Spagna o l'Italia, proseguirono verso il Medio Oriente e poi verso l'India e la Cina, attraversando il continente asiatico. Ibn Khordadhbeh, direttore del servizio postale e della polizia della provincia di Jibal, scriveva intorno all'870 nel suo *Libro delle rotte e dei regni*: "Questi commercianti parlano arabo, persiano, greco, franco, spagnolo e slavo. Viaggiano da est a ovest, via terra e via mare. Trasportano da ovest eunuchi, schiavi, bambini, seta, spade, castori, zibellini e altre pellicce."

I commercianti potevano anche prendere un'altra strada, dalla valle del Rodano, attraverso la Germania e i Paesi baltici, o a nord attraverso la Russia. Durante l'alto Medioevo, erano gli unici a commerciare con il Medio Oriente e l'Asia. Cecil Roth e Claude Cahen

---

[398] Aleksandr Solzhenitsyn, *Deux Siècles ensemble*, tomo I, Fayard, 2002, pag. 21.
[399] Marcus Arkin, *Aspects of Jewish Economic History*, Jewish Publication Society of America, 1975, pagg. 44-45. E in Encyclopedia Britannica, 1973, articolo "Jews", in Arthur Koestler, *La treizième Tribu*, Calmann-Levy, 1976, Poche, p. 198, Koestler cita Cecil Roth. (Traduzione dal PDF Arthur Koestler, *Jews Khazars, The Tribe number 13*, p. 185)
[400] Jacques Heers, *Les Négriers en terre d'Islam*, Perrin, 2003, Poche, 2007, pag. 20.

hanno collocato il centro operativo dei Radhaniti nella valle del Rodano, il cui nome latino è Rhodanus. Ma altri esperti sostengono che il nome derivi dal persiano, da *rah* ("via") e *dan* ("colui che sa").

I Radhaniti svolsero un ruolo essenziale nella tratta degli schiavi slavi che si diffuse ampiamente nel X secolo. Verdun era allora un importante centro commerciale e uno dei primi mercati di schiavi. Nel suo libro La *Francia nel Medioevo* (1965), André Cheville scrive che gli schiavi venivano catturati dalle tribù slave e pagane nei mercati orientali dell'Impero carolingio e rivenduti in tutto il mondo musulmano. Il commercio era controllato da mercanti ebrei: "Il commercio doveva essere importante perché la parola *servus* è scomparsa a favore della parola *slavus* da cui si è formato "schiavo". Sappiamo però che la comunità ebraica di Verdun, nota per essere a capo di questo commercio, aveva solo poche decine di membri[401]."

Verdun era anche un luogo importante per la castrazione degli schiavi. Gli eunuchi furono inviati in Andalusia per essere venduti ai musulmani. Roberta Strauss-Feuerlicht, storica ebrea, lo conferma: "L'età d'oro dell'ebraismo in Spagna dovette gran parte della sua fortuna all'esistenza di una rete internazionale di mercanti ebrei." In Europa centrale, "gli ebrei di Boemia compravano gli slavi e li rivendevano agli ebrei spagnoli, che a loro volta li rivendevano ai mori[402]."

Lo storico medievale Jacques Heers non si è dilungato troppo sul ruolo degli ebrei nella tratta degli schiavi, ma ha anche ammesso che, nella Spagna musulmana, i principali trafficanti erano ebrei: "Gli autori, musulmani e cristiani, insistono particolarmente sul ruolo degli ebrei, che, nella Spagna musulmana, costituivano la maggior parte della popolazione delle grandi città, soprattutto a Granada, comunemente chiamata nell'VIII secolo la "città degli ebrei". I commercianti di beni di lusso, metalli, gioielli, seta e gli usurai erano soliti riunirsi in piccole società di parenti e amici (...) e probabilmente finanziavano da soli gran parte delle transazioni dei due mondi. Si diceva anche che, poiché i musulmani si rifiutavano di farlo, questi trafficanti israeliti assicuravano il buon funzionamento dei centri di castrazione degli schiavi."

Nel X secolo, sostiene Jacques Heers, i mercanti di schiavi provenienti dai Paesi dell'Islam erano riluttanti a recarsi in Gallia,

---

[401] André Cheville, *La France au Moyen Âge*, Presses Universitaires de France, 1965, p. 28.
[402] Roberta Strauss-Feuerlicht, *The Fate of the Jews*, New York, Time Books, 1983, pag. 39.

"dove incontravano solo popolazioni ostili". Non li si vedeva frequentare i mercati degli schiavi, mentre gli ebrei erano comunemente indicati come i padroni di quel misero commercio[403]." Come possiamo vedere, i poveri ebrei, che erano stati crudelmente privati della possibilità di lavorare la terra, erano costretti a vendere bestiame umano o a praticare l'usura per sopravvivere.

Lo scrittore ebreo Julius Brutzkus scrisse a sua volta: "Già nel X secolo gli ebrei possedevano miniere di sale a Norimberga. Commerciano in armi e sfruttano i tesori delle chiese. Ma la loro grande specialità è la schiavitù."

Israel Abrahams ha osservato nell'*Enciclopedia Ebraica* (Volume II, pagina 402) che, nel XII secolo, la situazione non era cambiata: "Gli ebrei spagnoli dovevano la loro fortuna al commercio degli schiavi". L'Enciclopedia Ebraica ha inoltre osservato che "i primi ebrei incontrati dai polacchi dovevano essere sicuramente dei mercanti, probabilmente dei commercianti di schiavi chiamati nel XII secolo Holejei Rusyah (Viaggiatori in Russia)."

Il traffico di esseri umani è apparentemente una tendenza di fondo piuttosto che un'anomalia nella storia ebraica, e alcuni storici ebrei hanno riconosciuto il ruolo dei loro compagni ebrei. Il documentato libro di David Duke cita lo storico ebreo americano Jacob Marcus, autore di un articolo sull'argomento nell'*Enciclopedia britannica*, il quale ha osservato che nel Medioevo il commercio, soprattutto quello molto lucrativo degli schiavi, era "largamente" dominato dagli ebrei[404].

Le cronache dell'Antichità e del Medioevo sottolineano la loro preferenza per le donne e i bambini europei. I cristiani sono rimasti inorriditi quando hanno capito che i bambini potevano essere abusati sessualmente. Anche l'arcivescovo di Lione, Agobardo, autore del *De Insolentia judaeorum*, vissuto nel IX secolo durante il regno del successore di Carlo Magno, rimproverava agli ebrei di praticare la tratta degli schiavi. Agobard citò una serie di fatti attendibili, come l'arrivo nella sua diocesi di uno spagnolo di Cordova che, ventiquattro anni prima, era stato rubato dagli ebrei di Lione e venduto come schiavo quando era ancora un bambino. Il cordovano era riuscito a fuggire con un'altra vittima, originaria di Arles, che si trovava nella stessa situazione da sei anni. Agobardo aveva chiesto un'indagine su questo vergognoso traffico, che aveva rivelato che il furto e la vendita di

---

[403] Jacques Heers, *Les Négriers en terre d'Islam*, Perrin, 2003, Poche, 2007, p. 17.
[404] Marcus, J. (1952). *Ebrei. Enciclopedia Britannica*, vol. 13. p. 57, in David Duke, *Jewish Supremacism*, 2003.

bambini cristiani da parte degli ebrei non era eccezionale[405].

Diversi papi avevano messo in guardia i governanti cristiani da tali abusi. Così, nel 1205, una bolla di Papa Innocenzo III, *Etsi non displaceat*, elencava una serie di accuse contro gli ebrei: usura, blasfemia, arroganza, commercio di schiavi cristiani, ecc. La bolla era stata inviata al re francese Filippo Augusto perché prendesse provvedimenti contro gli ebrei.

Più indietro nel tempo, troviamo altre testimonianze interessanti. L'*Enciclopedia Ebraica* (volume II, pagina 402), ad esempio, afferma che nel VI secolo, al tempo di Papa Gregorio Magno (590-604), gli ebrei erano già "i principali commercianti" di schiavi[406].

Già sotto l'Impero romano gli ebrei seguivano le legioni vittoriose per procurarsi soldati e civili sconfitti. L'*Enciclopedia Ebraica* afferma: "La tratta degli schiavi costituiva la principale fonte di reddito per gli ebrei dell'Impero Romano e molti decreti furono emessi contro questo traffico nel 335, 336, 339, 384, ecc.[407].

Forse dovremmo andare alle fonti e aprire l'Antico Testamento per trovare il supporto morale e teologico di una simile pratica. Questo si legge esplicitamente in Levitico XXV (*L'anno sabbatico della terra e l'anno del giubileo*, 44-46):

"Gli schiavi e le schiave che potrai avere saranno delle nazioni che ti circondano; da esse potrai acquistare schiavi e schiave.

Potrete anche acquistarli tra i figli degli stranieri che risiedono tra voi o tra le loro famiglie che sono tra voi, tra coloro che sono stati generati nel vostro Paese. Diventeranno di vostra proprietà:

Potete tenerli come proprietà per i vostri figli dopo di voi, che li erediteranno come proprietà perpetua. Potete trattarli come schiavi. Ma per quanto riguarda i vostri parenti israeliti, nessuno dovrà dominare duramente sull'altro." (Versione della Bibbia Nazarena Israelita 2011).

---

[405] Ricordiamo che ogni anno in Francia scompaiono 800 bambini. Si veda Hervé Ryssen, *Psicoanalisi dell'ebraismo*.
[406] Lady Magnus, *Esquisses d'Histoire juive, Outlines of Jewish History*, Philadelphia, Jewish Publication Society of America, 1890, p. 107; Jewish Encyclopedia, New York & London, 1905-1916, vol. II, p. 402.
[407] *Enciclopedia ebraica*, in 12 volumi, Funk and Wagnall's, vol. 10, p. 460.

6. Traffico di organi

Il 23 luglio 2009 è scoppiato un enorme scandalo di corruzione negli Stati Uniti. Solomon Dwek, un losco uomo d'affari e agente immobiliare senza scrupoli, residente nella cittadina di Deal, nel New Jersey, aveva pagato decine di migliaia di dollari a vari personaggi pubblici per ottenere permessi di costruzione. Secondo il *New York Times*, il figlio di un rabbino, membro della comunità ebraica siriana e proprietario di oltre duecento proprietà nel New Jersey e a Brooklyn (New York), è stato costretto a collaborare con la polizia e a indossare un microfono per ridurre la pena. Questa operazione di polizia ha rivelato l'esistenza di un doppio traffico con ramificazioni locali e internazionali. Da un lato, gli investigatori avevano rintracciato un sistema di corruzione che coinvolgeva i politici locali; dall'altro, avevano scoperto una rete di riciclaggio di denaro che coinvolgeva i rabbini di Brooklyn e del New Jersey.

Dopo dieci anni di indagini, intercettazioni e infiltrazioni, erano stati arrestati tre sindaci democratici, un consigliere comunale e due membri dell'Assemblea dello Stato del New Jersey: questi politici, sia democratici che repubblicani, erano stati appena eletti e avevano vinto le elezioni su un unico tema della campagna elettorale: la lotta alla corruzione! Tra gli arrestati c'erano anche notabili, ispettori dei lavori pubblici e urbanisti. Sono state perquisite diverse sinagoghe e cinque rabbini.

L'FBI si era impegnata al massimo per questa gigantesca retata, con oltre 300 agenti mobilitati per arrestare 44 sospetti. Il 23 luglio 2009, l'FBI ha dovuto preparare alcuni autobus per gli interlocutori di Solomon Dwek, che aveva dimostrato un grande talento nel metterli in confidenza. Trasferimenti di denaro, tangenti, dollari nascosti in scatole di cereali, contrabbando di beni di lusso e... traffico di organi sono stati gli ingredienti dello scandalo.

Per riciclare centinaia di migliaia di dollari, i politici corrotti si erano avvalsi dei servizi dei rabbini di Brooklyn (un quartiere di New York) e di Deal, nel New Jersey, che applicavano una commissione del 10%. Il *Jerusalem Post* del 24 luglio 2009 ha riportato che i rabbini sono stati accusati di aver riciclato 10 milioni di dollari attraverso le loro associazioni di beneficenza negli Stati Uniti e in Israele. Si tratta di Saul Kassin, 79 anni, leader spirituale della comunità ebraica siriana di Brooklyn, Eliahu Ben-Haim, 58 anni, Mordechai Fish, 56 anni, e Lavel Schwartz, 57 anni. I rabbini hanno inviato una parte dei proventi alle yeshivas in Israele legate al partito religioso Shas, guidato dal rabbino estremista Ovadia Yosef[408]. Rabbi Eliahu Ben-haim ha lavorato a stretto contatto in Israele con Rabbi David Yosef, il figlio del grande "saggio" Ovadia Yosef. Quest'ultimo ha attirato più volte l'attenzione su di sé paragonando i palestinesi a scarafaggi.

La segretaria diSolomon Dwek, che lavorava anche per l'FBI, aveva finto che lo zio fosse gravemente malato e avesse bisogno di un trapianto di reni. I rabbini del New Jersey la misero poi in contatto con Levy-Izhak Rosenbaum, 58 anni, un altro rabbino di Brooklyn. Si è offerto di comprare un organo da un palestinese bisognoso per suo zio. Secondo i documenti degli investigatori, l'uomo era coinvolto in questo tipo di traffico da diversi anni. La polizia ha poi scoperto che parte del denaro riciclato dai rabbini proveniva dal commercio di organi umani. Levy-Izhak Rosenbaum è stato condannato insieme agli altri quattro rabbini coinvolti nel riciclaggio di denaro.

Rosenbaum ha poi confessato di aver comprato reni da persone modeste in Israele per 10.000 dollari. Gli acquirenti hanno pagato a loro volta 160.000 dollari per il trapianto e Rosenbaum ha incassato la sua commissione. Nel 2014, negli Stati Uniti, più di 37.000 persone erano in lista d'attesa per un trapianto. La situazione era simile in Israele, dove l'attesa media era di sei anni. Ma in quel Paese i donatori di organi erano rari a causa dei divieti religiosi.

I corpi dei palestinesi

È stato durante l'estate del 2009 che il traffico di organi ha fatto notizia nei media occidentali. Il caso del rabbino Rosenbaum ha acceso la miccia dello scandalo scoppiato in agosto dopo che un articolo pubblicato il 17 dal principale quotidiano svedese *Aftonbladet* ha rivelato che i corpi dei giovani palestinesi uccisi dall'esercito israeliano venivano utilizzati per estrarre "pezzi di ricambio". All'inizio del 2009,

---

[408] Ovadia Yosef aveva dichiarato in un evento pubblico: "I Goyim sono nati solo per servirci. Oltre a questo, non hanno alcuno scopo nel mondo, ma solo quello di servire il Popolo d'Israele." In *JTA, Jewish Telegraphic Agency*, 18 ottobre 2010: Il *leader sefardita Yosef: i non ebrei esistono per servire gli ebrei*. Nel 2013, il suo funerale è stato il più grande della storia di Israele, con quasi 800.000 presenze durante l'ultima processione." Personaggi pubblici hanno inviato le loro condoglianze, ricordando un gigante del pensiero ebraico", in *The Times of Israel*, 7 ottobre 2013. (NdT)

l'esercito israeliano ha lanciato una massiccia e sanguinosa guerra lampo contro la popolazione della Striscia di Gaza, mutilando e uccidendo migliaia di civili innocenti, tra cui centinaia di bambini. Il bombardamento dei villaggi era durato più di venti giorni e molte delle vittime erano state inviate all'istituto medico-legale di Abou Kabir per l'autopsia. Dopo una lunga inchiesta sul posto, il giornalista svedese Donald Boström ha accusato i medici israeliani dell'istituto medico-legale di Abou Kabir di aver prelevato organi (cuore, reni, fegato) dai corpi di giovani palestinesi uccisi dall'esercito israeliano a Gaza e in Cisgiordania. A volte i corpi venivano restituiti alle famiglie, imbottiti di ovatta e ricuciti da cima a fondo, ma il più delle volte venivano sepolti in tombe numerate. Donald Boström ha suggerito che la Corte penale internazionale dell'Aia apra un'indagine sul caso.

Il giornalista ha citato come esempio il caso di Bilal Ahmad Ghanem, 19 anni, colpito dall'esercito israeliano durante l'invasione del suo villaggio." Secondo gli abitanti del villaggio che hanno assistito all'incidente, Bilal è stato colpito da un proiettile a ciascuna gamba. Due soldati sono usciti di corsa dalla falegnameria e gli hanno sparato di nuovo al ventre. Poi lo hanno afferrato per i piedi e trascinato giù per le scale di pietra dell'officina (...) Ferito gravemente, Bilal è stato caricato su una jeep dai soldati israeliani verso la periferia del villaggio, dove li attendeva un elicottero dell'esercito. Il ragazzo è stato trasportato verso una destinazione sconosciuta per la famiglia. Cinque giorni dopo, Bilal è tornato morto, con il corpo avvolto in un lenzuolo verde da ospedale." Boström ha raccontato che durante la sepoltura il suo torso è stato scoperto mentre il corpo veniva calato nella fossa e che i testimoni hanno visto che era malamente cucito dallo stomaco al mento.

Non era la prima volta. Khaled di Nablus, Raed di Jenina, Mahmoud e Nafes di Gaza erano scomparsi per alcuni giorni prima che i loro corpi fossero restituiti di notte dopo un'autopsia." Perché hanno tenuto i corpi per almeno cinque giorni prima di lasciarceli seppellire? Perché eseguono un'autopsia contro la nostra volontà quando le cause della morte sono evidenti? Perché riportano i corpi di notte? Perché con una scorta militare? Perché chiudono l'area durante la sepoltura? Perché tolgono l'elettricità? "

"Sappiamo che lo Stato di Israele ha bisogno di molti organi", ha spiegato Donald Boström, "che c'è stato un grande commercio illegale di organi per diversi anni, che le autorità ne sono consapevoli e che i medici dei principali ospedali sono coinvolti, così come i funzionari a tutti i livelli. Sappiamo anche che giovani palestinesi sono scomparsi, tornando morti dopo cinque giorni, di notte, in totale segretezza, ricuciti dopo essere stati tagliati dall'addome al mento. È giunto il momento di accendere i riflettori su questo sinistro commercio, per fare luce su quanto è accaduto e sta accadendo nei territori occupati dallo Stato di Israele dall'inizio dell'Intifada."

Pochi giorni dopo la pubblicazione dell'articolo del giornalista svedese Donald Boström, un giornalista palestinese, Kawthar Salam, ha pubblicato un articolo accusatorio intitolato *The Body Snatcher of Israel*[409]. La sintesi è riportata di seguito:

"Voglio presentare ai miei lettori ciò che ho visto, sentito e osservato durante i miei 22 anni di lavoro come giornalista sotto l'occupazione militare israeliana in Cisgiordania e a Gaza." L'esercito israeliano ha iniziato a catturare e conservare i corpi dei palestinesi morti all'inizio degli anni Settanta." Dall'inizio degli anni '70, migliaia di palestinesi sono stati sepolti in tombe segrete. Dall'inizio degli anni '70, migliaia di vittime palestinesi dell'occupazione sono state sottoposte ad "autopsia" e numerosi corpi sono stati conservati in tombe anonime numerate. La maggior parte dei membri della resistenza uccisi è stata portata via per "l'autopsia" e altri che erano stati solo feriti sono stati portati via dall'ospedale dagli israeliani... Durante la prima Intifada[410] e durante il cosiddetto periodo di pace, ho visto personalmente come l'esercito israeliano ha portato via i corpi dei palestinesi e dei feriti gravi dal pronto soccorso dell'ospedale Princess Alia di Hebron (Al Khalil in arabo). Qualche anno dopo, ho visto come l'esercito israeliano ha portato via i corpi dei palestinesi morti dal nuovo ospedale El Ahli: l'intera area era stata dichiarata zona militare, l'ospedale era circondato e invaso dalle truppe e nessuno poteva muoversi all'interno dell'edificio. Tutti i corpi dei palestinesi morti, e anche i feriti, sono stati portati ad Abu Kabir per le "autopsie[411]"."

Questa pratica ha cessato di essere diffusa quando l'Autorità Palestinese è salita al potere. Nelle aree sotto il suo controllo, le persone decedute non venivano più sottoposte ad "autopsia", sebbene ciò avvenisse ancora per le persone uccise o ferite nelle aree controllate da Israele." Perché trasferire i corpi delle vittime ad Abu Kabir, quando le cause della morte erano note?" In realtà, tutti i palestinesi deceduti erano stati colpiti alla testa o al petto da tiratori scelti israeliani.

Il giornalista ha citato i nomi dei principali ufficiali dell'esercito

---

[409] Articolo del 23 agosto 2009, pubblicato sul sito *Kawthar.info* e tradotto in francese dalla rete *Tlaxcala*.
[410] La Prima Intifada (1987-1993) si è conclusa con gli accordi di Oslo.
[411] Un rene prelevato da una persona viva è più vitale di uno prelevato da un cadavere.

israeliano coinvolti in questo traffico. Hanno detto alle famiglie palestinesi che stavano facendo del loro meglio per "convincere il quartier generale dell'esercito a rilasciare il corpo", come se fosse un favore." I comandanti militari Shammi, Goldstein, Nagar, hanno chiesto che i corpi fossero sepolti al buio." Le famiglie delle vittime sono state chiamate dopo la mezzanotte (di solito tra l'una e le tre del mattino) e "non più di dieci persone" sono state autorizzate a partecipare alla sepoltura, che si è dovuta tenere immediatamente nel buio della notte per presunte "ragioni di sicurezza". Inoltre, alle donne non è stato permesso di partecipare al funerale, anche per "motivi di sicurezza". Le autorità israeliane volevano effettivamente impedire che le grida di lutto delle madri, delle sorelle e delle figlie delle vittime si sentissero in tutto il quartiere. I funzionari hanno seguito il corteo funebre con le loro auto blindate grigie e hanno atteso la fine della sepoltura; anche altri veicoli militari hanno accompagnato il corteo.

Tutte le famiglie delle vittime sapevano che i corpi erano stati imbottiti di ovatta. Centinaia di vittime sono state così sepolte al buio e centinaia o migliaia di altri corpi sono stati conservati da Israele in tombe numerate. In seguito, i palestinesi hanno iniziato a evacuare da soli i feriti e i morti caduti durante le manifestazioni, e molti sono stati sepolti sotto le loro case o sotto un albero piuttosto che essere portati in ospedale.

"Tutti i funzionari e il personale civile israeliano in Cisgiordania, fin dall'inizio degli anni '70, sono stati coinvolti nel prelievo di organi dai palestinesi, o almeno ne sono stati complici", ha dichiarato Kawthar Salam. Tutti i medici e il personale israeliano che hanno lavorato ad Abu Kabir dall'inizio degli anni '70 sono stati coinvolti nel prelievo e nella vendita di organi palestinesi. Tutti i tiratori scelti e i soldati dell'IDF che hanno sparato ai palestinesi durante manifestazioni e proteste pacifiche sono stati complici della mafia che raccoglie e vende gli organi dei palestinesi deceduti. Il centro di comando dell'IDF e la maggior parte, se non tutti, gli ufficiali della catena di comando fino ai ranghi sapevano benissimo cosa stava accadendo."

Alla fine di settembre 2009, anche il deputato arabo-israeliano Mohammad Barakech ha accusato gli israeliani di furto di organi. Abbiamo il diritto di conoscere le ragioni per cui lo Stato di Israele rapisce i corpi dei martiri e quale segreto sta cercando di nascondere", ha affermato." Il 21 dicembre, Fathi Abu Mughli, ministro della Sanità dell'Autorità Palestinese, ha dichiarato che i medici israeliani hanno "rimosso parti dei cadaveri, come cornee, ossa e pelle senza il permesso delle famiglie palestinesi" e ha chiesto un'indagine. Eissa Qarape, ministro degli Affari penitenziari, ha accusato Israele di tenere i cadaveri palestinesi in cimiteri segreti "per nascondere il furto di organi dai loro corpi"."

Due giorni prima, il 19 dicembre 2009, il secondo canale televisivo israeliano, Channel 2 TV, aveva trasmesso un'intervista a Yehuda Hiss, ex direttore del National Forensic Institute, il famoso istituto medico-legale di Abu Kabir. L'intervista risale a dieci anni fa, al luglio 2000, ed è stata rilasciata a una studentessa universitaria americana di nome Nancy Scheper-Hughes. Professoressa di antropologia all'Università di Berkeley, in California, aveva fondato il progetto Organs Watch e aveva condotto ricerche in tutti i continenti. Era la specialista della questione, anche se non aveva osato rendere pubblica l'intervista per paura. Questo è quanto ha spiegato in un articolo del 25 ottobre 2010 sul mensile statunitense *Counterpunch*.

Il dottor Yehuda Hiss ha riconosciuto che negli anni '90 sono stati prelevati organi dai corpi dei palestinesi senza il permesso delle famiglie dei defunti. Le sue confessioni risalivano in realtà al novembre 1999, ha spiegato Nancy Scheper-Hughes. Le notizie sono state pubblicate dal quotidiano locale *Ha'ir di* Tel Aviv, che ha rivelato che gli studenti dello Yehuda Hiss eseguivano autopsie e che gli organi venivano trasferiti ad altre cliniche senza il permesso delle famiglie. Nel 2000, il principale quotidiano israeliano *Yediot Aharonot* aveva persino pubblicato un listino prezzi degli organi che Hiss vendeva alle università e alle scuole di medicina.

Chen Kugel, il suo assistente, aveva affermato che Hiss aveva "un vero e proprio deposito di organi" ad Abu Kabir. Ci sono voluti due anni prima che la magistratura israeliana intervenisse e altri due anni prima che emettesse una sanzione. Nel 2004, Hiss ha ricevuto un rimprovero dalla sua direzione ed è stato sollevato dalle sue mansioni, pur mantenendo il suo lavoro presso l'istituto come medico con un'anzianità che gli garantiva una promozione salariale. Ha quindi potuto continuare le sue attività, che ha presentato come necessarie per la medicina e per la difesa dello Stato di Israele.

In quell'intervista del luglio 2000, il dottor Yehuda Hiss spiegò che l'esercito israeliano forniva pelle umana per le vittime di ustioni, prendendo solo pelle dalla schiena e dalle cosce.

Ecco come lui e i suoi subordinati hanno proceduto per mascherare la scomparsa delle cornee: "Abbiamo chiuso le palpebre con la colla." Il suo assistente, il dottor Chen Kugel, che era stato licenziato dopo aver sporto denuncia al Ministero della Sanità, aveva dichiarato che gli organi venivano venduti a chiunque, bastava pagare.

Un femore costa 300 dollari, ad esempio. E gli organi sono stati prelevati indiscriminatamente da ebrei o musulmani, soldati o lanciatori di pietre, terroristi o vittime, immigrati o turisti[412]. I corpi venivano imbottiti con rotoli di carta igienica, tenuti in posizione con manici di scopa, e gli occhi di vetro venivano collocati nelle orbite vuote... Chiaramente, sosteneva Chen Kugel, era meno rischioso prelevare organi dai nuovi immigrati, o meglio ancora: dai palestinesi." Quando le famiglie si lamentavano, erano i nemici, e naturalmente si diceva che dicevano bugie, e nessuno ci credeva[413]."

Dopo la trasmissione di questa intervista su *Channel 2 TV*, l'esercito e il ministro della Sanità avevano ammesso di aver prelevato organi da israeliani e palestinesi negli anni '90, ma avevano affermato che tali pratiche erano cessate nel 2000: "Queste attività sono cessate dieci anni fa, non accadono più."

In un'intervista rilasciata alla televisione *Al-Jazeera* nel 2002, lo storico leader palestinese Yasser Arafat aveva accusato il regime israeliano di uccidere neonati, bambini e giovani palestinesi al fine di prelevare i loro organi vitali per i trapianti." Uccidono i nostri bambini e usano i loro organi come pezzi di ricambio. Perché il mondo intero rimane in silenzio? Lo Stato di Israele sta approfittando di questo silenzio per intensificare l'oppressione e il terrore contro il nostro popolo", si è indignato Arafat. Durante l'intervista, avvenuta il 14 gennaio 2002, Arafat aveva mostrato fotografie di corpi di bambini mutilati.

Poiché nell'ebraismo è vietato profanare il corpo umano, l'ebraismo non permette di fare a pezzi i cadaveri degli ebrei. Poiché gli ebrei non donano i loro organi, questi devono essere trovati nei goyim. Fino al 2008 lo Stato di Israele era l'unico Paese al mondo in cui la professione medica non condannava il commercio di organi e non prendeva provvedimenti contro i medici coinvolti nel commercio.

Carne fresca dalla Moldavia

Anche il rabbino Levy-Izhak Rosenbaum, arrestato a New York nel luglio 2009, è stato accusato di aver convinto i donatori moldavi."

---

[412] Rachel Corrie era una donna americana di 23 anni. Il 16 marzo 2003 è stata schiacciata sotto i cingoli di un bulldozer dell'esercito israeliano mentre protestava con altri militanti contro la distruzione di una casa palestinese a Rafah (Striscia di Gaza meridionale). Il dottor Hiss ha poi eseguito l'autopsia a modo suo.
[413] Articolo di Nancy Scheper-Hughes del 25 ottobre 2010, pubblicato dalla rivista statunitense di sinistra *Counterpunch*.

Prendeva di mira persone in situazioni precarie", ha dichiarato Mark McCarron, il sostituto procuratore degli Stati Uniti. Rosenbaum si occupò quindi di organizzare il viaggio del donatore a New York, dove avvenne l'operazione. I donatori venivano reclutati nei Paesi poveri, dove persone disperate erano disposte a sacrificare una parte del proprio corpo per un prezzo esiguo rispetto a quello finale richiesto ai riceventi. Evidentemente i donatori non sono stati informati dei rischi medici.

Mike Levinski, cittadino israeliano, è stato il pioniere della rete moldava. Il settimanale *Le Point* del 15 febbraio 2002 ha riferito di questo traffico. I moldavi erano cittadini di un piccolo Paese tra la Romania e l'Ucraina, molti dei quali indigenti e ridotti a dover vendere un rene per sopravvivere. Gli scout israeliani hanno fatto il giro del Paese, offrendo ai donatori 3.000 dollari. La commissione richiesta da questi esploratori era di circa 30.000 dollari per rene, mentre l'onorario del chirurgo variava da 100.000 a 200.000 dollari per operazione. Donatori e pazienti si sono incontrati in Turchia presso la clinica del dottor Sönmez. Il traffico era chiaramente estremamente redditizio, a giudicare dal numero di annunci pubblicitari sulla stampa israeliana.

I "donatori" non erano sempre consapevoli di ciò che stava per accadere loro. Dopo operazioni benigne, appendicite o altro, giovani moldavi come Serghei Thimus si svegliavano con cicatrici fuori posto. In seguito veniva detto loro che era stato necessario asportare un rene malfunzionante o, come nel caso di Serghei, avrebbero appreso alla radio che il chirurgo aveva semplicemente rubato un rene.

Nel dicembre 2001, il quotidiano israeliano *Haaretz ha* riferito che l'ambasciatore rumeno in Israele aveva chiesto di essere ricevuto dal ministro degli Affari sociali per un colloquio su una questione che stava diventando uno scandalo nel suo Paese. Gli era stato chiesto di spiegare una lista di bambini nati in Romania, "con tutti i loro organi all'interno del corpo", che erano stati portati in Israele per essere adottati. Sembrava quindi che l'adozione di bambini rumeni in Israele non fosse solo un'opera di carità. Nancy Scheper-Hughes, l'esperta di traffico di organi, ha visitato villaggi in Moldavia dove, scrive, "il 20% degli uomini era stato reclutato per vendere reni"."

Nel luglio 2009, questa volta siamo stati informati dell'arresto di tre persone accusate di traffico di uova. I due gestori della clinica Sabyc, un padre e un figlio, erano israeliani. Anche altri due israeliani che lavoravano nella clinica sono stati imprigionati. La clinica ha pagato ai donatori tra gli 800 e i 1000 lei (circa 190-238 euro), nonostante la legge rumena proibisca rigorosamente di retribuire le donazioni di organi o cellule. Secondo i media rumeni, i beneficiari erano tutti israeliani.

Hanno pagato tra i dodici e i quindicimila euro per la fecondazione in vitro. Le uova provengono da giovani donne rumene in difficoltà sociale. Questi arresti non hanno impedito che il traffico continuasse: nel febbraio 2013, la *Jewish Telegraphic Agency ha riferito che il* dottor Rapahel Ron-El, specialista dell'ospedale Assaf Harofeh in Israele, e la sua assistente Daphna Komarovsky, erano stati arrestati per traffico di uova.

In Israele, più di 1.000 persone erano in attesa di una lista per la donazione di organi, la metà delle quali per un rene. Alcuni erano quindi ricettivi alle inserzioni sui giornali e disposti a spendere più di 150.000 dollari. In effetti, in Israele non esisteva alcuna legge che vietasse il traffico di organi umani e una direttiva del Ministero della Salute permetteva addirittura agli israeliani, fino al 2008, di recarsi all'estero per un trapianto - legale o meno - e di essere rimborsati fino a 80.000 dollari dal servizio sanitario israeliano. Il resto potrebbe essere rimborsato da una società di mutua assicurazione[414]. Le agenzie sanitarie israeliane considerano il trapianto di rene molto meno costoso della dialisi e delle cure a lungo termine per i malati.

In un'intervista del luglio 2009, Nancy Scheper-Hughes ha spiegato: "Avevo iniziato a seguire le ramificazioni dell'intera rete, una rete criminale con un anello di tipo mafioso. Il quartier generale di questa struttura piramidale era in Israele, con intermediari in Turchia, a New York, a Filadelfia, a Durban, a Johannesburg, a Recife in Brasile, in Moldavia e in molti altri luoghi. Ho usato le mie capacità di ricerca etnografica per setacciare il terreno e cercare di mettere insieme i pezzi del puzzle. Alla fine, sono arrivato a identificare Isaac Rosenbaum come il principale intermediario di Illan Peri in Israele, la mente dell'operazione, un tipo molto viscido[415]."

All'inizio di ottobre 2009, abbiamo appreso che la rete del rabbino Rosenbaum operava anche in Marocco. Il professor Mustapha Khiati, presidente della Fondazione nazionale per la promozione della salute e lo sviluppo della ricerca medica, ha rivelato che le operazioni sono state effettuate nelle cliniche di Oujda. Il rabbino Rosenbaum era incaricato di finanziare le attrezzature necessarie per le operazioni chirurgiche e il trasporto degli organi a New York e in Israele.

Alla fine del 2014, abbiamo letto che Levy-Izhak Rosenbaum era stato condannato dalla giustizia statunitense nel 2012 a due anni e mezzo di carcere, ma che non sarebbe stato espulso dagli Stati Uniti

---

[414]Articolo di Larry Rother sul *New York Times*, 23 maggio 2004.
[415]Nancy Scheper-Hughes aveva informato l'FBI fin dal 2002 delle attività del rabbino Rosenbaum.

dopo il suo rilascio dal carcere. Finora era l'unica persona condannata per traffico di organi negli Stati Uniti.

Dal Brasile al Sudafrica

Il nome di Illan Peri era già stato citato in un articolo dell'Agence France Presse del gennaio 2004 in cui si informava che un ufficiale dell'esercito israeliano in pensione di nome Gedalya Tauber era stato arrestato in Brasile nel 2003 insieme a un altro israeliano di nome Eliezer Ramon e ad altri sei brasiliani. Tauber ha reclutato donatori a Recife, nel nord-est del Brasile, nelle favelas dove vivevano persone molto povere. All'inizio i donatori venivano pagati 10.000 dollari per rene, l'equivalente di circa dieci anni di stipendio per loro; poi i prezzi sono scesi a 3.000 dollari, dato il numero di donatori. Tutti erano stati operati in Sudafrica, all'ospedale Saint Augustine di Durban, da chirurghi israeliani e per destinatari israeliani. Gedalya Tauber aveva poi testimoniato in tribunale che il governo israeliano aveva finanziato l'operazione e che un funzionario, identificato come "Illan", lo aveva messo in contatto con un intermediario in Brasile.

Nancy Scheper-Hughes aveva sentito parlare per la prima volta dei ladri di organi nel 1987, quando lavorava nel nord-est del Brasile. Nelle baraccopoli dell'Alto do Cruzeiro, sopra la città di Timbaúda, nella regione del Pernambuco, si diffondeva una voce." Si diceva che gli stranieri percorressero le strade sterrate con furgoni gialli alla ricerca di bambini incustoditi che venivano rapiti e uccisi per rubare i loro organi. I corpi dei bambini sono stati poi ritrovati nei fossi stradali o nei cassonetti degli ospedali."

Lo studente universitario aveva buone ragioni per essere scettico. Durante il suo studio sulla povertà e la natalità nei bassifondi, aveva interrogato le agenzie di pompe funebri della regione e i funzionari responsabili dei registri dei decessi. Il tasso di mortalità infantile era altissimo, ma non c'era traccia di corpi smembrati chirurgicamente." Sono storie inventate dai poveri e dagli analfabeti", aveva risposto il direttore del cimitero comunale a[416].

Tuttavia, pur sapendo che queste voci non erano del tutto vere, Nancy Scheper-Hughes si era rifiutata di ignorarle del tutto. Gli abitanti erano ben consapevoli che i ricchi brasiliani e stranieri avevano accesso a cure migliori." Gli abitanti di Alto do Cuzeiro immaginavano

---

[416] Articolo di Ethan Watters sul *Pacific Standard Magazine* del 7 luglio 2014, citato il 20 agosto 2015 da *Sept-info*, un giornale online svizzero.

facilmente che i loro corpi fossero ambiti come pezzi di ricambio per i ricchi", ha scritto nel suo libro del 1992 sulla violenza in Brasile, *Morte senza pianto*. Nel 1995, era stata l'unica etnologa invitata a parlare a un congresso medico sul traffico di organi a Bellagio, in Italia. Sebbene non ci fossero prove concrete che le persone venissero uccise per i loro organi, le stesse voci circolavano dal Sud America alla Svezia, all'Italia, alla Romania e all'Albania. Gli organizzatori della conferenza gli avevano quindi chiesto di spiegare la persistenza di tali macabri miti.

Davanti alla commissione parlamentare del Pernambuco (Brasile nord-orientale) aveva testimoniato che il traffico era iniziato nei primi anni '90, sotto l'impulso di un certo Zaki Shapira, ex direttore dell'ospedale di Tel-Aviv. Zaki Shapira aveva eseguito più di 300 trapianti, portando i suoi pazienti anche in altri Paesi, come la Turchia. I donatori erano persone molto povere, provenienti non solo dal Brasile, ma anche dall'Europa dell'Est, dalle Filippine e da altri Paesi del Terzo Mondo.

Un articolo del *New York Times* del 23 maggio 2004, scritto da Larry Rother, raccontava la storia di Alberty José da Silva, 38 anni, figlio di una prostituta che viveva in una favela vicino all'aeroporto. Aveva venduto il suo rene a Gedalya Tauber per un ricevente che viveva a Brooklyn, "una donna ebrea di 48 anni molto religiosa". Era in dialisi da 15 anni e da sette anni era in due liste d'attesa per trapianti, quindi aveva finalmente accettato l'idea di un trapianto sul mercato parallelo. Era una delle 60.000 persone negli Stati Uniti in attesa di un rene. La sua famiglia in Israele l'aveva messa in contatto con la rete di Illan Peri.

Alberty José da Silva e la donna di Brooklyn si erano incontrati all'ospedale Saint Augustine di Durban, sulle rive dell'Oceano Indiano. Quando mi è stato chiesto di firmare un documento che attestava che il destinatario era mio cugino, ho capito che qualcosa non quadrava", ha spiegato José da Silva, ma era troppo tardi."

Da un'intervista con altri donatori è emerso che i brasiliani non godevano delle stesse cure mediche dei beneficiari israeliani. Questi ultimi sono stati alloggiati sulla spiaggia di fronte al mare prima dell'operazione e dopo l'operazione sono stati tenuti sotto osservazione, anche dopo il ritorno a casa. I donatori, invece, sono stati tenuti sotto controllo per non più di tre giorni prima di essere accompagnati all'aeroporto. In meno di due anni, a Sant'Agostino erano state eseguite più di cento operazioni in questo modo." *Mi hanno trattato bene finché non hanno ottenuto quello che volevano*", ha detto un donatore a Nancy Scheper-Hughes." *Poi sono stato gettato via come spazzatura.*" Mi hanno trattato bene finché non hanno ottenuto ciò che volevano. Poi sono stato gettato via come spazzatura".[417].

"Nel mio caso, le complicazioni sono apparse quasi subito", ha detto José Carlos da Conceiçao da Silva, un lavoratore agricolo. Tre giorni dopo l'ablazione del rene, aveva avvertito i primi effetti." Sono sempre stanca e non riesco a portare cose pesanti. La mia pressione sanguigna si alza e si abbassa continuamente e la cicatrice mi fa molto male." Inoltre, quando è tornato in Brasile, gli sono stati rubati 6000 dollari all'aeroporto di San Paolo, nonostante le sue lacrime abbiano supplicato i ladri e mostrato loro la sua cicatrice[418].

Sette persone sono state arrestate a Durban nel maggio 2004. In tribunale, Sushan Meir aveva testimoniato che, oltre ai 100 trapianti eseguiti a Durban, ne aveva organizzati circa 35 a Johannesburg, ma gli inquirenti hanno stimato il numero totale in circa 200. Ma gli investigatori stimano che il numero totale sia di circa 200. Gli ospedali appartengono alla società privata Netcare, con sede in Sudafrica. La pubblicità sul loro sito web affermava che il Sudafrica era allora "la capitale mondiale dei trapianti".

Il caso della rete sudafricana è arrivato al pettine nel settembre 2010: Richard Friedland, presidente di Netcare, la principale azienda sanitaria privata sudafricana, e cinque chirurghi sono stati accusati di aver trapiantato reni a ricchi israeliani da donatori brasiliani della regione di Recife e da rumeni che avevano ricevuto anche solo 3.000 dollari per rene. Anche l'ospedale privato Saint Augustine di Durban, gestito da Netcare, è stato accusato di aver eseguito 109 operazioni tra il 2001 e il 2003 per conto di cittadini israeliani. Ma Richard Friedland è stato irremovibile nella sua difesa. In una dichiarazione riportata dall'Agence France Presse, ha negato con forza qualsiasi illecito: "Per diversi anni abbiamo collaborato pienamente con la polizia sudafricana e abbiamo fornito numerosi documenti agli ispettori. Siamo molto sorpresi e delusi nel vedere che il pubblico ministero ha ritenuto necessario incriminarci."

In Brasile, Gedalya Tauber era stato condannato a undici anni di carcere, ma nel 2009 è riuscito a fuggire dal carcere Henrique Dias di Recife approfittando di un'evasione. All'età di 77 anni, è stato nuovamente arrestato all'inizio di giugno 2013 in Italia, all'aeroporto Leonardo Da Vinci di Roma. L'8 novembre 2015 è stato estradato in Belgio, arrivando ammanettato all'aeroporto di Anversa.

---

[417] Atteggiamento caratteristico della mentalità comunitaria. Articolo di Ethan Watters pubblicato sulla *rivista Pacific Standard* del 7 luglio 2014.
[418] Si stima che ogni anno circa 5.000 persone vendano illegalmente un organo.

Fornitori cinesi

In Brasile e in Sudafrica, i collaboratori di Illan Peri erano in prigione; lui è rimasto in Israele. Ma alcuni media hanno riferito che intermediari israeliani operavano in Cina.

Gli israeliani hanno sfruttato appieno le opportunità offerte dall'apertura del Paese al commercio internazionale. Secondo Amos Kanaf, presidente dell'Associazione dei malati di reni, intervistato da *Le Monde* (24 aprile 2006), circa venti israeliani in attesa di trapianto si recavano in Cina ogni mese. I pazienti hanno pagato in contanti e sono stati rimborsati dal sistema di sicurezza sociale israeliano, che ha accettato questa soluzione a causa della grave carenza di donatori nel paese. La versione ufficiale è che questi organi sono stati prelevati dai corpi delle 3.000 persone che ogni settimana muoiono in incidenti stradali sulle strade cinesi. In realtà, gli organi venivano prelevati dai corpi dei condannati a morte. Recentemente, i cinesi hanno iniziato a smembrare i corpi sul luogo dell'esecuzione. Un'unità chirurgica mobile era parcheggiata nelle vicinanze e ha rimosso reni, occhi e tessuti (ma non il cuore, che viene conservato solo per poche ore). I pezzi di ricambio venivano poi trasportati negli ospedali dove i turisti medici attendevano il trapianto.

Dall'Ucraina all'Azerbaigian

I cercatori israeliani erano attivi anche in Ucraina e in Asia centrale. Sul *Jerusalem Post* del 20 agosto 2010 si legge che "dodici persone, tra cui diversi israeliani" sono state arrestate in Ucraina per traffico di organi. Gli interventi di trapianto sono stati effettuati a Kiev, in Azerbaigian e in Ecuador.

Il 2 dicembre 2010, l'Agence France Presse ha riferito che tre medici sono stati arrestati in Ucraina. L'informazione non è stata pubblicata in nessun giornale francese, ma è stata pubblicata sul sito svizzero *Romandie.com* dove abbiamo trovato i dettagli del caso[419]. In un'intervista al quotidiano *Gazeta po-Kievski*, il viceministro degli Interni ucraino aveva dichiarato che altre tre persone erano state imprigionate. Si trattava di persone che reclutavano e trasportavano i donatori a Baku, la capitale dell'Azerbaigian, dove la maggior parte dei donatori era stata operata. Altri interventi si sono svolti in una nota

---

[419] Il 10 dicembre 2010 abbiamo pubblicato sul settimanale *Rivarol* un articolo dal titolo "Traffico di organi: Israele al centro della rete".

clinica di Kiev." Ad oggi, abbiamo scoperto 25 persone che sono state indotte a vendere i loro reni. Ne stiamo cercando altri." I tre medici arrestati avevano estratto reni da cittadini di Ucraina, Moldavia e Uzbekistan. Per quanto riguarda i destinatari dei trapianti, si trattava "per lo più di israeliani" che hanno pagato tra i 100.000 e i 200.000 dollari.

Il traffico continua in Israele

In Israele, il traffico di organi è stato messo fuori legge dalla *Knesset* (assemblea nazionale) nel 2008 e da allora i trapianti effettuati all'estero non sono più stati rimborsati a meno che non fossero legali - e lo erano tutti, almeno in apparenza. Tuttavia, a causa delle necessità, la caccia ai trafficanti non sembrava essere una priorità per il governo.

Nell'aprile 2010, la polizia israeliana ha arrestato una mezza dozzina di uomini nel nord di Israele. Secondo il quotidiano israeliano *Haaretz* del 7 aprile, tra i sospetti arrestati ci sono un generale di brigata e due avvocati. L'indagine era iniziata in seguito alla denuncia di una donna di 50 anni di Nazareth che aveva risposto a un annuncio in lingua araba che offriva 10.000 dollari per donare un rene. La donna si era recata in un Paese dell'Europa orientale dove si era svolta l'operazione, ma al suo ritorno in Israele ha riferito che la somma di denaro pattuita non era stata pagata. L'indagine ha portato alla luce una rete di trafficanti di organi." La rete opera in tutto il Paese e non solo nel nord." I trafficanti di organi sono riusciti ad avere accesso alle informazioni dei pazienti in lista d'attesa per il trapianto e a offrire loro i loro servizi come alternativa. La rete ha poi reclutato i donatori attraverso annunci sui giornali e su Internet, ha detto il funzionario di polizia.

In media, un trapianto di rene è stato fatturato al ricevente per 120.000 dollari (90.000 euro). I donatori, che erano persone in situazioni precarie, non ricevevano mai più di 10.000 dollari; a volte anche meno, o niente. Ai donatori veniva richiesto di firmare un contratto con i trafficanti, con clausole e dichiarazioni false, soprattutto quelle che attestavano il rapporto di parentela con il ricevente, requisito legale nei Paesi (Europa dell'Est, Filippine, Ecuador) in cui il trapianto doveva avvenire. Venivano poi rispediti in Israele senza alcuna documentazione medica, mettendoli a rischio in caso di complicazioni post-chirurgiche, che erano frequenti.

Un articolo del 17 agosto 2014 del *New York Times* citava i nomi di altri trafficanti di organi: Avigad Sandler, un ex agente assicurativo sospettato di traffico dal 2008 ed ex ufficiale dell'esercito israeliano;

Boris Volfman, un giovane emigrato ucraino vicino a Sandler che aveva creato la sua società Leshem Shamaim (*"Au nom du ciel"*); e Yaacov Dayan, un uomo d'affari noto nel mondo immobiliare. Questi "broker di organi" israeliani fatturavano transazioni tra i 100.000 e i 200.000 dollari, ma l'indagine aveva dimostrato che nel 2012 un ricco texano aveva pagato 330.000 dollari a Sandler per un trapianto. I tre uomini sono stati arrestati nel giugno 2013.

Ophira Dorin aveva acquistato un rene da un quartiere povero del Costa Rica nel 2012, e il trapianto è stato eseguito in un ospedale di lusso di Tel Aviv. Altri clienti hanno ricevuto organi da Sri Lanka, Turchia, Egitto, Pakistan, India, Cina, Kosovo ed Europa orientale.

La casa gialla del Kosovo

Il Kosovo è quella provincia storica che è stata sottratta alla Serbia nel 1999. La schiacciante maggioranza etnica albanese ha chiesto l'autonomia della regione, provocando scontri sanguinosi con la popolazione serba. I bombardamenti statunitensi contro i serbi hanno permesso ai kosovari e agli albanesi musulmani di vincere la battaglia. Da quel momento in poi, il territorio è passato sotto il controllo dell'ex UCK, l'esercito di liberazione, i cui ex leader sono diventati le principali figure politiche del Paese.

Secondo Victor Ivanov, capo del Servizio federale russo per il controllo delle droghe, "il Kosovo è diventato un'enclave in cui i trafficanti di droga si sentono completamente liberi. Ogni anno, fino a 60 tonnellate di eroina passano attraverso il suo territorio, fruttando ai criminali circa 3 miliardi di euro."

Carla del Ponte, procuratore del Tribunale dell'Aia per i crimini di guerra nella ex Jugoslavia, aveva pubblicato nel 2008 un libro intitolato *La Caccia, i criminali di guerra e io*, che raccontava la sua esperienza di otto anni nel caso jugoslavo. Quattro mesi dopo aver lasciato l'incarico, ha rivelato che centinaia di giovani prigionieri serbi erano stati trasportati nel nord dell'Albania dove erano stati prelevati i loro organi. Carla del Ponte aveva visto la casa dove era avvenuta la strage e aveva conosciuto le persone coinvolte nei fatti.

Sul settimanale *L'Express* del 17 aprile 2008 si legge: "Tra i presunti traffici in cui, secondo lei, sarebbero stati coinvolti alla fine degli anni '90 i leader dell'attuale Kosovo indipendente, figura anche l'attuale primo ministro Hashim Thaçi. I dettagli che rivela sono agghiaccianti. Circa 300 prigionieri sarebbero stati trasportati durante l'estate del 1999 dal Kosovo all'Albania, dove sono stati rinchiusi in una sorta di prigione. Gli organi prelevati sarebbero stati "inviati a cliniche all'estero per essere trapiantati in pazienti paganti", mentre le vittime sarebbero rimaste "rinchiuse fino all'esecuzione per il prelievo di altri organi"." Ma secondo Florence Hartmann, sua ex portavoce al Tribunale penale internazionale per la ex Jugoslavia, Carla del Ponte non aveva "il minimo straccio di prova" per dimostrare le sue accuse. In un articolo pubblicato dal quotidiano svizzero *Le Temps*, la signora Hartmann ha definito "irresponsabile" e "indegno" da parte del giudice presentare "come fatti provati ciò che in realtà era impossibile provare".

Le autorità giudiziarie serbe, tuttavia, avevano preso molto sul serio queste segnalazioni e avevano aperto un'indagine sul caso. Il 6 novembre 2008, l'arresto di tre persone a Pristina (Kosovo), due delle quali medici, per sospetto trapianto illegale di reni, ha avuto vasta eco in Serbia. In un articolo pubblicato il 14 novembre 2008 su *Courier international, il* settimanale del direttore della stampa sionista Alexandre Adler (articolo firmato Alexandre Lévy), si informava che la stampa di Belgrado aveva seguito da vicino il viaggio a Tirana (Albania) di Vladimir Vukcevic, il procuratore serbo per i crimini di guerra. Ha presentato al suo omologo albanese "nuove prove" sul traffico di organi prelevati da prigionieri serbi durante la guerra del 1999." Indagine internazionale sul traffico di organi", titola il quotidiano *Politika*, che riporta l'arresto dei medici Lutvi Dervishi e Tuna Pervorfraj della clinica privata Medicus di Pristina da parte della polizia kosovara e internazionale. La polizia aveva a sua volta emesso un mandato di arresto internazionale per un medico "turco", Yusuf Erçin Sönmez, sospettato di aver organizzato il traffico. Secondo il quotidiano di Sarajevo *Oslobodjenje*, "questo urologo, a cui la Turchia ha vietato di esercitare la professione medica, faceva parte della mafia internazionale del traffico di organi". È stato preso di mira anche dalle autorità bulgare e rumene."

Nel gennaio 2010, un corrispondente del Consiglio d'Europa, lo svizzero Dick Marty, si era recato in Kosovo accompagnato da due investigatori e aveva poi confermato il traffico di prigionieri serbi[420]. Infine, a febbraio, un alto funzionario delle Nazioni Unite, Philip Alston, ha chiesto all'Albania la piena collaborazione nelle indagini. Sono poi emerse informazioni sul fatto che le persone rapite erano state trattenute e gestite in una casa con facciate gialle, da cui il nome "Casa Gialla".

Secondo Carla del Ponte, Bernard Kouchner - ex ministro del

---

[420] Il suo rapporto sul traffico di organi è stato presentato al Consiglio europeo nel dicembre 2010.

presidente "socialista" François Mitterrand - che era l'Alto rappresentante delle Nazioni Unite in Kosovo tra il 1999 e il 2001, era a conoscenza di questo traffico ma aveva deciso di non rendere pubblico il caso. Nel giugno 2009, Bernard Kouchner[421] era ora ministro degli Esteri del presidente liberale di destra Nicolas Sarkozy e riceveva a Parigi l'ex capo dell'UCK, Hashim Thaçi, divenuto primo ministro del Kosovo. Bernard Kouchner si è dichiarato "felice" di aver ricevuto il suo "amico". Tuttavia, l'"amico" di Bernard Kouchner era un uomo legato alla mafia, "identificato da diversi servizi di intelligence come una figura chiave del crimine organizzato nei Balcani[422]."

Durante la sua visita all'enclave serba di Gracanica nel marzo 2010, Bernard Kouchner è stato invitato da un giornalista di *Voice of America*, Budimir Nicic, a commentare il caso della "casa gialla" che era servita come clinica clandestina. Kouchner aveva risposto: "Cos'è, le case gialle? Quali case gialle? Perché gialle? Dovresti controllare. Non ci sono state case gialle, non ci sono state vendite di organi. Chi racconta queste cose è un bastardo e un assassino! "Tutti ricordiamo la sua risata indecente: "Sei pazzo, credi a qualsiasi sciocchezza[423]! "

Sul sito di *Mediapart*, il 13 giugno 2013, un articolo di Silvia Cattori è tornato sul caso. Il giornalista Budimir Nicic si è detto "offeso e insultato" dalla reazione di Bernard Kouchner: "Tutti sono rimasti sciocchati dal suo comportamento. I crimini più terribili sono avvenuti mentre era responsabile del Kosovo. Non ha mantenuto nessuna delle sue promesse di trovare i responsabili dei crimini contro i serbi. Erano parole vuote." Naim Miftari, ex capo dell'UCK, che ora testimonia apertamente in diversi processi ultra-sensibili, si è spinto oltre Budimir Nicic: "Nel 1999, nessun crimine avrebbe potuto essere commesso in Kosovo senza che Kouchner ne fosse informato."

Quando la "Casa Gialla" in Albania è stata ridipinta di bianco dopo la guerra, i prelievi di organi sono stati effettuati presso la clinica privata Medicus di Pristina, capitale del Kosovo. Lo stabilimento era stato chiuso nel 2008 e il medico turco Yusuf Sönmez era stato condannato in contumacia a otto anni di carcere alla fine del 2008. Un mandato di cattura internazionale era stato emesso nei suoi confronti dal tribunale regionale di Pristina, ed è stato finalmente arrestato due

---

[421] Bernard Kouchner si era distinto per le sue campagne in difesa del principio dell'ingerenza umanitaria davanti agli organismi internazionali. Nel 2010, *il Jerusalem Post* lo ha classificato al 15° posto tra i 50 ebrei più influenti del mondo (NdT).
[422] Articolo di Silvia Cattori sul sito *Mediapart* del 13 giugno 2013.
[423] "*Mais vous êtes fous, vous croyez n'importe quelle connerie!*". Il video della scena è famoso e circola ancora su Internet (NdT).

anni dopo, il 12 gennaio 2011, nella sua villa sulla sponda asiatica di Istanbul. Yusuf Erçin Sönmez era soprannominato "Dottor Frankenstein" o "Dottor Avvoltoio".

Il 12 gennaio 2011, *Le Figaro* ha pubblicato un eccellente articolo scritto da Cyrille Louis. Ha riferito che Yusuf Sönmez, appena arrestato, è stato rilasciato su cauzione con il divieto di lasciare il territorio. Secondo l'atto di accusa redatto dalla Procura del Kosovo, l'indagine era iniziata il 4 novembre 2008, per puro caso, a seguito di un controllo all'aeroporto di Pristina. Yilman Altun, cittadino turco, si stava preparando a volare verso Istanbul quando gli agenti di polizia hanno notato la sua evidente debolezza. Un medico chiamato a visitarlo scoprì una cicatrice ancora fresca sulla schiena. Esausto, Yilman Altun ha ammesso di essere appena uscito dalla sala operatoria della clinica Medicus, dove gli era stato asportato un rene. In precedenza, il 4 agosto a Istanbul, un certo Ismaïl si era offerto di fargli guadagnare un sacco di soldi donandogli un rene, dopo aver ricevuto una lettera dalla clinica Medicus insieme al biglietto aereo. Alla fine di ottobre, Yilman Altun è partito per Pristina. Gli era stato assicurato che al suo ritorno avrebbe ricevuto 20.000 euro in contanti. Nel frattempo, il suo rene era stato trapiantato nel corpo di Bezalel Shafran, un cittadino israeliano affetto da una grave malattia. Interrogato a sua volta dagli inquirenti, Shafran aveva indicato di aver contattato la rete criminale attraverso un connazionale con sede in Turchia, Moshe Harel. In cambio di 90.000 euro, quest'ultimo gli aveva assicurato la possibilità di farsi trapiantare un rene "nuovo". Il 30 ottobre, l'israeliano è atterrato a Pristina, dove è stato presentato a Yilman Altun presso la clinica Medicus. Prima di entrare in sala operatoria, ai due uomini era stato chiesto di firmare una lettera che dichiarava la natura benevola e "umanitaria" del trapianto. Appena sceso dall'aereo, il dottor Yusuf Sönmez era stato incaricato di maneggiare il bisturi.

L'indagine era stata supervisionata dal procuratore Jonathan Ratel, un magistrato internazionale legato alla missione civile europea Eulex che ha contribuito all'istituzione dello Stato di diritto in Kosovo. Jonathan Ratel era riuscito a circoscrivere la responsabilità dell'intero caso. Il dottor Lufti Dervishi, responsabile del servizio urologico dell'ospedale di Pristina, aveva conosciuto Sönmez durante un congresso di urologia nel 2006. Moshe Harel, ora sotto mandato di arresto internazionale, aveva gestito l'abbinamento dei donatori reclutati in Turchia, Moldavia, Kazakistan e Russia con i beneficiari. Per tutti i pagamenti sono stati utilizzati i suoi conti bancari. In totale, sulla base delle cartelle anestesiologiche sequestrate presso la clinica

Medicus, nel 2008 sono stati effettuati 27 interventi.

La polizia era interessata alla complicità dei trafficanti all'interno dell'apparato amministrativo kosovaro. Ad esempio, l'ex segretario permanente del Ministero della Salute, Ilir Rrecaj, è stato accusato di aver concesso un'autorizzazione di compiacenza alla clinica Medicus.

Nel marzo 2012 è emersa la notizia che un canadese di Toronto, Raul Fain, ebreo di 66 anni, aveva pagato 105.000 dollari a un cittadino israeliano nel 2008 per organizzare un trapianto di rene presso la clinica. Aveva deciso di cercare un donatore straniero dopo che i suoi medici gli avevano detto che avrebbe potuto aspettare dodici anni prima di ricevere un organo in Canada. Raul Fain aveva incontrato l'israeliano Moshe Harel a Istanbul. Si erano recati insieme in Kosovo, accompagnati da un uomo tedesco che avrebbe ricevuto un rene e da due donne russe che avrebbero donato uno dei loro reni.

Sul sito *bloomberg.org*, il 1° novembre 2011, abbiamo letto un articolo intitolato "Bande di trafficanti di organi costringono i poveri a vendere i loro reni a israeliani disperati". In Bielorussia, Sasha, 29 anni e indebitato fino al collo, aveva anche accettato di vendere uno dei suoi reni, recandosi a Pristina dopo aver risposto a un annuncio su Internet che prometteva 10.000 dollari. Ad accoglierlo a Istanbul c'era Yuri Katzman, un israeliano di origine bielorussa. Katzman lo aveva presentato a Moshe Harel prima di atterrare a Pristina il 26 ottobre 2008. Il suo rene era stato venduto a un vecchio ebreo di New York. In seguito, Moshe Harel era fuggito.

Altri interventi sono stati effettuati in Turchia. Dorin Razlog, un pastore di 30 anni di Ghincauti in Moldavia, ha dichiarato di essere stato operato a Istanbul nell'agosto 2002. Gli erano stati pagati 7.000 dollari invece dei 10.000 offerti, anche se 2.500 dollari erano banconote false." Mi hanno detto che se avessi fatto denuncia alla polizia avrebbero distrutto la mia casa e ucciso la mia famiglia."

Moshe Harel, una delle nove persone accusate nel caso del trapianto di organi in Kosovo, è stato arrestato nel maggio 2012 in Israele. Jonathan Ratel, il procuratore speciale di Eulex che indaga sul traffico di organi, ha confermato che Moshe Harel e altri sospetti sono stati arrestati.

Il 26 aprile 2013, i cinque medici della clinica Medicus sono stati condannati in via definitiva a Pristina, in Kosovo. Un centinaio di testimoni si sono presentati in tribunale. La sentenza più severa, otto anni di carcere, è stata inflitta all'urologo Lutfi Dervishi, proprietario della clinica. Suo figlio, anch'egli medico, Arban Dervishi, è stato condannato a sette anni e tre mesi. Altri tre imputati del caso, anch'essi medici, sono stati condannati a pene comprese tra uno e tre anni di carcere. I colpevoli sono stati inoltre condannati a pagare 15.000 euro di risarcimento a sette delle vittime. Il quotidiano *Le Monde ha* titolato: "Un mercato lucrativo per la mafia", senza specificare quale mafia fosse coinvolta. Sono state identificate 24 vittime: israeliani (probabilmente palestinesi), turchi, kazaki, bielorussi, russi, ucraini e moldavi. Si trattava di persone vulnerabili e bisognose che si erano sottoposte a un intervento chirurgico tra marzo e novembre 2008 presso la clinica Medicus. Tutti erano stati contattati per la prima volta a Istanbul, dove erano state promesse loro somme ingenti, "anche se non sono mai state pagate", secondo il quotidiano *Le Monde* del 29 aprile 2013. Sei donatori hanno testimoniato in tribunale, di persona o in videoconferenza. Da parte loro, i clienti avevano pagato tra gli 80.000 e i 100.000 euro." Venivano da Israele, Canada, Polonia, Stati Uniti e Germania, ed erano in genere persone benestanti, desiderose di ridurre i tempi di attesa nel loro paese. Erano anche tutti ebrei", ha detto il giornalista *di Le Monde*. Yusuf Sönmez e Moshe Harel erano assenti durante il processo, poiché le loro richieste di estradizione in Turchia e Israele non sono state accolte. Infatti, questi Paesi non consegnano i loro cittadini a tribunali stranieri.

Il 13 maggio 2015, sette israeliani sono stati incriminati a Tel Aviv per aver fatto parte di una rete internazionale di traffico di organi e trapianti illegali in Kosovo, Azerbaigian, Sri Lanka e Turchia, secondo il Ministero della Giustizia israeliano. Uno degli imputati, Avigad Sandler e Boris Wolfman, ha individuato pazienti israeliani per offrire loro organi di persone provenienti da Kosovo, Azerbaigian e Sri Lanka. Anche il terzo imputato, Moshe Harel, ha operato in Kosovo con il medico turco Yusuf Erçin Sönmez.

Un altro imputato, il dottor Zaki Shapiro, era considerato un esperto di trapianti di organi. È stato a capo del servizio di trapianto di organi dell'ospedale Beilinson, vicino a Tel Aviv, fino al suo pensionamento nel 2003. All'inizio del 2007, questo israeliano è stato arrestato in Turchia con altri tre cittadini. Il *Jerusalem Post* lo ha descritto all'epoca come uno dei più importanti specialisti in trapianti di organi. I prelievi e i trapianti di organi sono stati effettuati in cliniche private di Istanbul, in una delle quali il dottor Shapiro è stato arrestato in circostanze straordinarie. Quattro uomini armati avevano fatto irruzione nel centro medico per chiedere il rimborso del denaro. Secondo la stampa turca, i quattro uomini hanno sparato contro il personale medico. La polizia è stata immediatamente allertata e un poliziotto è rimasto ferito nella sparatoria. L'indagine della polizia ha rivelato che, dopo vari avvertimenti, la clinica aveva ricevuto dalla magistratura l'ordine di chiudere per mesi a causa dei trapianti illegali. Oltre al dottor Shapiro (o Shapira), erano state arrestate altre sedici persone, tra cui due medici turchi.

Nel 2002, la professoressa universitaria Nancy Scheper-Hughes aveva già fatto il nome di questo Zaki Shapiro davanti alla Camera dei Rappresentanti degli Stati Uniti: "Il dottor Zaki Shapiro, capo del servizio trapianti del Beilison Medical Center vicino a Tel-Aviv, era andato al di là della legge all'inizio degli anni '90 quando si era servito di intermediari arabi per trovare venditori di organi tra i lavoratori poveri di Gaza e della Cisgiordania." Anche Zaki Shapiro e Yusuf Sönmez erano soci dell'inafferrabile Illan Peri.

Il 9 dicembre 2015, l'agenzia di stampa russa *sputniknews ha* riferito che, secondo la tedesca *Deutsche Welle*, il cittadino israeliano di origine ucraina Boris Walker (il cui vero cognome era Wolfman) era stato intercettato all'aeroporto Atatürk, alla periferia di Istanbul. Si era recato in Turchia con l'obiettivo di recuperare gli organi dei rifugiati siriani in fuga dallo Stato Islamico. Quaranta giorni dopo il suo arresto, la magistratura turca ha ordinato l'estradizione del presunto trafficante in Israele, anche se le autorità turche e israeliane hanno rifiutato di commentare. Nel 2015, nessun trafficante di organi era ancora stato condannato dalla magistratura dello Stato ebraico.

L'inversione accusatoria

La tipica inversione accusatoria è stata nuovamente verificata al cinema con il film *Dirty Pretty Things* (Regno Unito, 2002): Okwe è un povero nero di origine nigeriana che vive in Inghilterra, a Londra. È un immigrato clandestino e illegale e la sua vita non è facile. Ma lavora duramente per tirare avanti. Di giorno fa il tassista e di notte il receptionist in un lussuoso hotel di Londra. Ma nell'albergo accadono cose strane e Okwe scopre che l'hotel è sede di un traffico di organi gestito dal responsabile che approfitta della situazione degli immigrati. In cambio di un rene, i poveri immigrati del terzo mondo possono così ottenere un passaporto o un visto: un rene in cambio di un passaporto. Le operazioni vengono eseguite in una suite d'albergo da medici inesperti. Inseguito dai servizi di immigrazione (due inglesi bianchi molto cattivi), Okwe non osa denunciare ciò che ha appena scoperto. Procederà quindi attraverso canali alternativi per cercare di smantellare questo traffico, aiutato da una donna delle pulizie turca, una prostituta di colore e un cinese che lavora in un obitorio. I poveri immigrati clandestini (allora chiamati "peccatori") sono vittime di ricatti, pressioni, stupri e crimini, mentre i bianchi, ancora una volta, fanno la parte dei bastardi. Il film è del regista Stephen Frears, che non è un "bianco", si capisce.

Sappiamo anche che il sangue dei bambini cristiani può essere stato trafficato in passato per motivi religiosi. Nel febbraio 2007 è scoppiato in Italia un caso molto spiacevole che ha suscitato grande scandalo. Il professor Ariel Toaff aveva appena pubblicato un libro di 400 pagine intitolato *Pasque di sangue (Pasqua di sangue, gli ebrei d'Europa e i libelli di sangue)*. Il professor Toaff, dell'Università Bar-Ilan di Gerusalemme e figlio dell'ex rabbino capo di Roma, ha suscitato scalpore nei media riconoscendo che alcuni ebrei ashkenaziti praticavano omicidi rituali nel nord Italia e che il sangue di questi bambini cristiani era una merce trafficata su entrambi i versanti delle Alpi. Le accuse di omicidio rituale erano scoppiate ovunque in Europa e in Medio Oriente a partire dall'XI secolo[424].

Naturalmente, anche in questo caso, alcuni registi ebrei hanno dovuto realizzare film legati al tema. Ad esempio, *The Haunted* (USA 1987): A New York, giovani ragazzi vengono rapiti e sono vittime di omicidi rituali. Lo psicologo Jamison scopre l'esistenza della Santeria, una setta che pratica una variante cubana del voodoo. Il film è di John Schlesinger, che non è un membro di una setta voodoo.

Nel film *Hannibal Lecter, le origini del male* (2007) di Peter Webber, che rivela l'infanzia del famoso Hannibal Lecter, lo psicopatico cannibale de *Il silenzio degli innocenti*, vediamo in una scena come un assassino di bambini possa essere anche un buon cattolico che porta i figli in chiesa.

Contro il ritmo incessante della propaganda hollywoodiana, si è distinta una produzione turca del 2006: *Valley of the Wolves*, un film che descrive i crimini commessi in Iraq dalle truppe statunitensi e le umiliazioni subite dai combattenti della resistenza nella prigione di Abu Ghraib. Il film denuncia anche il traffico di organi di cui erano responsabili i medici israeliani in quella prigione irachena. Abbiamo visto un medico ebreo americano prelevare delicatamente un rene da un prigioniero arabo vivo e metterlo con cura in un contenitore con la scritta *"Per Tel-Aviv"*. Poiché il film è stato trasformato in una serie televisiva, i cui episodi sono stati trasmessi dalla televisione turca, lo Stato di Israele ha espresso il suo disappunto. Nel gennaio 2010, l'ambasciatore turco Oguz Celikkol è stato convocato al Ministero degli

---

[424]Sull'omicidio rituale, si veda *Fanatismo ebraico* (2007) e la nostra *Storia dell'antisemitismo* (2010).

Affari Esteri israeliano, dove il comandante in seconda della diplomazia israeliana, Danny Ayalon, dopo averlo fatto attendere a lungo nel corridoio, lo ha ricevuto senza stringergli la mano e lo ha invitato a sedersi in una poltrona su un gradino più basso di quelli occupati dai diplomatici israeliani. In seguito, l'ambasciatore turco ha dichiarato che in 30 anni di carriera non era mai stato così umiliato.

Nell'agosto 2009, in seguito alla pubblicazione dell'articolo del giornalista svedese Donald Boström, la leadership israeliana ha deciso di rispondere immediatamente con un attacco, rischiando di provocare una crisi diplomatica. Il governo svedese avrebbe condannato immediatamente l'articolo antisemita." Non chiediamo le scuse del governo svedese, ma una condanna dell'articolo", ha dichiarato il Primo Ministro Benjamin Netanyahu durante il Consiglio dei Ministri. Il ministro delle Finanze Yuval Steinitz ha dichiarato ai giornalisti: "La crisi durerà finché il governo svedese non cambierà atteggiamento nei confronti di questo articolo antisemita. Chi non lo condanna non è il benvenuto in Israele", aggiungendo: "Il governo svedese non può più rimanere in silenzio. Nel Medioevo si diffondevano calunnie che accusavano gli ebrei di preparare il pane azzimo per la Pasqua ebraica con il sangue dei bambini cristiani, e oggi i soldati di Tsahal (esercito israeliano) sono accusati di uccidere i palestinesi per prelevare i loro organi."

Il capo della diplomazia israeliana, Avigdor Lieberman, ha rimproverato il suo omologo a Stoccolma per il suo silenzio: "È vergognoso che il ministro degli Esteri svedese si rifiuti di intervenire in un caso di incitamento all'omicidio di ebrei. Questo atteggiamento ricorda quello della Svezia durante la Seconda Guerra Mondiale. All'epoca si rifiutò anche di intervenire contro il genocidio nazista." L'ambasciatore svedese a Tel-Aviv, membro della ricca e influente famiglia Bonnier, proprietaria della maggior parte dei giornali, delle televisioni e dei cinema svedesi, ha espresso il suo profondo "stato di shock[425]".

Un certo disagio si è diffuso nelle redazioni dei principali media occidentali. La stampa tradizionale ha parlato di "tensioni" tra Israele e Svezia. Il settimanale francese *Le Point*, ad esempio, ha titolato: "Israele alza la voce contro la Svezia dopo un articolo giudicato antisemita". In questo modo si è evitato di discutere la questione fondamentale del traffico di organi.

L'11 dicembre 2009, un incredibile articolo intitolato *"Mengele mi*

---

[425] Un antenato ebreo tedesco, Hirschel, aveva cambiato il suo cognome in "Bonnier". Anche la famiglia svedese Bonnier era proprietaria di numerosi media in Finlandia.

ha rubato un rene" è apparso sul quotidiano online inglese *Dailymail*, il secondo quotidiano inglese per importanza. Abbiamo letto che un israeliano di 85 anni, Yitzchak Ganon, è stato appena operato da un cardiologo a Tel Aviv. Quando si svegliò nel suo letto d'ospedale, il chirurgo che gli aveva appena salvato la vita fu molto sorpreso. Aveva infatti scoperto che al suo paziente mancava un rene. Lo so", aveva risposto. L'ultima volta che l'ho visto, pulsava nelle mani di un uomo che si chiamava Josef Mengele." Yitzchak Ganon iniziò quindi a raccontare la sua incredibile storia.

Josef Mengele era "il terribile medico nazista che lavorava ad Auschwitz". Yitzchak Ganon, sopravvissuto ad Auschwitz, era stato scelto da quel "medico diabolico, che si presentava sui binari di arrivo dei convogli ferroviari per scegliere cavie umane per i suoi atroci esperimenti"."

Ecco il testo integrale del giornale inglese: "Una volta tatuato il numero 182558 sul braccio sinistro, Mengele - che le sue vittime chiamavano "l'angelo della morte" - si è legato a Y. Ganon su un tavolo operatorio: "Mi ha infilato il coltello senza anestesia. Il dolore era indescrivibile. Ho sentito ogni taglio del coltello. E poi ho visto il mio rene pulsare nella sua mano. Ho gridato come un posseduto, ho gridato questa supplica: "Ascolta, o Israele: il Signore è il nostro Dio, il Signore è uno". E ho pregato perché venisse la morte, in modo da non dover più sopportare tali sofferenze". Ma Mengele, che voleva scoprire come clonare i perfetti superuomini SS per il suo Führer, non aveva finito con lui." Dopo l'operazione non mi hanno dato antidolorifici e mi hanno messo a lavorare. Ho dovuto pulire la stanza dietro le operazioni sanguinose eseguite da Mengele".

Sei mesi dopo, Mengele lo sottopose nuovamente a un test. Questa volta fu immerso in un bagno di acqua ghiacciata, mentre Mengele lo osservava a intervalli: voleva vedere come funzionavano i suoi polmoni." Poi sono stato selezionato per la camera a gas perché il mio corpo non valeva più nulla. La mattina della gassazione, Y. Ganon fu incredibilmente fortunato (come Elie Wiesel, come Samuel Pisar e altri sopravvissuti[426].) Ero "il 201° ad essere mandato nella camera a gas - ma dopo 200 persone la stanza era piena": "Questo mi ha salvato la vita". E mi rimandarono al campo."

Quando Auschwitz fu liberata, Ganon poté tornare in Grecia, dove si riunì al fratello e alla sorella, anch'essi sopravvissuti, e successivamente emigrò in Israele nel 1949.

---

[426] Leggete il racconto di questi "sopravvissuti" in Hervé Ryseen, *Le Miroir du Judaïsme (Lo specchio del giudaismo)*, Baskerville 2009.

Abbiamo quindi capito perché, dopo 64 anni, questo israeliano si rifiutava di farsi visitare da un medico. Per tutto quel tempo, l'uomo aveva mantenuto un terribile segreto che spiegava la sua sfiducia nella professione medica. I suoi familiari erano sempre stati sorpresi dal suo rifiuto di farsi visitare da un medico." Ogni volta che aveva un raffreddore, un'infezione, un'ecchimosi, un taglio o qualsiasi altra malattia, se la cavava da solo", ha detto la moglie." Quando era malato diceva di non essere malato, di essere solo stanco." Quando Yitzchak Ganon ebbe un infarto, il suo segreto fu svelato. Sul sito del giornale che ha pubblicato questa incredibile storia, i commenti erano fortunatamente aperti ai lettori, e l'ironia di alcuni internauti ci ha dimostrato che dobbiamo continuare a sperare nell'umanità.

Chirurgia estetica

Negli anni '90 la chirurgia estetica si è sviluppata notevolmente. Questa disciplina medica aveva un gran numero di praticanti nella comunità. Un articolo della rivista *Le Point* del 27 luglio 2001, intitolato *Il volto nascosto della chirurgia estetica*, ci ha fatto capire che gli interventi comportano comunque alcuni rischi. Una donna traumatizzata ha avuto il coraggio di parlare pubblicamente." È stato il mio parrucchiere a consigliarmi questo chirurgo. Sembrava molto sicuro di sé, mi ha detto che era il migliore, così ho detto di sì. Così ho detto di sì". Il 19 luglio 2000, Chantal L., 55 anni, si è sottoposta a un intervento in una clinica di chirurgia estetica degli Yvelines. Chantal era una brunetta minuta, contabile nella regione di Parigi, che aveva risparmiato 37 000 franchi per offrirsi un seno più generoso e un lifting alle palpebre.

"Il giorno dopo, il chirurgo venne a trovarmi per dirmi che mi ero procurato una contusione alle palpebre, ma ero bendato e non potevo vedere nulla. Qualche giorno dopo, tornato a casa, mi sono reso conto dell'ecatombe: il mio occhio destro era rovinato, la palpebra inferiore era cadente e una cicatrice molto visibile arrivava fino alla tempia. Il mio seno destro è sgualcito e ammaccato, con un capezzolo ancora mancante e posizionato molto più in alto di quello sinistro. In seguito ho scoperto che il chirurgo aveva posizionato la protesi mammaria destra davanti al muscolo e la protesi mammaria sinistra dietro...."

Chantal L. è stata una delle vittime della chirurgia estetica "non riuscita". Quante erano? Nessuno lo sa", ha ammesso il dottor François Perrogon, presidente dell'Associazione per l'informazione medica in estetica. La stessa conclusione è stata raggiunta dall'Associazione dei successi e dei fallimenti della chirurgia estetica, che riunisce 1500 vittime. Quando gli assicuratori vengono interpellati, rispondono che ci sono il 20% di controversie contro il 2% in altre discipline mediche." In dieci anni, i contenziosi sono aumentati del 117%, di cui un terzo sarebbe legato alla chirurgia del seno", ha spiegato Nicolas Gombault, direttore legale di Sou Médical, che assicura 160 chirurghi estetici. Ha riconosciuto: "A volte siamo costretti a fare a meno di alcuni dei nostri partner che hanno troppi incidenti."

In realtà, il numero di controversie che hanno raggiunto gli assicuratori è stato sottostimato, in quanto i pazienti raramente osano chiamare in causa il proprio chirurgo dopo un fallimento." Subire il fallimento di un'operazione estetica è come uno stupro, non ne vuoi parlare", ha spiegato Valeria F, che ha vissuto per più di vent'anni con il seno mutilato dopo un'operazione estetica. Dopo una lunga psicoterapia, non riusciva quasi a parlare del suo calvario." All'epoca avevo 51 anni e volevo ridurre le dimensioni del mio seno. Sono andato a Parigi da un chirurgo che aveva un suo studio. Dopo l'operazione, quando ho sollevato la benda, ho visto che il mio seno sinistro non esisteva più. Ho iniziato a urlare. Le infermiere sono venute a dirmi: "Andrà tutto bene". Una settimana dopo, quando tornai dal chirurgo per la visita post-operatoria, pensai che mi avrebbe spiegato cosa era successo. Mi ha detto solo: "Ti sta benissimo, comunque, sembri già un uomo". Non ho protestato, perché sono una di quelle donne che non sono esattamente belle, ma mi ha lasciato a pezzi. Non ho mai più voluto che un uomo mi toccasse, mi sono ritirata in me stessa con una depressione dopo l'altra e ho persino finito per vendere il mio ristorante. Ci devono essere molte vittime come me che non hanno il coraggio di parlare...."

Alcuni chirurghi si offrivano di "sistemarli" a poco prezzo o, più raramente, di rimborsarli a condizione che firmassero un documento in cui si impegnavano a non divulgare la questione. Questa clausola di riservatezza non aveva alcun valore legale, ma permetteva di mettere a tacere le vittime del fallimento. Una denuncia legale non era fattibile. Pochi hanno fatto il passo." È un intervento lungo e costoso, e il risultato è molto aleatorio", ha spiegato Martina L., che ha lottato per sette anni con il chirurgo che le aveva praticato la liposuzione." Passo da un esperto all'altro, e ogni volta è una sofferenza. Sono costretto a mostrare la mia pancia atrocemente cucita e ammaccata. Oltre al fatto che devo pagarlo, non ho il diritto di farlo riparare prima della fine della procedura." E questa donna ha aggiunto: "Ho scoperto che in questo tipo di casi i chirurghi incaricati della perizia raramente osano criticare il lavoro dei loro colleghi. È un mondo in cui tutti si coprono le spalle, a spese delle vittime."

Era chiaro che alcune cliniche erano più attente a scegliere i loro avvocati che i loro chirurghi, e si nascondevano facilmente dietro la scusa dei "rischi terapeutici" o dell'assenza di qualsiasi obbligo di ottenere risultati. In realtà", afferma il dottor François Perrogon, "tra il 10 e il 30% degli interventi di chirurgia estetica richiedono almeno qualche ritocco. Ma i professionisti non lo gridano dai tetti." Durante la consultazione, il chirurgo avrebbe dovuto informare sui rischi dell'operazione e sulle possibili complicazioni, ma non lo ha detto dalle labbra. D'altra parte, si faceva di tutto per "inebriare" il futuro cliente:

Lidia, 60 anni, ha ricordato la sua esperienza: "Mi hanno invitato a bere champagne e tartine, mi hanno mostrato foto di pazienti 'di successo' e persino videocassette. Non ho fatto altre domande, sono stato sedotto. Inoltre, l'atmosfera in sala d'attesa era elettrica, il chirurgo era appena stato in televisione. L'agenda degli appuntamenti era piena." Lidia aveva pagato 75.000 franchi senza battere ciglio, per metà in contanti, per un lifting e uno steatomia. Quando il paziente resisteva al richiamo della sirena, entrava in scena l'assistente che aveva appena subito un'operazione e la cui silhouette impeccabile era la prova vivente del know-how del chirurgo.

I gestori della clinica Rond-Point sugli Champs-Elysées, una lussuosa struttura di 3.000 metri quadrati che impiega più di 70 persone e che è stata appena quotata in borsa, hanno tratto grande vantaggio dalle loro relazioni con i media. Così si legge nel settimanale *L'Événement du jeudi* del 14 maggio 1998: "Migliaia di donne hanno affidato i loro seni, i loro visi, le loro maniglie dell'amore ai chirurghi di questa elegante clinica parigina con l'avallo e l'autorizzazione del Ministero della Sanità. Come potevano sospettare? Per anni, i media hanno fatto pubblicità ai medici Guy Haddad, Bernard Sillam e Martial Benhamou, proprietari dello stabilimento, insieme al medico Michel Cohen. Articoli su *France-Soir, Femme actuelle, Télé 7 Jours*, che elogiano i meriti delle pratiche della clinica Rond-Point; partecipazioni a programmi televisivi, pubblicazione di un libro, *Jeunesse pour tous (Gioventù per tutti)*. - Ad ogni suo intervento, veniva comunicato al pubblico un numero di telefono: quello della Società francese per lo sviluppo estetico, che inoltrava la chiamata alla clinica."

La pubblicità era severamente vietata dal codice deontologico dei medici, ma tale divieto non si applicava a queste cliniche, che godevano dello status di stabilimento commerciale. La clinica Rond-Point sugli Champs Elysées ne approfittava ampiamente, con un budget pubblicitario che raggiungeva i dieci milioni di franchi all'anno. Nel maggio 2000, il suo direttore è stato condannato a una multa di 400.000 franchi per pubblicità ingannevole. In effetti, la clinica dichiarava nella sua pubblicità di essere "autorizzata dal Ministero della Salute", il che era falso, poiché non esisteva alcun accordo per questo tipo di struttura. I giudici avevano notato altre formule fuorvianti: i quattro medici, presumibilmente "i migliori specialisti" in "chirurgia plastica ricostruttiva ed estetica", erano in realtà solo medici generici. I loro slogan pubblicitari avevano tutte le carte in regola per il successo: "depilazione permanente"; "eliminare definitivamente la cellulite"; "eliminare il grasso dai fianchi"; "eliminare il doppio mento"; "calvizie sconfitta".

Per quanto riguarda le prestigiose associazioni che fornivano una sorta di avallo professionale alla struttura ("Société française de développement aesthétique", "Fédération internationale d'aesthétique médicale"), i ricercatori hanno scoperto che si trattava di associazioni fantasma create dai direttori della clinica per scopi strettamente commerciali e il cui scopo era quello di indirizzare tutti coloro che chiamavano per chiedere informazioni sulla chirurgia estetica al loro studio[427].

La clinica era stata duramente criticata durante un'ispezione del Controllo frodi e della Direzione provinciale per la salute e gli affari sociali. Gli investigatori avevano notato diverse violazioni delle più elementari norme igieniche e, cosa ancora più grave, anestesie eseguite da medici generici non qualificati." Le operazioni si sono svolte in condizioni da brivido", ha scritto il giornalista. È stata presentata una denuncia al Consiglio dell'Ordine e più di 70 testimonianze di colleghi sono state inviate all'organismo nazionale per denunciare pratiche dubbie. Tuttavia, solo un paziente ha deciso di adire le vie legali, il che dimostra che il sistema è davvero rigido. Uno dei chirurghi della clinica, consulente medico della struttura, era anche un esperto legale presso la Corte di Cassazione francese.

Contattato telefonicamente, il dottor Benhamou ha negato le accuse a suo carico. I quattro medici sono stati comunque sospesi provvisoriamente per sei mesi, una sanzione insolita e "particolarmente

---

[427] Prima della Rivoluzione francese, le corporazioni di artigiani e commercianti proibivano e vietavano la pubblicità. Era utilizzato solo dai mercanti ebrei, che in seguito lo hanno reso popolare. A questo proposito, si veda lo studio ben documentato del sociologo ed economista tedesco Werner Sombart, *Les Juifs et la vie économique (1911)*, ripubblicato in francese nel 2012. (Tradotto anche dall'Università Complutense nel 2008, *Los Judíos y la vida económica.*)

dura". La clinica è stata ufficialmente chiusa "per lavori", ma ha continuato a operare come ambulatorio, soprattutto per la liposuzione, che rappresentava la maggior parte della sua attività. Per gli interventi chirurgici (seno, palpebre, naso), i clienti venivano portati in limousine dagli Champs Elysées alla clinica Hartmann di Neuilly, che forniva cure intermedie." Durante i lavori, affari come al solito", ha concluso ironicamente la giornalista Marie-Françoise Lantieri.

Il 2 maggio 2001, il direttore della clinica Rond-Point sugli Champs Elysées è stato nuovamente condannato a una multa di 20.000 franchi dal tribunale correzionale di Parigi, questa volta per discriminazione sul lavoro. In una rivista medica aveva pubblicato un'offerta di lavoro riservata a "chirurghi stranieri". Il tribunale aveva sottolineato che l'assunzione di chirurghi stranieri, le cui qualifiche non erano valide sul territorio francese, consentiva a questo stabilimento di beneficiare di una forza lavoro altamente qualificata a basso costo, incomparabile con gli stipendi che avrebbe dovuto pagare a un medico o chirurgo francese.

Alcuni assi del bisturi non hanno esitato a incaricare medici generici, estetisti o parrucchieri." Quando ho creato l'Associazione per l'informazione medica in estetica nel 1991, diversi colleghi professionisti sono venuti a trovarmi per offrirmi una commissione del 10-15% su ogni paziente che avrei indirizzato alle loro cliniche", ha rivelato François Perrogon.

Un altro trucco per gonfiare il fatturato era quello di "consigliare" al cliente procedure che non richiedeva. Irene, 52 anni, aveva chiesto un lifting: "Ho visto il Dr. S. in TV, era bellissimo." L'appuntamento è stato fissato in una clinica parigina, un sontuoso palazzo che porta il nome di un poeta umanista del XIV secolo. Nel maggio 1999, dopo tre consultazioni, Irene viene operata. Questa la sua testimonianza: "Pochi minuti prima dell'intervento, subito dopo avermi somministrato un ansiolitico, il dottor S. è venuto a propormi delle protesi al seno oltre a un lifting. Ho rifiutato, ma lui ha insistito, parlandomi di un credito di tre mesi, poi di un credito di sei mesi e infine ha detto: "Ti darò 30.000". Ero fuori di testa a causa delle medicine e ho accettato. Mi ha poi fatto firmare un documento chiamato "consenso informato per l'intervento chirurgico". Pensavo che avremmo discusso dell'operazione, delle dimensioni delle protesi, ma l'anestesista si presentò per farmi un'iniezione e mi addormentai." Il giorno dopo, dopo la visita del "dottor S." nella sua stanza per farle firmare una cambiale, Irene scopre il suo nuovo seno: "Era troppo grande, avevo una 95 C, mentre prima avevo una 85B". Da quel momento in poi, tutto è andato storto. Una delle protesi si è sgonfiata e il lifting è stato rovinato. Ho un cedimento nella parte inferiore del viso."

Le sanzioni del Consiglio dell'Ordine, così come le indagini delle autorità sanitarie, sono state raramente rese pubbliche. I candidati alla chirurgia estetica non potevano nemmeno individuare i medici condannati dai tribunali, poiché le condanne civili non erano pubblicate e quelle in appello o in cassazione erano menzionate solo in riviste giuridiche specializzate e riservate.

Traffico di organi e moralità ebraica

Nella sua famosa opera teatrale, *Il mercante di Venezia*, William Shakespeare aveva immaginato un personaggio orribile, un ebreo di nome Shylock che reclamava la sua libbra di carne da un debitore insolvente. Quattro secoli dopo, grazie ai progressi della chirurgia e alle possibilità di trapianto, l'immaginazione di Shakespeare sembra essersi realizzata su larga scala.

In ogni caso, il traffico di organi aveva una certa legittimità nel discorso dei leader religiosi. Yitzhak Ginzburg, celebre cabalista responsabile della yeshiva Od Yosef Hai in Israele, aveva così dichiarato a *Jewsih Week*, la più importante pubblicazione ebraica degli Stati Uniti: "Un ebreo è autorizzato a rimuovere il fegato di un goy se ne ha bisogno, perché la vita di un ebreo ha più valore di quella di un goy, così come la vita di un goy ha più valore di quella di un animale... La vita ebraica ha un valore infinito. C'è qualcosa di infinitamente più sacro e unico in una vita ebraica che in una vita non ebraica[428]."

Il goy era talvolta equiparato a un animale, come abbiamo potuto leggere in alcune opere di intellettuali ebrei. Ne *L'ultimo giusto*, il romanziere André Schwarz-Bart ha raccontato la storia del povero Mardocheo che, aggredito da contadini polacchi, riuscì a difendersi - cosa incredibile per un povero ebreo - e a sconfiggere i suoi assalitori: "Mardocheo, stordito e quasi ubriaco di sangue, scoprì all'improvviso il mondo cristiano della violenza... Quella stessa notte, tornando a casa, capì che d'ora in poi avrebbe superato i suoi compagni, quanto erano irrisori e insignificanti! di un corpo strettamente legato alla terra, alle piante e agli alberi, a tutti gli animali innocui o pericolosi - compresi quelli che portano il nome di uomini[429]."

---

[428]Israel Adam Shamir, *Notre-Dames des douleurs*, BookSurge, 2006, p. 241. Si vedano anche le dichiarazioni di Yitzhak Ginzburg in *Psychoanalysis of Judaism*.
[429]André Schwarz-Bart, *El último justo*, Editorial Seix Barral, Barcellona, 1959, pagg. 41, 42.

Martin Gray, il famoso autore del bestseller *In the Name of All My People*, tendeva a provare lo stesso disprezzo. Nel 1941 aveva diciassette anni e viveva nel ghetto di Varsavia. Quando un poliziotto tedesco della Gestapo iniziò a interrogarlo sul commercio di merci che aveva avviato e che gli aveva permesso di arricchirsi notevolmente ("I miei profitti sono enormi..."), Martin tacque. Martin Gray scrisse poi di questo poliziotto: "Apparteneva al mondo delle bestie rabbiose che devono essere uccise perché sono nocive... Io e la mia gente eravamo gli uomini con la faccia da uomini. E le bestie rabbiose non potrebbero sconfiggerci nemmeno se ci uccidessero." In altri passaggi, ha parlato di "bestie con il volto di uomini[430]."

I lettori dei nostri libri precedenti sanno fino a che punto il disprezzo per i goyim si intravede in certa letteratura ebraica. È quindi naturale per loro pensare che il cadavere di un ebreo non debba essere toccato e tanto meno profanato dai goyim. Capiamo meglio perché gli intellettuali ebrei, nel complesso, si oppongono fermamente alla pena di morte nei paesi in cui si sono stabiliti[431].

---

[430]Martin Gray, *Au nom de tous les miens*, Robert Laffont, 1971, Poche, 1984, pagg. 125, 220, 286.
[431]"Mai, che io sappia, nessun filosofo in quanto tale, nel proprio discorso filosofico sistematico, mai nessuna filosofia in quanto tale ha contestato la legittimità della pena di morte. Da Platone a Hegel, da Rousseau a Kant (senza dubbio il più rigoroso di tutti), ognuno, a suo modo, si è schierato espressamente a favore della pena di morte." Jacques Derrida e Élisabeth Roudinesco, *Y mañana, qué...* Fondo de cultura económica, Buenos Aires, 2002, p. 159.

PARTE TERZA

TRUFFATORI E TRAFFICANTI

I criminali e i gangster ebrei non erano tutti organizzati in reti mafiose o criminali. Alcuni hanno agito da soli e si sono specializzati in truffe di ogni tipo. Nel numero di giugno 1989 del mensile ebraico *Passages*, dedicato a *"La verità sui truffatori ebrei"*, un avvocato di nome Bernard Cahen affermava quanto segue: "I magistrati che escono dai tribunali specializzati in crimini finanziari, come l'11° o il 31° tribunale penale di Parigi, riconoscono che alla fine sono vicini a nutrire sentimenti antisemiti. Il numero di ebrei che hanno dovuto giudicare supera di gran lunga la percentuale di ebrei nella popolazione. Questo è un dato di fatto."

Alla fine della sua intervista sulla stessa rivista, Thierry Levy, avvocato, si è sfogato: "Vengo da una famiglia dell'Est molto assimilata. Nella mia famiglia, molti si vergognavano quando un ebreo era coinvolto in uno scandalo. Oggi non provo più quella vergogna. E se ci sono reazioni come quelle di questi giudici, questo mi fa piacere. Che si fottano!".

1. Le grandi truffe

Tutti gli ebrei non sono truffatori e tutti i truffatori non sono ebrei. Ma a giudicare dalla cronaca giudiziaria, le grandi truffe finanziarie sono compiute esclusivamente da ebrei "altamente assimilati".

Claude Lipsky, "il truffatore del secolo".

Claude Lipsky era uno di quei grandi truffatori che solo la

comunità ebraica sembra in grado di generare. L'uomo era diventato famoso negli anni '70 con il caso del *Patrimonio territorial* y de la *Garantía inmobiliaria*, una truffa da 43 milioni di franchi (6,56 milioni di euro) che aveva azzerato i risparmi di oltre 8.000 piccoli risparmiatori. Soprannominato in Francia il "truffatore del secolo" da quella truffa, nel 1976 era stato condannato a otto anni di carcere. Ma undici anni dopo la condanna, Lipsky decise di tornare in azione.

A partire dal 1987, e per un decennio, Lipskyha offerto incredibili investimenti ai soldati francesi in pensione o attivi nel continente africano. Ufficiali o sottufficiali, alcuni di questi soldati avevano accumulato comodi risparmi grazie alla loro paga come soldati in missione all'estero. In Africa, un sergente guadagnava 25.000 franchi al mese e un colonnello 80.000 franchi al mese, anche se non era padre di famiglia. Questi risparmi avevano suscitato l'interesse di Claude Lipsky, che sperava di trarne un buon profitto.

Per entrare in contatto con i suoi clienti, Lipsky trovò due bravi ragazzi che lo cercavano negli ambienti militari: Pierre Haubois, 66 anni, ex generale che aveva comandato la base di Gibuti, e Claude Derusco, ex pilota e tenente colonnello della stessa età, anche lui in pensione. La loro appartenenza all'esercito ha eliminato ogni dubbio e le loro visite alle guarnigioni sono state accolte con un tappeto rosso. Il nome di Lipsky era presente nella mailing list come direttore o amministratore, ma non si è mai recato in Africa, lasciando ai suoi associati il compito di contattare i militari.

Nel periodo 1987-1999, Claude Lipsky aveva così lanciato sottoscrizioni per i militari francesi di stanza all'estero, principalmente a Dakar, Gibuti e Libreville, ai quali prometteva rendimenti molto interessanti sugli investimenti immobiliari grazie a un programma informatico in grado, a suo dire, di analizzare i flussi borsistici a lungo termine. Il trio assicurò ai suoi interlocutori che se avessero consegnato i loro risparmi, i loro investimenti avrebbero potuto generare un rendimento annuo del 10% al netto delle imposte con un capitale iniziale di 50 000 franchi. In queste condizioni, centinaia di soldati hanno approfittato di questa offerta d'oro.

Ma nel 1998 i militari si sono disillusi. Invece di ricevere le somme concordate, hanno ricevuto e-mail con spiegazioni evasive che chiedevano pazienza. Avvertendo la truffa, hanno sporto denuncia alla magistratura ed è stata aperta un'inchiesta giudiziaria per "violazione aggravata della fiducia e truffa" (*Le Figaro*, 23 settembre e 31 ottobre 2000). Alcuni non hanno ricevuto alcun interesse. Altri non sono riusciti a recuperare il capitale iniziale.

I militari scoprirono subito con stupore che Claude Lipsky era un ex truffatore. Hanno anche scoperto che la sua società si era spostata tra Ginevra, Monaco, Cipro e le Isole Vergini Britanniche con nomi diversi, come Neiman Trust, Neiman Corporation e Moneywise Investissement Limited. Alcuni militari si recarono a Cipro per approfondire la questione: "Si trattava in realtà solo di un indirizzo postale con un impiegato che Claude Lipsky non aveva mai visto", ha detto uno di loro. Decine di milioni di franchi sono transitati attraverso società con sede a Ginevra, Monaco o Cipro prima di svanire.

Per molti, questo ha rappresentato una perdita di milioni di dollari: "Tutti i miei risparmi sono spariti in un colpo solo", ha detto Thierry Pineau, un ex ufficiale pilota di Dakar. I soldati truffati da Claude Lipsky avevano formato un'associazione, *Ardiplent*, per recuperare il loro denaro." Abbiamo 342 membri in un'associazione, ma oggi ci sono quasi 500 vittime registrate", ha dichiarato il presidente, Jean-Francis Comet, ex ufficiale a Gibuti. Spiega che i due soldati in pensione che lavoravano per Claude Lipsky avevano ispirato fiducia in loro: "Il loro passato incuteva rispetto. Venivano a trovarci due volte all'anno, in ottobre e in marzo. È stato sufficiente. Le basi militari sono come le piccole città: il passaparola funziona molto bene. E ci siamo passati la voce di questi succosi investimenti. All'inizio, i clienti hanno recuperato i loro investimenti. Tutti erano soddisfatti... Tutto cambiò radicalmente nel 1998, quando alcuni di loro non riuscirono a recuperare il capitale iniziale. Nonostante le lettere ricevute che ci informavano della temporanea situazione negativa, i sospetti crescevano. Le lettere contenevano troppe contraddizioni. È stato allora che gli indirizzi delle società - Monaco, Ginevra, Cipro - hanno cominciato a preoccuparci. Ci siamo resi conto di essere stati presi per matti... Molte famiglie avevano fatto investimenti importanti. Hanno perso tutto." Questa enorme truffa ha azzerato i risparmi di quasi 500 militari. La perdita complessiva in questo caso è stata di 175 milioni di franchi (26,7 milioni di euro).

L'11 maggio 2000 la macchina giudiziaria si è finalmente messa in moto. I due ufficiali di prospezione sono stati arrestati a Gibuti e posti sotto controllo giudiziario. Hanno affermato di essere stati anch'essi vittime della stessa sottoscrizione, denunciando il loro ex capo per violazione della fiducia e truffa. Hanno ricevuto una commissione del 3%, ma hanno giurato di non aver mai saputo nulla del passato scandaloso di Claude Lipsky.

A settembre è stato arrestato nella sua casa di Chesnay, negli Yvelines, imprigionato e accusato di violazione aggravata della fiducia e frode. Tuttavia, ha assicurato agli investigatori di non aver mai avuto l'intenzione di frodare i suoi clienti, ma di essere stato vittima di tempi economici e investimenti sbagliati. Ascoltato dal giudice istruttore, Claude Lipsky ha negato qualsiasi appropriazione indebita. Come aveva dichiarato a diversi "clienti" che si erano recati a casa sua per chiedergli dei conti, la sua attività era crollata nella tempesta della crisi del mercato azionario asiatico. Al di là di queste spiegazioni iniziali, i soldati ingannati avevano ritrovato un po' di speranza dopo aver visto Lipsky incriminato.

Il Ministero della Difesa ha fatto di tutto per tenere lo scandalo lontano dagli occhi del pubblico. Il DPSD (ex Sicurezza Militare) aveva preso in mano la situazione. All'assemblea generale dell'associazione della difesa istituita dai militari, il rappresentante del DPSD, solennemente accompagnato dal ministro, aveva definito la truffa un affare "riservato alla difesa". I soldati avevano dovuto firmare un documento in cui si impegnavano a non divulgare nulla dello sporco trucco. È stato chiesto loro di soffrire in silenzio.

Oltre a questo aspetto militare, abbiamo appreso che anche altre persone sono state vittime del truffatore. Anche Claude Lipsky aveva offerto i suoi "succosi" investimenti nella metropoli a uomini d'affari e pensionati. In questo caso, l'intermediario era il vice direttore di un'agenzia del Crédit Agricole. Lipsky si sarebbe poi recato personalmente a negoziare i contratti.

Questa è la testimonianza di Suzette, una ristoratrice di 54 anni del Loir-et-Cher: "Ci è stato presentato dal nostro banchiere. Così, anche se avevo qualche dubbio, gli ho dato 750.000 franchi. Quando poi ho capito che ero stato ingannato, sono andato a trovare Lipsky nel Var, dove ha una sontuosa proprietà. Il colloquio è stato infruttuoso e l'ho denunciato".

Il caso di Pierrette e Louis, di 73 e 77 anni, è identico: "Abbiamo consegnato 900.000 franchi, il ricavato della vendita della nostra attività di surgelati, quando siamo andati in pensione. Non abbiamo più nulla", hanno dichiarato sconvolti.

Il 26 maggio 2001, la stampa informa il pubblico che il "truffatore del secolo" è stato "miracolosamente rilasciato". Per un semplice errore nel termine di convocazione dell'avvocato, dovuto a un fax difettoso, Claude Lipsky, 69 anni, era stato rilasciato dalla prigione di Bois-d'Arcy. Si è trattato di un duro colpo per centinaia di parti civili che speravano ancora di riavere i loro soldi.

Inoltre, circa 100 militari hanno presentato una denuncia nel Principato di Monaco. In effetti, Lipsky aveva trasferito le sue attività da Ginevra a Monaco nel 1997. Ad aprile, la magistratura del Principato ha emesso un mandato d'arresto per il truffatore, assente all'udienza "per motivi di salute". Lipsky aveva presentato ricorso contro la sentenza e nel settembre 2001 la Corte d'Appello di Monaco ha confermato la condanna a 5 anni di reclusione e 20.000 euro di multa inflitta in primo grado.

La corte d'appello aveva a sua volta confermato la condanna a due anni di carcere e a una multa di 20.000 euro inflitta al tenente colonnello Claude Derusco, considerato complice di Claude Lipsky. D'altra parte, il generale Pierre Haubois è stato rilasciato in appello nonostante fosse stato condannato alla stessa pena di Derusco in primo grado. La condanna è stata pronunciata in contumacia. Claude Lipsky, infatti, ancora una volta non ha potuto presentarsi "per motivi di salute".

La parte monegasca del caso era già stata giudicata, ma il 21 maggio 2007 "il truffatore del secolo", ormai 75enne, è comparso davanti al tribunale di Versailles." L'uomo d'affari franco-israeliano", con sede a Chesnay negli Yvelines (*Le Parisien*, 21 maggio), si è ancora dichiarato innocente. Non ha sottratto fondi: "Sono andati persi. Come in tutte le società finanziarie, a volte funziona molto bene, altre volte ci sono problemi", ha dichiarato ai giornalisti prima di entrare in aula.

Claude Lipsky ha inoltre affermato di essere "molto, molto, molto dispiaciuto" per il nuovo processo "perché non è bello essere in mezzo a tutte queste persone, perché mi verranno poste molte, molte domande a cui dovrò rispondere"."

Il 15 giugno, tuttavia, ultimo giorno del processo, Lipskyha finalmente ammesso la gigantesca truffa (*Le Parisien*, 16 giugno 2007). Assente dall'udienza "per motivi di salute", Claude Lipsky aveva infine confessato tramite il suo avvocato, Raphaël Pacouret, che ha dichiarato nella sua arringa: "Il mio cliente si rende conto tardivamente, ma ha capito il dolore inflitto alle parti civili." Di passaggio, il giudice ha letto una breve lettera scritta dall'imputato: "Con un diverso senso dei valori, data la mia età avanzata, il mio stato di salute e le mie preoccupazioni più umane, posso solo dire che mi pento delle conseguenze delle mie azioni."

Il suo avvocato ha spiegato che la mentalità del suo cliente è davvero cambiata: "È stanco di questa esistenza tumultuosa. Egli aspira solo a concludere la sua vita in pace con la moglie." Il giornalista ha aggiunto: "Il settuagenario vorrebbe essere percepito come 'qualcuno di umano'. Ricoverato in ospedale, ha voluto fare un gesto alle sue vittime donando loro 1,5 milioni di euro ricavati dalla vendita di una proprietà nel sud della Francia."

Le confessioni di Claude Lipsky avevano provocato la rabbia degli avvocati dei suoi presunti complici, Claude Derusco e Pierre Haubois, che avevano chiesto il rilascio dei loro clienti. La sentenza è stata emessa il 26 luglio 2007: Claude Lipsky è stato condannato a cinque anni di carcere e a una multa di 375.000 euro per questo caso di falsi investimenti a danno dell'esercito. Insieme ai suoi coimputati, è stato anche condannato a pagare 17 milioni di euro di risarcimento ai militari. Il colonnello Claude Derusco e il generale Pierre Haubois sono stati condannati rispettivamente a tre anni e a trenta mesi di carcere. I due sono stati inoltre condannati a pagare una multa di 150.000 euro. La banca Sofipriv, che aveva aperto un conto a nome di Claude Lipsky, è stata condannata a una multa di 700.000 euro per riciclaggio aggravato e complicità in frode.

In Inghilterra, Lipsky era un cognome rimasto a lungo nella memoria popolare. Un secolo prima, nel 1887, un certo Israel Lipsky era stato giudicato colpevole di aver avvelenato una giovane ragazza inglese a Londra, e da allora "Lipski" era un termine usato per insultare gli ebrei.

Jacques Crozemarie e lo scandalo ARC

Lo scandalo ARC è stato molto noto in Francia alla fine degli anni Novanta. Jacques Crozemarie, presidente dell'Associazione per la Ricerca sul Cancro (ARC), appariva regolarmente in televisione in spot pubblicitari per convincere i telespettatori a inviargli il loro denaro. La gente non sapeva però che il truffatore aveva sottratto centinaia di milioni di franchi per finanziare il suo lussuoso stile di vita.

Lo scandalo era scoppiato nel gennaio 1996. La relazione della Corte dei Conti aveva poi rivelato che solo il 26% delle donazioni ricevute dall'ARC raggiungeva effettivamente gli scienziati. Il resto è stato sottratto attraverso società di facciata e un sistema di sovrafatturazione. Crozemarie aveva subappaltato le sue campagne di comunicazione alla società International Developpement, gestita da due imprenditori, Michel Simon e Pascal Sarda. L'azienda ha fatturato in eccesso i suoi servizi e ha immediatamente restituito al truffatore gli stipendi non dovuti. 327 milioni di franchi sono stati così sottratti tra il 1990 e il 1995, come è emerso dal processo svoltosi nel maggio 1999, l'equivalente di 8.000 euro a settimana in contanti.

Nel suo libro *La Banda del cancro*, il giornalista Jean Montaldo ha fornito alcune informazioni su questi due personaggi: "Sono i due protetti di Crozemarie", ha scritto. Analfabeti e privi di istruzione, i due furfanti hanno continuato a fare i loro affari nello stesso modo in cui hanno estorto le donazioni raccolte dall'ARC per i malati di cancro." (p. 45). Michel Simon era "un vero leader di uomini". Era figlio di una famiglia benestante che si era fatta una reputazione nel settore dei prodotti di bellezza." Suo padre ebbe la fortuna di tornare vivo dal campo di deportazione e sterminio di Mauthausen, dove l'arrivo delle truppe americane lo aveva salvato in extremis, in punto di morte. Pascal Sarda era "il genio del male di Michel Simon, l'alchimista malvagio che gli ha insegnato a trasformare il piombo in oro e a trasformare i suoi racket, fino ad allora rudimentali, in grandi industrie di furti, frodi e truffe". Siamo all'inizio degli anni di Mitterrand, l'epoca dei *ragazzi d'oro*, dei soldi facili, dei soldi sporchi... Senza questa banda Simon-Sarda, i ferventi contribuenti dell'ARC, un'associazione di beneficenza riconosciuta come di pubblica utilità, non sarebbero mai stati derubati così sistematicamente e su così larga scala[432]."

Il *Nouvel Observateur* del 14 agosto 1996 riporta che il direttore finanziario di International Developpement è un altro israeliano, Ronald Lifschutz. All'inizio di giugno, la brigata finanziaria si è presentata di mattina nel suo palazzo, un'unità di edilizia sociale del Comune di Parigi. Purtroppo, l'inquilino prudente era volato in Israele un paio di settimane prima.

Dal 1988, il potere di Jacques Crozemarie sull'ARC è stato definito "quasi teocratico" dall'Ispettorato Generale degli Affari Sociali (Igas). Autocratico e orgoglioso, Jacques Crozemarie scacciò le critiche perseguitando la stampa e incoraggiando i membri a scrivere per denunciare gli attacchi all'associazione. Era stato costretto a dimettersi dalla direzione dell'associazione, ma continuava a sostenere la sua innocenza e, sicuro di essere nel giusto, nel 1999 si presentò davanti al tribunale correzionale, "dando una monumentale strigliata alla presidente", accusandola di "non fare nulla contro il cancro" e mettendo in dubbio persino la competenza dei magistrati della Corte dei conti: "Non sanno contare! "Con un'impudenza fenomenale, ha poi dichiarato davanti alle telecamere: "Sarei un criminale se avessi intascato qualcosa, ma guardate le mie spese di rappresentanza, sono nulle! Non mi rimborsano nemmeno il conto del ristorante! "Un servizio di Emmanuel Cohen, trasmesso dal programma televisivo *Secrets d'actualité* il 26 marzo 2006, lo mostra indebolito, mentre entra in aula con un bastone per camminare. Ma poche ore prima, alcune foto scattate alle sue spalle lo mostravano mentre camminava normalmente in una stazione di servizio senza bastone. Il programma comprendeva anche la

---

[432] Jean Montaldo, *Le Gang du cancer*, Albin Michel, 1997, p. 120-127.

testimonianza del commercialista dell'associazione. Ha raccontato che un giorno aveva attirato la sua attenzione su fatture che erano state pagate in doppio. Crozemarie si infuriò e la buttò fuori dall'ufficio, brandendola così forte da farla letteralmente "sollevare", sentendosi come se "i piedi non toccassero terra".

Nel giugno 2000 Jacques Crozemarie è stato condannato a quattro anni di carcere, a una multa di 380.000 euro e a 30,5 milioni di euro (200 milioni di franchi) di danni da versare all'ARC. È stato arrestato nella sua villa di Bandol (Var), poche ore dopo la condanna, e rinchiuso nella prigione della Santé. Michel Simon è stato condannato a tre anni di carcere, a una multa di 380.000 euro e a 15,2 milioni di euro di danni. Ma dei 300 milioni di euro persi, solo 12 sono stati recuperati.

Nell'ottobre 2002, dopo 33 mesi di detenzione nel carcere della Santé, Jacques Crozemarie è stato rilasciato, beneficiando di un condono della pena. Ha continuato a sostenere la sua innocenza e ha dichiarato in un'intervista al quotidiano *Le Parisien*: "Non sono un ladro. Non ho mai capito perché sono stato condannato, e non lo capirò mai. Non voglio essere condannato per il resto della mia vita. Mi fa indignare: non ho pagato nulla! Sto ancora aspettando le prove contro di me".

La sua lussuosa villa di Bandol con piscina riscaldata, i due appartamenti parigini, i mobili, la barca e il conto svizzero sono stati sequestrati e messi in vendita dall'ARC. A Crozemarie non rimaneva altro che la pensione del CNRS[433]. Ma né la prigione, né i mesi di istruzione, né gli scherni e gli sputi ricevuti durante l'arresto, avevano smorzato il suo carattere. Il taxi che era venuto a prenderlo alla Santé l'11 ottobre 2002 aveva portato Jacques Crozemarie ad Audierne, un piccolo villaggio di pescatori in Bretagna vicino a Douarnenez, dove lo aspettava Claude Legall, un ex anestesista dell'ospedale di Villejuif che lo conosceva da tempo e che aveva accettato di aiutarlo a trovare una sistemazione. Tredici giorni dopo, i Legall dicono di averne abbastanza (*Le Parisien*, 28 ottobre 2002): "Non si trattava di dargli un alloggio, perché gli avevo trovato uno studio con vista sul mare. Ma appena l'ha vista, mi ha detto che 182 € (1200 F) a settimana erano troppo cari per lui. È rimasto a casa nostra", ha detto Claude Legall. È orribile, tutto gli è dovuto, trattava mia moglie come la sua domestica e doveva essere accudita. La vita con lui è diventata presto un inferno... Gli abbiamo prestato dei soldi, lo abbiamo ospitato, gli abbiamo dato da mangiare,

---

[433] Il Centre national de la recherche scientifique, meglio conosciuto con l'acronimo francese CNRS, è la più grande organizzazione pubblica di ricerca scientifica della Francia.

abbiamo lavato le sue cose, ma lui se n'è andato senza dirci una parola, senza ringraziarci."

Contattato telefonicamente in una casa di riposo alla periferia di Parigi nel febbraio 2006 (*Secret d'actualité*), Crozemarie continua a negare tutto: "State scherzando!". È emerso anche che il suo camice bianco era un travestimento di circostanza: il capo dell'ARC non era mai stato un medico. Laureato in ingegneria radioelettrica, era entrato al CNRS nel 1954 come "vice-capo servizio" all'età di 29 anni grazie alla raccomandazione "di un'amica di sua madre". Non aveva mai studiato medicina, il che non gli aveva impedito, ogni volta che se ne presentava l'occasione, di posare in camice bianco con altre autorità scientifiche. Grazie alla sua sfacciataggine - la *chutzpah*[434] - era riuscito gradualmente a controllare gli ingranaggi della principale associazione che sollecitava la generosità dei francesi e a truffare 3,5 milioni dai donatori.

Alcuni giornalisti hanno ricordato che era un "ex combattente dell'Indocina", forse per far credere ai Goyim che questo spregevole personaggio fosse un militarista, addirittura di estrema destra. Ma nessun giornalista dell'establishment aveva sottolineato che Jacques Crozemarie era anche dottore honoris causa dell'Università di Tel-Aviv e membro della loggia massonica del Grande Oriente di Francia, come rivelato dal giornalista Emmanuel Ratier. Jacques Crozemarie è morto il 24 dicembre 2006 all'età di 81 anni. Il comune di Bandol non ha voluto rivelare le cause della sua morte.

Le grida di innocenza di Jacques Crozemarie assomigliano a quelle di un altro uomo d'affari, Marcel Frydman. Marcel Frydman era il fondatore e proprietario delle profumerie Marionnaud, che aveva acquisito la maggior parte delle profumerie indipendenti in Francia. Il gruppo è stato a sua volta acquisito nel 2004 da una società cinese, ma la gestione di Frydman era stata messa in discussione da una relazione contabile dell'Autorité des marchés financiers (AMF), che lo accusava di aver falsificato i bilanci della società. Nel dicembre 2004, Marionnaud ha annunciato una perdita di 93 milioni di euro dovuta a correzioni di errori, mentre l'anno precedente l'azienda aveva dichiarato un utile di 13 milioni di euro. L'AMF ha parlato di "frode accertata". Ma Frydman ha dato le sue spiegazioni: "Ho sbagliato, ma non ho rubato a nessuno. Non ho cercato di arricchirmi. Ho solo una casa in cui vivo. È la mia unica risorsa." Il rapporto parlava anche di "documenti falsi per ingannare i revisori" e di "falsi riepiloghi dei conti redatti dall'ufficio contabilità" (*Libération*, 17 ottobre 2005). Frydman

---

[434]Parola ebraica yiddish: sfrontatezza, impudenza, estrema sfrontatezza.

ha risposto a queste accuse infondate come segue: "È falso. Non ho chiesto nulla all'ufficio contabilità. E per quanto riguarda i revisori, se sono stati ingannati, è preoccupante."

In *Psicoanalisi dell'ebraismo* abbiamo anche raccontato in dettaglio la straordinaria truffa di "Gilbert C". Dopo i sanguinosi attentati di Londra del luglio 2005, l'uomo si era spacciato per un agente dei servizi segreti francesi. Con la sua formidabile sfacciataggine, era riuscito a manipolare al telefono una direttrice di banca, convincendola a consegnargli milioni di euro in banconote in una valigia. I danni ammontano a circa 23 milioni di euro. In agosto, la polizia aveva sventato altri tentativi di questo tipo avvisando per tempo i banchieri. Ma a settembre, "Gilbert C" (il suo nome non è stato reso noto dalla stampa) aveva tentato una variante che gli aveva fruttato molto di più, ottenendo trasferimenti internazionali da parte di banchieri verso i conti di presunti terroristi in modo da poterli presumibilmente rintracciare. Con la sua fenomenale parlantina, li ha convinti che stavano servendo il Paese nella lotta contro Al-Qaeda. Il truffatore era così riuscito a far trasferire milioni di euro su conti di società di facciata create dai suoi prestanome a Hong Kong e in Estonia. Gilbert C, 40 anni, e suo fratello Simon, 38 anni, entrambi nati a Parigi, si erano rifugiati in Israele, da dove hanno continuato a sfidare la giustizia francese. Nel gennaio 2008, la stampa ha finalmente rivelato il suo nome: Gilbert Chikli. Per la prima volta, Israele ha accettato di estradare un suo cittadino.

Il caso Sentier

Il Sentier, nel centro di Parigi, era il quartiere dell'abbigliamento. 5000 produttori e grossisti lavoravano ogni giorno con i loro dipendenti. Si trattava di immigrati, spesso clandestini, sfruttati "alla vecchia maniera", a volte per più di quindici ore al giorno. Lavoravano con le macchine da cucire o per strada, scaricando i camion e caricando i rotoli di tessuto. Questi innumerevoli schiavi provenienti da paesi poveri, che accettavano un lavoro devastante per una miseria, rendevano felici i datori di lavoro cosmopoliti. Nel 1997, il Sentier è balzato agli onori della cronaca per una gigantesca truffa di *"cavalerie"*. Si trattava di un sistema di emissione di cambiali non finanziate a scadenza[435]: una

---

[435] In questo sistema, spesso viene utilizzata una copertura fittizia per simulare le transazioni commerciali agli occhi della banca o di un altro finanziatore, al fine di far passare il nuovo importo del prestito come un profitto. Attraverso questa facciata, il mutuatario alimenta la sua apparenza di rispettabilità e solvibilità, e quindi la fiducia del mutuante, e quindi la sua propensione a ottenere nuovi fondi dal mutuante. La

cambiale permette di pagare un fornitore immediatamente, invece che tre mesi dopo. La banca, che paga al posto del cliente, applica semplicemente una commissione, ad esempio del 10%. Il cliente pagherà la banca entro tre mesi. Si tratta di una situazione vantaggiosa per tutte le parti. Tuttavia, se il cliente rivende immediatamente la merce con un profitto, può essere pagato da un'altra banca utilizzando lo stesso sistema. Tra quello che paga alla prima banca in tre mesi e quello che la seconda banca gli paga immediatamente, realizza un profitto rivendendo il prodotto più costoso. Il secondo cliente deve ripetere la stessa cosa con un terzo, e il terzo con un quarto, e così via. E poiché nessuno controllerà se le consegne sono reali, non è necessario che la merce venga effettivamente consegnata. Alla scadenza della cambiale, il cliente non paga il suo debito con la banca, che si rivolge quindi al fornitore... che è scomparso e fallito. Il cliente sostiene poi di non poter pagare perché il fornitore non ha consegnato la merce, che in realtà non è mai esistita. Ecco, questo è l'inganno, la *"cavalleria"*.

Tra aprile e giugno 1997, nel Sentier sono state emesse 2.700 cambiali, preludio di numerosi fallimenti. 93 società hanno piantato in asso banchieri e fornitori per 540 milioni di franchi, "ma se l'inchiesta avesse riguardato le 768 società potenzialmente coinvolte, si sarebbe superato il miliardo di franchi" (Libération, febbraio 2001)." (*Libération*, 20 febbraio 2001). Le società sono state create a questo scopo, gestite da disoccupati assunti per la truffa.

Oltre alla *"cavalerie"*, c'era la *"carambouille"*. La *carambouille* è una procedura un po' più primitiva che consiste nell'acquistare beni senza pagarli, venderli con uno sconto e sparire al momento giusto. Si sono verificate anche frodi assicurative. Gli incendi hanno distrutto i magazzini di Aubervilliers. I magazzini di merci fittizie sarebbero andati a fuoco e gli assicuratori hanno dovuto pagare 16 milioni di franchi. Tutto questo ha fatto dire a un poliziotto: "Non ho mai visto tanti *Rmistas* [percettori del RMI [reddito minimo] circolare in BMW". Quando le banche decisero di avvertire la Procura nel luglio 1997, era troppo tardi.

Nel novembre 1997 e nel marzo 1998, due spettacolari retate della polizia hanno portato a 188 arresti. Gli investigatori avevano scoperto nove reti di *cavallerie* collegate tra loro. *Sono* stati guidati da Ekrem Sanioglu, Samy Bramy, Thierry Luksemberg, Jacky Benghozy, Gary Meghnagi, Philippe Gabay, Denis Gourgand e Gerard Atechian.

---

tecnica si presta facilmente allo snowball: il truffatore può usare il denaro per presentarsi come cliente solvibile di un complice, che a sua volta otterrà un prestito più grande, e così via (NdT).

La mente dell'operazione, soprannominata "l'ammaraggio della banca", era Haïm Weizman, che era solito aggirarsi per il quartiere vestito con la tuta di Tsahal, a ricordo del suo grado di sergente capo dell'esercito israeliano. La sua stessa rete aveva mobilitato 23 delle 54 società "attive" attorno alle quali era stata organizzata la truffa. 31 membri della sua squadra sono stati incriminati, ma lui ha preferito fuggire in Israele con altri complici.

Samuel Brami, soprannominato *"petit Sam"*, o Samy la Donnola, stava per fuggire quando gli investigatori lo hanno raggiunto in un hotel di Roissy vicino all'aeroporto. Ha poi dichiarato di essersi isolato per riflettere e "fare il punto della situazione"." Ho lasciato la mia casa, ma non il mio Paese", ha detto alla polizia, assicurando di aver deciso all'ultimo momento di non prendere l'aereo e di tornare a casa. Il suo braccio destro, Samson Simeoni, soprannominato *"grand Sam"*, era riuscito a fuggire in Israele. Ma uno dei luogotenenti di Samy, Raphael Elalouf, aveva raccontato tutto nei suoi primi interrogatori: "A capo c'era Samy, solo per organizzare[436]..."

Un'altra rete di *cavallerie* era gestita da un certo Thierry Luksemberg. Un uomo d'affari di nome Gérard Cohen aveva avuto la sfortuna di fare affari con lui. L'avvocato Hervé Témine, difensore di Gérard Cohen, ha spiegato: "La sua responsabilità è schiacciante, non solo a livello penale, ma anche perché con la sua fuga negli Stati Uniti, dopo aver cercato di negoziare la sua comparsa, ha privato i suoi coimputati di un confronto che avrebbe scagionato il mio cliente[437]." Perché Gérard Cohen era innocente, o almeno così dovevamo credere.

Le Parisien del 23 aprile 1999 ha pubblicato su due pagine "le confessioni dei truffatori del Sentier". Monsieur Albert e i suoi luogotenenti avevano accettato di parlare: "Albert, Éric, Philippe, Denis. Età media, 34 anni". Philippe, 27 anni, aveva trovato una perla: il direttore di un'agenzia del Crédit Mutuel alla periferia di Metz. Il suo più grande cliente prima di noi era il pasticcere locale", racconta Philippe. Veniva a trovarlo in Porsche, lo invitava in grandi ristoranti, gli mostrava gli ordini di acquisto di Carrefour o Monoprix e lo lasciava a bocca aperta." Una volta che si è sentito sicuro, il banchiere lorenese ha detto sì a tutto." Non era al corrente di nulla", gli assicurò Philippe. Non ha mai saputo che le cambiali erano fittizie e che dietro c'era la *cavalleria."* L'ingenuo banchiere era stato arrestato e dormiva dietro le sbarre da diciotto mesi, mentre "Philippe, Albert, Eric e Denis", come

---

[436] *Libération*, 20 febbraio 2001, pag. 17; 31 marzo 2001, pag. 18; *Le Parisien*, 29 gennaio 2002, pag. 12.
[437] *Libération*, 19 maggio 2001." Témine" fa parte dell'onomastica ebraica.

scriveva il giornalista, riposavano all'estero con 150 milioni di franchi.

Quasi tutti gli imputati avevano infine ammesso il loro coinvolgimento nella gigantesca truffa dopo molte contorsioni verbali. Gli inquirenti hanno ricordato alcuni comportamenti piuttosto pittoreschi: lo svenimento improvviso di una donna "ogni volta che le domande erano fastidiose"; le confessioni consensuali dopo "grandi circonvoluzioni"; o il capo della rete che non riconosceva più il cugino; o il confronto che per poco non finiva in rissa in tribunale.

Il caso Sentier ha richiesto diciotto mesi di indagini giudiziarie. Quindici persone erano ancora a piede libero e trentatré banche si erano costituite parte civile. Il processo si è svolto a Parigi a partire dal 20 febbraio 2001 ed è durato circa dieci settimane, data la portata del procedimento. 124 imputati sono saliti sul banco dei testimoni, tutti accusati di frode organizzata.

Gilles-William Goldnapel[438], avvocato di Samy Brami, ha parlato di un processo-farsa che, secondo lui, non è altro che il frutto di un "insieme eterogeneo di piccole e medie truffe" che non meritavano tanto scandalo: "Faccio fatica a capire come il Sentier possa essere sconfitto nel regno della farsa e della provocazione." Il presidente del tribunale, Anny Dauvillaire, ha preso le cose con flemma. Solo una cosa la irritava: le incessanti uscite dell'imputato dall'aula per fare telefonate.

C'è stato anche un "grave incidente", secondo la rivista *Actualité juive* del 24 maggio 2001: l'avvocato Gilles William Goldnapel aveva deciso di non lasciar passare sotto silenzio lo sfogo verbale del pubblico ministero François Franchi che, all'apertura del processo, aveva stigmatizzato la fuga in Israele di alcuni "congeneri" degli imputati presenti all'udienza. Ha anche ritenuto che Israele si stesse "ponendo ai margini delle nazioni" rifiutando di estradarli.

"È deplorevole che si dia una connotazione etnica a questo caso", ha tuonato l'avvocato Goldnapel, che ha poi precisato di aver consultato la definizione di "congenerico", e ha aggiunto fulminante: "Israele ai margini delle nazioni! Come si può non essere consapevoli del modo in cui questa frase, che proviene dalla profondità del tempo, può essere sentita? E non solo dai miei simili? Chiedo al signor Franchi, rappresentante della procura di Parigi, di essere più umile". L'avvocato

---

[438] Gilles-William Goldnadel è un avvocato franco-israeliano con una forte presenza sulla scena politica e mediatica francese. È anche saggista, attivista associativo e politico. Di destra e conservatore, è noto per il suo impegno politico pro-israeliano e per la sua fervente difesa dello Stato di Israele. Gilles-William Goldnadel è stato il fondatore e presidente di Avocats sans frontières nel 1993. (NdT)

aveva poi invitato il procuratore a "ritrattare pubblicamente le sue parole". Eccezionalmente, il pubblico ministero si è alzato e ha chiesto ventiquattro ore per poter rispondere all'avvocato. Il giorno dopo, in un'atmosfera tesa, il rappresentante del pubblico ministero ha letto la sua risposta: "La sua sfida all'accusa è inaccettabile e indegna di un avvocato. Non ho bisogno dei vostri consigli e delle vostre lezioni di morale", ha dichiarato in sostanza." Signor Goldnapel, lei non è, a quanto mi risulta, il rappresentante dello Stato di Israele. Per quanto mi riguarda, mantengo le mie parole e il vocabolario che ho usato. Perché io sono di cultura latina... E mi attengo all'etimologia[439]."

Il 28 gennaio 2002, il tribunale correzionale di Parigi aveva condannato 88 dei 124 imputati a pene detentive. La sentenza più dura - 7 anni di carcere incondizionato - era stata pronunciata contro Haïm Weizman. Ma lui e altri dodici imputati erano ancora in Israele. Samy la Donnola è stato condannato a cinque anni di carcere con trenta mesi di sospensione.

Oltre alle pene detentive, l'accusa di frode organizzata, che era stata mantenuta, obbligava gli imputati a rimborsare in solido le banche e i fornitori. La somma che hanno dovuto pagare è stata di 280 milioni di franchi: "Ci vogliono morti", si è lamentato Samy Brami dopo l'udienza." Vogliono ucciderci con i soldi[440]! ", ha infine gridato.

Il 10 maggio 2004, la camera istruttoria del tribunale di Parigi ha esaminato il dossier Sentier II, incentrato sulle reti di riciclaggio di denaro tra Francia e Israele. 142 persone sono state accusate di riciclaggio di denaro: 138 individui e quattro banche. A differenza del Sentier I, i commercianti (tessili, cuoio, trasporti) e le agenzie di lavoro interinale non erano gli unici coinvolti. Le banche sono state perseguite come persone giuridiche (come Société Générale, Bred e American Express), mentre 33 banchieri (come Daniel Bouton, presidente di Société Générale) sono stati perseguiti come persone fisiche[441]. La sperimentazione di Sentier II è iniziata nel febbraio 2008 e doveva durare fino a luglio.

Il traffico consisteva nel "girare" gli assegni, cioè modificare il nome del beneficiario con una semplice menzione sul retro con un timbro bancario. L'endorsement è vietato in Francia dagli anni '70,

---

[439]*Actualité juive*, 24 maggio 2001. Archivi di Emmanuel Ratier.
[440] Nel 1986 c'era già stato un caso nel Sentier, in cui erano state accusate 21 persone. Tre società di comodo fungevano da intermediari e fornivano fatture false e contanti per pagare gli immigrati clandestini. La mente del traffico era un certo Seymon Blankenberg.
[441] *Libération* del 10 maggio 2004 e del 19 giugno 2004, articolo di Renaud Lecadre. *Le Parisien*, 12 maggio 2004, p. 15." Bouton" fa parte dell'onomastica ebraica.

come in quasi tutto il resto del mondo, tranne che in Israele. L'assegno veniva consegnato a un "cambiavalute" in cambio di contanti (meno la commissione). Il cambiavalute depositava quindi l'assegno nella sua banca israeliana e quest'ultima si faceva accreditare il conto dalla banca francese. Il contante permetteva di frodare il fisco francese o di pagare gli stipendi in nero. La Brigata di investigazione finanziaria (Brif) aveva esaminato meticolosamente tutti gli assegni per oltre 20.000 franchi che circolavano tra la Francia e Israele, ed era emerso che il traffico di assegni riciclati in contanti ammontava a più di 1 miliardo di franchi.

Le banche non potevano certo verificare tutto, visto il numero di assegni in circolazione - diverse decine di migliaia al giorno. Ma gli investigatori si sono insospettiti quando hanno capito che una banca avrebbe accettato di trasferire a terzi un assegno intestato al Tesoro o all'Urssaf[442] con una semplice dicitura in ebraico sul retro. Con questo sistema era effettivamente possibile riciclare qualsiasi assegno rubato, il che spiegava la scomparsa di numerosi sacchi postali nei centri di smistamento. A volte, i beneficiari degli assegni rubati venivano chiamati semplicemente "signor Urssaffi" o "pubblicità del Tesoro". I due protagonisti di questo traffico, "Philippe B." e "George T." erano in fuga in Israele." George T." era Georges Tuil. Aveva creato la prima rete nel 1997 da Mulhouse." Philippe B." era Philippe Besadoux. Nel novembre 2005 è stato arrestato a Praga sotto l'identità di Harry Mervyn. Nelle sue tasche, gli agenti di polizia cechi hanno trovato un biglietto aereo per Tel-Aviv.

Le centinaia di assegni Sentier sono stati raccolti e poi inviati in Israele invece di essere incassati nelle banche francesi. Gli ebrei chabad-lubavitch chassidici, in abiti tradizionali e che difficilmente sarebbero stati perquisiti all'aeroporto, erano responsabili dell'attraversamento del confine, con le loro valigie piene di assegni all'andata e di contanti al ritorno da Israele. Sono stati coinvolti sei rabbini del movimento Chabad-Lubavitch e più di venti leader di associazioni. Rifornivano i mercanti del Sentier con valigie di denaro contante. In realtà, una nebulosa di associazioni confessionali ebraiche era ampiamente coinvolta. I rabbini e le loro squadre di raccolta fondi hanno offerto ai donatori un ritorno in denaro fino al 50%. Tra il 1997 e il 2001 sono transitati in questo modo 70 milioni di euro.

Due dei rabbini, Joseph Rotnemer e Jacques Schwarcz, erano tra i principali imputati. I Rotner erano una famiglia importante nella

---

[442] In Francia, le Unioni per la riscossione dei contributi di sicurezza sociale e degli assegni familiari (URSSAF) sono enti privati con una missione di servizio pubblico che rientrano nel ramo "riscossione" del sistema generale di sicurezza sociale (NdT).

comunità ebraica. Erano a capo di una delle più importanti reti di scuole ebraiche in Francia. Il rabbino Elie Rotnemer è stato il fondatore del *Rifugio*, un ente che raccoglie l'1% per l'edilizia popolare. Il *Rifugio* e le sue 92 società immobiliari civili controllavano quasi 4.000 alloggi sociali. All'inizio degli anni '90, un'indagine aveva rivelato che i fondi *del Refuge* non erano destinati all'edilizia sociale, ma a investimenti in imprese commerciali.

Quando Elie Rotnemer morì nel 1994, suo figlio Joseph Rotnemer divenne il nuovo patriarca della famiglia. Aveva ampliato e diversificato i suoi metodi di raccolta fondi a favore di una nebulosa di 150 associazioni (scuole pubbliche, case di riposo...), tutte domiciliate nella Seine-et-Marne e nel 19° arrondissement di Parigi - i due centri nevralgici degli ebrei chabad-lubavitch chassidici[443]: in cinque anni (dal 1997 al 2001), i Rotnemer avevano così assorbito 450 milioni di franchi. Joseph Rotnemer e il rabbino Jacques Schwarcz erano entrambi in fuga in Israele.

Il rabbino Haïm Chalom Israel, 57 anni, aveva fondato scuole private a contratto in Francia e raccoglieva fondi in questo modo dai membri della sua comunità. Gli assegni dei donatori sono stati consegnati in contanti al "Change Point", un ufficio di cambio nel quartiere ortodosso di Gerusalemme. Come ha riconosciuto un funzionario di Jabad-Lubavitch, bisognava distinguere tra le "donazioni kosher[444] ", che erano donazioni reali, e le donazioni "non kosher", che erano transazioni con assegni in cambio di contanti. Nel novembre 2000, il giudice istruttore Isabelle Prévost-Desprez aveva ordinato l'arresto provvisorio di Haïm Chalom Israel, ritenendo che l'ammontare delle donazioni a enti di beneficenza ebraici fosse eccessivo e costituisse un abuso di beni sociali. Ma cinque settimane dopo, a dicembre, la camera d'accusa ordinò il suo rilascio dietro il pagamento di una cauzione di 300.000 franchi." Scapperà, questo è certo! "Isabell Prévost-Desprez ha esclamato tra sé e sé al telefono. Il giudice istruttore ha quindi ordinato alla polizia di arrestare nuovamente il rabbino all'uscita dal carcere di Fresnes, in modo che questa volta possa essere accusato di riciclaggio di denaro aggravato e rinchiuso in carcere. Tre giorni dopo, la camera d'accusa ha nuovamente ordinato il

---

[443] Secondo la dottrina chassidica Chabad-Lubavitch, gli ebrei devono rimanere in esilio in mezzo al regno materiale del Male e dell'Impurità - la Qelipa (*guscio*) dei gentili - per far risorgere le scintille divine che vi sono prigioniere, precipitando così la loro distruzione e l'avvento della Redenzione. Sugli ebrei chabad-lubavitch e le loro dottrine, si veda *Psicoanalisi dell'ebraismo* e *Fanatismo ebraico*.
[444] Si veda la nota 223.

suo rilascio. Va notato che la camera d'accusa era presieduta da Gilbert Azibert[445].

Myriam Sitbon, una delle 142 persone accusate nel caso Sentier II, era una commerciante che lavorava nell'industria del cuoio. Ha dovuto lasciare il quartiere dopo aver ricevuto minacce, ma ha deciso di testimoniare: "In questo mondo", ha detto, "si infilano le forbici nella schiena e il giorno dopo si prendono a schiaffi. Non appena vedono una debolezza in qualcuno, la sfruttano: un difetto, sia nella vita privata, ad esempio un divorzio, sia negli affari. La preda viene circondata e i rapaci entrano in piazza e la vittima viene spogliata, anche dai suoi stessi amici... C'è una commistione tra vita privata e vita professionale... Il terrore viene esercitato anche nei giorni delle nozze e delle feste... Sono uscito da lì esausto e rovinato." In questo articolo di *Le Parisien* (22 gennaio 2003), il negoziante ha anche rivelato l'esistenza di una mafia organizzata nel quartiere Sentier: "La commessa del mio negozio di abbigliamento è stata violentata e io stesso sono stato aggredito. Sono stato spogliato dei miei beni, estorto, minacciato. Sono stata terrorizzata così tanto che oggi non voglio più avere paura, per questo ho deciso di parlare. El Sentier è soggetto alla legge del silenzio."

L'articolo di Renaud Lecadre sul quotidiano *Libération* del 20 febbraio 2001 aveva evidenziato il problema: il 10 luglio 1997, Emile Zuili era stato rapito da quattro uomini incappucciati e successivamente rilasciato in cambio della promessa di pagare 3 milioni di franchi. Il suo amico, Denis Ouabah, ha spiegato alla polizia: "Nel Sentier ci sono squadre di estorsori che vanno dagli autori di bancarotte fraudolente, per riscuotere i debiti non pagati o per estorcere una parte dei profitti." In questo caso, il Sentier sapeva che Zuili rappresentava un grande colpo di stato. Ma i suoi rapitori non avevano osato attaccare il suo capo, Haïm Weizman, la mente della truffa del Sentier. Le intercettazioni hanno permesso di registrare alcune conversazioni eloquenti: "Il tizio al piano di sotto non vuole pagare. Rafy ci andrà con

---

[445] Anche gli ebrei religiosi sono stati incriminati negli Stati Uniti. A fine dicembre 2007, Naftali Tzi Weisz, 59 anni, leader spirituale di Spinka, un gruppo ebraico chassidico ultraortodosso di Los Angeles, è comparso in tribunale con cinque complici con l'accusa di aver frodato il fisco di circa 33 milioni di dollari. I procuratori federali hanno accusato il rabbino e i suoi coimputati di aver rimborsato in modo subdolo persone che avevano donato denaro alle attività di beneficenza di Spinka. Il denaro è stato riciclato attraverso una banca in Israele, ma non prima di aver applicato un'esenzione fiscale negli Stati Uniti. Il rabbino Tzi Weisz è stato rilasciato dopo aver pagato una cauzione di 2 milioni di dollari. D'altra parte, un direttore di banca israeliano di Tel-Aviv di nome Mizrahi è stato arrestato.

Alex che ha recuperato la sua pipa ad Alfortville." Il giorno dopo il suo arresto, dopo il suo rilascio, Emile Zuili ha lasciato la Francia per sempre con la moglie e i figli.

Cavalli da corsa e meccanica

Nel 2004 è stata scoperta un'altra grande truffa. Sebastian Szwarc, alias M. Guerin, e il suo amico d'infanzia Samy Souied, avevano messo in piedi un'attività succulenta. La truffa, iniziata nell'agosto 2003, consisteva nella vendita di annunci pubblicitari su pubblicazioni specializzate edite da associazioni di polizia, gendarmeria, vigili del fuoco e ministero delle Finanze. L'idea era quella di sedurre i piccoli commercianti facendogli credere che un annuncio su una rivista della polizia o su un annuario fiscale li avrebbe aiutati a evitare una multa o una rettifica fiscale. Gli spazi pubblicitari non esistevano, ma gli assegni sono stati incassati in Israele. In diciotto mesi, i truffatori avevano accumulato un bottino di 55 milioni di euro.

La banca israeliana Hapoalim era responsabile del riciclaggio di denaro. Le intercettazioni telefoniche hanno permesso di risalire alla mente dell'operazione: Samy Souied, che aveva un rapporto d'affari con il capo della banca in Israele. In Francia, la banca Hapoalim è stata perquisita nel giugno 2004 e la direttrice dell'agenzia parigina, il suo vice e due dipendenti sono stati posti in custodia cautelare. In Israele sono stati bloccati 180 conti bancari e 375 milioni di dollari. Sono stati sospettati 200 clienti, tra cui l'ambasciatore di Israele a Londra, Zvi Hefetz, Vladimir Goussinski (proprietario del 27% del quotidiano israeliano *Maariv*) e Arcadi Gaydamak. Una ventina di complici sono stati perseguiti dalla giustizia francese per "riciclaggio di denaro aggravato" e "frode organizzata".

Parte di questo denaro sporco era stato investito nelle corse dei cavalli. Alain Szwarc era proprietario di una dozzina di cavalli, tra cui diversi campioni, che, secondo gli investigatori, erano stati acquistati con fondi dubbi. Evidentemente, l'acquisto di questi purosangue ha portato a esborsi sottobanco, dato che il valore di acquisto era molto più alto del prezzo dichiarato. Nel gennaio 2005, pochi giorni prima del Gran Premio d'America, l'arresto di Alain Szwarc e di suo figlio Sebastian da parte della polizia della Brigata di investigazione finanziaria (Brif) ha scosso il mondo equestre. Il padre e il figlio erano stati incriminati da un giudice parigino per riciclaggio di denaro e frode.

Arrestato il 16 gennaio 2005 appena sceso dall'aereo, Sebastian Szwarc, 31 anni, è stato messo in custodia cautelare. Il giovane, che girava con una Porsche e una Ferrari, ha ammesso di non avere alcun reddito in Francia, ma che i suoi genitori gli davano regolarmente dei contanti, per un totale di 600.000 euro." Sono un giocatore d'azzardo, uno spendaccione", ha detto alla polizia." Mio padre mi sostiene. Mi finanzia anche per poter giocare a[446]."

Anche *Le Parisien* del 4 settembre 2004 aveva rivelato il caso dei meccanici, anche se in questa occasione la televisione non ne ha parlato." Enorme truffa assicurativa francese", si legge sulle pagine della stampa. Si tratta di "una delle più grandi truffe assicurative mai scoperte in Francia"." La base della truffa era molto semplice: i meccanici reclutavano le vittime di incidenti stradali e creavano false pratiche basate sulla dichiarazione dei danni. Poi, con la complicità degli esperti, i danni sono stati esageratamente sovrastimati. Alla fine, è bastato fabbricare fatture false a nome di garage veri o meno. Tutto questo - false dichiarazioni di danno, false perizie e false fatture - è stato inviato agli assicuratori. I profitti realizzati da questo gruppo altamente organizzato tra il 2000 e il 2003 sono stati stimati in 8 milioni di euro, a scapito dei principali assicuratori francesi. Tutti i profitti realizzati dai leader del gruppo sono stati trasferiti in Israele. In totale, sono stati aperti 1.200 casi di frode e circa venti persone sono state accusate a Parigi. Sono stati emessi diversi mandati di arresto internazionali, tra cui quello per Bruce Chen-Lee, un "franco-israeliano" di 48 anni in fuga in Israele[447]. Secondo gli investigatori, la presunta mente della banda, Chen-Lee, possedeva un elicottero di stanza in Grecia, un aereo bimotore in un aeroporto della regione di Parigi, oltre a diverse ville in Francia e Israele. Davanti a un'udienza in Israele, aveva negato di essere il mandante della truffa e si era presentato come un eremita, una guida spirituale che dedicava la sua vita a scrivere libri religiosi.

Frode all'IVA

Nel marzo 2008 è scoppiato un nuovo scandalo. È stata smantellata una gigantesca rete di frodi all'IVA. Una quindicina di persone sono state accusate di aver rubato 100 milioni di euro allo Stato. Un record in Francia per questo tipo di frode. Dopo due anni di indagini, la mente, Avi Rebibo, 38enne franco-israeliano, e la sua banda sono stati accusati di frode organizzata. Avi Rebibo si è fatto rimborsare in Francia l'IVA che non aveva mai pagato. La mente del business gestiva

---

[446] *Le Parisien*, 22 giugno 2004 e 28 gennaio 2005.
[447] I cognomi sono talvolta fuorvianti. Qui, a "Chen" manca ovviamente una lettera: forse una "O"?

Eurocanyon, una società lussemburghese specializzata in telefonia mobile. La truffa consisteva nell'acquistare i telefoni prima delle tasse in Inghilterra, una pratica legale in quanto potevano essere esportati. L'azienda ha poi rivenduto questi telefoni senza margine a una cinquantina di società di facciata, questa volta includendo l'IVA, che è stata infine intascata dai truffatori. Le società di comodo hanno poi offerto questi lotti di telefoni al fornitore britannico. Il denaro è poi uscito dal sistema attraverso una serie di trasferimenti tra conti aperti all'estero. Avi Rebibo è stato accusato di avere il controllo della compagnia di taxi, soprannominata "VAT busting". L'avvocato di Avi Rebibo, Sylvain Maier, ha tuttavia respinto formalmente queste accuse. A suo avviso, il suo cliente era stato vittima dei suoi clienti che non avevano dichiarato l'IVA. Non aveva mai infranto la legge, ma "poiché si trovava in Israele, i dirigenti delle società accusate lo hanno accusato", ha dichiarato l'avvocato. Tuttavia, Avi Rebibo si era presentato per la convocazione all'inizio dell'anno ed era in custodia cautelare dal 21 gennaio.

Frode alla comunità

I criminali ebrei non esitano a truffare anche i loro correligionari. Ad esempio, c'è il caso di Israel Perry, un avvocato israeliano con sede a Londra che aveva sottratto le pensioni dei sopravvissuti ai campi di concentramento concordate dallo Stato tedesco. Nel 1983, lo Stato ebraico e la Repubblica Federale Tedesca avevano effettivamente ratificato un accordo in base al quale ogni ex deportato con cittadinanza israeliana dal 1953 poteva beneficiare di un indennizzo fino a 100.000 marchi, oltre che di una pensione tedesca e di prestazioni sociali.

L'avvocato, poco conosciuto ma ambizioso e intelligente, si era specializzato nel rappresentare ex deportati che reclamavano i loro giusti meriti in Germania. L'avvocato ha ricevuto i suoi clienti in un hotel a cinque stelle di Tel-Aviv, dove ha offerto loro i suoi servizi di rappresentanza facendo firmare loro delle procure di cui gli ex deportati non comprendevano chiaramente la portata. In realtà, riponendo la loro fiducia in Israel Perry, i sopravvissuti del campo stavano consegnando parte - o tutti - i loro assegni mensili a una compagnia assicurativa creata dall'avvocato in un paradiso fiscale. In vent'anni, l'intermediario aveva così trattato migliaia di pratiche e sottratto 320 milioni di marchi (quasi 150 milioni di euro!), depositati in tre banche di Zurigo. Il Ministero della Giustizia israeliano era tuttavia riuscito ad applicare accordi di assistenza reciproca con il sistema giudiziario svizzero per bloccare questi depositi.

Un articolo del settembre 2000, pubblicato sul sito *www.sefarad.org*, ci informa di questa truffa, poco pubblicizzata come le precedenti: "Più di 1000 sopravvissuti all'Olocausto in Israele hanno denunciato un avvocato israeliano." Le informazioni sono state confermate dal Ministero della Giustizia israeliano. Il caso è stato citato da alcuni giornali, come il settimanale tedesco *Der Spiegel*, il domenicale svizzero *Sonntags Zeitung* e *La Tribune de Genève*. Quando i suoi clienti si sono lamentati del mancato avanzamento delle loro richieste, Israel Perry ha invocato la "cattiva volontà tedesca" e la lentezza della diplomazia internazionale. La "truffa delle pensioni tedesche" aveva suscitato un enorme scandalo in Israele. Nel febbraio 2008, Israel Perry si è finalmente presentato in tribunale. Il suo avvocato aveva negato qualsiasi coinvolgimento da parte sua, ma il truffatore è stato condannato a 12 anni di carcere. Un presentatore radiofonico in Israele si era rivolto a lui in questi termini: "Hai una mentalità da ratto e meriti di marcire dove sei[448]."

Abbiamo già visto in queste pagine il caso di Semion Mogilevitch, che negli anni '80 si era arricchito proponendo agli ebrei che volevano lasciare l'URSS di acquistare le loro proprietà, occuparsi della vendita e poi inviare loro il denaro in Israele. Abbiamo visto anche il caso di Ignaz Bubis, il presidente della Comunità ebraica tedesca che ha dirottato i fondi ricevuti dal governo tedesco per investirli negli Eros-Centers, e quello di Mickey Cohen che ha organizzato serate di gala di beneficenza a Los Angeles per l'esercito israeliano e poi ha perso il denaro in partite di poker.

Due direttori della Televisione ebraica francese (TFJ), Ghislain Alloun e Michaëla Heine, sono stati condannati all'inizio di febbraio 2008 a due anni di carcere, sei mesi senza condizionale, per abuso di beni sociali. I due leader sono stati riconosciuti colpevoli di aver organizzato un sistema fraudolento basato su accordi fittizi tra il canale televisivo, di cui Alloun era presidente, e la casa di produzione Charisma Films, gestita dalla signora Heine, sua concubina. TFJ, in amministrazione controllata dal 2005, non trasmetteva dall'autunno 2006. Le prime denunce erano state presentate da un'avvocatessa,

---

[448] Nel 1955, Salomon Margulies, originario della Romania, dichiarò di aver dovuto andare in esilio e abbandonare tutti i suoi beni dietro la cortina di ferro per sfuggire alle persecuzioni razziali. Le persone che sollecitava non resistevano alle sue richieste e gli donavano grandi somme di denaro. Il 16 dicembre è stato arrestato in una discoteca di Parigi dopo diverse denunce. I visti sul suo passaporto testimoniano i suoi numerosi viaggi in tutta Europa (*Le Soir*, 17 dicembre 1955, archivio di Emmanuel Ratier).

Elisabeth Belicha, azionista fondatrice di TFJ, che aveva denunciato il "saccheggio metodico di TFJ" e accusato la coppia di aver preso il controllo totale del canale "senza prendere alcun contante", grazie a "un sistema di fatturazione triangolare e di compensazione dei debiti in due fasi".

Ecco il caso di un altro truffatore di alto livello, Didier Meimoun. Questo ebreo tunisino di Parigi è arrivato a Bruxelles a metà degli anni '90 e ha investito il denaro dei suoi "clienti" garantendo loro tassi di interesse dal 12 al 17,5%. Meimoun aveva investito in Radio Judaïca e donato denaro alle opere di bene della comunità. All'età di 47 anni, con 1,87 metri e 120 chili, era un uomo rispettato dalla comunità ebraica di Bruxelles. Aveva investito in numerose società e possedeva ville a Knokke e a Parigi. Fumava sigari, era coinvolto nel mondo dello spettacolo, girava in città con la sua Jaguar XJ 8 coupé e teneva la sua Ranger Rover per le gite in campagna, per non parlare del Rav 4 della moglie. Ma all'inizio del 2001 il dubbio si era insinuato nel suo ambiente. Ad esempio, per il cellulare utilizzava solo carte prepagate, che cambiava regolarmente. Il 18 maggio 2001, coloro che avevano avuto fiducia in lui per anni hanno saputo della sua improvvisa scomparsa. L'evidenza doveva essere accettata: il truffatore era sparito con 50 milioni rubati a decine, addirittura centinaia di membri della comunità. Con i suoi falsi cognomi - Meimoun Daida alias Meimoun Jerri alias Didier Lescure alias Didier Santerre, ecc... - Didier Meimoun aveva moltiplicato gli indizi ed era irreperibile. È stato condannato in contumacia: 3 anni incondizionati. Ovunque si trovasse, probabilmente non avrebbe perso il sonno per questo...

Guardando più indietro nel tempo, troviamo ad esempio il caso unico del rabbino Menachem Porush della comunità ultra-ortodossa Agudat Israel Party. Non aveva esitato a truffare un mafioso di New York, Joseph "Doc" Stacher, che nel 1965 era stato arrestato per violenza aggravata, furto con scasso, omicidio, ecc. Il dottor Stacher non riusciva a superare lo stupore. Durante il processo contro il rabbino che lo aveva truffato, Stacher era ancora sbalordito: "Non posso crederci, un rabbino ha rubato i miei soldi! Un rabbino ha ripulito tutti i miei soldi[449]!".

Samuel Flatto-Sharon

---

[449] Robert Rockaway, *But he was good to his mother: The lives and the crimes of jewish gangsters*, Gefen publishing, 1993, p. 116-117.

Samuel Szyjewicz, soprannominato Flatto-Sharon, è nato il 18 gennaio 1930 a Lodz, in Polonia, da Josef Flatto e Esther Szyjevicz. Stabilitosi in Francia, aveva adottato il nome di Flatto-Sharon per iniziare la sua carriera. Ben presto viene coinvolto in truffe di ogni genere e, dopo alcuni mesi di detenzione per truffa, decide di fuggire prima in Brasile e poi in Dahomey, dove incontra il Presidente, ex compagno di classe dell'Istituto Carlo Magno di Parigi. Divenne consigliere personale del presidente e negoziò un prestito di 10 milioni di dollari con la Banca Mondiale. Ma il denaro ricevuto è stato immediatamente diviso tra il presidente e i suoi ministri, con Flatto che ha ricevuto mezzo milione di dollari "come spese" nel processo. Per non parlare delle concessioni forestali con cui è stato ricompensato dal suo amico presidenziale[450].

Cinque anni dopo, torna a Parigi ed entra nel settore immobiliare con un socio di spessore: Jacques Engelhard, un uomo d'affari di Strasburgo con un passato particolare presso l'Ufficio del Grande Bandito della polizia: sfruttamento della prostituzione, sospetti di omicidi su commissione." Jacky da Strasburgo" era il suo negoziatore immobiliare e il suo tirapiedi quando si trattava di costringere gli inquilini recalcitranti a liberare un edificio in via di demolizione. Flatto diede l'impressione di ignorare tutto ciò che riguardava Engelhard: "Il mio amico Jacques, ripeteva, è l'uomo più calunniato di Francia!".

Flatto-Sharon ha effettuato ventinove transazioni immobiliari, su terreni da costruire, edifici da ristrutturare o da ricostruire dopo la demolizione. Li rivendeva a società di comodo create dai suoi complici. Aveva anche beneficiato della complicità di politici che avevano accelerato i permessi di costruzione. Il grande finanziatore del gruppo Flatto era Tibor Hajdu, un rifugiato ebreo dall'Ungheria, un genio della finanza e l'eminenza grigia di Flatto-Sharon. Era l'organizzatore del sistema di prestiti e di società di facciata create a nome di chiunque mandasse, autisti, segretari e persino fattorini. Una volta garantiti i prestiti e pagato il terreno per l'edificio, il resto dei fondi disponibili arrivava misteriosamente a Ginevra, spesso in valigie riempite il giorno stesso agli sportelli delle banche finanziatrici.

Samuel Flatto-Sharon aveva così intascato 324 milioni di franchi (circa 50 milioni di euro). Ma non gli bastava: ha inventato lavori di ristrutturazione fittizi e si è anche indebitato per finanziarli. Grazie a uomini di paglia, i prestiti sono stati ritirati e immediatamente depositati in altri istituti finanziari. I suoi problemi iniziarono quando un'indagine

---

[450] Anche la fortuna della famiglia del famoso filosofo dei media Bernard-Henri Lévy è stata fatta nel commercio del legname africano.

fiscale lo costrinse a partire per un Paese in cui non esisteva alcuna convenzione di estradizione con la Francia, né, di fatto, con alcun Paese al mondo: Israele. Ha richiesto la cittadinanza del Paese con il nome di Flatto-Sharon e l'ha ottenuta senza problemi dopo aver risposto alla solita domanda su un eventuale passato criminale "contro il popolo ebraico e lo Stato di Israele". Quando la truffa fu finalmente scoperta in Francia nel 1975, 550 milioni di franchi erano evaporati. Arrestato in Italia, dove avrebbe dovuto incontrare il suo avvocato Klarsfeld, è miracolosamente fuggito prima che la Francia potesse chiederne l'estradizione[451].

Nel 1974, Flatto-Sharon aveva acquistato una sontuosa proprietà di 3.000 m² a Savyon, nella periferia chic di Tel Aviv. Ben presto incontra Betsalel Mizrahi, uno dei boss della malavita israeliana. Patriota dichiarato, creò una società di esportazione di armi e finanziò milizie per proteggere le sinagoghe in Francia, nonché una squadra di assassini per uccidere il cancelliere Kurt Waldheim in Austria. Ha anche finanziato un centro comunitario per bambini svantaggiati. La sua generosità lo ha reso l'idolo dell'alta società israeliana.

Quando il suo caso fu scoperto in Francia nell'autunno del 1975, si offrì volontario per viaggiare e affrontare il processo. Ma a una condizione: ha chiesto a Parigi di consegnare a Israele il palestinese Abu Daoud. Abu Daoud era stato il capo del commando palestinese responsabile della morte di undici atleti israeliani alle Olimpiadi di Monaco del 1972.

In Israele è stato immediatamente costituito un comitato per opporsi all'estradizione di Flatto-Sharon e sono state raccolte decine di migliaia di firme di sostegno. Flatto era ormai un eroe nazionale. Per evitare l'eventuale estradizione, si candidò alle elezioni del Parlamento israeliano nelle file del partito Likoud di Menahem Begin, finanziato da un altro grande "patriota", l'amico di lunga data di Begin, il miliardario ebreo ginevrino Nessim Gaon[452]. Flatto fu eletto in Parlamento nel maggio 1977 e fece un ingresso trionfale nella Knesset. Intervistato su RTL, il giornalista francese gli ha chiesto:
- Quanti mandati avete ottenuto?
- Due, rispose Flatto con orgoglio.
- Bah, sono solo trentaquattro!

Si allude ai trentadue mandati di cattura internazionali emessi dal

---

[451] Per il resto del caso e le oscure relazioni politiche di Flatto-Sharon con Jacques Chirac, si veda *Le Crapouillot* del marzo 1989.
[452] Su Nessim Gaon, si veda la nota 139.

governo francese dopo la truffa[453].

Processato per corruzione e frode elettorale, Flatto è stato costretto a rinunciare al suo seggio di deputato alle elezioni del 1984. Imprigionato e condannato in Israele, è riuscito a ottenere la libertà su cauzione e non è mai stato estradato.

Nel 1990, Samuel Flatto-Sharon fu nuovamente coinvolto in una truffa da 20 milioni di franchi ai danni di una macelleria industriale della regione di Vichy: Sobovidé. Nell'ottobre 1989, l'azienda in difficoltà era stata venduta a due facoltosi acquirenti. Quest'ultimo aveva garantito il mantenimento dei 196 dipendenti e persino un aumento dei loro stipendi. Il tribunale commerciale ha quindi dato la sua approvazione. Bernard Gliksberg si era presentato come figlio di un grande industriale tessile belga. Simon Abramowitz era un ricco finanziere americano di cinquant'anni. Si trasferì nel miglior hotel di Vichy, dove fece subito installare due linee telefoniche. Da quel momento in poi, Sobovidé non conobbe più confini. Sei milioni di franchi in falsi ordini di pomodori a un'azienda parigina; 3,5 milioni di franchi trasferiti su un conto a Düsseldorf a nome di una falsa società per pagare vitelli dalla Polonia che non sarebbero mai arrivati; 1,4 milioni di franchi depositati in una banca egiziana per garantire una consegna di 4.000 tonnellate di carne a un'azienda libanese, e così via. Dopo tre mesi i truffatori sono fuggiti, lasciando 125 milioni di franchi di debiti dell'azienda. Inoltre, prima di partire si erano premurati di trattenere tre assegni da 500.000 franchi a nome di Sobovidé, probabilmente per le spese di viaggio. Gliksberg era stato arrestato il 9 febbraio 1990 sotto la sua vera identità, essendo il suo vero nome Samy Prince. Abramowitz fu arrestato pochi giorni dopo in Austria, in un palazzo di Vienna. Gli investigatori avevano registrato 556 telefonate verso Israele dall'hotel di Vichy, principalmente verso Flatto-Sharon. Nell'aprile 1993, il tribunale di Cusset, nel dipartimento di Allier, ha condannato i due uomini a 5 anni di carcere. Flatto-Sharon ha scelto di non apparire[454].

---

[453] Jacques Derogy, Israël Connection, Plon, 1980, p. 130-136. Gioco di parole giornalistico con *mandat d'arrêt* e *mandat de député* (mandato d'arresto e mandato di deputato).

[454] Nel 1980, tre tunisini, François Abitbol e i suoi due figli, David e Mordecai, erano riusciti in poco più di un mese a portare via un bottino di quattro milioni di franchi effettuando ingenti ordini di carne da fornitori di Creusot, Orléans e Rennes, per la loro macelleria nel 20° arrondissement di Parigi. Dopo aver venduto tutto, si sono stabiliti in Israele, senza pagare i fornitori.

Un altro caso famoso di *"carambouille"*: nel 1993, David Cherbit, un ventottenne ruandese proprietario di un supermercato di *"Cash Menuiserie"* (finestre, porte, scale,

Nell'aprile 2003, *Israel Magazine* ha pubblicato un'intervista con Samy Flatto-Sharon. Nella sua residenza di Tel-Aviv, le pareti erano "ricoperte di dipinti di maestri da Marc Chagall a Modigliani"." Flatto-Sharon ha affermato di essere un patriota israeliano senza compromessi. Riguardo agli ebrei che hanno rubato armi per rivenderle ai palestinesi, ha dichiarato: "Queste persone dovrebbero essere condannate a pesanti pene detentive. Non abbiamo bisogno di questi ebrei. Sono criminali, traditori che devono essere eliminati."

In Inghilterra e negli Stati Uniti

Robert "Maxwell" era figlio di ebrei chassidici provenienti dalla Slovacchia che avevano assunto il cognome Maxwell, ma il cui vero nome era Abraham Hoch. Era diventato cittadino britannico nel 1945. Ufficiale di collegamento dell'Armata Rossa a Berlino, era stato incaricato di interrogare vari dignitari nazionalsocialisti. In seguito, ha fatto fortuna nel settore della stampa e dell'editoria, controllando diversi giornali. Era diventato multimilionario grazie a varie truffe, ad esempio sottraendo l'equivalente di 4,3 miliardi di franchi dai fondi pensione gestiti da una delle sue società di investimento. Gran parte del suo denaro era stato investito in Israele. Nel 1992 Robert Maxwell morì in circostanze poco chiare. Si dice che sia caduto dal suo yacht al largo delle coste delle Isole Canarie, dove il suo corpo è stato ritrovato in mare.

La sua morte è comunque sospetta. Loic Le Ribault, esperto internazionale di criminologia, è rimasto sorpreso dal fatto che non sia mai stato effettuato un esame dello yacht. Per lui la morte di Robert Maxwell ha un'origine criminale. Prima di cadere in acqua o di essere gettato in mare, l'uomo d'affari era stato brutalmente picchiato. Il fatto

---

rivestimenti, ecc.) decise di risolvere radicalmente le sue difficoltà finanziarie. A capo della S.A. Davidson, con un capitale di 250.000 franchi, David Cherbit non esitava a recarsi in elicottero a Parigi per occuparsi dei suoi affari. Era un uomo di cui ci si poteva fidare. Pur sapendo che la sua azienda stava per essere messa in amministrazione controllata - l'udienza era fissata per il 24 aprile 1993 - decise di fare ordini su ordini ai suoi fornitori. Semirimorchi pieni all'inverosimile si sono messi in coda davanti alla *Cash Menuiserie*. La merce doveva essere venduta a venditori senza scrupoli dietro pagamento in contanti. I fornitori non sarebbero mai stati pagati. Nel giro di pochi giorni, David Cherbit aveva emesso più di duecento assegni scoperti. Una piccola azienda specializzata in sistemi di allarme si è vista restituire dalla banca l'assegno di 200.000 franchi con la dicitura "non coperto" e ha dovuto dichiarare bancarotta. David Cherbit era partito con la moglie e la sorella per Israele. I suoi mobili nuovi di zecca gli sono stati spediti in container via Marocco.

è che Robert Maxwell ha lasciato dietro di sé una montagna di debiti: non meno di 34 miliardi di franchi, sostanzialmente irrecuperabili[455].

Un altro scandalo, questa volta nel Regno Unito, aveva puntato i riflettori su Lady Shirley Porter. Era figlia dell'uomo d'affari Jack Cohen, proprietario di una catena di supermercati e sindaco per alcuni anni di Westminster. Ha sottratto 50 milioni di dollari e ha inondato l'Università di Tel-Aviv (costruita sulle rovine del villaggio palestinese di Cheikh Munis) con le sue generose donazioni. La Corte Suprema lo aveva giudicato colpevole e gli aveva ordinato di pagare una multa di 27 milioni di sterline. Ma poiché tutti i suoi beni erano stati trasferiti in Israele, la multa non fu mai pagata[456].

Il settimanale *Le Point* del 20 luglio 2006 ha pubblicato un articolo su Michael Levy, un amico del Primo Ministro Tony Blair che aveva conosciuto nel 1994 a una cena organizzata da un diplomatico israeliano. Levy aveva iniziato a raccogliere fondi tra i grandi per il Partito Laburista, fino ad allora finanziato principalmente dai sindacati. Questo lavoro gli era valso il titolo di Lord Lord dopo la vittoria di Tony Blair nel 1997. Nell'estate del 2006, Levy era stato accusato di aver preso milioni di sterline in prestiti da ricchi industriali in cambio di titoli onorifici e seggi alla Camera dei Lord. Gli inglesi lo hanno soprannominato "Lord Cashpoint".

Negli Stati Uniti i casi di frode erano evidentemente numerosi. Nel febbraio 2006, ad esempio, sette membri delle forze di occupazione statunitensi in Iraq sono stati arrestati per aver sottratto in modo fraudolento oltre dieci milioni di dollari di fondi per la ricostruzione. Il loro leader, Robert Stein, 50 anni, ex ufficiale statunitense, ha lavorato nel governo provvisorio della coalizione in Iraq e ha gestito un budget di 82 milioni di dollari destinato alla creazione di un'accademia di polizia e a progetti di ricostruzione in una regione a sud di Baghdad. Stein è stato accusato di aver sottratto almeno due milioni di dollari al governo iracheno e centinaia di migliaia di dollari all'autorità provvisoria, come riportato dal *New York Times* il 2 febbraio 2006. Stein aveva usato gran parte del denaro per acquistare armi per una società di sicurezza privata che aveva creato per proteggere gli interessi di un ufficiale riservista statunitense che si era messo in affari a Baghdad, un certo Philip Bloom. In cambio, ha trasferito denaro sui conti bancari della moglie di Stein. Robert Stein e sua moglie, che vivevano in modo

---

[455] Robert Maxwell era il padre di Ghislaine Maxwell, imparentata con il famoso magnate finanziario ebreo americano Jeffrey Epstein, entrambi coinvolti nel traffico di bambini e nella prostituzione per l'élite politica ed economica statunitense (NdT).
[456] Israel Shamir, *L'autre visage d'Israël*, Éditions Al Qalam, 2004, p. 171.

sfarzoso a spese del contribuente americano, avevano acquistato una grande proprietà e diverse auto di lusso. Stein fu anche ricompensato per i suoi servizi con biglietti aerei e godette della villa che Bloom possedeva a Baghdad. Nel 1996, Robert Stein è stato condannato a otto mesi di carcere negli Stati Uniti per aver frodato un istituto finanziario.

Nel gennaio 2006, lo scandalo Abramoff ha scosso il mondo politico statunitense. Su *Le Point* del 12 gennaio si legge che Jack Abramoff era un 46enne "brillante lobbista" vicino ai repubblicani. Si era appena dichiarato colpevole di frode, frode fiscale e corruzione attiva. Aveva corrotto dei parlamentari in cambio di favori per i suoi clienti. Si parlava di 12-60 deputati compromessi, "uno dei più grandi scandali nella storia del Congresso"." Abramoff e i suoi clienti hanno contribuito con circa 4,4 milioni di dollari alle campagne elettorali di più di 250 membri del Congresso dal 1999[457].

Qualche anno prima, la magistratura americana aveva smascherato la sfacciataggine di un grande truffatore: il rabbino Sholam Weiss. Sholam Weiss, ebreo chassidico nato nel 1954, aveva quasi mandato in bancarotta un colosso americano delle assicurazioni sulla vita, la National Heritage Life Insurance Company. Nell'ottobre 1999, Weiss è stato citato a comparire in tribunale. Il suo avvocato ha poi raccontato alla stampa le sfuriate di Weiss, che ha "rimproverato" i suoi complici con il cellulare nell'atrio del tribunale e anche all'interno dell'aula, comportandosi in modo odioso nei confronti della corte. Infatti, ha ricordato che "ha dovuto continuamente ricordare alla corte che il suo cliente non era processato per la sua arroganza e maleducazione, ma per la sua truffa". Contrariamente all'opinione di tutti gli osservatori del tribunale, Weiss aveva ottenuto il diritto di rimanere in libertà pagando una ridicola cauzione di cinquecentomila dollari, cioè un millesimo dell'enorme bottino di 450 milioni di dollari. Prevedibilmente, Weiss è scomparso, beffandosi della sentenza inflitta in contumacia il 15 febbraio 2000: ergastolo, più di 845 anni di carcere. Ma in Israele, Weiss era libero di godere dei risparmi di 25.000 americani, per lo più pensionati che avevano investito le loro pensioni in quella compagnia assicurativa.

Probabilmente gli americani non ricorderanno il caso di Martin Frankel, che aveva estorto più di 200 milioni di dollari alle compagnie assicurative di più di cinque Stati e che è fuggito dagli Stati Uniti nel 1999; né il caso dei "New Square Four", quei quattro ebrei ortodossi di New Square City, fuori New York, che avevano fondato una yeshiva (università ebraica) fittizia per riscuotere più di 40 milioni di dollari in

---

[457] Su Abramoff, leggere *Psicoanalisi dell'ebraismo*.

prestiti statali. Poche ore prima di lasciare l'incarico, il presidente Bill Clinton aveva commutato le sentenze dei quattro criminali, Chaim Berger, Kalmen Stern, David Goldstein e Jacob Elbaum. Il tribunale li ha semplicemente condannati a restituire i 40 milioni di dollari... il che è stato un motivo sufficiente per mettersi comodi...

E questo perché dobbiamo comprendere la moralità molto particolare del popolo ebraico. Nel giornale israeliano *Haaretz* del 24 marzo 1995, il rabbino Avner ci ha illuminato con i suoi interessanti insegnamenti: "Un crimine contro un ebreo è sempre più grave dello stesso crimine commesso contro un non ebreo, secondo gli insegnamenti della Torah." D'altra parte, era anche necessario sapere che "chi deruba un ladro non commette un peccato[458]." È quindi sufficiente considerare gli altri popoli come ladri e assassini, responsabili delle disgrazie del popolo ebraico.

Sotto la Terza Repubblica francese (1870-1940)

All'epoca della Terza Repubblica, gli scandali finanziari che coinvolgevano i politici provocarono la rabbia popolare. Nel 1892, Edward Drumont, il famoso autore de *La Francia ebraica* e direttore del giornale *La Libre Parole,* accusò importanti politici di aver usato la loro influenza e i loro voti per concedere in modo fraudolento alla Compagnia del Canale di Panama il diritto di emettere un prestito pubblico di 700 milioni di franchi oro. Nel 1892, *La Libre Parole* di Edward Drumont denunciò la corruzione dei parlamentari, scatenando lo scandalo di Panama. Il barone e banchiere Jacques de Reinach fu accusato direttamente. Era il distributore dei fondi che la Compagnia di Suez elargiva a giornalisti, deputati e ministri. Gli assegni confiscati dai tribunali rivelarono che il barone aveva distribuito quattro milioni di franchi d'oro. La maggior parte dei principali giornali repubblicani erano stati corrotti. Quando seppe che sarebbe stato incriminato, il barone si tolse la vita. Ma la morte del finanziere non ha messo fine al caso.

Gli intermediari incaricati di contattare gli uomini politici di cui la Compagnia voleva assicurarsi la collaborazione erano altri due israeliani, Emile Arton e Cornelius Herz. Aronne, detto Arton, si era occupato in particolare del Palazzo Borbone (sede della Camera). Appena scoperto, fuggì in Inghilterra, portando con sé la lista dei

---

[458] Isaac Bashevis Singer, *Lo schiavo*, 1962, Epublibre, editore digitale German25 (2014), pag. 496.

"*panamisti*". Il suo correligionario, Cornelius Herz, era di livello superiore. Di famiglia ebraica di Besançon e di origine bavarese, fu Grande Ufficiale della Legion d'Onore, vicino ai presidenti Grévy e Sadi Carnot, amico di Freycinet e Clemenceau, di cui finanziò il giornale. Quando lo scandalo venne alla luce, anche lui fuggì in Inghilterra. Arton fu arrestato a Londra nel 1897 ed estradato. Comparso davanti ai giudici, è stato assolto. Cornelius Herz è stato condannato in contumacia, poiché la sua estradizione non è mai stata autorizzata dall'Inghilterra.

Ecco cosa scrisse lo storico ebreo Leon Poliakov sulla vicenda: "Al centro dello scandalo c'era un vecchio testardo e megalomane, l'"eroe di Suez" Ferdinand de Lesseps, assistito dal figlio; poi in cerchi concentrici apparvero un pugno di corruttori, decine di parlamentari corrotti e centinaia di giornalisti corrotti, e infine decine di migliaia, se non di più, di piccoli risparmiatori rovinati. Ora, i principali corruttori erano ebrei (Lévy-Crémieux, Jacques de Reinach, Cornelius Herz, Emile Arton), per cui, per una volta, si era tentati di dire che la propaganda antisemita non era gratuita." Ma Poliakov non poteva limitarsi a questa osservazione e cercava di indurre il lettore a relativizzare la presunta importanza dell'influenza degli ebrei nella Francia dell'epoca, senza rendersi conto che, così facendo, non faceva altro che conferire l'idea della grande nocività della comunità ebraica: "Il loro numero totale non superava le ottantamila unità (0,02 per 100 della popolazione francese), di cui la metà era stabilita a Parigi[459]."

Nel maggio del 1925, i giornali francesi annunciarono che la Torre Eiffel, costruita per l'Esposizione Universale del 1889, aveva bisogno di un serio restauro, tanto che si pensava addirittura di smantellarla. All'annuncio di questa notizia, il "conte" Lustig, un ebreo di origine cecoslovacca da poco sbarcato in Francia, si mise al lavoro. Fece redigere dei documenti su carta intestata del Ministero delle Poste e Telegrafi, responsabile della torre, e si mise alla ricerca delle più importanti aziende di riciclaggio dei metalli ferrosi. Con il suo scagnozzo Dan Collins ("Dapper Dan"), che aveva conosciuto a New York, prese alloggio nel lussuoso Hotel Crillon di Place de la Concorde e convocò i cinque principali rappresentanti di queste società per una "riunione confidenziale", avendo cura di precisare che solo il Presidente della Repubblica, il Ministro, il Viceministro (Lustig stesso) e il suo capo di gabinetto erano a conoscenza del progetto e che in nessun caso queste informazioni dovevano essere rese pubbliche.

Il "viceministro" annunciò la notizia con il tono più solenne:

---

[459] Léon Poliakov, *Histoire de l'antisémitisme, tome II*, Point Seuil, 1981, pag. 296.

"Signori, il governo dovrà demolire la Torre Eiffel e voi siete qui per fare un'offerta! "Qualche giorno dopo, il "viceministro" si recò a casa del signor Poisson per annunciare che era stato scelto. Quest'ultimo doveva presentarsi entro due giorni con un assegno certificato per la metà della somma. Lustig aveva avuto l'ardire di chiedere una tangente: "Niente di più normale", disse il goy, che oltre all'assegno diede al truffatore una sostanziosa mancia. I due truffatori depositarono immediatamente l'assegno e presero il treno per l'Austria, dove rimasero per qualche tempo prima di ripartire per New York.

Marthe Hanau proveniva da una famiglia di commercianti ebrei dell'Alsazia. Dopo la prima guerra mondiale, apre una fabbrica di profumi e poi, nel 1925, entra nel mondo della finanza. Pubblicò un giornale chiamato *La Gazette du Franc*, che divenne una selezione di consigli di borsa talmente rinomata che alcuni titoli cambiarono in base alle sue raccomandazioni di acquisto e vendita. Grazie alla reputazione raggiunta dal giornale, Marthe Hanau avrebbe offerto a tutti i risparmiatori di investire il proprio denaro a tassi di interesse mai visti prima. Nel dicembre 1928, però, viene arrestata per frode e violazione della fiducia, ma viene rapidamente rilasciata nel 1930. Ha poi fondato un nuovo giornale, *Forces*. Martha Hanau fu nuovamente arrestata nell'aprile del 1932 e si suicidò nella sua cella di Fresnes il 14 luglio 1935, dopo essere stata condannata a tre anni di carcere incondizionato.

Lo scrittore di genere borgognone Henri Vincenot ha espresso molto bene l'antico risentimento di alcuni piccoli risparmiatori francesi nel suo splendido libro di ricordi d'infanzia, *La Billebaude* (1978). Ecco come l'ha raccontata Henri Vincenot:

"Il caso Hanau-Stavisky, che tutti i miei contemporanei ricordano, si concluse con un enorme scandalo e un caso penale irrisolto. Quello che era successo non era ben compreso all'epoca, perché, nella nostra regione, quegli schemi sembravano molto loschi e perfettamente ridicoli, anche se certamente sapevo che quella coppia aveva truffato un sacco di brave persone, come i contadini e gli artigiani dei nostri cantoni, ma anche i capitani d'industria che se lo meritavano e persino i finanzieri. È stato uno dei più grandi truffatori di tutti i tempi. Il signor Tremblot ebbe finalmente la rivelazione della sua imprudenza e si infuriò. Ero lì proprio perché era agosto. L'ho visto prendere tutte le copie del giornale *delle Forze Armate* che era stato la sua bibbia e accendere un grande fuoco sul compost dell'orto.

- Sarà usato come concime", gridò a tutti gli dei dell'Olimpo, furioso per aver perso i suoi due campi migliori per comprare un fascio di azioni fittizie che gettò sul rogo.

Nel pomeriggio ho preso in mano il dizionario composto dal mio compatriota Pierre Larousse e, non so perché, ho cercato la parola Forces, che era, come ho detto, il titolo del diario di Marta Hanau, e ho letto: "Forces: dal latino *forze*, grandi forbici usate per tosare le pecore." Tosare le pecore!

L'ho trovata così divertente che l'ho fatta leggere al vecchio Tremblot, e quando ha indossato le sue volte d'acciaio, ha riso anche lui, ma con una risata che non poteva più trasalire. *Forze*! Hahaha! E noi, i saraghi, ci siamo fatti tosare!

Si era alzato e, con la sua risata bonaria, era entrato in cantina, dicendo:

- Ci hanno lasciato il mio piccolo Blaise, tosato e cornuto. Hahaha!

Tornò con due bottiglie di roba, che aprì urlando:

- È meritato, caguën diola! È meritato! È così che i Galli impareranno la lezione!

Arrivano poi due clienti a presidiare un giogo di cavalleria; lui tira fuori quattro grandi bicchieri. Una volta riempita, la bottiglia veniva svuotata:

- Bevi, caguén diola! Non perdere un'occasione così ghiotta per prendere in giro i braccianti! Mi hanno appena conciato fino a farmi sanguinare!

Ma si è scoperto che anche questi due clienti erano stati truffati dall'etiope. Poi il vecchio esplose:

- Forza ragazzi, svegliamo l'etiope! Venite con me, sarà dura per lui!

Gli altri due dissero a bassa voce:

- Ma non ti ha aspettato, Tremblot! Ha lasciato il Paese molto tempo fa. Aveva già venduto la sua casa lo scorso gennaio e nessuno lo sapeva!

E così abbiamo bevuto una seconda bottiglia, e una terza, e con esse un formaggio di testa. Ho bevuto con coraggio il mio mezzo litro di quell'*échézeau del 1909* che ci ha regalato il cugino Petit, una delle migliori annate delle *Côtes-de-nuits*. Il Vecchio non mi diede tregua.

-Fatti una bella scopata, rapace! Affinché vi ricordiate sempre lo sporco scherzo che ci ha fatto Marta Hanau, affinché, finché vivrete, diffidiate di chi ha un bel bossolo e caga nella porcellana...

Come si vede, quella storia non era per lui altro che una bella botta di umorismo sarcastico, ma rafforzava enormemente l'antisemitismo che era già endemico nelle nostre regioni, va detto, la verità[460]."

---

[460] Henri Vincenot, *La Billebaude*, Denoël, 1978, Folio 1982, p. 319-321. La vita di Marthe Hanau è stata portata sul grande schermo dal regista Francis Girod, nel film *La*

Tra i maggiori scandali dell'epoca, non si può non citare l'affare Oustric del 1930, le cui imprese fraudolente erano costate ai risparmi francesi l'irrisoria somma di due miliardi di franchi di Poincaré. Albert Oustric era un banchiere molto ricercato che si interessava in modo particolare alle aziende in difficoltà, prestando loro ingenti somme in cambio di azioni. In questo modo assunse il controllo di queste società e inserì nei loro consigli di amministrazione uomini di sua fiducia. Aumentò il capitale emettendo azioni e creando società più o meno fittizie che si finanziavano a vicenda. La sua onnipotenza è stata radiosa fino al crollo della sua banca. La banca era fallita e altre banche satellite l'avevano seguita a catena. Albert Oustric aveva corrotto il ministro della Giustizia, Raoul Perret, che aveva ostacolato la giustizia. Fu la rivelazione dei rapporti tra Albert Oustric e Raoul Perret a portare alla caduta del governo Tardieu il 4 dicembre 1930. Il 5 gennaio 1932, Oustric fu condannato a 18 mesi di prigione e a una multa di 3.000 franchi per irregolarità nelle operazioni sui titoli delle aziende calzaturiere. Ha lasciato dietro di sé un buco di 1,5 miliardi di franchi. Trent'anni dopo, Oustric era un rispettabile pensionato decorato per atti di resistenza.

Truffatore dal carisma formidabile, Serge Alexandre Stavisky, soprannominato "Monsieur Alexandre", è stato all'origine di numerosi scandali che non sono mai stati del tutto chiariti e che hanno segnato la storia della Terza Repubblica. Serge Alexandre Stavisky è nato nel 1886 a Slobodka, in Ucraina. Era arrivato in Francia all'età di dodici anni con il padre, un dentista, ed era stato naturalizzato francese nel 1910. Il giovane Sacha si allontanò rapidamente dalla retta via, essendo già noto per diverse truffe nel 1909. All'inizio degli anni Venti, firmò sempre più assegni scoperti. È stato incriminato più volte, ma ogni volta le prove sono scomparse in modo tempestivo. Il truffatore aveva evidentemente legami anche tra i ranghi della polizia. Il mistero Stavinsky era iniziato.

Il 22 luglio 1926 Stavisky viene arrestato per la prima volta. Il commissario Pachot era riuscito a metterlo alle strette nel villaggio di Marly-le-Roi, dove il truffatore, che aveva ricevuto una soffiata, si stava preparando a fuggire. Tuttavia, il 28 dicembre 1927, gli fu concessa una dispensa medica e fu provvisoriamente rilasciato. Una volta uscito di prigione, Stavisky era un uomo diverso e da allora si fece chiamare Serge Alexandre. Ha poi fondato l'azienda Alex: gioielli e oreficeria.

Banquière (1980). Il personaggio, interpretato da Romy Schneider, e la sceneggiatura hanno cancellato ogni traccia di ebraismo in quella storia. Il banchiere è presentato come una vittima di macchinazioni politiche e finanziarie.

Gli smeraldi impegnati presso il Credit Municipal d'Orléans gli fruttarono quaranta milioni di franchi. Gli smeraldi erano falsi, ma "Monsieur Alexandre" aveva debitamente ottenuto un certificato di autenticità. Creò anche diverse società, i cui consigli di amministrazione comprendevano un ispettore delle finanze, un generale, un ambasciatore o un ex prefetto di polizia.

Monsieur Alexandre, sempre accusato ma mai processato, era diventato la star dell'élite parigina. Aveva sposato una modella di Channel, Arlette Simon, e viveva con lei in una villa lussuosa. Gestisce milioni, riceve ministri al suo tavolo e fa eleggere il suo avvocato a deputato di Parigi. Stavisky aveva molti amici in politica, nella stampa e nella finanza e conduceva una vita principesca tra Parigi, Deauville e Chamonix.

Tuttavia, prima del grande scandalo, dovette rimborsare il fondo di pietà di Orléans. Ebbe quindi l'idea di fondare una propria istituzione. Così, nel 1931, fondò un Crédit Municipal a Bayonne, il cui direttore, Tissier, era uno dei suoi amici. Non compare ufficialmente nell'organigramma. Inoltre, godeva della complicità del sindaco repubblicano radicale della città.

I crediti municipali sono stati autorizzati a contrarre prestiti mediante il collocamento di obbligazioni fruttifere presso il pubblico o presso istituzioni finanziarie entro i limiti stabiliti dalla legge. Quando un mutuatario richiedeva un prestito, il Credito Municipale, se non aveva fondi sufficienti per anticipare il denaro richiesto, aveva la possibilità legale di emettere obbligazioni chiamate "cash bond". Queste obbligazioni, tratte da un libretto di assegni, erano composte da tre parti. Il controfoglio, che è rimasto nelle mani del direttore della cassa come buono o documento giustificativo, il buono, la garanzia di debito data al contribuente dei fondi al Credito Municipale, e l'assegno, che è rimasto nelle mani del controllore del Credito Municipale. Sia a Orléans che a Bayonne, Stavisky, attraverso due direttori del Crédit Municipal, aveva indotto l'emissione di obbligazioni false. Il controllore, fiducioso nella sua gerarchia, accettò di firmare in anticipo delle obbligazioni in bianco al cash manager. Sulla controfoglio e sul buono, il direttore scriveva, ad esempio, 100 franchi, che venivano registrati come entrate nella contabilità. Ma sui volantini scriveva una somma maggiore, a seconda delle possibilità del prestatore, che non sospettava nulla. Stavisky, che detraeva i buoni dal Credito Municipale, tratteneva l'intera somma, mentre restituiva al Credito Municipale solo la somma corrispondente all'importo che era stato inserito sul talloncino e sul buono.

Per tre anni la truffa andò avanti senza problemi, fino al dicembre 1933, quando un controllo di routine da parte di un controllore finanziario scoprì la frode. Il 24 dicembre Tissier viene arrestato e il 28 il giudice istruttore emette un mandato di arresto per Stavisky.

Quando scoppiò questo scandalo, che scosse il regime repubblicano, erano già stati compilati 80 fascicoli sul caso. All'epoca, prima della guerra, la stampa nazionalista era forte e denunciava senza sosta la corruzione del regime parlamentare. I giornali rivelarono così che Dalimier, il ministro del Lavoro che aveva firmato una circolare in cui raccomandava a tutte le banche di acquistare questi titoli sicuri - le obbligazioni Bayonne - era un amico di Stavisky. La Francia rimase sbalordita quando scoprì l'entità della frode: erano stati messi in circolazione 250 milioni di franchi di titoli contraffatti.

Ma altri complici erano intervenuti per ottenere successive proroghe del processo. La Procura era diretta da Pressard, cognato del Presidente del Consiglio Camille Chautemps. Inoltre, Stavisky si era assicurato il controllo della stampa repubblicana tradizionale ungendo le mani di giornalisti e direttori di giornali.

Stavisky si era nascosto in uno chalet a Chamonix, sulle Alpi, affittato sotto falso nome. Quando la polizia lo ha rintracciato e ha circondato la casa, si è sentito uno sparo all'interno: il truffatore si era sparato alla testa e giaceva ai piedi del letto. Ci sono volute due ore per trasportarlo all'ospedale più vicino, dove è morto in serata. Questa era la versione ufficiale, ma l'Action Française di Charles Maurras[461] accusò Camille Chautemps di averlo fatto uccidere per coprire il cognato, il procuratore Pressard. Chautemps, che si era opposto a una commissione d'inchiesta richiesta dal Parlamento, ha innescato la polveriera. Il 9 gennaio, il giorno dopo il "suicidio" di Stavisky, migliaia di manifestanti hanno sfilato sul Boulevard Saint-Germain al grido di "Abbasso i ladri! Nei giorni successivi, le destre, i *Camelots du Roi* (militanti *del re*) e le leghe patriottiche occuparono le strade. Sono state strappate le barre dagli alberi, dalle panchine e dalle pietre del marciapiede per creare barricate. Ci sono stati numerosi feriti, centinaia di arresti. Il 27 Chautemps si dimette e viene sostituito da Daladier. La mattina del 6 febbraio 1934, l'Action Française e le leghe patriottiche si riunirono davanti all'Assemblea dove erano stati "rinchiusi" i "ladri". Si sono presentati anche i comunisti. Alle 16 circa, la manifestazione ha iniziato la sua marcia davanti al Pont de la Concorde. Cordoni di polizia

---

[461] Charles Maurras (1868-1952): Importante intellettuale del XX secolo. È stato l'ideologo dell'*Action Française* (NdT), nazionalista, monarchica, antiparlamentare e antisemita.

hanno bloccato la strada per il Palazzo Borbonico. Alle 18, al calar della notte, non si vedeva nulla, i lampioni erano andati in frantumi. La folla si è fatta coraggio, ma è stata respinta da una carica di guardie a cavallo. I cavalli sbandavano sulle biglie che i manifestanti avevano portato a centinaia di chili. Alle 19.30 è stato sparato un colpo e le guardie mobili hanno sparato sui manifestanti. È stato un massacro: 15 morti tra i manifestanti e 655 feriti. Le forze dell'ordine lamentano un morto e 1660 feriti, ma la Repubblica è salva. I preparativi per la guerra contro la Germania potevano iniziare.

Jacob-Leib Talmon, filosofo e storico della comunità, ha espresso molto bene nelle sue opere l'ascesa al potere degli ebrei arrivati dall'Europa centrale e dalla Russia durante il XIX secolo: "La mobilità sociale degli ebrei ha superato quella di tutti gli altri gruppi", ha scritto. Un padre poteva essere il sacrestano di una sinagoga sperduta in un villaggio e suo figlio poteva governare un intero impero di imprese capitalistiche. Mentre nulla teneva l'ebreo radicato nella sua città o nel suo villaggio, tutto lo attraeva in città. Tutti gli scrittori antisemiti hanno insistito sull'allarmante afflusso di ebrei nelle grandi città e nelle capitali. Gli ebrei si sono riversati in quegli agglomerati che sono i centri di ogni paese, dove brillano le luci abbaglianti della pubblicità e attirano gli occhi di tutto il mondo."

Già nel 1870 sembrava che i finanzieri ebrei avessero in mano il destino delle nazioni europee: "L'Europa non poteva ignorare che un banchiere ebreo - Bleichröder - rappresentava la Germania nelle trattative per il risarcimento dei danni di guerra, mentre un Rothschild rappresentava la Francia. L'emancipazione aveva liberato forze vulcaniche che erano rimaste sopite per secoli[462]."

E Jacob-Leib Talmon aggiungeva: "L'influenza esercitata dagli ebrei sulla stampa divenne di dominio pubblico, e non solo tra gli antisemiti....I cognomi ebraici coinvolti negli scandali pubblici che hanno scosso alcuni Paesi, dal caso Panama a Goldfine (Sherman Adams) o Gruenwald, hanno attirato un'attenzione particolare perché all'orecchio suonavano più sciocanti di cognomi come Dupont, Smith o Schmidt, e perché il mondo occidentale considerava ancora l'ebreo come l'erede di Giuda Iscariota. In Francia, quando lo scandalo di Panama ha fatto balenare nomi come quelli del barone de Reinach (nato a Francoforte), del dottor Cornelius Herz (cittadino americano) e di Arton (ebreo italiano), le grida di "morte agli ebrei" si sono mescolate a quelle che invocavano un uomo forte e puro per ripulire le scuderie parlamentari ed espellere i deputati corrotti, proprio come Gesù aveva

---

[462] Si veda *Psicoanalisi dell'ebraismo* e *Fanatismo ebraico*.

espulso i mercanti dal Tempio[463]."

Il 20 aprile 1892, Edward Drumont aveva lanciato il suo giornale, *La Libre Parole*. Scriveva nel primo numero: "Posso accettare perfettamente, e così la maggior parte dei lavoratori con me, che ci siano dei milionari. Ma le cose cambiano quando ci imbattiamo in persone come i Camondo, i Cahen di Anversa, i Bamberger, gli Ephrusis, gli Heines, i Mallet, i Bichoffsheim, che hanno 200, 300, 600 milioni guadagnati con la speculazione, che usano questi milioni solo per guadagnarne altri milioni, che si impegnano in una truffa senza fine, che destabilizzano continuamente il Paese con i loro scioperi in borsa." E Drumont affermava con veemenza: "La liquidazione dei milioni di ebrei può essere altrettanto facile, e in ogni caso infinitamente meno iniqua, della confisca, cento anni fa, dei beni della Chiesa e del patrimonio degli emigranti[464]."

Nel 1931, George Bernanos, in *La grande paura dei Biemensants*, evocava la situazione alla fine del XIX secolo e la "conquista ebraica", che Drumont aveva reso "evidente a tutti". Scrive Bernanos: "Un piccolo numero di stranieri, convulsamente attivi, tenuti per secoli separati dalla vita nazionale, gettati improvvisamente in una società senza riferimenti, impoverita dalla guerra, si impadroniscono improvvisamente delle fonti stesse del denaro, organizzano immediatamente la loro conquista, pazientemente, silenziosamente, con una meravigliosa comprensione dell'uomo moderno, dei suoi pregiudizi, delle sue prevenzioni, dei suoi difetti, delle sue immense e stupide speranze. Diventati padroni dell'oro, si assicurano ben presto che, in una piena democrazia egualitaria, possano essere allo stesso tempo padroni dell'opinione, cioè della morale e del buon costume. Danno alla borghesia liberale [...] i loro capi, si impongono con gli stessi vizi che li hanno rovinati così spesso in passato, la frenesia delle apparenze, l'impudenza, la crudeltà del satrapo. Dalla metà del XIX secolo, nei primi posti dell'Amministrazione, delle Banche, della Magistratura, delle Ferrovie o delle Miniere, ovunque, finalmente, l'erede del grande borghese, il politecnico[465] con gli occhiali, si è abituato a incontrare questi strani tipi che parlano con le mani come scimmie [...] come se fossero venuti da un altro pianeta, con la loro

---

[463] J.-L. Talmon, *Destin d'Israël*, 1965, Calmann-Lévy, 1967, p. 51, 52.
[464] Georges Bernanos, *La Grande Peur des bien-pensants*, 1931, Grasset, Poche, 1969, p. 186, 187. [Gli émigrés erano gli oppositori della Rivoluzione francese che lasciarono il Paese tra il 1789 e il 1800]. Cioè gli aristocratici].
[465] Laureati all'*École Polytechnique*, la grande scuola di ingegneria francese.

pelliccia nera, i loro lineamenti cesellati da angosce millenarie[466]. Bernanos ha anche denunciato "l'invasione da parte degli ebrei dei luoghi migliori, delle piazze migliori"." E aggiungeva poco più avanti: "I pacifici invasori" si erano "dapprima saldamente installati nelle sale di redazione" dove premevano "come meglio potevano gli uni contro gli altri". Bisognerebbe essere ciechi per non vedere "questo successo folgorante la cui semplice lettura degli annuari basterebbe oggi a convincere i meno informati[467]."

Il 12 maggio 1921, Charles Maurras, direttore del giornale *L'Action française*, lanciò solennemente "un appello a tutte le forze antiebraiche dell'Universo" per "una politica antiebraica universale"." L'inganno di alcuni figli di Israele aveva chiaramente suscitato la rabbia di molti francesi.

A Thouars, nel settembre del 1920, il maggiore in pensione Lécureuil non aveva esitato ad abbattere con una rivoltella un commerciante che lo aveva truffato, un certo Lévy. Il maggiore Lécureuil si tolse la vita per evitare la giustizia, ma il suo onore era salvo.

Qualche anno prima, l'11 aprile 1907, il banchiere M. Benoist-Lévy aveva visto un suo cliente, un certo M. Caroit, entrare nei suoi uffici al 132 di rue Rivoli. Quest'ultimo aveva chiesto un incontro di pochi minuti con il banchiere, che lo ricevette nel suo ufficio. Caroit tirò fuori dalle tasche due revolver e, con entrambe le mani, aprì il fuoco sul banchiere, che cadde con il petto crivellato di proiettili. I dipendenti sono accorsi in aiuto del loro capo e hanno sentito l'uomo dire: "Mi ha rovinato, mi sono vendicato"." Durante il processo, il suo avvocato, Henri Robert, aveva dichiarato: "Se credete che i francesi onesti debbano essere protetti, fateli scagionare senza ombra di dubbio! La loro ricchezza è fatta della nostra miseria; le loro speranze, dei nostri dolori! Il verdetto che state per emettere avrà un grande impatto sociale. Se la ricchezza ben guadagnata è rispettabile, la casa di Benoist-Lévy è una fabbrica di miseria, e la giuria deve considerare che la vendetta delle vittime è il rischio professionale del banchiere senza scrupoli." La sua arringa fu accolta da un grande applauso e Caroit fu assolto. La Corte ha concesso venti duri come risarcimento danni alla vedova di Benoist-Lévy[468].

---

[466] Georges Bernanos, *La Grande Peur des bien-pensants*, 1931, Grasset, Poche, 1969, p. 380, 381.
[467] Georges Bernanos, *La Grande Peur des bien-pensants*, 1931, Grasset, Poche, 1969, pag. 182.
[468] *Gazette des Tribunaux*, 10 e 11 marzo 1908; Archivio di Emmanuel Ratier.

2. I trafficanti

Monsieur Michel e Monsieur Joseph

Due trafficanti avevano accumulato immense fortune durante l'occupazione tedesca: Mandel Szkolnikoff, soprannominato Monsieur Michel, e Joseph Joanovici, soprannominato Monsieur Joseph. Monsieur Michel era di origine russa e si era specializzato nel settore tessile e alimentare. Non aveva esitato a denunciare ai suoi amici delle SS, tramite la moglie tedesca (un'ariana), altri concorrenti ebrei e a rilevare i loro locali commerciali e magazzini. È stato Monsieur Michel a condurre la polizia tedesca ai magazzini Sentier. L'area occupata era il suo territorio di caccia. I suoi profitti erano così favolosi che aveva acquistato i più grandi alberghi della Costa Azzurra. Aveva acquistato catene alberghiere, società immobiliari e commerciali, ristoranti, caffè e birrerie a Parigi. Questa fortuna immobiliare era stata valutata nel 1945 a due miliardi di franchi del 1985.

Monsieur Joseph era un ebreo bessarabico. È nato nel 1905 a Chisinau. Era un ometto grassoccio e apparentemente innocuo. A vent'anni aveva risparmiato abbastanza per recarsi a Parigi, dove aveva fondato un'azienda di recupero di rottami metallici. Ben presto aprì filiali in Belgio e in Olanda. Ha viaggiato all'infinito. Nel 1939, Joseph Joanovici era diventato uno dei maggiori commercianti di rottami metallici di Parigi ed era orgoglioso di aiutare il governo di Paul Reynaud a forgiare l'acciaio della vittoria. Dopo la disfatta del giugno 1940, l'avveduto commerciante si era convertito alla religione ortodossa ed era andato a lavorare per la Germania. Si occupava di scoprire scorte di vecchi metalli utili alla macchina bellica tedesca, acquistandoli a prezzo legale e rivendendoli ai tedeschi a prezzi stracciati. Nei primi sei mesi aveva già realizzato un profitto di due miliardi di dollari[469].

Joanovici aveva anche rilevato il mercato del cuoio, un bene cruciale e molto richiesto dai tedeschi che avevano appena invaso

---

[469] In Canada, il milionario Morris Lax era stato condannato nel febbraio 1977 per il furto di diverse tonnellate di rame. Morris Lax frequentava i circoli politici israeliani ed era amico di Menahem Begin, ex Primo Ministro di Israele. È stato trovato ucciso nella sua proprietà nel 1993.

l'Unione Sovietica. All'epoca, il fatturato mensile di Monsieur Joseph era di circa 200 milioni di franchi nel 1989. Nella zona occupata ha realizzato altri favolosi profitti nel settore tessile e alimentare.

Aveva frequentato la crème de la crème della Parigi tedesca, SS, ufficiali della Wehrmacht, collaboratori[470], ed era entrato in contatto con il capo della Gestapo francese di Lauriston Street ("*La Carlingue*[471]"), Henri Lafont. Il famigerato dottor Petiot faceva parte della banda. Monsieur Joseph si rivolse a lui per far sparire i cadaveri dei suoi concorrenti, spesso ebrei, raccoglitori di stracci e rottamatori. L'ebrea rumena Eryan Kahane, una spia al servizio della Gestapo, fungeva da agente di collegamento tra la banda Lafont-Joanovici e il dottor Petiot. Mandava i suoi correligionari che cercavano di fuggire dal Paese dal medico. Petiot li uccise e recuperò per la banda il denaro e i gioielli che volevano portare con sé. Il 9 marzo 1944, i vigili del fuoco furono allertati dai vicini che da diversi giorni erano disturbati dall'odore proveniente da un camino della casa del dottor Petiot al numero 21 di rue La Sueur. Dopo aver bussato alla porta della casa e aver atteso invano l'arrivo del medico, i pompieri hanno deciso di entrare rompendo una finestra. Il ronzio di una caldaia e l'odore li attirarono direttamente nella cantina. Lì hanno scoperto corpi umani maciullati pronti per essere inceneriti. Il fuggitivo Petiot riuscì a fuggire e si arruolò nelle Forze dell'Interno francesi (FFI), salendo al grado di capitano con il nome di "Valéry". Arrestato nell'ottobre 1944, durante il processo rivendicò la responsabilità di 63 omicidi, proclamando che si trattava di cadaveri di collaborazionisti e tedeschi. Fu condannato a morte e ghigliottinato nella prigione della Santé nel maggio 1946.

Quando i nazisti decisero di rovinare l'economia britannica smaltendo milioni di sterline false nei Paesi neutrali, Monsieur Michel e Monsieur Joseph, che avevano dimostrato il loro valore, furono reclutati per mettere le loro capacità al servizio di questa operazione clandestina. Armati di passaporti ariani, hanno viaggiato per la

---

[470] Maurice Rajsfus ha pubblicato uno studio sulla collaborazione degli ebrei francesi con il regime di Vichy e le autorità tedesche: *Des Juifs dans la collaboration, L'UGIF (1941-1944)*, Éditions Études et Documentation Internationales, 1980. Si tratta del ruolo istituzionale dell'UGIF (Unione Generale degli Israeliti in Francia), il predecessore dell'attuale CRIF, e di come questa organizzazione abbia collaborato con le autorità per deportare gli ebrei in fuga dall'Europa orientale (cioè gli ebrei orientali non francesi). Si tratta di un argomento tabù poco conosciuto, altamente problematico ed esplosivo, che ha lacerato la comunità ebraica francese. (NdT).

[471] *La Carlingue* si è formata sulla base della collusione tra la malavita francese e le autorità tedesche durante l'occupazione, sia per la repressione e la tortura dei resistenti comunisti, sia per il saccheggio delle ricchezze, la persecuzione e il saccheggio degli ebrei.

Svizzera, la Spagna e il Portogallo, aprendo conti bancari per il futuro e raccogliendo nel frattempo parcelle da leone.

Ma alla fine del 1943 le sorti cambiano e Monsieur Michel fugge in Spagna con la sua musa tedesca e i suoi agenti francesi ed ebrei. Ma nel bagaglio della moglie, la polizia francese ha scoperto gioielli e pietre preziose per un valore di 1,4 miliardi di franchi del 1989. Monsieur Michel fu infine estorto in Spagna da ex agenti della Gestapo che erano fuggiti dalle squadre di esecuzione. Il suo corpo fu ritrovato il 17 giugno 1945 in un campo tra Burgos e Madrid.

Monsieur Joseph era più lungimirante, perché aveva condiviso con un gruppo di resistenza una parte dei favolosi profitti ottenuti dai tedeschi. Aveva acquistato da Lafont le armi paracadutate dagli Alleati e requisite dalla Gestapo francese, per poi rifornire una rete di combattenti della resistenza all'interno della prefettura di polizia. Allo stesso tempo, equipaggiò e vestì la Guardia Libera della Milizia e la Brigata Nordafricana che combatteva il maquis comunista. Monsieur Joseph era riuscito a farla franca giocando su entrambi i fronti dal 1943. Prima degli sbarchi, consegnò alla Resistenza scorte di armi e munizioni rubate ai tedeschi." Joano è un bravo ragazzo, è uno di noi! " è stato detto nell'FFI. In effetti, non ne aveva dato la prova migliore facendo una soffiata sulla posizione dei suoi vecchi amici Bony e Laffont, che si nascondevano nella fattoria di Baslin, nella Seine-et-Marne." È stato Bony a darmi l'indirizzo. Voleva che andassi con loro in Spagna. Poveretto, non ne aveva mai sentito parlare! Il giorno successivo, fecero irruzione nella fattoria di Baslin.

Durante la Liberazione, il potere di Joseph Joanovici superò quello del prefetto. In termini di affari, gli si apriva un nuovo mercato: quello delle eccedenze americane. Aveva il monopolio del territorio francese grazie alle sue relazioni con il governo. Inoltre, aveva fatto sparire i testimoni del suo passato. A Parigi e altrove in Francia, i suoi ex collaboratori furono misteriosamente assassinati. Quanto a Petiot, era stato ghigliottinato.

Monsieur Joseph sapeva soprattutto essere generoso: "Non c'è nessun segreto", avrebbe rivelato in seguito. Quando ne guadagnò dieci, ne distribuì cinque e tutti furono felici! "Solo che la distribuzione riguardava somme enormi, oltre due milioni al giorno (*Passages*, 18 giugno 1989). Nel settembre 1944, un magistrato che gli chiedeva conto del suo operato fu immediatamente richiamato all'ordine e rimandato indietro. Visto che insisteva, Joano ha preferito non provocare altri disordini e ha consigliato ai suoi amici di non fare nulla. Ha trascorso solo un mese in prigione ed è stato scagionato da ogni sospetto. Ha ripreso le sue attività, commerciando di tutto, metalli, valuta estera, ecc. Fu un caso piuttosto spiacevole che portò alla sua caduta due anni dopo. Prima della liberazione, aveva denunciato ai nazisti alcuni monaci che nascondevano armi per i maquis, e un giovane resistente, testimone di quel crimine, era stato ucciso dai suoi uomini. Un giudice istruttore integerrimo è riuscito a condannarlo, ma la sentenza è stata incredibilmente leggera, riflettendo l'influenza del trafficante: cinque anni di reclusione, una misera multa e il degrado e l'indegnità nazionale, che a questo apolide non interessavano. Una volta uscito di prigione, fu messo agli arresti domiciliari a Mende, anche se questo non gli impedì di fare regolarmente delle escursioni in Svizzera. Alla fine della sua vita, Monsieur Joseph cercò di stabilirsi in Israele, ma la morte lo colse. Morì nel 1965 in una clinica di Clichy, portandosi nella tomba i suoi pesanti e compromettenti segreti.

Shenanigans e compagnia

L'immagine degli ebrei è sempre stata piuttosto negativa tra la gente comune, sia in Europa che nel mondo musulmano. Gli ebrei sono sempre stati considerati collettivamente come persone che ottenevano i lavori migliori utilizzando procedure dubbie. Il filosofo ebreo Jacob-Leib Talmon ha scritto: "Nei dizionari di tutte le lingue europee, il termine "ebreo" è definito come sinonimo di ladro, bugiardo e usuraio[472]."

Philip Roth, un romanziere americano piuttosto mediocre ma molto famoso e tradotto in tutte le lingue, ha fatto dire a uno dei personaggi di un suo romanzo: "Ogni industria in cui sono presenti gli ebrei è piena di tangenti, corruzione e reti... I ragazzi finiscono per ficcare il naso in tutti gli affari, e li mandano all'aria[473]."

Abbiamo visto come fossero i maggiori trafficanti internazionali di alcol e droga. Ma da tempo immemorabile, essi trafficavano in ogni tipo di merce. Ecco un'altra testimonianza, falsamente ingenua, di un altro famoso scrittore ebreo, Joseph Roth, che era di cultura tedesca e scriveva all'inizio del XX secolo, all'epoca di Sigmund Freud e Stefan Zweig. Ascoltandolo, sembra che la condizione degli ebrei nell'Impero austro-ungarico fosse miserabile: "Erano contrabbandieri. Hanno portato farina, carne e uova dall'Ungheria. In Ungheria venivano messi

---

[472] J.-L. Talmon, *Destin d'Israël*, 1965, Calmann-Lévy, 1967, p. 44 [Leggere la definizione RAE di "judiada"].
[473] Philip Roth, *Operazione Shylock*, Debolsillo Penguin Random House, Barcellona, 2005, p. 298.

in prigione perché facevano incetta di generi alimentari. E in Austria sono stati rinchiusi perché contrabbandavano nel Paese alimenti non razionati. Hanno reso la vita più facile ai viennesi e li hanno messi in prigione."

Nelle sue *memorie*, Elie Wiesel, nativo della piccola città di Sighetu Marmatiei, nel nord della Romania, ha fornito un resoconto convergente dei suoi ricordi d'infanzia: "Non sapevo che membri rispettati della comunità erano impegnati nel contrabbando e nel traffico di valuta estera; non sapevo nemmeno che nel nostro quartiere c'era... un bordello[474]."

Joseph Roth ha scritto sugli ebrei tedeschi: "A Berlino ci sono anche criminali ebrei dell'Est. Borseggiatori, imbroglioni, truffatori, falsificatori di banconote, inflazionisti." Ma attenzione: "Non c'è quasi nessun rapinatore. E non un solo assassino o rapinatore che uccida[475]."

Il numero di giugno 1869 della *Revue des Deux-Mondes* pubblicò un articolo intitolato *Le clan du vol à Paris (Il clan dei ladri a Parigi)*, che descriveva ogni categoria immaginabile di ladri. Di queste trentacinque pagine, diciassette righe, cioè poco più di un terzo di pagina, o circa un centesimo dell'articolo, erano dedicate agli ebrei:

"Il ladro che raccoglie e accumula è un'anomalia che si riscontra solo in pochissimi ebrei avari" (...) Ci sono famiglie che sembrano destinate al furto di generazione in generazione; "sono soprattutto gli ebrei che, dedicandosi a un umile ma incessante malaffare, svolgono questo tipo di funzioni ereditarie. Sono da temere non per la loro audacia, perché raramente uccidono, ma per la loro persistenza nel male, per l'inviolabile segretezza che mantengono tra di loro, per la pazienza che dimostrano e per le possibilità che hanno di nascondersi nelle case dei loro correligionari. I rapinatori ebrei raramente scendono sul sentiero di guerra contro la società, ma sono sempre in uno stato di lotta pacifica; sembrerebbe che si vendichino, che siano nel loro diritto, e che in fondo tutto ciò che fanno è solo recuperare, quando se ne presenta l'occasione, un bene che è stato violentemente sottratto ai loro antenati da altri. A volte si riuniscono in bande e rubano in grande stile, come quando fanno affari; hanno i loro corrispondenti, i loro intermediari, i loro acquirenti, i loro libri contabili... Tutto è buono per loro: dal piombo nelle tubature a un fazzoletto in tasca. Il capo di solito assume il titolo di commissario merci e compie spedizioni in Sud America, Germania e Russia. Il gergo ebraico-tedesco che parlano tra

---

[474] Elie Wiesel, *Mémoires, tome I*, Le Seuil, 1994, p. 47.
[475] Joseph Roth, *Judíos errantes*, Acantilado 164, Barcellona, 2008, pag. 81, 83.

loro è incomprensibile e serve a fuorviare le indagini⁴⁷⁶. Sono i primi ricevitori al mondo e mascherano le loro azioni dietro un commercio ostentatamente praticato⁴⁷⁷."«

In un libro pubblicato a Parigi nel 1847, Cerfberr de Medelsheim riconosceva che il numero di ebrei condannati era facilmente doppio rispetto a quello degli altri cittadini: "Questi crimini sono la truffa, il plagio, l'usura, il traffico, la bancarotta fraudolenta, il contrabbando, la contraffazione di monete, l'imbroglio nelle riscossioni, lo stellionato, la corruzione, la frode, la truffa in tutte le sue forme e con tutte le aggravanti".

Il pubblicista Roger Gougenot des Mousseaux, che riportò queste righe nel 1869, scrisse anche: "Quasi ogni settimana nei tribunali civili di Vienna si svolge qualche mostruoso processo a criminali della peggior specie. Soprattutto per gli ebrei, i furti scandalosi, le truffe vergognose, ammontano a somme enormi. Quando i criminali vengono arrestati, il bottino illecito è già stato messo al sicuro da tempo; e dopo aver trascorso alcuni anni nell'ombra, viene lasciato loro il compito di divertirsi a loro piacimento⁴⁷⁸." E Gougenot ha aggiunto: "Per la vergogna e la rovina morale e materiale dell'Austria, la stampa è quasi interamente gestita da ebrei."

Sempre nel 1847, nella sua *Lettera su Kiev (Lettre sur Kiev)*, pubblicata dai Quaderni balzachiani nel 1927, il grande romanziere francese Honoré de Balzac raccontava ciò che aveva visto nell'Europa centrale e orientale: "Li ho visti nelle piccole città, brulicare come mosche, andare alle loro sinagoghe in costumi pontificali la cui stranezza mi faceva sorridere." E ha continuato: "Gli ebrei sono estremamente ladri, sono cugini di primo grado dei cinesi da questo punto di vista. Non potete immaginare quanti cavalli vengono rubati, soprattutto alle frontiere. Un ebreo non si tira indietro di fronte all'omicidio non appena si tratta di una grossa somma. Questa razza ha usanze e superstizioni uniche, ha conservato tradizioni selvagge. Così, quando in una famiglia compare un ebreo privo di spirito di rapina,

---

⁴⁷⁶Si veda la nota 84.
⁴⁷⁷ Roger Gougenot des Mousseaux, *Los Judíos y la judeización de los pueblos cristianos*, versione pdf. Tradotto in inglese dal professor Noemí Coronel e con la preziosa collaborazione dell'équipe di Catholic Nationalism. Argentina, 2013, Introduzione, p. XLV-XLVI.
⁴⁷⁸ A. Cerfberr de Medelsheim, *Les Juifs, leur histoire, leurs moeurs, etc.* p. 2, 3, 29, Paris 1847. In Roger Gougenot des Mousseaux, *Les Juifs et la judeisation des peuples chrétiennes*, versione pdf. Tradotto in inglese dal professor Noemí Coronel e con la preziosa collaborazione dell'équipe di Catholic Nationalism. Argentina, 2013, pag. 145, 146

incapace di lavare i ducati nell'acido, di tagliare i rubli, di imbrogliare i cristiani, e che vive nell'ozio, la famiglia lo nutre, gli dà soldi, è considerato un genio; è il contrario dei Paesi civilizzati, dove l'uomo di genio passa per un imbecille agli occhi dei borghesi; ma allora il santo della famiglia ebraica deve leggere continuamente la Bibbia, digiunare e pregare, come un fachiro."

Anche il famoso storico ebreo Leon Poliakov, nella sua monumentale *Storia dell'antisemitismo*, ci ha insegnato che la criminalità ebraica è una storia vecchia. Ecco cosa ha osservato in Germania: "Un fenomeno curioso e caratteristico è il banditismo ebraico di cui si trovano le prime tracce all'inizio del XVI secolo e di cui non si trova un equivalente nella storia millenaria della dispersione." Secondo Poliakov, si trattava probabilmente di una "grande novità storica".

Nei secoli successivi", ha proseguito Poliakov, "è provata l'esistenza di bande organizzate, alcune prettamente ebraiche, altre miste, giudeo-cristiane, sulle quali i funzionari di polizia fanno osservazioni degne di nota. I banditi ebrei, ci dicono, sono buoni mariti e padri di famiglia e conducono una vita familiare ordinata; inoltre, sono di una pietà esemplare e non rubano mai nei giorni festivi e di sabato... Sebbene all'interno della malavita tedesca costituiscano solo una piccola minoranza, stabiliscono lo standard[479]."

Ricordiamo a questo proposito le parole di Jacques Attali, sul settimanale *L'Express* del 10 gennaio 2002, in occasione della presentazione del suo libro *Gli ebrei, il mondo e il denaro*. Riferendosi ai gangster ebrei degli anni '30 negli Stati Uniti, Attali ha dichiarato senza ridere: "Una grande novità storica. Fino ad allora gli ebrei avevano la fobia della delinquenza e della criminalità."

La corsa all'oro

È innegabile che gli ebrei abbiano avuto per secoli l'attitudine ad accumulare grandi fortune. Nei nostri libri precedenti abbiamo visto alcuni esempi di come questi miliardari cosmopoliti, che lavorano instancabilmente per l'instaurazione di un mondo senza confini, usino la loro influenza sui governi di nazioni ancora indipendenti per aprirli a più "democrazia", a più "tolleranza". Nel 2007, uno studio pubblicato da un importante giornale americano, la rivista *Vanity Fair*, ha mostrato che delle 100 personalità più ricche, più della metà apparteneva alla

---

[479] Léon Poliakov, *Histoire de l'antisémitisme, tomo II*, Point Seuil, 1981, p. 379.

comunità ebraica. Ci sono certamente ebrei poveri, ma il fatto è che gli ebrei sono ampiamente sovrarappresentati tra i miliardari del mondo. Un articolo del *Jerusalem Post del* 26 febbraio 2008 riportava anche che gli ebrei erano il *gruppo religioso più ricco degli Stati Uniti*, con il 46% che aveva "redditi a sei cifre" all'anno, cioè almeno 100.000 dollari. Gli indù hanno raggiunto il 43%, ma nessun altro gruppo ha raggiunto il 30% e la media statunitense è stata del 18%. Tutte queste prove non hanno impedito agli intellettuali ebrei di inveire regolarmente contro questi "odiosi pregiudizi di un'altra epoca".

La scrittrice Irene Némirovsky è nata a Kiev nel 1903. Figlia di ricchi banchieri ebrei, la sua famiglia lasciò l'Ucraina all'epoca della rivoluzione bolscevica per stabilirsi a Parigi. Il suo romanzo, *I cani e i lupi*, racconta la storia di una famiglia di banchieri ebrei che si stabilisce in Francia dopo la prima guerra mondiale. Harry Sinner, figlio del banchiere, sposa una francese di nome Laurence Delarcher, della vecchia banca Delarcher. Gli zii di Harry, che gestivano la banca, in pochi anni avevano acquisito abbastanza potere da influenzare il governo francese: "Abbiamo rilevato entità di enorme importanza. I governi che abbiamo sostenuto ci hanno fornito in cambio una ricchezza solida e apprezzabile..." (p. 169)." (p. 169)

Irene Némirovsky spiegò perché gli ebrei erano così desiderosi di accumulare denaro: "Il denaro era un bene per chiunque, ma per l'ebreo era come l'acqua che beveva e l'aria che respirava. Come vivere senza denaro? Come pagare le tangenti? Come far entrare i propri figli a scuola quando si era riempita la quota? Come far entrare i propri figli a scuola quando la quota era stata raggiunta? Come ottenere il permesso di andare qui o là, di vendere questo o quello? Come evitare il servizio militare? Oh, mio Dio! Come vivere senza soldi? [...] per un ebreo non c'era salvezza se non la ricchezza[480]."

Ma la banca Sinner è fallita in seguito a uno scandalo finanziario. Tutta la famiglia si riunì per l'occasione, prima dell'espulsione che era stata ordinata: "La sera, uno dopo l'altro, arrivarono tutti gli amici di zia Rhaissa, tutti gli emigrati che aveva conosciuto a Parigi. Era un raduno straordinario di volti avvizziti, capelli folti, sguardi spenti... c'erano donne ebree di Odessa e Kiev; [...] mogli o vedove di finanzieri sospettati, morti, in fuga o in prigione... per tutte queste donne l'annuncio dell'espulsione di una di loro aveva un significato preciso e minaccioso. Significa che, prima o poi, anche loro potrebbero essere

---

[480] Irène Némirovsky, *Los perros y los lobos*, Ediciones Salamandra, 2016, Barcellona, p. 24, 25, 75

vittime della stessa misura[481]."

In un altro romanzo di Irene Némirovsky, intitolato *Il vino della solitudine*, rivediamo "l'immagine della "razza ebraica" [...] sempre consumata da una specie di febbre, dalla febbre dell'oro." E su David Golder, il personaggio del suo primo romanzo omonimo, leggiamo anche: "È soprattutto "l'orgoglio, l'immenso orgoglio della sua razza" che caratterizza David Golder agli occhi di Irène[482]." Una giornalista de *L'Univers israélite*, Nina Gourfinkel, aveva intervistato Irene Némirovsky prima della guerra. Irene ha poi cercato di difendersi da alcune accuse: "È così che li ho visti", ha ripetuto più volte senza sembrare convincere il giornalista." Erano ebrei russi", rispose ancora. Evidentemente gli ebrei amano il denaro."

Dopo il trionfo del Fronte Popolare, la recrudescenza dell'antisemitismo in Francia lo aveva portato a rivedere il suo modo di vedere le cose. In *Les Nouvelles littéraires* del 4 giugno 1939, esprime il suo rammarico: "Come ho potuto scrivere una cosa del genere? Se dovessi scrivere di *David Golder* ora, lo farei in modo molto diverso.... L'atmosfera è cambiata moltissimo[483]!". Dopo la Seconda Guerra Mondiale, sia nel cinema che nella letteratura, sono stati rappresentati solo ebrei poveri e perseguitati.

In Prussia, prima della Rivoluzione francese, gli ebrei avevano preso il controllo di grandi ricchezze e l'aristocrazia, gli artisti e i filosofi di Berlino sembravano essersi arresi ai loro piedi. Nei salotti berlinesi, scrive lo storico Léon Poliakov, "superavano gli uomini d'affari cristiani sia per iniziativa che per ricchezza: secondo Mirabeau, gli unici milionari di Berlino erano gli ebrei." I più ricchi si fecero costruire sontuosi palazzi ed erano intimi con l'alta società: alti funzionari e membri della nobiltà prussiana accorrevano ai loro ricevimenti." Ma il fatto di avere a che fare con le alte sfere portò questi giovani ebrei a non rispettare la legge di Mosè, e "alcuni di loro la ignorarono del tutto[484] ", sostiene Poliakov, che continua: "A Berlino, questo dominio degli ebrei non giudaizzati era quello delle cricche mondane: per farsi un nome, nulla valeva il patrocinio di un salotto ebraico. Persino l'intransigente Fichte cercò questa protezione." La sua prima conferenza berlinese ebbe effettivamente luogo nel 1800, nel salotto di Mme Samuel-Salomon Lévy. Era stato introdotto nei circoli

---

[481] Irène Némirovsky, *Los perros y los lobos*, Ediciones Salamandra, 2016, Barcellona, p. 210, 211.
[482] Jonathan Weiss, *Irène Némirovsky*, Éditions de Félin. 2005, p. 105, 106
[483] Jonathan Weiss, *Irène Némirovsky*, Éditions de Félin. 2005, p. 59, 71
[484] Léon Poliakov, *Histoire de l'antisémitisme, Tome II*, Point Seuil, 1981, pagg. 89, 93.

ebraici da Dorothea Mendelssohn, la figlia maggiore del filosofo illuminista ebreo che incarnava l'*Aufklärung* ebraica (la Haskalah).

Leon Poliakov ha spiegato come i mercanti ebrei abbiano soppiantato quelli cristiani: "Tra gli stratagemmi commerciali usati dagli ebrei a furor di popolo e per disperazione dei loro concorrenti cristiani, alcuni sono diventati da tempo abituali, mentre altri sono ancora riprovevoli; ma tutti hanno fatto guadagnare loro il favore della clientela, oltre che una reputazione poco lusinghiera; anche se, da quest'ultimo punto di vista, avevano poco da perdere. Eccone alcuni: La pubblicità e l'adescamento della clientela, cioè la "promozione delle vendite", pratiche rigorosamente vietate dai regolamenti aziendali, ma armi economiche preferite dagli ebrei sotto forma di attrazione di clienti nelle piazze, nelle sale di taverne e locande e nelle strade dei ghetti. E l'uscita di merci di dubbia provenienza, siano esse bottino di guerra, contrabbando, saccheggio di soldati o rapine." E Poliakov scrive poco più avanti: "La capacità degli ebrei di coprire con la loro ebraicità ogni sorta di operazione sleale o contraria al codice d'onore ha certamente facilitato numerose ascese spettacolari[485]."

Nella Russia zarista la situazione era la stessa, se si vuole credere a Kalinine, economista e statista sovietico che riconosceva la superiorità degli ebrei anche in questo campo: "Gli ebrei hanno dimostrato particolari capacità di arricchirsi sfruttando le condizioni dell'ambiente, sia in modo onesto che disonesto. È evidente che questi ebrei erano una spanna sopra i mercanti russi[486]."

Il denaro era un mezzo per corrompere i principi o i deputati. In cambio, gli ebrei furono ricoperti di onori. Roger Gougenot des Mousseaux, che osservò la situazione in Francia alla fine del Secondo Impero, scrisse ad esempio: "Gli ebrei, che formano un corpo compatto, un'associazione nazionale, una famiglia i cui membri si sostengono l'un l'altro... Gli ebrei che possiedono oro, stampa, talento, carattere... possiedono per questo il massimo grado del dono di essere notati, di essere temuti, di essere adulati e lusingati dai potenti della terra, e li vediamo sempre abusare di questo dono. Posizioni, funzioni pubbliche, privilegi, onori, cadono sul capo di Israele da ogni parte[487]."

---

[485] Léon Poliakov, *Histoire de l'antisémitisme, Tome I*, Point Seuil, 1981, p. 430, 442. [Werner Sombart nella sua opera fondamentale, *The Jews and Economic Life (1911)* ha analizzato queste e altre questioni].
[486] Léon Poliakov, *Histoire de l'antisémitisme, Tome II*, Point Seuil, 1981, p. 220.
[487] Roger Gougenot des Mousseaux, *Los Judíos y la judeización de los pueblos cristianos*, versione pdf. Tradotto in spagnolo dal professor Noemí Coronel e con la preziosa collaborazione dell'équipe del Nazionalismo cattolico. Argentina, 2013, pag. 327

Nella Polonia del XVII secolo, uno studioso come Simon Starowolski si ribellava alla dominazione straniera: "Nei domini di numerosi potenti signori, gli ebrei diventano una nazione amata e protetta [...] avendo pervertito i cuori dei loro padroni. Chi affitta le proprietà polacche? - L'ebreo! Chi è lo stimato medico? - L'ebreo! Chi è il famoso mercante? - L'ebreo! Chi riscuote i dazi doganali? - L'ebreo! Chi è il servo più fedele? L'ebreo! - L'ebreo! Chi gode della maggiore protezione da parte delle autorità civili e delle istituzioni nobiliari autonome? - L'ebreo! Chi ha l'accesso più facile al padrone? - L'ebreo! Chi ha più grazia e sicurezza a corte? - L'ebreo! Chi vince più spesso processi ingiustamente e illegittimamente? - L'ebreo! Chi ha più probabilità di cavarsela senza subire le conseguenze della più grande impostura, sotterfugio, tradimento, saccheggio, rapina e altri crimini inediti? - L'ebreo[488]!"

Ecco ora la testimonianza di Isaac Bashevis Singer, famoso romanziere della comunità ebraica che ha vinto il Premio Nobel per la letteratura nel 1978. Nel suo romanzo *Lo schiavo*, narra le tribolazioni di Jacob, un povero ebreo nella Polonia del XVII secolo:

"Il commercio della Polonia era ancora nelle mani degli ebrei, che trafficavano persino in ornamenti ecclesiastici, nonostante la legge glielo vietasse. I mercanti ebrei si recavano in Prussia, Boemia, Austria e Italia; importavano sete, velluti, vino, caffè, spezie, gioielli e armi, ed esportavano sale, olio, lino, burro, uova, segale, mais, orzo, miele e pellicce. Né l'aristocrazia né i contadini comprendevano gli affari[489]."

Naturalmente, alcuni ebrei prosperavano grazie all'usura, un'attività che tuttavia aveva causato loro molti problemi per secoli: "Gli usurai soffocavano i loro clienti con le loro richieste - aggirando la legge contro l'usura [...] L'invidia e l'avarizia erano nascoste sotto un mantello di pietà. Gli ebrei non avevano tratto alcun insegnamento dalle loro disgrazie; al contrario, le sofferenze li avevano sviliti[490]."

Jacob incontrò poi il signor Pilitzki in un villaggio polacco. E non ha nascosto i suoi sentimenti nei confronti del prossimo: "Lo sappiamo, lo sappiamo. Il vostro maledetto Talmud vi insegna a ingannare i cristiani. Siete stati scacciati ovunque, ma il re Casimiro vi ha spalancato le nostre porte. E come ci ripagate? Avete stabilito una nuova

---

[488] Simon Starowolski, *La Vermine de la mauvaise conscience*, in Daniel Tollet, *Les Textes judéophobes et judéophiles dans l'Europe chrétienne à l'époque moderne*, Presses Universitaires de France, 2000, p. 208.

[489] Isaac Bashevis Singer, *Lo schiavo*, 1962, Epublibre, editore digitale German25 (2014), pag. 352.

[490] Isaac Bashevis Singer, *Lo schiavo*, 1962, Epublibre, casa editrice digitale German25 (2014), p. 328, 330.

Palestina qui. Ci ridicolizzate e maledite in ebraico, sputate sulle nostre reliquie e bestemmiate il nostro Dio dieci volte al giorno. Jmelnitski[491] vi ha dato una lezione, ma non vi è bastata. E il gentiluomo polacco sottolineò qui un problema che è ancora attuale attraverso i secoli: "Voi amate tutti i nemici della Polonia, siano essi svedesi, moscoviti o prussiani[492]."

Il padrone gli offre allora un bicchiere di vino, che Giacobbe rifiuta cortesemente: "Perdonatemi, eccellenza, ma la mia religione me lo vieta. Pilitzki si irrigidì. -Oh, beh, allora la vostra religione lo proibisce. Quindi si possono truffare i cristiani, ma non si può bere con loro[493]. E chi lo vieta? Il Talmud, naturalmente, che insegna anche a imbrogliare i cristiani.

-I cristiani non sono menzionati nemmeno una volta nel Talmud, ma solo gli idolatri.

-Il Talmud considera i cristiani idolatri... Siediti, ebreo. Non ti farò del male. Siediti qui. Molto bene! Io e la Contessa crediamo che la fede non debba essere imposta a nessuno. Qui non abbiamo l'Inquisizione, come in Spagna. La Polonia è un Paese libero, troppo libero per sua sfortuna. Ecco perché è sulla via della rovina. Mi permetta di farle una domanda. Avete aspettato il Messia per mille anni, dico mille! Più di millecinquecento, e il Messia non arriva. Il motivo è chiaro. Egli è già venuto e ha rivelato la verità di Dio. Ma voi siete un popolo testardo e vi distinguete. Voi considerate la nostra carne impura e il nostro vino un abominio. Non vi è permesso di sposare le nostre figlie. Pensate di essere il popolo eletto di Dio. Ebbene, cosa ha scelto per voi? Che dovreste vivere in quartieri ebraici bui e indossare emblemi di stoffa gialla. Ho viaggiato e visto come vivono gli ebrei all'estero. Sono ricchi e pensano solo al denaro. Ovunque sono trattati come ragni. Perché non ci pensate e non rinunciate al Talmud?

-Non posso convincere nessuno, Vostra Eccellenza", disse Jacob, che cominciava a balbettare. Ho ereditato la fede dei miei padri e la

---

[491] Khmelnitsky aveva sollevato i contadini ucraini nel 1648 contro i padroni polacchi e gli ebrei.
[492] Isaac Bashevis Singer, *Lo schiavo*, 1962, Epublibre, editore digitale German25 (2014), p. 462, 463. Gli ebrei non smettono di incoraggiare l'immigrazione ovunque si stabiliscano.
[493] Talmud, *Avodah Zarah* (72a e b): "[...] Quando servite il vino, non lasciate che un gentile si avvicini per aiutarvi, per evitare che abbiate abbassato la guardia e appoggiate il recipiente nelle mani del gentile, e il vino esca a causa della sua forza e sia proibito...." *Yoreh De'ah* (120:1): "Chiunque acquisti da un adoratore di idoli un recipiente di cibo o un recipiente di metallo o di vetro o ricoperto di piombo all'interno - anche se sono nuovi - deve immergerli in un *mikveh* [bagno di purificazione] o in un ruscello che abbia quaranta *se'ot*." (www.sefaria.org).

seguo come meglio so[494]."

Saccheggio dei paesi sconfitti

Martin Gray era uno delle centinaia di migliaia di sopravvissuti a quelli che, paradossalmente, ancora all'inizio del XXI secolo, venivano chiamati "campi di sterminio". In *In the Name of All Mine*, un *bestseller* internazionale pubblicato nel 1971, raccontò il suo calvario a Treblinka. Miracolosamente, riuscì a sopravvivere e a farcela, unendosi a un gruppo partigiano polacco subito dopo la liberazione, dove poté dare sfogo alla sua "vendetta" - un termine che ricorre nel suo testo e nella letteratura ebraica in generale. Dopo la guerra, partì per gli Stati Uniti, a New York, dove avrebbe ritrovato la sua famiglia che, sempre miracolosamente, non era stata sterminata[495]." Ho moltiplicato le mie attività, il gioco d'azzardo, le vendite, i servizi, gli spettacoli. Ho accumulato dollari. Di notte, mi sdraiavo a letto, esausta." (pagina 365).

In seguito, si dedicò al commercio di antiquariato, soprattutto di porcellana, acquistando febbrilmente tutto ciò che riusciva a trovare. Si reca in Europa, appena uscita dalla guerra: "Il mio principio era quello di comprare e vendere rapidamente. Un piccolo profitto moltiplicato produce un grande profitto. La merce è arrivata. Berlino è diventata per me un lontano sobborgo di New York. Per mesi ho vagato così, da un continente all'altro.... Ben presto ho aggiunto Londra al mio itinerario. Ho fatto acquisti, ho telefonato, sono passata dal taxi all'aereo. Una donna un giorno gli disse: "Goditi la vita, Martin", disse..." Impara a essere felice, Martin, stai sempre scappando"." E Martin ha spiegato: "Ho preferito il lavoro alla pace che mi offriva. Forse un giorno una donna sarebbe riuscita a frenare la mia carriera, forse un giorno mi sarebbe piaciuto riposare." (pag. 381)

"A Berlino il mercato stava diventando difficile... Tutti gli antiquari degli Stati Uniti erano scesi a Berlino, svuotando la città e l'intera Germania delle sue porcellane... - Compra, compra tutto, Tolek", disse al suo socio." Vedevo i calamai ammucchiati, i cembali disfatti..... Tolek disse: "Sei pazzo, Martin." Avevano davvero spazzato via tutto." Non c'è più niente, ha ripetuto Tolek".

---

[494] Isaac Bashevis Singer, *Lo schiavo*, 1962, Epublibre, editore digitale German25 (2014), pagg. 500-505.
[495] Il libro di Martin Gray è stato scritto in collaborazione con Max Gallo. Scriveva su *Le Monde* il 28 novembre 1983, in occasione della prima del film di Robert Enrico: "Ho scritto *Au Nom de tous les miens* con lui, utilizzando sia la mia professione di storico che la mia vocazione di romanziere."

Ma Martin-Mendle-Miétek sapeva cosa stava facendo: "Dopo due giorni di ricerca, abbiamo trovato un vecchio artigiano pittore disposto a riparare la nostra porcellana. Ma non avevo ancora raggiunto il mio obiettivo... non ancora", dice, "e non volevo arrendermi. E non volevo arrendermi. Mai. Ho sentito dire che c'erano fabbriche in Baviera. Ho noleggiato un'auto e ho guidato verso sud. Mi sono fermato a Moshendorf. Ero alla sorgente. Ho visitato una fabbrica, ho visto le operaie con le loro camicette bianche chine sulla porcellana, a guardare i forni. Ho trovato la KPM, la Manifattura Reale di Porcellana, una miniera d'oro." Tolek rise: "Sei pazzo, Miétek, pazzo, il KPM è ufficiale, solo per re e presidenti." Ma Miétek era un principe: "Io valevo molto il suo fondatore, il re di Sassonia, noi tutti, il mio popolo, quegli imperatori, quei re, quei principi tedeschi per i quali la KPM aveva lavorato esclusivamente dal XVIII secolo. Io, Miétek, un piccolo ebreo del ghetto, decisi che la KPM avrebbe lavorato per me. È stato lungo e difficile. Ho chiesto di vedere il direttore, che mi ha ricevuto. - Avete una grande tradizione", dissi. Sarete sicuramente in grado di farlo. - Ho messo sul tavolo dell'ufficio i modelli e le fotografie che avevo portato con me. Si è difeso a spada tratta, ma l'ho interrotto: "Ho i soldi e compro tutto. Alla fine chiudemmo l'affare e ora non ero solo un importatore di oggetti d'antiquariato autentici, ma anche un imitatore! I grandi forni cilindrici del KPM furono messi a scaldare la mia porcellana, per me, sopravvissuta a Treblinka. Anche questa fu una vendetta! E un colpo di genio." Come si può vedere, la Miétek produceva autentici pezzi d'antiquariato del XVIII secolo a metà del XX secolo: "I pezzi d'antiquariato prodotti dalla KPM erano autentici. E i dollari che ho accumulato a migliaia hanno costruito le mura della mia fortezza[496]."

Ma non è finita qui: "Il mio lavoro è diventato ancora più accelerato: New York, Londra, Parigi, Francoforte, Berlino, New York, le strade di quelle città, i volti di quelle città. Gli antiquari che parlavano russo o polacco nei mercatini delle pulci, i tedeschi a Berlino, i decoratori che sfilavano nel negozio sulla 3a Avenue...." Scatole accatastate nel negozio." Si ricomincia: New York, Londra, Parigi, Francoforte, Berlino, New York[497]." (pagina 382)." Accumulai dollari, investii, vendetti... Ero ormai ricco, cittadino degli Stati Uniti,

---

[496] Martin Gray, *Au nom de tous les miens*, Robert Laffont, 1971, Poche, 1984, p. 383, 384 e *In the Name of All My Own*, edizione digitale su https://es.scribd.com.
[497] La caratteristica frenesia è qui riconoscibile; si veda anche Marek Halter, in *Planetary Hopes*; Samuel Pisar, in *Psychoanalysis of Judaism*; "Hannah" e "le mosche", in *Jewish Fanaticism*.

importatore, produttore, avevo aperto una filiale in Canada e un'altra all'Avana. Ho posseduto case; ho investito i miei soldi nel mercato azionario. Sono passato da una capitale all'altra, per me Parigi e Berlino erano periferie in periferia.... Sono passato da una donna all'altra: nessuna è riuscita a far tacere in me le voci, i volti, i luoghi che mi ossessionavano." (pag. 387)

Un giorno il suo amico Tolek gli disse: "Che tu dia la caccia ai nazisti o ai calamai, sei sempre lo stesso, Martin. Non cambierai mai. La febbre si fa sentire. -Sono sempre in ritardo", rispose. Ero in ritardo per l'infanzia, per la felicità, stavo correndo dietro a loro. Non riuscivo a fermarmi." (pag. 378).

"A Moshendorf la fabbrica lavorava per me; a Parigi, Londra e Berlino i miei acquisti continuavano. Ho aggiunto altre importazioni alle mie scatole di oggetti d'arte; ho comprato e rivenduto auto europee a centinaia; ho fatto fabbricare lampadari antichi a Parigi e dalla West Coast, dal Sud e dal Midwest, gli antiquari mi hanno pregato di prenotarli per loro. Ero ricco ed ero costretto a lavorare sempre di più per cercare di colmare l'abisso, per reprimere gli incubi. I miei viaggi erano ancora più veloci. Tolek continuava a dire: "Sei un cavallo in fuga, Miétek. Un giorno, schiumerai dalla bocca". Andavo in linea retta e quindi avrei proseguito fino alla fine." (pagina 388). E ancora: "I miei affari non sono mai stati migliori: ho incassato, ho investito, ho comprato, ho incassato di nuovo." (pag. 393). E tutto questo, naturalmente, "in nome di tutto il mio popolo". Così la Germania, il Paese sconfitto, fu saccheggiata da cima a fondo.

Dopo la caduta dell'Unione Sovietica, anche la Russia, come abbiamo visto in queste pagine, è stata preda di grandi predatori internazionali. *L'Express* del 16 luglio 1998 ha citato il caso di Andrei Kozlenok. Il moscovita era stato arrestato ad Atene nel gennaio 1998 ed estradato in Russia il 17 giugno. La truffa in cui era stato coinvolto, con l'approvazione delle massime autorità del suo Paese, riguardava circa 187 milioni di dollari. Grazie ai suoi contatti e ai suoi appoggi - era vicino a Viktor Chernomyrdine, l'ex primo ministro russo - era riuscito ad aggirare illegalmente il monopolio di De Beers, che deteneva i diritti esclusivi di commercializzazione del 95% dei diamanti grezzi russi sul mercato internazionale. Un amico di Boris Eltsin, Yevgeny Bytchkov, capo dell'ex Comitato russo per le pietre preziose, gli aveva commissionato nel 1994 una vendita diretta all'estero. Nell'ambito di questo dubbio commercio, fu anche autorizzato a portare fuori dal Gokhran (Riserva Federale) 5 tonnellate di oro, gioielli, oggetti di oreficeria, ecc. dell'epoca zarista. Questi tesori dovevano servire come garanzia per i prestiti della Bank of America.

Nell'ottobre 1917, dopo la caduta dello zar e la vittoria dei bolscevichi, la Russia era già stata sottoposta allo stesso trattamento. I figli di Israele, così numerosi in tutte le sfere del potere, approfittarono pienamente della situazione. Il grande scrittore russo Aleksandr Solzhenitsyn aveva affrontato la questione nel suo libro sulle relazioni russo-ebraiche, *Duecento anni insieme*, pubblicato nel 2003, citando il caso dell'uomo d'affari americano Armand Hammer, il preferito di Lenin. Armand Hammer "esportava spudoratamente negli Stati Uniti i tesori delle collezioni imperiali. Tornò spesso a Mosca, sotto Stalin e Kruscev, per continuare a importare cargo pieni di icone Fabergé, dipinti, porcellane e oggetti di oreficeria."

Queste parole sono state confermate da Jacques Attali in *Gli ebrei, il mondo e il denaro*: Armand Hammer (...) divenne uno dei leader del commercio est-ovest, conciliando la sua amicizia con Lenin e la sua piena adesione al sistema capitalista. Sfrutta le miniere di amianto in URSS, importa automobili, trattori e acquista dallo Stato opere d'arte russe in cambio di prodotti industriali[498]."

Honoré de Balzac aveva messo in scena alcuni personaggi ebrei nella sua *Comédie humaine*. Nel *Cugino Pons* (1847), ritrae un ebreo di nome Elie Magnus, che viaggia per l'Europa alla ricerca di opere d'arte da vendere: "Élie Magus, a forza di comprare diamanti e rivenderli, di andare in giro con quadri e merletti, con antichità e smalti di valore, con sculture preziose e oreficeria antica, aveva accumulato un'immensa fortuna senza che nessuno lo sapesse...." Nel Medioevo le persecuzioni costringevano gli ebrei a indossare stracci per allontanare i sospetti, a lamentarsi sempre, a lamentarsi, ad apparire i più miserabili."

---

[498] Jacques Attali, *Les Juifs, le monde et l'argent*, Fayard, 2002, p.403.

3. Antisemitismo

In ogni epoca dall'antichità, sia nel mondo cristiano che in quello musulmano, molti uomini illustri sono stati allarmati dalle idee sovversive veicolate dagli ebrei e dalle manovre di alcuni di loro. Perché l'ebraismo, nella sua stessa essenza, era fatalmente in conflitto con il resto dell'umanità.

Gli ebrei sono sempre stati ossessionati dalla "pace" sulla faccia della terra (*shalom*). Sognavano un mondo in cui i conflitti sarebbero scomparsi e questo mondo di pace sarebbe stato, secondo loro, il preludio alla venuta del Messia tanto atteso. Per porre finalmente fine ai conflitti sulla terra, non c'era altra scelta che far scomparire tutte le differenze tra gli uomini, abolire le nazioni, le frontiere e tutti i particolarismi, e incoraggiare con ogni mezzo il matrimonio universale e la dissoluzione delle vecchie tradizioni. Anche le classi sociali dovevano scomparire. Era "ineluttabile". Del vecchio mondo non sarebbe rimasto nulla. Così, quando tutto sarà distrutto, quando non rimarrà nulla delle vecchie civiltà, quando gli uomini saranno ridotti al ruolo di semplici consumatori, il popolo ebraico sarà ancora lì, intatto e trionfante. E finalmente saranno riconosciuti da tutti come il "popolo eletto di Dio".

L'antisemitismo attraverso i secoli

In queste condizioni, possiamo capire perché gli ebrei erano stati in grado di suscitare una feroce opposizione al loro progetto politico-religioso, soprattutto perché molti di loro avevano acquisito grandi ricchezze con metodi non sempre considerati onesti dai nativi. L'antisemitismo era quindi antico quanto l'ebraismo stesso. Alla fine del VI secolo d.C., il cristiano Gregorio di Tours parlò di una "nazione malvagia e perfida", anche se cinquecento anni prima di lui, il romano Tacito già scriveva di loro: "Nessun popolo ha mai odiato così tanto gli altri come il popolo ebraico, nessuno a sua volta lo ha così respinto, e nessuno si è meritatamente guadagnato un odio così implacabile[499]." (*Beatus Rhenanus*). E anche quattrocento anni prima di Tacito, Ecateo

---

[499] Léon Poliakov, *Histoire de l'antisémitisme, Tome I*, Point Seuil, 1981, p. 232, 361.

di Abdera, uno storico greco che viveva in Egitto, aveva notato l'irriducibile opposizione tra gli ebrei e il resto dell'umanità. Questo disse di Mosè: "I sacrifici e le usanze che stabilì erano completamente diversi da quelli delle altre nazioni; in ricordo dell'esilio del suo popolo, istituì un modo di vivere contrario all'umanità e all'ospitalità[500]."" Ma non riassumeremo qui tutte le opinioni espresse da uomini illustri contro gli ebrei, perché sarebbe impossibile.

Le recriminazioni contro l'"inganno" e la "perfidia" ebraica sono state registrate in innumerevoli scritti nel corso della storia. I mercanti ebrei furono accusati di accumulare ricchezze con metodi sleali e talvolta più o meno fraudolenti. Le attuali afflizioni dei mercanti cristiani portati alla miseria si ripetevano di anno in anno, di provincia in provincia. Così, ad esempio, nel 1734, le corporazioni dei mercanti della città di Stendal, in Prussia, si lamentarono con le autorità: "L'ebreo è una picca in una tenda... Penetra dappertutto, toglie il pane dalla bocca dei mercanti, succhia il sangue dei poveri e, sordidamente, non paga le tasse[501]".

I deputati della Camera di Commercio di Tolosa avevano a loro volta denunciato nel 1744: "Questa nazione ebraica sembra trascinarsi per meglio elevarsi e arricchirsi..."." Nello stesso anno, le corporazioni di Montpellier dichiararono: "Vi imploriamo di fermare il progresso di questa nazione." Ma l'amministrazione reale sembrava già essersi arresa alle idee in voga nel "Secolo dei Lumi".

Possiamo anche citare la famosa ingiunzione del 1765 dei mercanti e dei commercianti di Parigi contro l'ammissione degli ebrei: "Gli ebrei possono essere paragonati ai calabroni che entrano negli alveari per uccidere le api, aprire il loro ventre ed estrarre il miele dalle loro viscere..."."

Alla vigilia della Rivoluzione francese, Malesherbes, ministro di Stato di Luigi XVI, si espresse in questi termini: "Esiste ancora nel cuore della maggior parte dei cristiani un odio molto forte contro la nazione ebraica, un odio basato sul ricordo del crimine dei loro antenati e corroborato dall'abitudine degli ebrei di tutti i paesi di impegnarsi in affari che i cristiani considerano la causa della loro rovina[502]."

Nel 1753, anche la liberalissima Inghilterra aveva conosciuto un'esplosione antiebraica, dopo che il governo aveva presentato alle Camere per l'approvazione un progetto di legge per la naturalizzazione

---

[500] Georges Nataf, *Les Sources païennes de l'antisémitisme*, Berg Int., 2001.
[501] Léon Poliakov, *Histoire de l'antisémitisme, Tome I*, Point Seuil, 1981, p. 433.
[502] Léon Poliakov, *Histoire de l'antisémitisme, Tome I*, Point Seuil, 1981, p. 444, 446, 447.

degli ebrei. L'agitazione popolare fu "di una violenza raramente eguagliata negli annali della storia inglese", scrisse Léon Poliakov due secoli dopo. Naturalmente, Poliakov ha dato al fenomeno una spiegazione molto personale. Lo storico denuncia "oscure paure ancestrali che erano salite in superficie al solo pensiero che ai membri della setta deicida sarebbe stato permesso di esercitare i pieni diritti umani e cristiani[503]."

Léon Poliakov ha citato il filosofo illuminista tedesco per eccellenza, Immanuel Kant, che nella sua *Antropologia ha* invocato l'"eutanasia" per l'ebraismo. Kant scrisse: "I palestinesi che vivono tra noi hanno contratto con il loro spirito usuraio fin dal loro esilio, anche per quanto riguarda le grandi masse, la fama non infondata di frodare gli altri. Sembra, è vero, stravagante immaginare una nazione di frodatori; ma non è meno stravagante immaginare una nazione di semplici mercanti, di cui la maggior parte, uniti da un'antica superstizione, riconosciuta dalla lista in cui vivono, non cercano onori civili, ma vogliono compensare questa perdita con i profitti ottenuti frodando le persone sotto la cui protezione si trovano, e persino frodandosi a vicenda. Ora, questo non può essere altrimenti in un'intera nazione di semplici mercanti o membri non produttori della società (ad esempio, gli ebrei della Polonia); pertanto, la loro costituzione, sancita da leggi antiche, persino riconosciuta da noi, tra i quali vivono (e che abbiamo in comune con loro alcuni libri sacri), sebbene facciano del detto "compratore, apri gli occhi" il principio supremo della loro moralità nei nostri confronti, non può essere abolita senza incongruenza. Invece di tracciare inutili piani per moralizzare questo popolo su questo punto della frode e dell'onestà, preferisco affermare la mia presunzione sull'origine di questa singolare costituzione (cioè quella di un popolo di semplici mercanti[504]). "Kant era tuttavia ottimista e credeva che, una volta liberati dal loro "spirito ebraico", gli ebrei avrebbero saputo correggere le loro abitudini." La sua concezione era quindi più cristiana che razzista", ha scritto Poliakov.

Allo stesso tempo, in Germania, il pensatore umanista Herder usava lo stesso linguaggio sostenendo l'assimilazione: "Per migliaia di anni, fin dal suo inizio, il popolo di Dio, avendo la sua patria stabilita dal cielo, ha vegetato come una pianta parassita sul tronco di nazioni straniere; una razza astuta e sordida...." Per Fichte, invece, il problema degli ebrei poteva essere risolto solo con la loro espulsione dalle terre tedesche." Per proteggerci da loro, vedo un solo modo: conquistare per

---

[503] Léon Poliakov, *Histoire de l'antisémitisme, Tome I*, Point Seuil, 1981, pag. 452.
[504] Emmanuel Kant, *Antropología*, Alianza Editorial, 1991, Madrid, nota 1 p. 123.

loro la loro terra promessa e mandarli via tutti", scrisse nella sua prima opera importante sulla Rivoluzione francese nel 1793.

In un concorso organizzato dall'Accademia di Metz nel 1785 sul tema: *Esistono modi per rendere gli ebrei più felici e utili in Francia*, l'abate Gregorio, sacerdote della diocesi di Metz, fu premiato per il suo saggio intitolato *Saggio sulla rigenerazione fisica, morale e politica degli ebrei*. L'abate Gregorio, che voleva avvicinarli con la dolcezza alla religione cristiana, non ebbe altra scelta che constatare: "Sono piante parassite che divorano la sostanza dell'albero che attaccano."

La Lorena e soprattutto l'Alsazia, regioni in cui vivevano molti ebrei, avevano espresso il loro malcontento. Il libro delle lamentele del clero di Colmar, nel 1789, conteneva alcuni passaggi espliciti: "Gli ebrei, con le loro vessazioni, i loro saccheggi, l'avida doppiezza di cui offrono quotidianamente esempi così perniciosi, [sono] la causa principale e prima della miseria del popolo, della perdita di energia e della depravazione morale di una classe di persone un tempo famosa per quella fede germanica così altamente lodata." La reazione popolare fu tale che, nel 1789, migliaia di ebrei dovettero rifugiarsi in Svizzera.

Il convenzionale[505] Baudot, commissario degli eserciti del Reno e della Mosella, propose un nuovo tipo di rigenerazione per gli ebrei: "Ovunque antepongono l'avidità all'amor di patria e le loro ridicole superstizioni alla ragione. So che alcuni di loro servono nei nostri eserciti, ma - escludendoli dalla discussione che dobbiamo fare sulla loro condotta - non sarebbe opportuno considerare una rigenerazione *a ghigliottina nei* loro confronti? "Il II termidoro, gli ebrei furono rimproverati per il loro continuo aggiotaggio, al che i comuni del distretto ricevettero l'ordine di "non distogliere lo sguardo da questi esseri pericolosi, che sono sanguisughe divoratrici di cittadini[506]."

In queste condizioni, l'emancipazione degli ebrei proposta dalla Rivoluzione e lo status di parità di diritti equivalevano a far entrare la volpe nel pollaio. Per Gougenot des Mousseaux era quindi necessario proteggere i cristiani dall'aggressività degli ebrei. Nel 1869 scriveva a questo proposito: "Un grande giornale viennese (*La Presse*) edito e diretto da ebrei ha come motto: uguali diritti per tutti. Ma accordare lo stesso diritto a persone che non conoscono né la morale né il dovere cristiano, significa rendere vampiri coloro che sono vincolati dai principi cristiani e che non possono imitare gli abusi peregrini della

---

[505] Conventionnaires: membri dell'Assemblea della Convenzione nazionale della Prima Repubblica francese (1792-1795). Era l'assemblea costituente.
[506] Léon Poliakov, *Histoire de l'antisémitisme, Tome II*, Point Seuil, 1981, pagg. 106, 111.

concorrenza sfrenata." " (pagina 146).

Napoleone aveva anche cercato di rigenerare gli ebrei de-giudaizzandoli: "Gli ebrei", scrisse, "sono un popolo vile, codardo e crudele. Sono bruchi, cavallette che infestano le campagne... Il male viene soprattutto da quella compilazione indigesta che si chiama Talmud, dove è esposta, accanto alle loro vere tradizioni bibliche, la morale più corrotta quando si tratta dei loro rapporti con i cristiani." E a proposito di questa "razza", ha detto: "Vorrei evitare che si diffonda il male[507]." Propose agli ebrei di arruolarsi nei suoi eserciti per riconquistare la Terra Promessa, ma essi rimasero sordi al suo appello e il progetto fu accantonato insieme ad altri miraggi orientali. All'epoca non esisteva un'autorità organizzata, né un governo centrale degli ebrei in Francia. Napoleone decise allora di creare un Gran Sinedrio di 71 membri che, dopo diciotto secoli, avrebbe ristabilito la tradizione di un governo di Israele. Il Gran Sinedrio si riunì per la prima volta nel febbraio 1807. Napoleone era allora visto da tutti i principi europei come l'Anticristo in persona. Un mese dopo la sua solenne inaugurazione, il Sinedrio fu sciolto.

Le recriminazioni contro gli ebrei erano ricorrenti, ovunque e in ogni momento. Abbiamo visto cosa pensava lo zar Ivan il Terribile nel 1550, quando rimproverava al suo alleato polacco di volerlo costringere ad ammettere gli ebrei in Russia: "Portano droghe avvelenate nel nostro Stato e causano molti danni al nostro popolo." I successori di Ivan il Terribile erano altrettanto sospettosi. Un secolo e mezzo più tardi, Pietro il Grande, pur avendo invitato stranieri di valore a venire in Russia, aveva comunque espresso grandi riserve sugli ebrei nel suo *Manifesto*: "Preferirei vedere nei miei domini maomettani e pagani piuttosto che ebrei". Sono ladri e ingannatori. Io estirpo il male, non lo propagando; non ci sarà per loro in Russia né alloggio né commercio, nonostante tutti i loro sforzi e tentativi di corrompere il mio ambiente[508]."

Nei territori conquistati da Pietro il Grande in Ucraina, Caterina I, che gli era succeduta, aveva emanato il seguente editto: "Gli ebrei maschi e femmine in Ucraina, e in altre città russe, devono essere tutti espulsi immediatamente dalle frontiere della Russia. D'ora in poi non potranno essere ammessi in Russia con nessun pretesto, e ciò sarà rigorosamente applicato ovunque." Tali furono le origini della famosa "zona di residenza", che confinò gli ebrei dell'Impero nella periferia

---

[507] Léon Poliakov, *Histoire de l'antisémitisme, Tome II*, Point Seuil, 1981, pag.
[508] Aleksandr Solzhenitsyn, *Deux siècles ensemble, Tome I*, Fayard, 2002, pag. 29.

occidentale fino alla rivoluzione del febbraio 1917[509].

Nel Sacro Impero, gli ebrei erano stati espulsi da Vienna nel 1670 da Leopoldo I, ma erano riusciti a "convincere" il re e quindici anni dopo erano di nuovo in piazza. In Prussia, il Grande Elettore Federico Guglielmo, il "re sergente", li aveva accolti dopo la loro espulsione da Vienna. Solo la nobiltà poteva avere una certa simpatia per gli ebrei, a causa di alcuni servizi che gli ebrei potevano rendere loro (prestito di denaro, speculazione). Tra i consigli di buon governo che il re diede a suo figlio, il futuro Federico il Grande, c'erano queste righe: "Per quanto riguarda gli ebrei, ce ne sono troppi nel nostro Paese che non hanno ricevuto lettere di protezione da parte mia. Dovete espellerli, perché i Giudei sono le locuste di un Paese e la rovina dei cristiani. Vi prego di non concedere loro nuove lettere di protezione, anche se vi offrono denaro... perché l'ebreo più onesto è un imbroglione e un furfante. Potete starne certi[510]."

In Inghilterra, William Prynne, un pubblicista molto popolare a metà del XVII secolo, si era ribellato all'ammissione degli ebrei nel Paese da parte di Cromwell. Erano "una stirpe di malfattori, una generazione di vipere, che facevano avidamente il male con entrambe le mani secondo tutte le nazioni che li circondavano, cattivi o peggiori di Sodoma e Gomorra"[511]."

Nel secolo successivo, il suo compatriota Alexander Pope, in una delle sue satire, innalzò una preghiera: "Ti preghiamo, Signore, di allontanare da noi le mani dei barbari e crudeli ebrei che, pur avendo orrore del sangue dei paté di maiale, non sono meno veementi sanguinari[512]."

Pierre de Lancre nacque a Bordeaux nel 1553, in una città che aveva accolto alcuni marrani spagnoli. Aveva studiato legge e teologia in Francia e a Torino, prima di diventare assessore al Parlamento di Bordeaux nel 1582 e di sposare la nipote di Montaigne nel 1588. Descrisse gli ebrei come segue: "Più perfidi e infedeli dei demoni....gli Ebrei sono degni di ogni esecrazione e, come veri criminali di ogni maestà divina e umana, meritano di essere puniti con i più grandi supplizi: il braciere, il piombo fuso, l'olio bollente, la pece, la cera e lo zolfo, tutti incorporati insieme, non genererebbero tormenti

---

[509] Léon Poliakov, *Histoire de l'antisémitisme, Tome I*, Point Seuil, 1981, p. 420. Sulla "zona di residenza" si legga l'introduzione a *Jewish Fanaticism*.
[510] Léon Poliakov, *Histoire de l'antisémitisme, Tome I*, Point Seuil, 1981, p. 435.
[511] Daniel Tollet, *Les Textes judéophobes et judéophiles dans l'Europe chrétienne à l'époque moderne*, Presses Universitaires de France, 2000, p. 172.
[512] Léon Poliakov, *Histoire de l'antisémitisme, Tome I*, Point Seuil, 1981, p. 451.

sufficientemente esatti, sensibili e crudeli per la punizione di crimini così grandi e orribili che quel popolo commette abitualmente[513]..."

In Germania, Martin Lutero aveva pubblicato nel 1542 il suo famoso pamphlet *sugli ebrei e le loro menzogne*: "Essi possiedono il nostro denaro e i nostri beni e sono i nostri padroni nel nostro Paese e nel loro esilio. Un ladro è condannato all'impiccagione per aver rubato dieci fiorini; se ruba per strada, perde la testa. Ma quando un ebreo ruba e sottrae dieci tonnellate d'oro attraverso l'usura, è stimato persino più di Dio stesso. A riprova di ciò citiamo l'insolente vanto con cui rafforzano la loro fede e danno sfogo al loro odio velenoso nei nostri confronti, dicendo tra loro: "Abbiate pazienza e osservate come Dio è con noi e non abbandona il suo popolo nemmeno in esilio". Non lavoriamo, eppure godiamo di prosperità e svago. I maledetti goyim devono lavorare per noi, ma noi prendiamo i loro soldi." Pochi mesi dopo, pubblicò un altro pamphlet intitolato *Vom Schem Hamephoras*: "Sono molto più forti di me nel disprezzo, e hanno un Dio che è diventato un maestro nell'arte del disprezzo, è chiamato il Diavolo e lo spirito del Male[514]."

Lutero, che aveva osservato come il vocabolario dei criminali fosse pieno di parole gergali dell'ebraico[515], scrisse: "Inoltre, non sappiamo ancora oggi quale diavolo li abbia portati nel nostro Paese. Non siamo stati certo noi a portarli da Gerusalemme. Inoltre, nessuno li trattiene qui ora. Il paese e le strade sono aperti per consentire loro di tornare alla loro terra ogni volta che lo desiderano. Se lo facessero, daremmo loro volentieri dei regali per l'occasione, sarebbe una festa, perché per il nostro Paese sono un fardello pesante, una piaga, una pestilenza e una vera disgrazia."

Gli ebrei venivano spesso raffigurati sotto forma di scrofa. La scrofa "che li ha allattati e ha fornicato con loro su innumerevoli monumenti di pietra", scrive Poliakov." Uno di questi altorilievi (la maggior parte dei quali è scomparsa) è descritto da Martin Lutero nel suo famoso opuscolo *Vom Schem Hamephoras*, nei seguenti termini: "Qui a Wittenberg, nella nostra chiesa, una scrofa è stata scavata nella pietra: maialini ed ebrei la allattano, mentre dietro di lei sta un rabbino che le solleva la gamba destra e con la mano sinistra le tira la coda, chinandosi e contemplando diligentemente dietro la coda il Talmud, come se volesse imparare qualcosa di molto sottile e molto

---

[513]Léon Poliakov, *Histoire de l'antisémitisme, Tome I,* Point Seuil, 1981, p. 318.
[514]Léon Poliakov, *Histoire de l'antisémitisme, Tome I,* Point Seuil, 1981, p. 365, 367.
[515]Si veda la nota 85.

speciale[516]"." Lutero aveva scritto molte lettere per farli espellere o togliere loro i privilegi. Aveva avuto successo in Sassonia, Brandeburgo e Slesia. Alla fine del XIV secolo, in Italia, gli artisti li assimilarono agli scorpioni. Nei dipinti e negli affreschi, questo animale perfido per eccellenza era spesso presente sugli stendardi degli ebrei, sui loro scudi e sulle loro vesti.

Nel Medioevo, a metà del XII secolo, scopriamo la grande figura di Pietro il Venerabile, il famoso abate di Cluny. All'epoca delle Crociate, si era ribellato al dominio degli usurai e aveva inviato un'ingiunzione al re Luigi VII in cui denunciava con forza gli ebrei e "si sollevava vigorosamente contro le invasioni inimmaginabili di questa razza che concentra nelle sue mani tutti i tesori della Francia"." Giudicò che "era urgente reprimere l'audacia". Chiese al re perché andasse dall'altra parte del mondo a combattere i Saraceni, quando lasciava tra i suoi sudditi "infedeli infinitamente più colpevoli verso Cristo dei Maomettani". È tempo che sia fatta giustizia, e lungi da me, comunque, pensare "che debbano essere messi a morte; ma ciò che chiedo è che siano puniti in proporzione alla loro perfidia". E quale punizione più giusta di quella che è allo stesso tempo una condanna dell'iniquità e una soddisfazione data alla carità? Quale più giusta di quella che li priva di ciò che hanno accumulato con la frode? Hanno imbrogliato e saccheggiato come ladri; e, quel che è peggio, come ladri si sono assicurati impunemente fino ad oggi! Quello che dico è ampiamente e pubblicamente noto"." Non è con le semplici fatiche dell'agricoltura, né con il servizio regolare negli eserciti, né con l'esercizio di funzioni oneste e utili che riempiono le loro botteghe di grano, le loro taverne di vino, i loro forzieri d'oro e d'argento. Che cosa non hanno accumulato con tutto ciò che l'astuzia ha permesso loro di strappare ai cristiani e di comprare furtivamente e a vile prezzo dai briganti!"

Nel 1180, non appena Filippo Augusto si insediò sul trono, si scatenarono nuovamente le recriminazioni contro gli ebrei. Furono accusati, scrive Gougenot des Mousseaux, "di aver rovinato il popolo con la loro usura, di essersi resi padroni, con questo mezzo ingiusto, di un'infinità di terre e di quasi la metà delle case di Parigi; di aver ricevuto in pagamento le sacre pissidi, i tesori delle chiese e di averli profanati". Si aggiunge che hanno ridotto in schiavitù molti poveri cristiani e che li crocifiggono ogni anno il Venerdì Santo". Filippo Augusto, "finalmente convinto della malignità degli Ebrei, li espulse dai suoi Stati nell'anno 1182; confiscò i loro beni ad eccezione dei mobili;...

---

[516]Léon Poliakov, *Histoire de l'antisémitisme, Tome I*, Point Seuil, 1981, p. 311.

restituì ai suoi sudditi il possesso delle eredità che avevano usurpato e li sollevò da tutti i debiti pagandogli solo un quinto[517]."

In realtà, le espulsioni degli ebrei sono state continue nel corso della storia. Gli ebrei sono stati espulsi, prima o poi, da tutti i Paesi europei, da tutti i principati europei, da Magonza nel 1012 a Mosca nel 1891, da Napoli nel 1496, dall'Ungheria nel 1360 e nel 1582, da Praga nel 1557, e così via. Ma i finanzieri ebrei, sfruttando il loro potere di corruzione nei confronti dei principi, trovavano sempre il modo di reintrodurre i loro congeneri sulla piazza. Gli Stati centralizzati come l'Inghilterra, la Francia e la Spagna erano in grado di difendersi meglio del Sacro Impero Germanico, che era frammentato in Stati quasi indipendenti.

A Parigi, al termine di una grande controversia tra dottori ebrei e cristiani, il Talmud era stato condannato. Il re Saint-Louis aveva ordinato il sequestro di tutte le copie trovate nel paese e il 6 giugno 1242 interi carri di libri furono solennemente bruciati in Place de Grève. Ma né Filippo Augusto né San Luigi avevano usato metodi radicali. Fu Filippo il Bello a espellere gli ebrei nel 1306. Gli ebrei furono reintrodotti poco dopo, sotto il regno di suo figlio, e furono nuovamente espulsi prima di tornare a determinate condizioni. Il 17 settembre 1394, in occasione dello Yom Kippur, il re Carlo VI li espulse radicalmente, per diversi secoli.

Il re Edoardo I d'Inghilterra li aveva già espulsi nel 1290, ma gli ebrei erano tornati 350 anni dopo, dopo una guerra civile e l'istituzione di una repubblica di breve durata da parte di Cromwell a metà del XVII secolo. La Spagna si era liberata di loro nel 1492. In Germania, allora divisa in centinaia di principati, le espulsioni erano frequenti. Nel 1388 era stata dichiarata l'ultima espulsione generale da Strasburgo; nel 1394 furono espulsi dal Palatinato; nel 1420 furono espulsi dall'Austria; nel 1424 seguirono Friburgo e Zurigo; nel 1426 dovettero uscire dalla porta di Colonia; nel 1432 la Sassonia non volle più averci a che fare; nel 1439 la città di Augusta li respinse; nel 1453 Würzburg li espulse; nel 1454 Breslau, ecc. ecc. Alla fine del secolo, l'elenco delle espulsioni si allungò a dismisura[518]. Queste espulsioni potevano essere seguite da riammissioni, tanto che gli ebrei di Magonza, ad esempio, erano stati espulsi quattro volte nel corso della storia.

---

[517] Roger Gougenot des Mousseaux, *Los Judíos y la judeización de los pueblos cristianos*, versione pdf. Tradotto in spagnolo dal professor Noemí Coronel e con la preziosa collaborazione dell'équipe del Nazionalismo cattolico. Argentina, 2013, pag. 168, 170

[518] Léon Poliakov, *Histoire de l'antisémitisme, Tome I*, Point Seuil, 1981, p. 300.

Roma fu infine l'unica grande città d'Europa in cui gli ebrei non furono mai espulsi[519]. Nel XIV secolo, l'Italia fu il principale paese ospitante degli ebrei espulsi dalla Francia e dalla Germania. Un giorno, però, ci fu una reazione. Nel 1555, dopo la sua elezione al soglio di San Pietro, Papa Paolo VI proclamò nella sua bolla *Cum nimis absurdum* che era assurdo permettere agli ebrei di vivere nei quartieri migliori della città, di assumere servitori cristiani e di permettere loro di abusare in generale della gentilezza cristiana. Paolo VI prese misure spietate, ordinando dapprima di concentrare gli ebrei dietro le mura di un ghetto ai margini del Tibre e vietando loro di commerciare se non in abiti di seconda mano. In sostanza, queste disposizioni erano un riassunto del diritto canonico dei secoli passati, ma contrariamente a tutti i suoi predecessori, l'intransigente Paolo VI lo aveva applicato alla lettera.

La fine del Medioevo fu il momento in cui gli antichi quartieri ebraici furono trasformati in ghetti. Gli ebrei potevano frequentare i quartieri cristiani solo durante il giorno e la sera dovevano entrare nel ghetto, i cui cancelli erano chiusi a chiave. Dietro le porte del ghetto, la comunità ebraica era chiusa in se stessa, il che corrispondeva alla volontà dei rabbini che temevano soprattutto l'assimilazione degli ebrei alla società cristiana. In realtà, però, gli ebrei si erano isolati da tempo dal resto dell'umanità.

Nahum Goldmann, il fondatore del World Jewish Congress, scrisse nel 1976, in *The Jewish Paradox*: "Gli ebrei sono il popolo più separatista del mondo. La loro fede nella nozione di popolo eletto è alla base di tutta la loro religione. Nel corso dei secoli, gli ebrei hanno intensificato la loro separazione dal mondo non ebraico; hanno rifiutato, e continuano a rifiutare, i matrimoni misti; hanno eretto un muro dopo l'altro per proteggere la loro esistenza "a parte", e hanno costruito il loro ghetto: i loro *shtetl* [villaggi ebraici] in Europa orientale, il *mellah* in Marocco." E Nahum Goldmann ha insistito più avanti nel suo testo: "Il ghetto è storicamente un'invenzione ebraica. È falso dire che i goyim hanno costretto gli ebrei a separarsi dalle altre società. Quando i cristiani confermarono i ghetti, gli ebrei ci vivevano già[520]."

Il famosissimo Elie Wiesel ha detto lo stesso nelle sue *Memorie*: "Nell'antichità, i quartieri ebraici erano creati dagli stessi ebrei che temevano le influenze straniere. È il caso delle comunità di Roma, Antiochia e Alessandria. Solo in seguito il ghetto fu imposto loro con

---

[519]Tuttavia, il 18 gennaio 2008, abbiamo appreso che undici venditori di *souvenir* ebrei hanno manifestato contro la loro espulsione da Piazza San Pietro in Vaticano.
[520] Nahum Goldmann, *Le Paradoxe juif*, Stock, 1976, p. 16, 83, 84

nomi diversi[521]."

Nel 2008, Théo Klein, ex presidente del Consiglio rappresentativo delle istituzioni ebraiche in Francia (Crif)[522], ha dichiarato inequivocabilmente: "Eravamo isolati prima di essere rinchiusi: i cancelli del ghetto sono stati installati intorno ai luoghi in cui ci eravamo precedentemente raggruppati[523]." Infatti, il primo ghetto, quello di Venezia nel 1516, era "originariamente un'iniziativa ebraica[524]." Secondo Poliakov, pare che nel ghetto fosse molto diffusa un'espressione: "Per Dio, ti taglio la gola e vado a diventare cristiano". Il battesimo, infatti, era visto come un mezzo per sfuggire al processo penale.

Unicità ebraica

Nel suo libro del 1894 L'*antisemitismo, la sua storia e le sue cause*, Bernard Lazare - un intellettuale della comunità - fornì diverse spiegazioni sull'origine dell'unicità ebraica. Il popolo ebraico, spiegava, era troppo debole, dal punto di vista numerico, per poter competere militarmente con i cristiani e i musulmani: "Non potevano sognare di attaccare frontalmente queste due potenze. Perciò l'Ebreo cercò di trionfare su di loro con l'astuzia, ed entrambi svilupparono in lui lo spirito di cautela. Ha acquisito una strana ingegnosità e una sottigliezza fuori dal comune." Il denaro gli permise di trionfare sui suoi nemici, ma aveva un inconveniente: "La ricerca dell'oro, perseguita senza sosta, lo degradò. Ha indebolito la sua coscienza. Lo ha abbassato e gli ha dato le abitudini di un bugiardo." E Bernard Lazare aggiungeva: "Nella guerra che, per vivere, doveva condurre contro il mondo e la sua legge civile e religiosa, non poteva vincere se non con l'intrigo e questo disgraziato, destinato a umiliazioni e insulti e costretto a rannicchiarsi sotto i colpi, le rimostranze e le invettive, non poteva che vendicarsi con l'astuzia dei suoi nemici, dei suoi torturatori e dei suoi carnefici. Per lui la rapina e la malafede sono diventate armi: le uniche che poteva usare. Per questo si è ingegnato per acuirli, complicarli e mascherarli[525]."

---

[521]Elie Wiesel, *Mémoires, Tome I*, Éditions du Seuil, 1994, p. 83.
[522]Controparte francese dell'AIPAC (American Israel Public Affairs Committee) negli Stati Uniti.
[523]Théo Klein, *Sortir du ghetto*, Liana Levi, 2008, in *Philosophie Magazine*, marzo 2008.
[524]Michel Herszlikowicz, *Philosophie de l'antisémitisme*, Presses Universitaires de France, 1985, p. 76.
[525]Bernard Lazare, L'*antisemitismo, la sua storia e le sue cause*, Edizioni La Bastille, edizione digitale, 2011, p. 156.

Gli storici ebrei erano anche soliti sostenere che la pratica dell'usura (prestito a interesse) da parte degli ebrei era dovuta al fatto che tutti gli altri mestieri erano loro vietati. In breve, erano diventati ricchi perché erano stati oppressi. In effetti, da sempre, e molto prima dell'era cristiana, l'usura era un'attività molto popolare e redditizia tra gli ebrei. L'usura permetteva agli ebrei di dedicarsi allo studio del Talmud, l'attività più rispettata nel mondo ebraico. Lo conferma Leon Poliakov: "Inoltre, l'usura e lo studio non sono considerati incompatibili, anzi: un testo specifica addirittura che l'usura ha il vantaggio di lasciare tutto il tempo libero necessario allo studio[526]."

Gougenot des Mousseaux ha anche ricordato che dei seicentotredici precetti (mitzvot) che gli ebrei devono osservare, il centonovantottesimo comanda di non fare usura con i non ebrei[527].

Zalkind-Hourwitz ci ha dato una visione dello spirito talmudico. Era un talmudista polacco che aveva lavorato come sarto a Parigi prima di diventare curatore del dipartimento orientale della Biblioteca del Re. Isolato in Francia, l'uomo si era progressivamente distaccato dalla sua comunità. Nel 1789 Hourwitz aveva pubblicato un'*Apologia degli ebrei*, in risposta al concorso aperto nel 1785 dall'Accademia di Metz sul tema: *Esistono modi per rendere gli ebrei più felici e più utili in Francia?* In essa combatte i polemisti antiebraici: "Dicono che gli ebrei meritano di essere oppressi perché sono usurai e ladri; invece di dire che sono usurai e ladri perché sono oppressi e perché tutte le professioni legittime sono loro vietate[528]." Due secoli dopo l'emancipazione degli ebrei con la Rivoluzione francese, possiamo renderci conto che la frase nella sua prima versione era corretta. Hourwitz, un ebreo "de-giudaizzato", come lo definì Poliakov, aveva indubbiamente conservato alcuni tratti caratteristici dello spirito talmudico.

L'immagine del povero ebreo, oppresso e perseguitato senza motivo, è stata un'immagine che gli ebrei sono stati felici di mantenere viva nei secoli. Il famosissimo Elie Wiesel, ad esempio, ha raccontato nelle sue *memorie* le disgrazie capitate a lui e alla sua famiglia prima della Seconda guerra mondiale. Originario di un villaggio del nord della Romania, aveva dovuto sopportare le vessazioni delle autorità e le manifestazioni di antisemitismo." Unità speciali dell'esercito e della

---

[526]Léon Poliakov, *Histoire de l'antisémitisme, Tome I*, Point Seuil, 1981, pag. 330.
[527] Roger Gougenot des Mousseaux, *Los Judíos y la judeización de los pueblos cristianos*, versione pdf. Tradotto in spagnolo dal professor Noemí Coronel e con la preziosa collaborazione dell'équipe del Nazionalismo cattolico. Argentina, 2013, pag. 193
[528]Léon Poliakov, *Histoire de l'antisémitisme, tomo II*, Point Seuil, 1981, pag. 65.

gendarmeria hanno fatto irruzione nelle case degli ebrei. Ispezione, perquisizione, minacce: dovete consegnare gioielli, servizi d'argento, valuta estera, pietre preziose, oggetti di valore. Mio padre cerca di farci sorridere: "Rimarranno delusi... Nella maggior parte delle case ebraiche troveranno solo miseria... Spero che portino via anche quella"." A quel tempo, gli ebrei in Romania erano poveri, molto poveri, e perseguitati senza motivo.

Tuttavia, una dozzina di pagine dopo, Elie Wiesel scrive incidentalmente che, di fronte al pericolo, la famiglia aveva nascosto tutte le proprie ricchezze, seppellendole accuratamente: "Ieri sera, fino a notte fonda, ci siamo improvvisati seppellitori e abbiamo scavato una dozzina di buche sotto gli alberi per depositare ciò che restava dei nostri gioielli, oggetti di valore e denaro. Da parte mia, ho seppellito l'orologio d'oro che avevo ricevuto come regalo per il Bar-mitzvah[529]."

La spinta ebraica al profitto potrebbe essere spiegata anche dagli insegnamenti della Torah. Nella rivista *L'Express* del 10 gennaio 2002, Jacques Attali ha presentato il suo ultimo libro, *Gli ebrei, il mondo e il denaro*: "Nella Bibbia, la ricchezza è un mezzo per servire Dio, per essere degni di lui. Uno dei testi fondanti dice: "Amerai Dio con tutte le tue forze" e uno dei commenti specifica: "Questo significa con tutte le tue ricchezze". Pertanto: "Più sei ricco, più mezzi avrai per servire Dio". La ricchezza è un mezzo, non un fine. Purché si tratti di una ricchezza creata, di un aumento della ricchezza del mondo e non di una ricchezza presa da un altro. Per questo motivo le proprietà fertili (terra, bestiame) sono particolarmente apprezzate. Infatti, Abramo si arricchì grazie alle sue greggi." Senza dubbio, questo commento è stato molto illuminante sull'amore di Dio.

E Jacques Attali aggiunge un altro commento: "Per il popolo ebraico, nella misura in cui la fertilità dei beni è sana, non c'è motivo di proibire il prestito a interesse a un non ebreo, poiché l'interesse è solo il segno della fertilità del denaro. Tra gli ebrei, invece, si deve prestare senza interessi, in nome della carità. Si prescrive persino di concedere prestiti a interesse negativo ai più poveri."

Nel suo libro, Attali presenta un altro esempio: "Isacco e Giacobbe confermano la necessità di arricchirsi per piacere a Dio. Isaac accumula animali." Si è arricchito sempre di più fino a diventare estremamente ricco. Aveva grandi greggi di pecore, grandi mandrie di bestiame e molti

---

[529] Elie Wiesel, *Mémoires, tome I*, Le Seuil, 1994, p. 82, 94. I lettori dei nostri libri precedenti sanno che gli intellettuali ebrei spesso dicono una cosa e il suo contrario nei loro libri, a volte anche nella stessa pagina. La parola "paradosso" è infatti ricorrente sotto la loro penna.

schiavi" (*Genesi XXVI, 13-14*). Poi, Giacobbe "divenne molto ricco, ebbe molti greggi, serve e servi, cammelli e asini" (*Genesi XXX, 43*). Dio benedice la sua fortuna e gli permette di comprare il suo diritto di successione dal fratello Esaù, a dimostrazione che tutto è monetizzabile, anche per un piatto di lenticchie[530]..."

Gli ebrei si riconoscono come i discendenti di Giacobbe, che nella Genesi è raffigurato come un essere mite e delicato, mentre i gentili sono, secondo loro, i discendenti di Esaù, il fratello maggiore, che aveva una natura brutale, cacciatrice e bellicosa. Giacobbe, come è noto, era anche molto astuto e senza scrupoli: aveva ingannato il padre ed era riuscito ad appropriarsi dell'eredità che normalmente spettava al fratello maggiore.

Attali ha fatto l'esempio della partenza del popolo ebraico dall'Egitto. Secondo la tradizione, nel 1212 a.C. gli Ebrei partirono per la terra di Canaan: "I testi egiziani dell'epoca menzionano anche l'espulsione di un popolo malato, o di un popolo con un re lebbroso, e una rivolta di schiavi stranieri." Gli Ebrei avevano lasciato il Paese carico di ricchezze. Il giorno prima, infatti, "si è avverata la predizione fatta da tempo ad Abramo: "Uscirai da quella terra con grandi ricchezze" (*Genesi 15, 13-14*); poi, il comando dato a Mosè davanti al roveto ardente: "Ogni donna chiederà alla sua vicina e alla sua ospite vasi d'oro e d'argento; vesti con le quali coprirete i vostri figli e spoglierete l'Egitto" (*Esodo 3,21-22*); poi, l'ordine trasmesso da Mosè ai capi tribù poco prima della partenza: "Ogni uomo chieda oro e argento" (*Esodo 11,1-2-3*); infine, il brutale riassunto della situazione, poco più avanti: "Chiesero e spogliarono" (*Esodo 12,35-36*)"." Decine di migliaia di donne, uomini e bambini si misero in cammino, alcuni ricchi d'oro, d'argento e di ogni genere di beni, persino con schiavi" attraverso il deserto del Sinai. Gli Ebrei avrebbero poi costruito il loro vitello d'oro. Quanto ai soldati egiziani che li inseguirono e che finirono, pare, sommersi nelle acque del Mar Rosso, forse stavano semplicemente cercando di recuperare ciò che apparteneva loro?

In breve, gli israeliti avevano abusato della fiducia degli egiziani. E "a chi si stupisce di vedere gli schiavi fuggire ricchi, i commentatori risponderanno, nel corso dei secoli, che queste ricchezze sono loro dovute come compenso per il lavoro prestato gratuitamente durante gli anni di schiavitù, o come dono d'addio, o ancora come tributo pagato ai vincitori da un esercito sconfitto[531]."

---

[530] Jacques Attali, *Les Juifs, le monde et l'argent*, Fondo de cultura económica, 2005, Buenos Aires, pag. 23.
[531] Jacques Attali, *Les Juifs, le monde et l'argent*, Fondo de cultura económica, 2005,

In effetti, gli ebrei sentivano il bisogno di correggere l'ingiustizia di cui si ritenevano vittime, attraverso una sorta di azione auto-compensativa extra-legale. In un certo senso, come ha scritto il pubblicista israeliano Israel Shamir (divenuto Israel Adam Shamir dopo la sua conversione all'ortodossia cristiana), i musei dell'Olocausto rappresentano "un fattore esplicativo non trascurabile per l'aumento della criminalità ebraica", in quanto rafforzano negli ebrei il senso di vittimizzazione.

Nel numero di giugno 1989 del mensile ebraico *Passages*, intitolato *"La verità sui delinquenti ebrei"*, l'avvocato Francis Terqem confermò questa idea: la criminalità ebraica, disse, "potrebbe essere sostenuta da un'idea un po' paranoica, dalla sensazione che, alla fine, si agisce contro gli altri perché in precedenza sono stati ostili agli ebrei". Avremmo così una sorta di vendetta collettiva."

La ricerca del profitto e l'amore per le ricchezze rappresentavano sicuramente uno dei tratti caratteristici della comunità ebraica, e in effetti sono stati spesso caricaturizzati come tali. È chiaro che gli ebrei, che non credevano né all'inferno, né all'aldilà, né alla reincarnazione, erano meno soggetti agli obblighi morali rispetto agli altri popoli della terra ed erano più inclini a investire nel loro soggiorno sulla terra.

Elie Wiesel, che aveva trascorso un periodo in India, aveva condiviso con i suoi lettori le sue riflessioni sulla religione indù. Quella religione non poteva soddisfarlo: "Non ho il diritto di rimandare la mia salvezza alla prossima reincarnazione", scriveva: ciò che non faccio oggi, non avrò mai più la possibilità di farlo. La realizzazione di sé è possibile solo nel momento in cui avviene. Torno dall'India più ebreo di prima." Infatti, "nell'ebraismo è nella vita terrena che l'uomo deve realizzarsi[532]."

Nell'Antico Testamento, come ha osservato Otto Weininger, non c'è traccia di una credenza nell'immortalità[533]. Un filosofo francese dei media come Michel Onfray - un ateo che tuttavia si vantava di essere uno specialista delle religioni - non sembrava sapere che gli ebrei non credono nell'aldilà. Durante un programma televisivo, *Culture et dépendance*, nel 2005, la giornalista Elisabeth Lévy e il saggista Jacques Attali hanno dovuto confermarlo perché lo ammettesse.

"La maggior parte degli ebrei che conosco non crede né nel paradiso né nell'inferno", ha scritto Rich Cohen[534]. Un altro

---

Buenos Aires, p. 28, 29.
[532] Elie Wiesel, *Mémoires, tome I*, Le Seuil, 1994, p. 288, 283.
[533] Su Otto Weininger, leggere *Psicoanalisi dell'ebraismo*.
[534] Rich Cohen, *Yiddish Connection*, 1998, Denoël, 2000, Folio, p. 242

intellettuale ebreo, Pierre Paraf, ha scritto: "Non credo nella vita futura come la maggior parte delle religioni ci insegna[535]." E sappiamo anche che tutti gli intellettuali marxisti di tutte le obbedienze, la grande maggioranza dei quali di origine ebraica, erano completamente atei. Non è quindi impossibile che la paura della punizione nell'aldilà sia stata un fattore importante nel costringere gli esseri umani a quel minimo di moralità e decenza di cui alcuni ebrei sembrano essere del tutto privi.

Come abbiamo avuto modo di studiare nei nostri libri precedenti, in realtà la religione ebraica è soprattutto l'espressione di un progetto politico il cui scopo è quello di preparare la venuta del tanto atteso Messia, lavorando instancabilmente per la "pace" sulla faccia della terra, una pace che dovrebbe essere, secondo loro, "assoluta e definitiva". È per questo che gli intellettuali ebrei di tutte le persuasioni sostengono continuamente il cosmopolitismo, la "tolleranza", la scomparsa delle frontiere, l'immigrazione e la miscegenazione universale. Quando tutte le civiltà, le culture e le tradizioni e tutti i popoli saranno scomparsi, rimarrà solo il piccolo popolo ebraico, che sarà finalmente in grado di guidare ciò che resta dell'umanità. In questa prospettiva, la scomparsa degli Stati e delle nazioni è davvero "ineluttabile".

Per inciso, Bernard-Henri Lévy, filosofo molto noto anche al di fuori della Francia, aveva spiegato molto bene il problema in un suo libro del 1994: "Credo che interi Stati cadranno sotto i colpi delle mafie planetarie; e che se non sotto i loro colpi, sarà per mano loro. Credo che il mondo stia per diventare un ghetto e il pianeta una mafia....E non credo che ne usciremo limitandoci a mormorare, come alcuni furbi stanno già facendo, che il mondo è sempre stato un agglomerato di ghetti, gli Stati una mafia mascherata e le società civili un'associazione contrattuale di malfattori, e che quindi è meglio che le cose vengano dette come sono, che l'umanità passi alla confessione e che non si finga di essere sorpresi quando le maschere del mondo cadono. Credo in una futura frammentazione del mondo, in una polverizzazione degli Stati e in una dissoluzione delle vecchie nazioni pacifiche." E Lévy ha finalmente condiviso con noi la sua opinione: "Non è meglio[536]?".

Insomma, Bernard-Henri Lévy ci ha dichiarato la cosa più semplice del mondo che giustificava le mafie, giudicate alla fine meno perverse degli Stati e delle nazioni sedentarie. Alla fine, forse è questo

---

[535] Pierre Paraf, *Quand Israël aima*, 1929, Les belles lettres, 2000, p. 9.
[536] Bernard-Henri Lévy, *La Pureté dangereuse*, Grasset, 1994, p. 184. *La pureté dangereuse*, Espasa Calpe, Madrid, 1996, p. 167.

l'ideale dei filosofi *planetari*: la distruzione delle nazioni e, al loro posto, il controllo del pianeta da parte delle mafie transnazionali.

Parigi, giugno 2008
Gennaio 2016 per questa seconda edizione.

Epilogo

Dopo la pubblicazione de *La mafia ebraica* nel giugno 2008, il nostro lavoro di ricerca sull'ebraismo è proseguito, poiché alcune delle informazioni raccolte riguardavano la criminalità ebraica. Così, il nostro *Specchio dell'ebraismo*, pubblicato nel febbraio 2009, contiene un breve capitolo di tre pagine sui truffatori e i trafficanti prima e dopo la Seconda guerra mondiale.

Nella nostra *Storia dell'Antisemitismo*, pubblicata nell'aprile 2010, abbiamo incluso un capitolo molto istruttivo di una dozzina di pagine sulla criminalità ebraica in Germania all'inizio del XIX secolo. Le informazioni sono state tratte da un libro tedesco pubblicato a Berlino nel 1841, scritto da un alto funzionario prussiano di nome A.F. Thiele: *Die jüdischen Gauner in Deutschland, ihre Taktik, ihre Eigenthümlichkeit, ihre Sprache* (*I truffatori ebrei in Germania, la loro tattica, la loro idiosincrasia, la loro lingua*). Nel corso del suo lavoro, Thiele aveva visto come la comunità ebraica producesse i più grandi criminali e i più pericolosi. Attraverso gli archivi e i registri della polizia, ha descritto il "mondo", la mentalità dei criminali, il nomadismo degli ebrei, il furto di identità e la portata generale delle loro attività criminali. Il suo obiettivo era quello di facilitare il lavoro dei poliziotti tedeschi, di mostrare il funzionamento delle bande organizzate e di fornire agli investigatori uno strumento di lavoro. Negò di essere antiebraico: il suo lavoro era semplicemente quello di un criminologo. La prima edizione del libro (*"auf Kosten des Verfassers"*, pubblicato a spese dell'autore) è andata esaurita nel giro di due mesi.

Vale anche la pena di segnalare la pubblicazione di un libro che era sfuggito alla nostra attenzione. Nel 2004, un accademico israeliano, Mordechai Zalkin, ha pubblicato un libro sui criminali che affliggevano l'Europa orientale prima della Seconda guerra mondiale. In un articolo del quotidiano *Haaretz* del 21 ottobre 2004, disponibile online, si legge che l'autore ha trascorso tredici anni a esaminare gli archivi dell'Europa orientale: "Quando apro gli archivi della polizia, trovo rapporti dettagliati sui criminali ebrei. Gli archivi contengono materiale sufficiente per far lavorare cento storici per cento anni, e anche allora non avrebbero finito."

Mordechai Zalkin ha concluso che prima della Seconda Guerra Mondiale, il mondo criminale di Varsavia, Vilnius, Odessa e di altre grandi città dell'Europa orientale era in gran parte controllato dalla mafia ebraica (*"controlled largely by Jewish syndicates"*).

Zalkin presentò il romanzo *Nella valle delle lacrime*, di uno scrittore yiddish di nome Mendel Mocher Sforim (pseudonimo di Shalom Jacob Abramovitsch, 1835-1917). Secondo quanto riferito, ha fornito una "descrizione eccezionale di un'oscura organizzazione criminale ebraica". Nel libro, i gangster ebrei usavano tattiche subdole per rapire giovani ragazze ebree dalle città e costringerle a prostituirsi.

L'autore ha parlato anche di rapitori di bambini. Una banda di criminali ebrei chiamata "Bandiera d'oro" aveva rapito un bambino di una famiglia benestante per ottenere un riscatto. Secondo la polizia, l'uomo che aveva organizzato questo crimine, Berl Kravitz, aveva fatto parte della banda di Al Capone qualche anno prima. Zelig Levingson, il capo della Bandera de oro, aveva dato il via libera all'operazione nonostante la riluttanza di alcuni membri. Il ragazzo rapito era un ebreo di nome Yossele Leibovitch, studente della scuola ebraica di Vilnius, il cui padre era un usuraio. L'operazione è stata condotta da Abba Vitkin e Reuven Kantor fuori dalla scuola del ragazzo. Il messaggio inviato alla famiglia era breve: "Soldi o morte". I criminali hanno chiesto 15 000 rubli, oltre all'oro, ai diamanti e alle perle della famiglia. La polizia aveva effettuato un'enorme ondata di arresti, quindi la banda aveva rilasciato il ragazzo nel suo quartiere. A Vilnius, Odessa, Varsavia, Bialystok o Leopoli, i criminali ebrei erano sulla bocca di tutti. Le loro organizzazioni, come la "Bandiera d'oro" o la "Fratellanza", erano attive in quella parte d'Europa - la famosa Yiddishland. Il più famoso dei gangster di Odessa era un certo Benya Krik, lo stesso che compare nel titolo del libro di Isaac Babel, noto autore sovietico: *Benya Krik, The Gangster, and Other Stories*.

C'erano anche banditi e briganti. Nella Russia del XIX secolo, il posto migliore per derubare le persone era la campagna o le strade. Non c'erano abbastanza poliziotti per sorvegliare tutte le foreste che coprivano il territorio, così i viaggiatori e i commercianti erano facili prede. Saul Ginzburg, uno dei maggiori storici del mondo ebraico in Russia, ha descritto queste bande di rapinatori ebrei nel suo capitolo "delinquenti e predatori". Una banda di quindici rapinatori ha svaligiato un convoglio e si è rifugiata nella foresta con il bottino. Uno dei rapinatori più famosi fu Dan Barzilai, che guidò una banda di trenta uomini nella regione di Varsavia, metà dei quali erano ebrei. Armati di pistola e mascherati, hanno rubato pellicce, gioielli e cavalli. Barzilai fu catturato nel 1874.

Abbiamo appreso di sfuggita che alcune delle figure della resistenza del ghetto di Varsavia nel 1943 provenivano dalla malavita: "L'8 maggio i tedeschi scoprirono il bunker centrale dell'Organizzazione ebraica di lotta al numero 18 di via Mila. Ciò che è meno noto è che questo simbolo della resistenza, il quartier generale dei combattenti dove il comandante dell'insurrezione Mordechai Anielewicz combatté fino alla morte, apparteneva al criminale ebreo Shmuel Isser."

Mordechai Zalkin ha inoltre citato il professor Israel Gutman, eminente studioso dell'Istituto Yad Vashem per l'Olocausto di Gerusalemme, che aveva partecipato alla rivolta del ghetto di Varsavia all'età di 15 anni: "Nel ghetto i criminali si erano rapidamente arricchiti, diventando l'élite sociale grazie al contrabbando." Nel suo libro sugli ebrei di Varsavia durante la guerra, Gutman cita un'altra testimonianza: "I contrabbandieri facevano enormi profitti... La maggior parte di loro aveva accumulato milioni. Erano la classe più ricca del ghetto. Trascorrevano tutto il loro tempo libero bevendo e frequentando discoteche."

Secondo Havi Ben Sasson, 32 anni, dottorando che ha lavorato presso la Scuola Internazionale dell'Olocausto dello Yad Vashem, le organizzazioni criminali ebraiche facevano parte del panorama di Varsavia in quegli anni." Al numero 18 di Mila Street, simbolo della resistenza del ghetto, era evidente la collaborazione tra i membri dell'Organizzazione ebraica di lotta e i gangster. In realtà, il bunker apparteneva alla mafia. Vi erano immagazzinate enormi quantità di cibo, che solo i gangster potevano distribuire." Numerose testimonianze raccontano come i criminali siano stati "accolti come principi" dai combattenti. Tutto ciò è stato certamente confermato dalla testimonianza di Martin Gray, in *In the Name of All Mine*[537].

Dopo la guerra, non era cambiato nulla nel comportamento di alcuni membri di questa "élite" in Unione Sovietica. Il famoso militante antisionista di origine venezuelana Ilich Ramirez Sanchez, meglio conosciuto come Carlos, ha lasciato una testimonianza su questo tema. Il 13 gennaio 1975, Carlos sparò dal tetto dell'aeroporto di Orly con un lanciarazzi contro un aereo della compagnia israeliana El Al; il colpo era andato a vuoto, ma tra le sue imprese c'era anche il rapimento di undici ministri dell'OPEC (Organizzazione dei Paesi produttori di petrolio) a Vienna nel dicembre dello stesso anno. Nel 2016, Carlos era ancora prigioniero in un carcere francese. Ecco cosa ha detto a proposito del suo soggiorno in un'università moscovita: "Il KGB non è stata l'unica tentazione che ho incontrato a Mosca. Alla fine del dottorato, poco prima di tornare nel suo Paese, uno studente piuttosto anziano volle passarmi il contatto del capo della mafia dell'oro di Mosca. Ovviamente non si fidava di nessuno, ma voleva che mantenessi il contatto di un vecchio ebreo che era una figura eminente della malavita moscovita. I lingotti d'oro a Mosca, sul mercato nero, valevano allora circa dodici volte il prezzo in rubli del dollaro a Ginevra, e addirittura il doppio a Tashkent. I miei contatti con quel mondo non andavano oltre e non avevano, ovviamente, alcuna connotazione politica, anche se avrei scoperto un po' per caso che la maggior parte dei membri di quella rete erano sionisti[538]."

Da segnalare anche la pubblicazione nel gennaio 2010, a New York, del libro dello storico ebreo americano Ron Arons, che racconta la storia

---

[537] Siamo grati allo storico ed editore Jean Plantin (edizioni Akribeia) per averci passato questo articolo.
[538] Jean-Michel Vernochet, *L'Islam rivoluzionario*, Ed. du Rocher, 2003, p. 21.

dei gangster ebrei rinchiusi nella famigerata prigione di Sing-Sing, situata a una cinquantina di chilometri a nord di New York, sulle rive del fiume Hudson. Il libro di 350 pagine offre biografie di gangster famosi e di criminali meno noti, dipingendo un vasto panorama della criminalità ebraica di New York. Sul sito di Amazon leggiamo questa breve recensione in inglese: "La prigione di Sing-Sing fu costruita nel 1828 e da allora vi sono stati incarcerati più di 7000 ebrei... Accanto a famosi gangster come Lepke Buchalter, sono passati migliaia di ebrei che hanno commesso ogni sorta di crimine - dall'incesto all'incendio doloso alla vendita dei diritti d'aria di Manhattan -."

Per quanto riguarda le truffe e le malversazioni finanziarie, i casi che si sono accumulati dalla pubblicazione de *La mafia ebraica* nel giugno 2008 sono stati così numerosi e importanti che abbiamo dovuto scrivere un libro di 336 pagine, pubblicato nel settembre 2014: *Israel's Billions*, sottotitolato, *Jewish Swindlers and International Financiers*[539].

La prima parte è dedicata alle frodi sull'IVA, in particolare alla frode su larga scala sulle quote di emissione di carbonio, scoperta nella primavera del 2009 e costata alle casse dei Paesi europei diversi miliardi di euro[540]. Le truffe di cui sopra sembrano quasi ridicole al confronto.

Passiamo dalle frodi pubblicitarie, dalle truffe immobiliari, dalla beneficenza, dalle frodi con le carte di credito, dai cammellieri del mercato, dai falsari e dai truffatori della memoria, e concentriamoci su questo nuovo tipo di frode: le "truffe del presidente", che fanno notizia ormai da diversi anni. A febbraio 2015, si contavano 700 casi noti, 360 aziende vittime e almeno 300 milioni di euro di danni. La truffa consiste nel fingersi il presidente della società al telefono e nel richiedere un trasferimento urgente "top secret" su un conto bancario all'estero. I truffatori appartenevano esclusivamente alla comunità sefardita francese rifugiata in Israele. Solo le aziende francesi hanno subito queste truffe.

La seconda parte del libro è dedicata agli squali della finanza. Il caso Madoff, scoppiato nel dicembre 2008, è stato ritenuto la più grande truffa della storia dell'umanità. Bernard Madoff, che prometteva un tasso d'interesse ragionevole a coloro che gli affidavano i loro soldi, in realtà retribuiva i vecchi clienti con i soldi dei nuovi. Dei venti miliardi di dollari che gli erano stati consegnati per vent'anni, non era rimasto nulla... O almeno così riportava la stampa fin dall'inizio del caso. Guardando indietro a qualche anno di distanza, è chiaro che il denaro non è stato perso per tutti.

---

[539] *"Les Milliards d'Israël*. La copertina del libro ci è valsa tre mesi di carcere incondizionato (sentenza del 26 maggio 2015 del 17° tribunale di Parigi).
[540] Tra 1,6 e 1,8 miliardi di euro in Francia e tra 5 e 10 miliardi di euro nell'UE, secondo Europol. Fonte wikipedia: https://fr.wikipedia.org/wiki/Fraude_%C3%A0_la_TVA_sur_les_quotas_de_carbone. (NdT).

Ma il caso Madoff è stato in fin dei conti poca cosa rispetto alla crisi finanziaria internazionale del 2008. Il 15 settembre, la quarta banca d'investimento più grande del mondo, Lehman Brothers, con i suoi 25.000 dipendenti, ha presentato istanza di fallimento. Alla base di questa bancarotta c'era la pratica del "prestito predatorio", in base alla quale le banche prestavano denaro a persone più o meno insolventi per progetti immobiliari, rivendendo poi i prestiti a fondi pensione o banche estere sui mercati secondari, il tutto con l'approvazione delle agenzie di rating e della Federal Reserve statunitense[541]. Anche in questo caso, il denaro non è andato perso per tutti.

Rispetto a queste truffe gigantesche, Jordan Belfort, il truffatore finanziario degli anni '90 diventato eroe nel film di Martin Scorsese *The Wolf of Wall Street* (uscito nel novembre 2013), non era altro che un pesce piccolo.

All'inizio di questo millennio, infatti, sono stati battuti i record di truffe. Non semplicemente superata, ma decisamente "spaccata", al punto che i casi sopra descritti sembrano appartenere a un'altra epoca.

Per il resto (traffico d'armi, traffico di droga, papponi internazionali, traffico di diamanti, ecc.), man mano che le informazioni si accumulano, possono essere aggiornate. Ma sarà solo un "aggiornamento"; l'importante è capire la mentalità molto particolare di questi criminali.

Hervé Ryssen, Gennaio 2016[542]

---

[541] Dal 1987 al 2018 i presidenti del Consiglio dei governatori del Federal Reserve System statunitense sono stati Alan Greenspan, Ben Bernanke e Janet Yellen (NdT).

[542] Il 18 settembre 2020, in esecuzione di una serie di sentenze emesse tra il 2017 e il 2020, Hervé Ryssen è stato incarcerato per diciassette mesi (NdT).

Altri titoli

LA MAFIA EBRAICA

www.ingramcontent.com/pod-product-compliance
Lightning Source LLC
Chambersburg PA
CBHW071312150426
43191CB00007B/594